3€

Borrmann
Vampirismus

Norbert Borrmann

Vampirismus
oder die Sehnsucht nach Unsterblichkeit

Diederichs

Die Deutsche Bibliothek – CIP-Einheitsaufnahme
Borrmann, Norbert:
Vampirismus oder die Sehnsucht nach Unsterblichkeit /
Norbert Borrmann. – Sonderausgabe – Kreuzlingen / München :
Hugendubel, 1999 (Diederichs)
ISBN 3-424-01351-X

Sonderausgabe 1999
© Heinrich Hugendubel Verlag, Kreuzlingen / München 1999
Alle Rechte vorbehalten

Umschlaggestaltung: Ute Dissmann, München
Produktion: Tillmann Roeder, München
Satz: Satzpunkt Bayreuth GmbH, Bayreuth
Druck und Bindung: Ebner, Ulm
Printed in Germany

ISBN 3-424-01351-X

Inhalt

Vorwort   S. 7

Zur Einstimmung: Das Vampirprinzip   S. 9

I. Der Vampirismus oder die Gier nach Leben   S. 23

Fledermäuse und andere Vampire aus dem Tier- und Naturreich ★ Kannibalen, Blutsauger und Werwölfe ★ Ferne Länder, hungrige Götter, durstende Vampire ★ Vampire in Antike und Abendland ★ Die Vampirpanik im 18. Jahrhundert

II. Der Vampir als literarische Fiktion   S. 59

Ursprünge des Vampirgenres ★ Vampirismus und romantische Gattung ★ Bram Stokers Dracula ★ Dracula und Frankenstein: Ein Vergleich ★ Der Vampir als Trivialfigur und Kinderschreck ★ Die Wiederkehr der Untoten und die Chronik der Vampire

III. Der Vampir als pathologische Gestalt   S. 94

Tote, Untote und Scheintote ★ Vampirismus in medizinischer Sicht ★ Wer wird Vampir? ★ Fritz Haarmann und andere Totmacher ★ Die Psyche der Sauger und ihrer Opfer ★ Der Vampirismus in satanischen Kulten

IV. Der »Blutsauger« als historische Realität   S. 135

Zur Psyche des Jägers ★ Von der Schönheit und dem Schrecken der Macht ★ Gilles de Rais und die Magie des Bösen ★ Vlad Tepes – der historische Dracula ★ Rote Vampire ★ Deutsche Mythen und die Synchronizität der Wölfe ★ »Ein Planet wird geplündert«

V. »Blut ist ein ganz besonderer Saft«   S.193

Das Blut in der Geschichte ★ Die Farbe Rot und die Symbolik des Blutes ★ Erwähltes Blut: Vom Gralsblut zum blauen Blut ★ Vampire und andere Blutfetischisten ★ Die »Blutgräfin« Elisabeth Báthory oder der Traum von der ewigen Jugend ★ »Der (Blut) Mythus des 20. Jahrhunderts«

VI. »Sex, Crime and Drugs«   S.218

Viktorianismus und die Dämonie der Liebe ★ Der Vampir als Sexsymbol ★ Blutsaugerinnen, Vamps und Feministinnen ★ »Der Graf ist ein Verbrecher« ★ Der »Blutjunkie« und die Wonnen und Qualen der Sucht

VII. Der Vampir als Medienstar   S.254

Der Vampir in Kunst und Karikatur ★ Der Bühnenvampir ★ Der Filmvampir als Kassenmagnet ★ Gesichter des Schreckens: Die Filmphysiognomien Draculas ★ Ein Sonderfall: Batman – die Edelfledermaus ★ Der Vampir in der Werbung und der Vampirismus der modernen Medien

VIII. Der Vampirismus oder die Sehnsucht nach dem Tode   S.297

Nekrophilie und die Ästhetik der Verwesung ★ Orte des Schreckens ★ Masken und Metamorphosen des Vampirs ★ Das Wissen der Vampire ★ Der Tod der Untoten und ihre Erlösung

Nachspiel: Der Vampir, das Böse und wir.   S.318

Anhang   S.323

Anmerkungen   S.323
Literatur   S.347
Filmographie   S.352
Bildnachweis   S.360
Personenregister   S.361

Vorwort

Alles hat eine Ursache. So ist es interessant herauszufinden, warum Vampire seit Jahrhunderten die Phantasie der Menschen beflügeln. Trotz dieses Sachverhaltes hat der deutsche Buchmarkt zu diesem Thema kaum etwas zu bieten. »Deutsche Seriosität« mag ein Hinderungsgrund sein, sich mit einem solchen als reißerisch empfundenen Thema auseinanderzusetzen. In der angelsächsischen Welt sieht das ganz anders aus: Man kann dort nicht nur spannend schreiben, sondern hat auch keine Hemmungen, »unseriöse« Themen anzupacken, vor denen der brave deutsche Michel zurückschreckt. Die vorliegende Studie zum Vampirismus will sich jedoch nicht damit begnügen, eine Zusammenfassung dessen zu sein, was der angloamerikanische Markt hierzu bietet; denn trotz der Flut an Vampirliteratur, umkreist er doch meist nur einige wenige Schwerpunkte: vornehmlich den Vampir als literarische Fiktion, den Leinwandvampir, die Gestalt des historischen Dracula – Vlad Tepes – oder die sexuelle Bedeutung des Vampirmotivs. Das soll mit diesem Buch anders werden, hofft zumindest der Autor. Er will auf den »Vampir in uns« verweisen und darauf, daß jedwedes Leben immer das Prinzip des Vampirismus miteinschließt.

*»Unablässig von Blut getränkt,
ist die ganze Erde nur ein riesiger Altar,
worauf alles, was Leben hat,
geopfert werden muß, endlos, unablässig ...«*

Joseph Marie Comte de Maistre (1753-1821)

Zur Einstimmung:
Das Vampirprinzip

Wer jemals bewußt einen Säugling beim Saugen an der Mutterbrust beobachtet hat, dem wird die Behauptung, daß das Säugetier Mensch ein Vampir ist, vielleicht gar nicht so absurd erscheinen. Nach Sigmund Freud befindet sich das Kind im ersten Lebensjahr im sogenannten oralen Stadium. Für den Neugeborenen ist dies die erste Phase seiner sexuellen Entwicklung. Alle Vergnügungen werden dem Kind wesentlich über den Mund und das Saugen vermittelt. Der Mund, besonders die Lippen sind daher phantastische erogene Zonen, das Saugen und die Befriedigung des Hungers verschaffen höchste Lust. Der Psychoanalytiker Karl Abraham hat das erste Lebensjahr in zwei unterschiedliche Perioden unterteilt: in das frühe orale Stadium von 0–6 Monaten, in dem alles Vergnügen gleichbedeutend mit Saugen ist, und in die darauffolgende sadistische orale Phase, die mit dem Zahnen und der Lust zu beißen einsetzt. Sadistische Beißlust, sexuelle Befriedigung beim Einsaugen des »weißen Blutes« aus der Mutterbrust, damit erfüllt der Säugling gewissermaßen die Grundvoraussetzung, um als Vampir zu gelten. Er tötet zwar sein Opfer, d. h. seine Mutter, nicht und huldigt so einem »sanften Vampirismus«, doch gleichwohl schwächt er sie, indem er ihr das Lebenselixier entzieht, das er selbst für sein Überleben benötigt (Abb. 1). Interessanterweise hat schon der Volksglaube den Säugling in bezug zum Vampir gesetzt: So soll etwa Vampir werden, wer nach dem Entwöhnen von der Mutterbrust noch einmal wieder angelegt wird. »Doppelsauger« werden diese Kinder genannt. Neugeborene, die gleich mit Zähnen auf die Welt kommen und bei denen sich von Anbeginn an Sauglust mit Beißlust paaren, sind nach slawischem Volksglauben ebenfalls dazu bestimmt, sich in Vampire zu verwandeln.

Auch die fiktive Literatur hat instinktiv erkannt, daß der »Vampir in uns« bereits auf unsere frühkindliche Phase zurückweist. So berichtet der Autor Hanns Heinz Ewers (1871–1943) in seinem phantastischen Roman »Vampir« davon, wie sein Held

Vampirprinzip

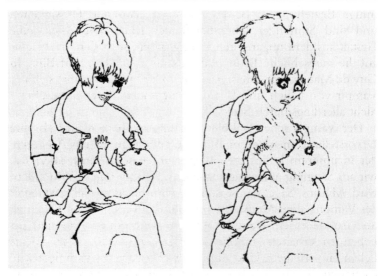

Abb. 1: *Der Säugling als Vampir.* Zwei von acht Illustrationen von Fons van Woerkom, um 1970

Frank Braun, in dem sich stark autobiographische Züge eingemischt haben, nach und nach Anzeichen einer Hämatophilie an sich entdeckt. Nach manch Umwegen führt ihn sein regressiver Trieb zurück in den Mutterschoß, zu seiner Geliebten Lotte Lewi, die ihn mit ihrem Blut nährt:
»Seine Finger zitterten. Er wusch ihre Wunden – das schmerzte. Sie zuckte, zuckte.
Und er küßte sie, zart, weich mit bebenden Lippen.
Da lächelte sie.
›Bist du gesund?‹ flüsterte sie.
Er schrak auf – starrte sie an.
Aber sie lächelte. Hauchte: ›So viel Milch trankst du, mein lieber Junge! So viel rote Milch!‹ Zärtlich, so zärtlich streichelte ihn ihr Blick.
›Mutter‹, dachte er, ›liebe Mutter Maria‹«.[1]
Ewers Biograph Sennewald hat in diesem Zusammenhang auf die überstarke Mutterbindung hingewiesen, die für den Autor kennzeichnend war.[2] So wurde für Ewers, bzw. sein Alter Ego Frank Braun, das Blut der Geliebten zur nährenden Muttermilch. Weißes Blut und rote Milch, zwischen beiden Stoffen gibt es

innige Beziehungen: Beides sind stark nährende Flüssigkeiten und sind Sinnbilder lebensspendender Kraft. Die *Mora*, eine Gestalt aus dem ungarischen Volksglauben, setzt sich des Nachts auf die menschliche Brust und entsaugt ihr Milch und Blut. In Guy de Maupassants Meisternovelle »Der Horla« ernährt sich der Vampir von Milch und läßt das Blut seiner Opfer unberührt – nicht allerdings deren Seelen.[3]

Der Vampir scheint also tief in uns zu stecken und als eine Urvorstellung in unserem Blute zu ruhen. Er ist ein Archetyp, der in unserem kollektiven Unbewußten schwimmt, aber, wie wir am Säugling aufgezeigt haben, auch aktiv von uns durchlebt wird. Mythos, Sage, Kunst und Literatur belegen, daß die Gestalt des Vampirs allen Menschen vertraut ist. Alles irdische Leben ist im Grunde einem Vampirprinzip untergeordnet: Um sich am Leben zu erhalten, muß man etwas einsaugen, sich anderes Leben einverleiben. Und im Regelfall beruht das vampiristische Gedeihen des einen Lebens auf dem Nichtgedeihen des einverleibten Lebens. Selbst in den Weiten des Kosmos ist der Vampirismus nachweisbar. So saugen die geheimnisvollen Schwarzen Löcher mit ihrer Schwerkraft fortwährend Materie an, um sie unwiederbringlich in ihren Schlund zu reißen. Es erscheint daher passend, wenn Colin Wilson in seinem Roman »The Space Vampires« seinen Grafen Geijerstamm, der von Beruf Parapsychologe ist und ein Werk über den geistigen Vampirismus verfaßt haben soll, aussprechen läßt: »Der Vampirismus ist verbreiteter als sie denken. Er bildet die Grundlage in der Natur ebenso wie in den zwischenmenschlichen Beziehungen.«[4] Das gilt natürlich nicht nur für den Menschen, sondern auch für das Tier und ganz besonders für das Raubtier, das nicht nur um zu fressen tötet, sondern auch aus Lust. Wenn es das noch warme Blut seiner Opfer trinkt, das zuckende Fleisch seiner Beute spürt, ist das sicherlich weit mehr als nur eine »Nahrungsaufnahme«. Bevor es den Todesbiß tut und mit seinem »Lustfraß« beginnt, bringt es sich durch die Jagd in Stimmung. Wenn die Katze mit der Maus spielt, dann dehnt sie das »Vorspiel« des Tötens und Fressens genußvoll in die Länge. Beim Menschen haben sich diese Vampirelemente im Laufe seiner Entwicklung weitgehend voneinander getrennt und treten separat auf: Im Jagdfieber – häufig sublimiert, etwa in der Sammelleidenschaft – in der

Sexualität und im Eßbedürfnis. Beim Lustmörder feiern diese einzelnen Bestandteile eine grausig-atavistische Wiedervereinigung, weshalb Triebtäter, wie etwa Fritz Haarmann, auch als Vampir oder Werwolf bezeichnet wurden.

Wenn wir davon ausgehen, daß der Vampirismus sowohl in uns selbst ist, als auch den Lebens- und Todeskreislauf der Natur bestimmt, verwundert es kaum, daß die Gestalt des Vampirs eine beachtliche Suggestionskraft ausübt. Gerade die für sie heute typische Mischung aus Realem und Irrealem, aus schicksalhafter Naturgefangenheit und nietzscheanischem Übermenschentum läßt die Figur des Vampirs zu einer Projektion eigener Triebe und Sehnsüchte werden. Die Verkörperung von ewigem Leben, außergewöhnlichen Gaben, Reichtum und Eleganz bei einer gleichzeitig vollkommen unzensierten Befriedigung der elementarsten Triebe, wirkt auf viele Menschen nicht nur ausgesprochen verführerisch, sondern hat bei einigen Mitbürgern sogar den Wahn aufkommen lassen, sich tatsächlich für so etwas Ähnliches wie Graf Dracula zu halten.

Die Vorstellung vom Vampir als einem Wesen, das vom Blut und der Kraft anderer Menschen lebt, begegnet uns weltweit. Dabei war der Sauger keineswegs immer so attraktiv und aristokratisch wie Bram Stokers Graf Dracula, der nicht zuletzt durch zahlreiche Verfilmungen gewissermaßen zum Prototyp des Vampirs avancierte, ähnlich etwa wie Sherlock Holmes zum Urbild des Detektivs geriet. Doch dürfte der aristokratische Blutsauger Höhepunkt und Ausnahme zugleich sein. Zumeist nämlich ist das »Böse«, d. h. das dem Menschen Bedrohliche, nur ekelhaft und erscheint nicht in der Maske eines Über-Don Juan oder als sirenenhafter Vamp. Die Volkskundler haben herausgefunden, daß der Vampir Merkmale aus fünf verschiedenen Kategorien magischer Glaubensvorstellungen in sich vereint: Erstens die Wiedergänger; zweitens die alp-ähnlichen, nächtlichen heimsuchenden Geister; drittens Wesen von der Art der blutsaugenden Stryx des Altertums; viertens Hexen aus slawischen und balkanischen Gebieten, die auch nach ihrem Tod noch Schaden anrichten, und fünftens die Werwölfe, das heißt Personen, die die Gestalt eines Wolfes annehmen können, um Menschen anzufallen und zu verschlingen. Obgleich die Sagen und Mythen aller Völker von Vampiren, bzw. von saugenden und nagenden

Geschöpfen berichten, haben diese Wesenheiten doch, wie die oben genannten Grundkategorien belegen, verschiedene Ausprägungen und Ursprünge aufzuweisen. Die Gruppe der Wiedergänger, also der Toten, die nachts ihre Gräber verlassen – und die gerade für die Ausbildung des modernen westlichen Vampirs von entscheidender Bedeutung war – taucht z. B. nur dort auf, wo die Erdbestattung üblich ist. Regionen, in denen die Feuerbestattung Brauch ist, wie etwa in Indien, kennen diese Form der wiederkehrenden Untoten nicht.

Seine weltweite Verbreitung und die Vielfalt an regionalen Überlieferungen, hat dem Vampir viele Namen gegeben. Mit den Worten *Vrykolakes, brykilakas, barabarlakos, borborlakos* oder *bourdoulakos* kann man ihn allein im Griechischen benennen. Das Sanskrit kennt die Worte *katakhanoso* oder *baital* für ihn. Im Russischen nennt man ihn *upiry*, im Polnischen *upiroy*, im Deutschen belegte man ihn einst vornehmlich mit der Bezeichnung *Blutsauger*. In China nannte man einen bluttrinkenden Dämonen *giang shi*. Der Ursprung des Wortes Vampir selbst gibt Rätsel auf. Wahrscheinlich ist der Begriff nicht – wie lange Zeit angenommen – serbischen, sondern makedonischen Ursprungs.[5] Nach dieser Annahme wäre er aus dem Wort *opyr* – »fliegendes Wesen« – hervorgegangen. Dieser *opyr* wanderte dann in die slawischen Sprachen als *vanpir, vapir* oder *upiry* ein. Im Deutschen wurde erstmals 1725 in einem Bericht aus Serbien an die kaiserliche Administration in Wien die Pluralform *Vanpiri* benutzt, also eine latinisierte Wiedergabe des mittlerweile im slawischen bzw. serbischen eingebürgerten Wortes Vanpir.[6] Ab den dreißiger Jahren des 18. Jahrhunderts setzte sich in Deutschland – nach einigen Variationen wie *Vampyri* oder *vapiers* – dann endgültig das Wort Vampir durch und gelangte von dort aus in die übrigen germanischen bzw. romanischen Sprachen. Zunächst wurden mit dem Wort Vampir nur Verstorbene bezeichnet, die nachts ihre Gräber verlassen, um Lebenden das Blut auszusaugen. Doch noch im 18. Jahrhundert weitete Voltaire den Begriff soziologisch aus, indem er auf die »Blutsaugerei« der Wucherer verwies. Im heutigen allgemeinen Sprachgebrauch kann das Wort auf jede Form von parasitärer oder raubtierhafter Existenz hinweisen, gleichgültig ob damit ein widernatürlich weiterlebender Untoter gemeint ist oder ein äußerst diesseitiges und vitales Ausbeuternaturell.

Darüber hinaus kann man den Vampirismus auch, wie Colin Wilson das in seinem Roman »The Space Vampires« angedeutet hat, als ein allgemeines Lebensprinzip auffassen, als ein ewiges Kreisen der Lebensenergie, als sein Anzapfen und sein Verlust. In diesem Sinne soll auch hier, zumindest teilweise, das Vampirprinzip verstanden werden.

Dennoch wollen wir uns zunächst etwas genauer dem »klassischen« Vampirtypus der Untoten zuwenden, steht er doch am Anfang des modernen Vampirmythos. Der englische Okkultist Montague Summers, der Ende der zwanziger Jahre zwei materialreiche Bände zum Vampirismus verfaßte und damit einen Grundstock zur Vampirforschung legte, definierte die Vampire als Verstorbene, die ein Leben von mehr als normaler Intensität und ungezügelter Schändlichkeit geführt haben. Menschen, von unreinen, ungeheuerlichen und selbstsüchtigen Leidenschaften, bösen Begierden, der Grausamkeit und dem Blute frönend.[7] Über ihr Erscheinungsbild schreibt er:

»Ein Vampir wird im allgemeinen als übermäßig groß und hager, mit abstoßendem Äußeren und Augen beschrieben, in denen das rote Feuer der Verdammnis glüht. Hat er jedoch seine Lust auf warmes Menschenblut gestillt, wird sein Körper grausig aufgebläht und gedunsen, als wäre er ein großer, bis zum Platzen vollgesogener und gefüllter Blutegel. Kalt wie Eis oder auch fiebrig und brennend wie glühende Kohlen, ist die Haut totenbleich, doch die Lippen sind sehr voll und schwellend, schmatzend und rot; die Zähne weiß und glänzend und die Fangzähne, die er tief in den Hals seiner Beute schlägt, um dort die Lebensströme zu saugen, welche seinen Körper neu beleben und all seine Kräfte stärken, scheinen bemerkenswert scharf und spitz.«

Montague Summers: The Vampire, S. 179

Summers, der diesen Untoten durchaus einen gewissen Realitätswert beimaß, hat sein Bild des Vampirs aus alten Quellen und Dokumenten zusammengetragen. Eine Hauptquelle bildeten dabei historische Materialien über die Vampirpanik zu Beginn des 18. Jahrhunderts, die im Südosten des damaligen Habsburgerreiches aufkam. Die betroffene Bevölkerung dieser Region hielt den Vampir für eine *Realität*. Damalige Ärzte, Theologen und Gelehrte haben sich zu diesen Vorfällen in zahlreichen Veröffentlichungen geäußert. Diese Werke aus dem Jahrhundert der Aufklärung bilden eine wichtige Grundlage bei der Auseinandersetzung mit dem Vampirismus, gemeinsam mit den bereits erwähnten, weltweit verbreiteten Sagen und Mythen über Vampire. Die heute den Markt dominierende fiktive Vampirliteratur entstand mit dem Aufkommen der Romantik. Sie hat die Ängste unserer Seele ausgelotet und in ihren Tiefenschichten offenbart oder auch nur trivial kolportiert. Vor allem aber hat sie den Vampir derart popularisiert, daß dieser als Symbol des »Bösen« selbst Gottes offiziellen Widerpart, den Teufel, überrundet haben dürfte. Eine solche Entwicklung setzt natürlich eine besondere Empfänglichkeit unserer Zeit für das Thema Vampirismus voraus. Die Ursachen für solch eine Affinität aufzudecken, soll Teil dieser Arbeit sein. Das 20. Jahrhundert hat neben der Fortführung der erzählenden Literatur und der Schaffung des Leinwandvampirs auch damit begonnen, in wissenschaftlichen, bzw. populärwissenschaftlichen Werken, meist angelsächsischen Ursprungs, die Historie des Vampirglaubens aufzuzeigen. Die bereits erwähnten Schriften von Montague Summers bilden hierzu einen entscheidenden Auftakt.[8]

Das Besondere der vorliegenden Arbeit soll nun sein, auf den »Vampir in uns« und auch »um uns« zu verweisen. Das Vampirprinzip durchzieht, so die Auffassung des Autors, unser aller Leben und darf als die Grundexistenzform allen organischen Lebens gelten. Im Regelfall befindet es sich in einem Gleichgewicht zwischen aussaugen und ausgesaugt werden und ist in dieser Form nicht zerstörerisch, sondern lebenspendend. Diesem organischen, mehr »weiblichen« Vampirprinzip steht das destruktive, mehr »männliche« Vampirprinzip gegenüber, das nicht mehr dem *Überleben* dient, sondern zu einer enthemmten Einverleibung fremden und anderen Seins gerät. Diese Gier, alles zu besitzen und sich anzueignen, wird auch an einer Symbolgestalt der Neuzeit deutlich, nämlich an Faust, der durch Goethes dramatische Umsetzung geradezu zu einem Synonym des entwurzelten modernen Menschen wurde. Bertolt Brecht urteilte über ihn: »Das historisch Neue an diesem Menschen sind seine Begierde und sein Bemühen, sich zu entwickeln, seine Fähigkeiten auszubilden und sich alles einzuverleiben, was Natur und Gesellschaft sich will entreißen lassen.« In seinem Bund mit dem Teufel zeigt er sich nach Brecht »rein verbrauchend, plündernd, unproduktiv«.[9] Das Maßlose zieht aber kein gesteigertes Leben, sondern den Tod nach sich. So wie Faust Gretchen den Tod bringt, bringt auch der Vampir all jenen den Tod, nach denen er verlangt. Das aggressiv und destruktiv gewordene Vampirprinzip ist ein enthemmter Lebenstrieb, der sich gerade in seiner Zügellosigkeit mit dem Todestrieb vermählt.

Der Vampir ist ein Mangelgeschöpf, ihm fehlt etwas. Was ihm fehlt, raubt er sich von anderen. Doch wird er nie eine Befriedigung erfahren können, da seine Gier einen unheilbaren Suchtcharakter aufweist. Diese Sucht nach fremden Leben, die überall Tod sät, wird eindrucksvoll von der *Dämonin* in Jack Sharkleys gleichnamiger Erzählung beschrieben. Darin offenbart die Dämonin ihrem eigenen Mann, der nach Jahren der Auszehrung plötzlich um Jahrzehnte gealtert ist, das grausame Gesetz der vampirischen Existenz:

»Hunger und Gier nach Leben erfüllen mich, aber ich habe kein eigenes Leben – ich kann es nur anderen wegnehmen ... Um so etwas wie leben zu können, müssen wir anderen Menschen die Zukunft rauben, ihnen die Jahre stehlen. ... Aber ich habe kein eigenes Leben, nur den Hunger und die Gier danach. Jedesmal bei einer Berührung, bei einem Kuß, bei einer Umarmung, überhaupt immer, wenn wir uns nahe waren, saugte ich dich aus, und nahm ein Stück deiner Zukunft ... Deine Jahre gehören nun mir; ich werde sie leben.«[10]

Der Vampirismus befindet sich zunächst jenseits von Gut und Böse. Gleichgültig dem Tod des einzelnen gegenüber, dient er doch dem Leben; denn erst der Tod schafft Platz für neues Leben, und die Verwesung, die auf den Tod folgt, setzt die für das ununterbrochene Auf-die-Welt-Kommen neuer Wesen notwendigen Substanzen in Umlauf. Der Tod kann auch in seelischer Hinsicht Kraft geben: Im Ahnenkult haben die Ahnen den Lebenden Platz gemacht, und doch gibt das Wissen um sie den Lebenden und den Kommenden neue Kraft. Der Gedanke, ein Glied in dieser unendlichen Kette zu sein schafft Geborgenheit und nimmt dem eigenen Tod ein Teil seines Schreckens. Leben und Tod gehören zueinander und dienen einander. Der Vampirismus ist ein Ausdruck dieses Wechselspiels, doch in seiner Übersteigerung stört er dieses ausgewogene Spiel der Kräfte. Dieser destruktive Vampirismus, der mehr Tod erzeugt als Leben, ist genuin menschlich, bzw. männlich, denn er trat erst mit der Dominanz des Mannes und der Herrschaft seiner Technik in die Welt ein.

Die Ambivalenz zwischen Leben und Tod, die sich im Vampirismus offenbart, zeigt sich auch in der Substanz, die der Vampir fast ausschließlich zu sich nimmt: Im Blut. Blut galt gerade in den alten Kulturen als Quelle allen Lebens. Deshalb glaubten die Krieger einiger Naturgesellschaften, ihre eigene Lebenskraft stärken oder erneuern zu können, wenn sie ihren Körper mit Blut beschmierten oder es tranken. Im Alten Testament heißt es im Fünften Buch Mose (12.23).: »... das Blut ist die Seele.« Und in Bram Stokers »Dracula« ruft der dem blutsaugenden Grafen verfallene Renfield aus: »Das Blut ist das Leben.«[11] Andererseits erweckt das Blut, vor allem dann, wenn es geflossen ist, auch die gegenteilige Assoziation – nämlich die des Todes. Ebenso ambivalent wie der Stoff Blut ist auch seine Farbe: Die Elementarfarbe Rot. Sie ist anziehend und abstoßend zugleich, die Farbe von Begierde und Entsetzen, von Lust und Untergang – und von der Lust am Untergang. Die Farbe Rot ist die Farbe der Wollust und Sexualität. Wo die Geschlechtslust in das Lasterhafte hinabsinkt, bildet sich ein »Rotlichtmilieu«.

Ebenso polar wie die Farbe Rot ist auch der Geschlechtstrieb. Er ist der Garant für die Schaffung neuen Lebens, in seiner Übersteigerung und Enthemmung steht er jedoch für Krankheit und Tod. Der Vampir, wie wir ihn aus der phantastischen Literatur kennen, ist die Verkörperung dieser dämonischen Seite der Sexualität. Der Biß des Vampirs besitzt eine unleugbar sexuelle Komponente. Dämonisch, d. h. zerstörerisch können beide Geschlechter sein: Dracula, das männliche Raubtier, vergeht sich mit Vorliebe an jungen, geschlechtsreifen Frauen, und damit an Frauen, die fähig sind, neues Leben zu empfangen. Der weibliche Vampir, eng verwandt mit der *Femme fatale* oder dem *Vamp*, saugt den Männern ihr letztes Blut aus, was hier auch gleichbedeutend sein kann mit Sperma. Sperma galt häufig als eine noch konzentriertere Form der Lebensenergie als das Blut. Die Sexualität, die dem Mann das Sperma raubt, gefährdet in entfachter Liebestollheit somit seine Kraft. Der Vamp ist dabei nie Mutter, das Sperma fällt bei ihr auf unfruchtbaren Boden. Die Femme fatale personifizierte also eine »Krankheit zum Tode.«
Die Destruktivität, die mit dem Vampir einhergeht, verweist auf den »Schatten« in uns, wie die Jungsche Psychologie die dunkle Seite unserer Seele nennt. Es sind unsere geheimen Wünsche,

unsere verbotenen Gedanken, unsere verleugneten Gefühle. Sie können sich vampirgleich in uns ausbreiten und alle unsere Energien an sich saugen, so daß wir besessen werden von Vorurteilen, Ängsten, Eifersucht oder fixen Ideen. Guy de Maupassant schildert in seiner eingangs erwähnten Vampirnovelle »Der Horla« eine solche Besitzergreifung mit folgenden Worten: »Irgend jemand hat Besitz von meiner Seele ergriffen und herrscht über sie! Jemand schreibt mir jede Handlung, jede Bewegung, jeden Gedanken vor. Ich bin aus mir selbst vertrieben, bin nur noch ein verstörter Sklave, der dem, was ich tue, zuschaut.«[12]

Der Vampir, der auf den Schatten in uns verweist, ist auch ein Geschöpf der Dunkelheit. Er ist Herr der Nacht, des Traumes und des Alptraumes, der sich, während wir schlafen, auf unsere Brust setzt und unsere Lebenskraft aussaugt. Dieser »Schatten« kann mitunter zu krasser Realität anwachsen. So gibt es Fälle, in denen Patienten tatsächliche Bißwunden sie vermeintlich quälender Sauger vorweisen konnten. Mit der Beheimatung von Vampiren, Incubi, Werwölfen, Hexen und Dämonen in unseren Träumen hat sich 1912 zum ersten Mal der Freudschüler Ernest Jones in seiner Studie über den »Alptraum« auseinandergesetzt. Er untersuchte dabei, wie sich die unterschiedlichen Gespinste der Nacht in der Erscheinung des Alpdrucks verbinden. Der Glaube an uns nächtlich heimsuchende und an uns zehrende Alpwesen hatte in der Zeit zwischen 1450 und 1750 Hochkonjunktur (Abb. 2). Ihre Existenz wurde von niemandem bezweifelt. Jones führte diese Massenpsychose auf zwei Hauptursachen zurück: Als erstes den Traum als solchen, der seiner Ansicht nach eine wichtige Voraussetzung für den Glauben an eine freie Seele bildet, die sich getrennt vom Körper bewegen kann und somit auch die Macht besitzt, nach dem Tod vom Grabe zurückzukehren und die Lebenden, besonders bei Nacht, zu besuchen. Des weiteren betrachtet Jones die Sexualfeindlichkeit der christlichen Kirche und die daraus resultierenden Verdrängungsmechanismen als günstigen Nährboden für die nächtliche Vereinigung mit dem Alp.[13]

Wir hatten vorhin gehört, daß der Vampir, dieser Schwärmer der Nacht, gerade heute eine stärkere Faszination auszuüben scheint als der eigentliche Herr der Finsternis, nämlich der Teufel. Doch

Abb. 2: Johann Heinrich Füssli: Inkubus, 1781

diese beiden Wesen stehen nicht nur in Konkurrenz zueinander, sie ähneln sich auch in vielem. Nach Freud ist Gott ein Vaterersatz, eine erhöhte, positive Vaterfigur, zu der der Teufel die notwendige negative Ergänzung bildet.[14] Auch im Vampir, insbesondere in der Gestalt des Vampirgrafen Dracula, ist eine Vaterfigur von großer Macht und Dunkelheit enthalten. Andererseits steht auch der Teufel, der in der Kunst mitunter mit großen, finsteren, fledermausähnlichen Flügeln dargestellt wird,

Abb. 3: Das Festessen Satans und seiner Getreuen. Illustrationen aus: Jules Bois: Le Satanisme et la Magie

für Nacht und Dunkelheit. Und – eine weitere Parallele – auch der Teufel will den Menschen verschlingen und sich dessen Leib und Seele einverleiben. Nicht umsonst bildet der »menschenfressende Teufel« eine verbreitete Gestalt in der abendländischen Kunst (Abb. 3).

Die Komplexität des Vampirmotivs entzieht sich einer einfachen Erklärung. Zu vielfältig ist es mit dem Leben und all unserem Tun verbunden. Colin Wilson hat in seinem Roman »The Space Vampires« beschrieben, wie sich der Vampirismus auch in unseren subtilsten Beziehungen äußern kann. Bereits in einer Zweierbeziehung herrsche Vampirismus, da der Stärkere dem Schwächeren Energie raubt – ein Vorgang, der den Beteiligten meist vollkommen unbewußt bleibt. Bei Paaren ungleichen Alters entsauge in der Regel der ältere dem jüngeren Part einen Teil seiner Jugend. Diese Behauptung Wilsons findet sich in der Beobachtung häufig bestätigt: Die reale Altersdifferenz scheint sich im Laufe einer solchen Beziehung physiognomisch zu verflüchtigen oder zumindest zu reduzieren. Wie Wilson das Vampirprinzip in den intimen zwischenmenschlichen Beziehungen nachweist, haben Gesellschaftskritiker es auf erweiterter Ebene gedeutet. Bereits Voltaire hatte ja den Blutsauger als eine soziologische Erscheinung gesehen, und auch in Karl Marx Kapitalismuskritik spielt der Verweis auf den Vampirismus eine wichtige

Rolle. Für ihn bedeutet die kapitalistische Gesellschaft zugleich eine Vampirgesellschaft.

Neben Marx ist noch ein anderer bedeutender Philosoph des 19. Jahrhunderts für unser Thema von Relevanz: Friedrich Nietzsche. Sein Übermensch, der moralisch »jenseits von Gut und Böse« steht und Blitz und Wahnsinn verkündet, ist mehr als nur ein Zeitgenosse von Stokers Dracula. Auch der Vampirgraf zeigt, wenngleich rein auf die dunkle Seite abgedrängt, Züge eines Übermenschentums. Die späteren Verfilmungen Draculas haben diesen Zug an ihm häufig noch verstärkt. Der einsame Übermensch, der sich heroisch von den weit unter ihm stehenden Herdenmenschen abhebt, hat sich in trivialisierter Form auch als Comic-Held etabliert. Die Entstehungszeit all dieser Helden und Supermänner fällt dabei sicherlich nicht ohne Grund mit der Blütezeit des europäischen Faschismus zusammen. Es ist Amerikas genuiner Faschismusbeitrag. Einer dieser dunklen Helden ist Batman – der Fledermausmann. Wir werden noch sehen, wie sich in seiner Gestalt Vampirelemente und Übermenschentum eng miteinander verbinden.

Friedrich Nietzsche und Karl Marx, zwei Philosophen, die für unser Thema nicht ganz ohne Belang sind. Es sind zugleich die beiden Philosophen, in deren politischer Nachfolgeschaft am meisten Blut geflossen ist. Aber auch das große Sterben und der große Tod ist ein Teil unseres Themas!

I. Der Vampirismus oder die Gier nach Leben

Fledermäuse und andere Vampire aus dem Tier- und Naturreich

»Die tropische Vampirfledermaus muß täglich das Zehnfache ihres Eigengewichtes an Blut zu sich nehmen, sonst sterben ihre Blutzellen ab.« Diese Aussage legt Francis Ford Coppola Dr. Abraham van Helsing in seiner gleichnamigen Verfilmung von Bram Stokers Dracula in den Mund. Eine vergleichsweise beachtliche Menge Blut, würde sich doch, nach den Berechnungen von Friedhelm Schneidewind, ein menschlicher Vampir mit einer Menge zwischen 0,7 und 3,5 Liter Blut pro Tag begnügen, was nur ein Bruchteil seines Eigengewichtes ausmacht.[1] Die erstaunliche Blutgier der Vampirfledermaus ist dazu geeignet, uns an die dunkle Seite der Natur zu erinnern, die vollkommen gleichgültig Leben verschlingt, wenn sie dafür Leben erhalten oder neues Leben zu schaffen vermag. Unendlich vielen Gefahren ist das einzelne Leben ausgesetzt, vor allem von einem schnelleren, gierigeren, stärkeren oder raffinierteren Leben verschlungen zu werden. Mit seiner zunehmenden Entfremdung von der Natur hat der Mensch diese Spielregeln des Lebens vielfach vergessen oder verdrängt und neigt dazu, die Natur mit gepflegten Parklandschaften und Sonntagsausflügen zu assoziieren. Das Tier mit seinem Instinkt hingegen weiß oft weit deutlicher als der Mensch, wo Gefahren lauern.

Doch auch das im Menschen verdrängte Wissen bleibt präsent und vermag sich in einem faszinierenden Kaleidoskop der Ängste zu äußern. Denis Buican hat in seiner Studie über die Metamorphosen Draculas darauf hingewiesen, daß biologische Erinnerungen aus der Tierwelt in den menschlichen Tiefenschichten eingegraben sind. So fürchtet das »Tagtier« Mensch die Dunkelheit und das Unbekannte, ohne sich der biologischen Quelle seiner Furcht bewußt zu sein. Die anderen Tagtiere »wissen« mittels ihres Instinktes weit deutlicher, warum sie die Nacht zu meiden haben; denn da sie für die Dunkelheit ungewappnet sind

I. Der Vampirismus oder die Gier nach Leben

– viele von ihnen, z. B. Wildhühner, sind vollkommen nachtblind – würden sie sofort zur Beute werden. Auch der Mensch, der im Dunkeln schlechter sieht als am Tage, zieht sich in der Nacht im Regelfall in ein sicheres Revier zurück. Allerdings hat die menschliche Zivilisation ein mächtiges Schutzschild vor die Nacht und vor Übergriffe nächtlicher Raubtiere gelegt. In den Städten werden Tag und Nacht nicht mehr deutlich geschieden, und wir legen uns nicht mehr automatisch in ein Versteck zur Ruhe, sobald es dunkelt. Aber die Angst vor der Dunkelheit und die Angst, von ihr verschlungen zu werden, ist geblieben.

Vor diesem Hintergrund wird es wenig verwundern, daß der Glaube an Vampire, die uns nächtlich heimsuchen und an unser Leben wollen, weltweit verbreitet ist – zumal das Aussaugen anderer uns ja selbst mit der Muttermilch »eingeimpft« wurde. Die Natur hält neben den Schmarotzern und Parasiten im Tier- und Pflanzenreich auch eine ganze Palette an Blutsäufern, -schleckern, -saugern und -schlürfern bereit: Da gibt es z. B. Zecken, Stechmücken, Fledermaus- oder Wanzenarten, für die Blut Leben bedeutet. Oder den der Wissenschaft erst seit 1969 bekannten Vampirfalter aus Malaya, den Nachtfalter *Calyptra eustrigata*, der eine große Zahl von Säugetieren, von der Antilope bis zum Büffel, angreift, um bis zu einer Stunde an seinen Opfern zu saugen. Man hat diese Vampirfalter bei Labortests auf Menschen angesetzt, und die Versuchspersonen berichteten, daß sich die Attacke der Falter anfühle, als seien sie »mit einer glühenden Nadel« durchbohrt worden.[2] Der Biß bzw. das Gebiß des Vampirs tritt uns in der Natur fast überall entgegen, wo wir auf Raubtiere stoßen. Das auf Abb. 4 zu sehende in Silber gefaßte Mardergebiß könnte ebensogut von Graf Dracula stammen.

Obgleich der Vampirismus in der Natur und im Tierreich weit verbreitet ist, hat er sich in der Vorstellung des Menschen vor allem an zwei Geschöpfen festgemacht: Am Wolf bzw. am Werwolf und ganz besonders an der Fledermaus. Worin mögen nun die Gründe liegen, daß gerade die Fledermaus zum Synonym für den Vampir wurde? Zunächst gehört sie zur Gruppe der Nachttiere, die, wie wir gesehen haben, bei Menschen ohnehin gewisse Ängste auslösen. Vor allem aber zählen sie zur Gruppe der Nachtvögel, womit sie nicht nur das Dunkel symbolisieren, sondern zu den Geschöpfen gehören, die die Schwerkraft überwunden haben, was sie weit beweglicher als den Menschen macht. Kein Ort war vor ihnen sicher, und in ihrem lautlosen Flug erinnern sie an Geister und Dämonen, die über dem Gesetz von Zeit und Raum stehen. Nachtvögel gerieten daher im Glauben der Völker leicht zu Wesen, die den Geist der Finsternis darstellen und den Tod symbolisieren. Bei der Fledermaus kommt noch hinzu, daß sie sich tagsüber in gruftartigen Gewölben und Höhlen, mit dem Kopf nach unten hängend, zum Schlaf zurückzieht. Ihre Gestalt ist von abstoßender Häßlichkeit, doch hat sie dabei Merkmale, die an den

Abb. 4: Die Vampirzähne finden ihr Vorbild im Raubtiergebiß. In Silber gefaßtes Mardergebiß aus Kärnten, um 1800

Menschen erinnern, weshalb sie für die Metamorphose eines lebenden Toten nicht gänzlich ungeeignet erscheint: Ihre Flügel sind deutlich als verlängerte, mit einer Flughaut versehene Arme und Beine zu erkennen. Der Kopf der Fledermaus ist wie der des Menschen aufgerichtet. Phylogenetisch betrachtet ist es nicht einmal auszuschließen, daß die Fledermaus, ähnlich wie der Mensch, zur Gruppe der Primaten zählt.

Trotzdem darf nicht übersehen werden, daß die meisten Fledermausarten vollkommen harmlos sind. Die Ordnung der Fledermäuse (*Chiropteren*) besteht aus zwei großen Unterordnungen: den *Mikrochiropteren* oder eigentlichen Fledermäusen mit 782 Arten und den *Megachiropteren* oder Flughunden mit 175 Arten, die nur in den Tropen Asiens, Australiens und Afrikas vorkommen. Ernährungsmäßig teilen sich die Fledermäuse in drei Gruppen ein: in die Blütenbesucher und Fruchtsafttrinker, in die insekten- und fleischfressenden Fledermäuse und in die kleinste, nur drei Arten umfassende Gruppe der bluttrinkenden Vampire. Diese Vampirfledermäuse kommen ausschließlich in Zentral- und Südamerika vor und traten erstmals in das europäische Bewußtsein, als sich die spanischen Konquistadores daran machten, sich die Neue Welt zu unterwerfen und vampirgleich auszusaugen. Die Verwandlung des Vampirs in eine Fledermaus nahm hier ihren Ursprung, nicht, wie häufig irrtümlich angenommen, in dem Glauben der Balkanvölker. Vampirfledermäuse aus Transsilvanien sind eine Erfindung Bram Stokers, der die verschiedenen Vampirlegenden und Berichte geschickt miteinander verknüpfte. Immerhin war auch den Spaniern der Vampirglaube so geläufig, daß sie die bluttrinkenden Fledermäuse nach den Vampiren benannten. Berichte von Vampirfledermäusen, von deren Raubzügen unter dem Vieh und ihren gelegentlichen Angriffen auf den Menschen gelangten schon verhältnismäßig früh nach Europa. Nicht selten wurde dabei übertrieben, so sollen sie nach Missionarsberichten aus dem 18. Jahrhundert ganze Herden vernichtet haben.

Der am häufigsten vorkommende und für uns interessanteste Vampir unter den Fledermäusen ist der *Desmodus rotundus*, der von Säugerblut lebt, während die selteneren Arten *Diphylla* und *Diaemus* hauptsächlich Vogelblut zu sich nehmen. Lange Zeit glaubte man, daß der große Vampir, *Vampyrus spectrum*, sich ebenfalls durch Blutsaugen ernähre, doch seit dem 19. Jahrhundert weiß man, daß diese Spezies mit einer Flügelspannweite von annähernd 70 Zentimetern, ausschließlich von Früchten lebt. Der »Hauptvampir« der Fledermäuse bleibt also der *Desmodus rotundus*, der jährlich in Millionenzahl von Argentinien bis zur Südgrenze der USA vorstößt und als Überträger von Tier- und Menschenseuchen sehr gefährlich sein kann. So ist seine Art beispielsweise an den Tollwutepidemien der Menschen in Mexiko und auf Trinidad schuld gewesen. Diese blutsaugenden Fledermäuse sind gute und lautlose Flieger. Sie landen stets in der Nähe ihres Opfers und kriechen dann zu diesem hin bzw. klettern an ihm hoch. Hier schlagen sie, mit bodenwärts gerichtetem Kopf, blitzschnell zu, so daß ihre messerscharfen Zähne ein Loch in die Haut schneiden (Abb. 5). Daraufhin dreht sich der Vampir um – den Kopf aufwärts gerichtet – und preßt seine zu diesem Zweck speziell geformten Lippen fest um die Wunde und befördert das

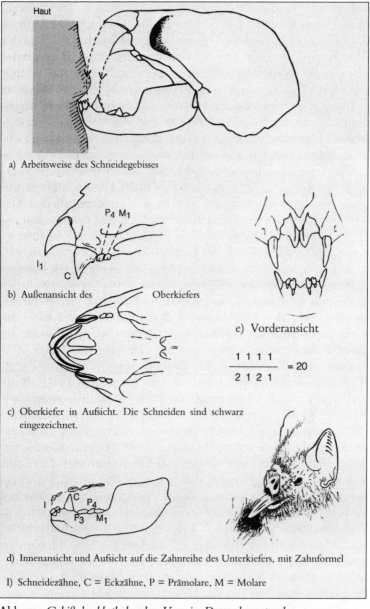

Abb. 5: *Gebiß des blutleckenden Vampirs Desmodus rotundus.*
Aus: *Gerhard Neuweiler: Biologie der Fledermäuse. Stuttgart, New York 1993*

heraustretende Blut durch pumpendes Lecken in seine dünne Speiseröhre. Anders als Dracula saugt also der *Desmodus rotundus* das Blut nicht aus seinen Opfern heraus, sondern schleckt es in sich hinein. Sowohl der Schnitt, zumeist am Rücken oder Nacken des schlafenden Opfers, als auch die Blutabnahme durch die Vampirfledermaus geht auf geheimnisvolle Weise schmerzlos vor sich. Nachdem die Fledermaus ihre Mahlzeit beendet hat, blutet der Einschnitt gewöhnlich weiter. Menschen, die in tropischen Ländern von dieser Vampirart überfallen wurden, stellen beim Aufwachen fest, daß ihr Bettlaken blutverschmiert ist.[3]

Unter diesen Umständen fiel es der Vampirfledermaus nicht schwer, in unsere Träume, und mit Bram Stoker, auch in die phantastische Literatur einzuwandern. Sie begegnet uns in eiskalten Thrillern ebenso wie in nebelverhangenen Fantasyepen. In Danilo Mainardis »Fledermäuse küssen nicht« ist es ein sinistrer Killer, der den *Desmodus rotundus* zum Töten abgerichtet hat, und in Tolkiens neu geschaffener Mythenwelt gehören die blutsaugenden Fledermäuse zu den bösen Geschöpfen, die der hochmütige Melkor in den Zeiten der Finsternis züchtete.[4] Als positive, aber gleichwohl dunkel geheimnisvolle Gestalt, ist die Fledermaus in unserem Jahrhundert in die Figur des Übermenschen Batman eingeflossen.

Zahlreiche Tiere haben die Phantasie des Menschen angeregt. Aussagen über sie schwanken oft von kluger Beobachtung zu mythenhafter Übersteigerung. So haben etwa die slawischen Völker, die die Vampirfledermaus nicht kannten, die nächtliche und geschmeidige schwarze Katze zu einem Vampirgeschöpf erhoben, wie ja überhaupt dieses Tier in der abendländischen Kultur eine unheimliche und abseitige Zuordnung erfahren hat, was daran ersichtlich wird, daß der schwarze Kater zur Hexe gehört wie die Hörner zum Teufel. Stoff für die Phantasie bot auch die Hyäne. Bei diesem Tier handelt es sich um ein den Schleichkatzen verwandtes Raubtier, das sich von Aas ernährt, aber auch Kleintiere frißt und in der Gruppe Großtiere erjagt. Kennzeichnend für dieses Nachttier ist sein mächtiges Gebiß, sein kreischender Ruf und seine abstoßende Gestalt. In der Antike erzählte man sich von der Hyäne, die sowohl als angriffslustig als auch als feige galt, daß sie in ihrer unersättlichen Freßgier nachts die Gräber aufwühle, die Ruhe der Toten mißachte, die menschliche Stimme nachahme und dadurch Menschen anlocke, um sie zu fressen. Lange Zeit hielt man die Hyäne für eine Mischung aus Wolf und Hund. Der mythenumrankte Wolf gilt dabei auch als ein Geschöpf, in das sich zauberkundige und verfluchte Menschen verwandeln können. Sie werden dann zu Werwölfen – als Werwolf vermag aber auch der Vampir zu erscheinen!

Kannibalen, Blutsauger und Werwölfe

Anders als der Vampir ist der Werwolf aber nicht nur an dem Blut seiner Opfer interessiert, sondern verschlingt sie mit Haut und Haaren. Werwölfe sind daher keine eigentlichen Vampire, sondern in Wolfsgestalt reißende, menschliche Kannibalen. Das aus dem Spanischen abgeleitete Wort *Kannibalismus* bezeichnet ebenso wie das seltener verwendete Wort *Anthropophagie* Menschenfresserei. Grundsätzlich können wir mehrere Arten von Kannibalismus unterscheiden: profanen, gerichtlichen, magischen und rituellen Kannibalismus. Profaner Kannibalismus entsteht in Ausnahmezuständen während großer Hungersnot und ist bis in die heutige Zeit belegt. Gerichtlicher Kannibalismus ist eine seltene Form der Gerichtsbarkeit und diente dazu, Rachegelüsten gegenüber Übeltätern und Verbrechern Ausdruck zu verleihen. Über den Tod hinaus wurde dem Gegner durch das Verzehren, d. h. der Totalvernichtung seines Körpers, bewußt Schimpf und Schande zugefügt. Magischer Kannibalismus wurde zumeist von Zauberern und Medizinmännern ausgeübt, die sich die Kräfte des Opfers einverleiben wollten. Ritueller Kannibalismus fand anläßlich von Götterkulten, Initiations- und Totenfeiern statt, um eine Identifikation mit den Verstorbenen herzustellen. Besonders schien der Kannibalismus in den Naturgesellschaften verbreitet, was während des Zeitalters der Entdeckungen erstmals in Europa bekannt wurde. So hörte man etwa von Neuseeland, daß dort, sobald ein Häuptling in der Schlacht gefallen war, seine Frau getötet und verzehrt wurde. Nach einer siegreichen Schlacht wurden die tapfersten Feinde verspeist, weil man sich dadurch ihren Mut aneignen wollte. In Australien sollen sich die Sieger mit dem Nierenfett ihrer geschlagenen Gegner eingerieben haben, um sich auf diese Weise deren Kraft anzueignen. Das soll oft mit einer derart grausamen Schnelligkeit vonstatten gegangen sein, daß die noch lebenden Opfer Zeugen dieses Vorganges wurden.

Die Quellen über Kannibalismus sind vielfältig, sie reichen vom Alten Testament bis zu Sagen und Märchen. In der Antike wurden bei blutmystischen Bacchanalen Menschen gliedweise zerstückelt und ihr noch zuckendes Fleisch zu Ehren des Gottes roh verschlungen. Catalina und seine Mitverschwörer tranken mit Menschenblut vermischten Wein als Zeichen ihres Blutsbündnisses. In Dichtung und Literatur hat das Thema Menschenfresserei immer wieder fasziniert: Angefangen mit Homers »Odyssee« über Shakespeares »Caliban«, Defoes »Robinson Crusoe« bis zu kannibalischen Freuden neuester Literatur. So gestand Duca di Centiglorias 1967 »Ich fraß die weiße Chinesin«, 1973 erhielt Jacques Chessex den begehrten Prix Goncourt für seine »Kinderfresser«, während Alberto Savinio 1980 zum »Menschengemüse zum Nachtisch« einlud. H.C. Artmann ist derart gebannt von dem Thema, daß Menschenfresser in seinem Werk allenthalben ihr Unwesen treiben.[5] Selbstverständlich tritt der Kannibalismus auch in der Vampirliteratur auf: So frönen in Anne Rices »Königin der Verdammten« aus ihrer »Chronik der Vampire« die Zwillingsschwestern Mekare und Meharet der Menschenfresserei.

Trotz der zahlreichen Berichte über Kannibalismus und der Faszination, die dieses Thema bei Künstlern und Literaten auslöste, ist besonders in jüngster Zeit die Authentizität des Kannibalismus angezweifelt worden. Verstärkte Quellenkritik führte bei einigen Forschern zu der Ansicht, daß es Kannibalismus nie gegeben hat und es sich hier lediglich um ein Phantasiegebilde mit symbolischen bzw. ideologischem Charakter handelt. Für den Ethnologen K.P. Koepping gilt es seit langem als bewiesen, daß die meisten Berichte über Kannibalismus bloße Erfindungen sind.[6] Der amerikanische Ethnologe William Arens vertritt in seinem 1979 erschienenen Buch »The Man-Eating Myth« die These, daß die in der westlichen Welt verbreiteten Berichte von Anthropophagie lediglich dazu dienten, Kolonialismus, Sklaverei und Völkermord zu rechtfertigen, da der Kannibalismus immer nur bei den anderen, unzivilisierten Völkern existierte. Die Archäologin Heidi Peter-Röcher hat im Rahmen ihrer Disserta-

Abb. 6: *Théodore de Bry: Kannibalistisches Gelage in Brasilien*, Stich, 16. Jahrhundert

tion darauf hingewiesen, daß das archäologische Fundmaterial keineswegs, wie ehedem angenommen, den Kannibalismus belegt. Allein zerbrochene oder mit Schnittspuren versehene Menschenknochen reichten als Beweis nicht aus.[7] Die einzige Form des Kanibalismus, die von dieser Seite der Forschung als authentisch betrachtet wird, ist der Kannibalismus aus Not. Noch 1972 überlebten 16 Insassen eines abgestürzten Flugzeuges der uruguayischen Luftwaffe in den Anden nur, weil sie ihren Hunger mit dem Fleisch umherliegender Leichenteile stillten.

So berechtigt die Kritik an landläufigen Vorstellungen über den Kannibalismus sein mag – immerhin wurde hiermit häufig in verleumderischer Absicht oder um ein Gruseln beim »zivilisierten« Europäer hervorzurufen (Abb. 6), Schindluder getrieben – stellt sich doch die Frage, ob der Mißbrauch einer Sache bereits der Beweis für ihre Nichtexistenz ist. Schließlich gibt es durchaus seriöse Zeugen von kannibalistischen Gelagen. Beispielsweise berichtet der Aufklärer Georg Forster, der als wissenschaftlicher Gehilfe seines Vaters Reinhold Forster den berühmten

Entdeckerkapitän James Cook begleitete, während einer von 1772 bis 1775 unternommenen Forschungsreise nach Neuseeland von kannibalistischen Handlungen innerhalb verfeindeter Eingeborenenstämme. Von nahezu allen Europäern, die im 16./17. Jahrhundert die Ostküste Südamerikas bereisten, wird die Sitte der Küsten-Tupi erwähnt, die gefangenen Feinde zeremoniell zu töten und zu verspeisen.[8]

Was weiterhin für die Existenz des Kannibalismus spricht, ist, daß er in den Naturgesellschaften und in den frühen Kulturen sicherlich nicht zur Bereicherung des Speiseplanes diente – wie das in einigen karikaturhaften Überzeichnungen aufgegriffen wurde –, sondern zumeist magische und rituelle Bedeutung besaß. Der geistige Hintergrund zum rituellen Kannibalismus läßt sich wohl am ehesten mit der Bedeutung der historisch *erwiesenen* rituellen Menschenopfer vergleichen. Mircea Eliade hat darauf hingewiesen, daß in den frühen Kulturen allgemein die Vorstellung verbreitet war, ein Gott sei dafür geopfert worden, damit diese Welt entstehen konnte. Wenn wir uns auf dieser Erde ernähren, dann essen wir mit den Früchten gleichsam das Fleisch eines Gottes und trinken im Wasser sein Blut. Indem Menschen geopfert und in einigen Kulturen im Anschluß daran wohl auch rituell verzehrt wurden, wollte der Mensch seinen Dank gegenüber dem geopferten Gott und den Göttern zeigen. Um den Kreislauf des Lebens zu wahren, sollte den Göttern ein Teil von sich selbst zurückgeschenkt werden. Den Zusammenhang von Leben und Tod, Opfer und Gebären, verdeutlicht auch ein alter abessinischer Gesang: »Die noch nicht geboren hat, sie soll gebären; der noch nicht getötet hat, er soll töten.«[9]

Begegnet uns der rituelle Kannibalismus im rituellen Menschenopfer, so der magische Kannibalismus im ebenfalls *erwiesenen Kopfjägertum* (Abb. 7). Ausgangspunkt für Kopfjagden und Schädelopferkult ist der Glaube, man könne der seelischen Kraft eines anderen Menschen teilhaftig werden, indem man dessen Kopf erwirbt, da sich im Kopf die geistigen und psychischen Kräfte des Menschen konzentrieren. Gleiches gilt für den magischen Kannibalismus: Durch das Verspeisen eines anderen Menschen – mit Vorliebe dessen Hirns – sollte ein Teil von dessen Kraft in die eigene Person einfließen. Die Idee des magischen Kannibalismus hat Oscar Kiss Maerth in origineller, wenn auch

Abb. 7: *Taiwanesischer Kopfgeldjäger von 1921*

überzogener Weise sogar als Grundlage und Ausgangspunkt der Menschwerdung angesehen: Nach Maerth töteten unsere Affenvorfahren ihre Artgenossen und verzehrten deren Gehirne. Das steigerte ihre sexuelle Potenz und erhöhte ihre Intelligenz. Sie entdeckten, daß Intelligenz eßbar – und vererbbar ist.[10] Maerths

I. Der Vampirismus oder die Gier nach Leben

Hypothese von der Evolution des Menschenaffen sollte uns allerdings nicht vergessen lassen, daß auch im Tierreich Kannibalismus vorkommt.

Wir dürfen auch nicht übersehen, daß der Kannibalismus selbst Teil unserer christlich-abendländischen Kultur ist: Im kultischen Akt der Eucharistie verwandelt der Priester durch Gottes Beistand Brot und Wein in Fleisch und Blut des Gottessohnes. Der gläubige Christ nährt sich somit vom Leib Christi. Der Kannibalismus gehört ebenso wie der Vampirismus zur Menschheitsgeschichte, er kann auf materieller oder spiritueller Ebene praktiziert werden. Den Naturvölkern den Kannibalismus abzusprechen, wie das etwa Arens gemacht hat, indem er ihn lediglich als raffinierte Erfindung ausbeuterischer Weißer hinstellt, greift daher zu kurz. Dieser auf »Wiedergutmachung« bedachte neue Rousseauismus übersieht die spirituelle Tiefenschicht des Kannibalismus und raubt den »Wilden« damit mehr als er ihnen schenkt. Eine andere Form des Kannibalismus, die mitten in unserer Gesellschaft lauert und in gewissen Abständen immer wieder durchbricht, wird ebenfalls gerne übersehen: Seine pathologisch-erotische Komponente. Wenn der oder die Geliebte verspeist wird, um sich seine Person ganz einzuverleiben, dann leuchtet die verschüttete Magie des Kannibalismus wieder auf.

Kannibalistische Lustmörder, wie etwa Haarmann, sind gerne mit Werwölfen verglichen worden. Der Werwolf gilt als ein Mensch, der sich nachts, entweder freiwillig oder unter irgendeinem Zwang, in einen reißenden Wolf verwandelt und darauf aus ist, eine Beute zu finden und zu töten. Die Vorsilbe *Wer-* ist vom lateinischen *vir* (Mann) abgeleitet, woraus deutlich wird, daß Werwölfe fast ausschließlich männlichen Geschlechts sind (Abb. 8). Der Glaube an Werwölfe hat tiefe Wurzeln. Die Metamorphose von Menschen zu Tieren ist eine Fähigkeit, die bereits den Göttern und Helden der Mythologie, aber auch Zauberern und Eingeweihten zugeschrieben wurde. Der Gott Odin verwandelte sich in einen Adler, Zeus in einen Schwan, sein römisches Pendant Jupiter in einen Stier. Actaeon wurde von der griechischen Göttin Artemis zu einem Hirsch gemacht. Fast in allen Teilen der Welt finden sich Wesen, die dem Werwolf entsprechen: Wertiger in Indien, Werleoparden, Werhyänen und sogar Werkrokodile in Afrika, außerdem Werbären in Rußland.

Abb. 8: *Darstellung eines Werwolfes. Im Werwolf vermischen sich tierische und menschliche Züge. Stich, 17 Jahrhundert*

Die Werwolflegende reicht zurück bis zu der Zeit, in welcher der prähistorische Mensch begann, zur Jagd Tierverkleidungen anzulegen, um den Geist eines mächtigen Tieres zu beschwören, von dem er hoffte, dessen Stärke verliehen zu bekommen. Sie deutet zurück auf ein Sein, in dem der Rangunterschied zwischen Mensch und Tier noch nicht zum klaren Bewußtsein gekommen war. Der noch in engem Kontakt mit der Natur lebende Mensch fand zwischen sich und seinen tierischen Nachbarn so viel Gemeinsames an Bedürfnis, Lebensweise, Leidenschaft, Lust und Leid, Krankheit und Tod, daß sie ihm nicht anders als ebenbürtig oder zumindest verwandt erscheinen mußten.

Dieses noch Miteinanderverwobensein von Mensch und Tier mag mit zur Erschaffung jener geheimnisvollen Mischwesen wie den Sphinxen, Kentauren oder Stiermenschen geführt haben. Darüber hinaus glaubte die magische Seele, daß Menschenseelen in Tierleiber schlüpfen konnten und umgekehrt, oder daß der Mensch sich in ein Tier verwandeln konnte, das er wegen seiner Kraft und Schnelligkeit bewunderte. Der Glaube, daß Menschen Tiergestalt annehmen können, ist für alle Naturvölker selbstverständlich und hat sich in die Hochkulturen weitervererbt. Die Lykantrophie (griech.: lykanthropia, von Lykus = Wolf; anthropos = Mann, Mensch) ist dabei die am meisten verbreitete Vorstellung einer Verwandlung (vgl. Abb. 8). In der Antike glaubten

Vergil, Plinius, Agriopas, Herodot, Varro, Pomponius, Mela, Solinus, Ovid, Strabon, Petronius, Apuleius, daß es tatsächlich Lykanthropen, also Wolfsmenschen, gebe. Im Mittelalter taucht der Glaube in ganz Europa von neuem auf. Die Kirche untersuchte das Phänomen und gab vor, Hexenmeister gefunden zu haben, die sich mit Hilfe einer Hexensalbe in Werwölfe verwandeln könnten. Jagte man den Wolf und brachte ihm Wunden bei, fand man diese Wunden an dem Menschen, in den sich der Wolf zurückverwandelt hatte. Zahlreich waren die Fälle, in denen sich Menschen vor Gericht verantworten mußten, weil man sie für Werwölfe hielt. Der erste Werwolfprozeß fand 1521 in Besançon statt. Die Angeklagten Pierre Burgot und Michel Verdun gestanden, sich durch Salben in Wölfe verwandelt und mehrere Menschen, besonders junge Mädchen, getötet zu haben, um in ihrem Blut zu schwelgen. Ferner gaben sie zu, mit Wölfinnen unter höchster Lust kopuliert zu haben. Nicht alle Geständnisse der »Werwölfe« entsprangen dabei der Folter, nicht selten zeigte sich bei den Angeklagten eine Lust zur Selbstbezichtigung.[11]

Im Wolf muß eine tiefe Symbolik enthalten sein, damit er ein so wichtiger Begleiter des Menschen werden konnte. Ernest Jones schreibt in seiner Untersuchung über den Alptraum zum Thema Wolf:

»Die Eigenschaften, die am allermeisten hervortreten und deren symbolische Verwertung wir erwarten können, sind ... Schnelligkeit der Bewegung, unersättliche Blutgier, Grausamkeit und eine Angriffsart, die durch die Mischung von Kühnheit und schlauer Hinterlist charakterisiert wird, ferner Verbindungen mit Nacht, Tod und Leichen; wie man leicht einsehen wird, macht das Wilde und Unheimliche, das für den Wolf bezeichnend ist, ihn besonders geeignet, die gefährlichen und niedrigen Seiten der Natur im allgemeinen und der menschlichen im besonderen zu charakterisieren.« Ernest Jones: Alptraum, S. 54

Diese Eigenschaften des Wolfes erklären, warum er eine wichtige Rolle in Religion und Sage spielt, wobei er keineswegs immer negativ gedeutet wird. In Ägypten galt der Wolf als ein heiliges Tier, in der germanischen Mythologie waren zwei Wölfe, Geri und Freki, Odins Begleiter. Das Imperium Romanum verdankt seine Entstehung einer Wölfin, welche die Gründer Roms, Romulus und Remus, säugte.[12]

Die Symbolik des Wolfes überragte zwar die Symbolik des Werwolfes, doch war dieser geheimnisvoller als sein rein tierischer Kollege. »Haare, Mond und Blut« bilden nach Cecil Helman den Kern des Werwolfmythos.[13] Das lange Haar ist ein Symbol der weiblichen Geschlechtlichkeit, das kurze zottelige Haar des Werwolfes symbolisiert den Wunsch des Menschen nach der Praktizierung einer bestialischen Sexualität, die keiner moralischen Hemmung unterworfen ist, und zugleich die Angst vor ihr. Der Mond – Sergius Golowin gar nennt die Werwölfe die »Hunde des Mondes« – [14] verweist auf das weiblich Unbewußte, aber auch auf das Triebhafte und damit auch wieder auf die Sexualität. Das Blut endlich, erhält durch die Menstruation der Frau ebenfalls eine weiblich-geschlechtliche Note, zugleich verweist es aber auch auf die unersättliche Freßgier des Werwolfes.

Ein Geschöpf mit solch symbolischer Kraft wirkte auf einige Menschen derart suggestiv, daß sie mit komplizierten Ritualen versuchten, sich in Werwölfe zu verwandeln. Daß dieser Versuch zumindest im Geiste erfolgreich sein könnte, darf nicht bezweifelt werden. Die Suggestionskraft des Werwolfes hat natürlich auch auf die Kunst und hier insbesondere auf die Literatur abgefärbt. Seit der Antike findet er sich in Sagen und Erzählungen, einen Aufschwung hat er jedoch erst in der Romantik erfahren. Es seien genannt: »The White Wolf of the Hatz Mountains« (1839) von Frederick Marryat, »Hugues le loup« (1869) von Erckmann-Chatrian oder »The other side« (1894) von Eric Count Stenbock. Die Struktur der Werwolfgeschichten ist häufig nach folgendem Grundraster aufgebaut: Warum wurde jemand zum Werwolf (Pakt mit dem Teufel, Fluch), wie und wann geht die Verwandlung vor sich, wie und wann findet die Tötung des Werwolfes (durch eine Silberkugel) statt, die zugleich seine Erlösung bedeutet. Zum Umkreis des Werwolfmotives gehört auch der Märchenstoff vom »Schönen Mädchen und das Tier«, 1946 von Jean Cocteau eindrucksvoll als »La Belle et la Bête« verfilmt. Hier steht die Sexualität beider Geschlechter in ihrer Animalität und Sublimierung im Mittelpunkt. Natürlich hat der Werwolf auch in Hollywood Karriere gemacht, obgleich er es nie mit dem Verführer-Charme seines Leinwandcousins Dracula aufnehmen konnte. Eine Sonderform des Werwolfstoffes bietet Hermann

Löns mit seinem »Wehrwolf« (1910). In ihm geht es um die entschlossene, ja brutale Wehrhaftigkeit einer Dorfgemeinschaft gegen alle äußeren Feinde während der Wirren des Dreißigjährigen Krieges. Ein bekanntes Nachspiel fand Löns' Wehrwolf in den gegen Ende des Zweiten Weltkrieges aufgestellten Werwolfeinheiten. Diese vorwiegend aus Jugendlichen bestehenden Gruppierungen griffen auf deutschen Boden vorgerückte alliierte Truppen aus dem Hinterhalt an.

Zweifelsohne, der Werwolf ist ein »treuer« Begleiter des Menschen. Er verweist auf den »Schatten in uns« und repräsentiert all die asozialen, animalischen Tendenzen, die unter unserer Oberfläche lauern, um bei Vollmond oder anderen Anlässen zu erwachen. Charakteristik und Symbolkraft des Wolfes waren bei der Erschaffung des Werwolfes dienlich. Gleichwohl haben sich Theorien zu seiner Erklärung herausgebildet, die sich nicht damit begnügen, im Werwolf lediglich eine Mixtur aus dem Wolf und dem »Tier in uns« zu erblicken. Der Psychiater Robert Eisler hat die Werwolflegenden mit einer eigenen, ziemlich ungewöhnlichen Evolutionstheorie gedeutet.[15] Er geht davon aus, daß der Mensch einmal ein friedlicher Vegetarier war, durch sich verändernde Bedingungen – etwa den Beginn einer Eiszeit – aber dazu getrieben wurde, neue Nahrung zu suchen. Er sah sich gezwungen, Fleisch zu essen, sich mit Tierfellen zu bekleiden, zu jagen und bei seinem Überlebenskampf das Verhalten blutdürstiger wilder Tiere nachzuahmen. Allmählich eignete sich der Mensch eine Blutgier an und wandte sich in Zeiten äußersten Nahrungsmangels wahrscheinlich sogar dem Kannibalismus zu. Eisler meint, daß dieser traumatische Umbruch Spuren im menschlichen Unterbewußtsein hinterließ, die in der Folge unter anderem die Werwolflegende hervorbrachten. Der Werwolf würde hier den Sündenfall zum Raubtier Mensch symbolisieren.

Neben diesem evolutionsbiologischem Ansatz Eislers gibt es selbstverständlich auch religiöse und okkulte Deutungsmuster. Die von der Kirche vertretene Auffassung ging, wie bereits erwähnt, davon aus, daß Werwölfe dem Teufel verfallene Menschen waren, die sich, zumeist mit Hilfe einer Salbe, in die Gestalt des Wolfes verwandelten. Eine Annahme, die in ihren Grundzügen noch 1933 von Montague Summers geteilt wurde. Die Möglichkeit einer Gestaltverwandlung wollte auch der italienische Parapsychologe Ernesto Bozzano nicht gänzlich ausschließen. Angesichts der zahlreichen Berichte von Lykanthropie aus Afrika vermutete er,»daß diese Verwandlungen infolge einer Macht, sich zu entmaterialisieren und in einer niederen Form des Tierreiches zu rematerialisieren, stattfinden, wobei dieser Vorgang auf den Übergang von den höheren Gattungen auf die niederen beschränkt bliebe.«[16] Auf der anderen Seite hatten bereits am Ausgang des 15. Jahrhunderts der Prior Johann Vincentii und Geiler von Geilersberg die Möglichkeit einer Gestaltwandlung des Menschen geleugnet. Ersterer nahm an, daß der Teufel die Menschen in tiefen Schlaf versenke und sie träumen lasse, sie seien Wölfe. Letzerer hält sie für normale Wölfe oder für Teufel, die sich in Wölfe verwandeln, aber nicht für Menschen. Die englische Okkultistin Dion Fortune erklärt die Existenz der Werwölfe über die Astralebene oder den ätherischen Doppel. Sie sagt, daß starke Persönlichkeiten Gedankenformen erzeugen können, die ein eigenes Leben besitzen und sich in einem bestimmten Umfang auch materialisieren können. Sie selbst, übrigens eine Schülerin des bekanntesten Magiers unseres Jahrhunderts, Aleister Crowley, will auf diese Art einen Werwolf aus sich herausgezeugt haben.[17]

Vielen mag der Übergang von der okkultistischen zur pathologischen Lykanthropie fließend erscheinen. Diese kann von der bloßen Einbildung zur tätlichen Gewaltanwendung bis hin zu Kannibalismus und Leichenschändung führen. Die Lykanthropie in wahnhafter Form war gewiß immer präsent, ihre Ausformungen korrespondieren aber sicherlich immer mit dem Glauben bzw. Aberglauben einer Epoche. Hierin mag auch der Grund liegen, daß in den Werwolfprozessen der frühen Neuzeit die Selbstdenunziation der Angeklagten keine geringe Rolle spielte. So behauptete 1541 ein wegen Mordes aus Blutrausch angeklagter Bauer, daß er Werwolf sei und die Haare nach innen trüge. Die Richter ließen daraufhin Arme und Beine abtrennen, um die Wahrheit seiner Aussage zu überprüfen. Der Angeklagte starb – Haare fand man jedoch keine.

Eine Quelle für den Glauben an Werwölfe mag auch in den gelegentlich bei Menschen auftretenden biologischen Atavismen zu suchen sein. Dazu gehören zum Beispiel die sogenannten »Haarmenschen« oder »Löwenmenschen«, bei denen der ganze

I. Der Vampirismus oder die Gier nach Leben

Körper, einschließlich dem Gesicht, behaart ist und die noch bis in unser Jahrhundert hinein auf Jahrmärkten zu begaffen waren (Abb. 9).[18] Eine andere äußere Anregung hat man wahrscheinlich in den verwahrlosten »wilden Kindern« gefunden, die

Abb. 9: »Löwenmensch«. Beim sogenannten Löwenmenschen ist der gesamte Körper behaart. Fotografie, Anfang 20. Jahrhundert

milieubedingt kaum eine Erziehung genossen haben, oder in seltenen Fällen in den »Wolfskindern«, bei denen es sich wahrscheinlich um ausgesetzte oder verlorene Kinder handelt, die von Wölfen angenommen und großgezogen wurden. Eine Mixtur aus Werwolflegende, Haarmensch und Wolfskind begegnet uns bei der im Mittelalter weit verbreiteten Vorstellung vom »wilden Mann«. Der sich auf allen vieren fortbewegende wilde Mann bricht in menschliche Siedlungen ein und soll sich in erster Linie von geraubten Kindern ernähren.[19]

Doch was hat der Werwolf nun mit dem Vampir gemein, was verbindet die beiden? Gerade in der slawischen Tradition, die ja für die Herausbildung des modernen Vampirmythos von Bedeutung war, vermischt sich der Werwolfglaube häufig mit dem Vampirglauben. Beide sind Kinder der Nacht, hungrig, blutgierig, ausschweifend und mit seltsamen Kräften ausgestattet. Auch Bram Stoker ließ sich davon anregen, als er seinen Dracula mit beidseitig behaarten Händen versah. Wie der Kuß des Grafen Dracula die Sinnlichkeit weckt – eine Art sexueller Tollwut, die sein Liebesbiß auslöst –, kann auch die Lykanthropie durch den Biß eines Werwolfes übertragen werden. Daneben konnte der Werwolf bzw. der Wolf ebenfalls zum Symbol gesellschaftlicher Blutgier und einer unersättlichen gesamtfeindlichen Selbstsucht werden, wie der Spruch »Homo homini lupus«, der Mensch ist der Wolf des Menschen, bezeugt. Ein Unterschied fällt jedoch ins Auge: Beim Werwolf handelt es sich in der Regel um lebende Menschen, während der Vampir aus dem Grabe aufersteht. Aber selbst hier ist die Trennlinie nicht immer scharf gezogen: Denn nicht selten wurde angenommen, daß ein Werwolf nach seinem Tod zu einem Vampir werden konnte, wenn nicht besondere Vorsichtsmaßnahmen, etwa Exorzismus, getroffen wurden. Ernest Jones hat darauf hingewiesen, daß der Werwolf bzw. Wolf häufig mit Todesbildern assoziiert wird. So bestand in den alten Religionen eine enge Verbindung zwischen den Todesgottheiten und dem Wolf, in späteren Zeiten galt das Heulen eines Wolfes für ein Todesomen. Darüber hinaus existierte auch die Vorstellung, daß der Werwolf auch ein Leichnam sein kann, der sich in der Gestalt eines Wolfes aus dem Grab erhoben hat.

In Anbetracht dieser Zusammenhänge darf die These aufgestellt werden, daß der Werwolf einen primitiven Vorfahr des Vampirs darstellt und später in ihn eingegangen ist, bzw. von ihm aufgesogen wurde. Im Neugriechischen zum Beispiel ist die Verwandtschaft zwischen beiden Wesen schon an dem Wort *bourkolakas* zu erkennen, mit dem man in dieser Sprache einen Vampir bezeichnet. Das Wort ist aus dem slawischen abgeleitet und bedeutet dort »wolfhaarig«.[20] Man kann die Verwandtschaft beider Geschöpfe auch daran erkennen, daß der Wolf als ein Tier gilt, das dem Vampir zu Diensten ist, und der Vampir gelegentlich auch die Gestalt eines Wolfes annehmen kann. Wir können also in der Entwicklung des Vampirprinzips eine fortlaufende Sublimierung ausmachen: Sie reicht vom häßlichen Dämon und wilden Tier über den unappetitlichen, frühen menschlichen Vampir bis zum charismatischen Übermenschenvampir. Damit wird zugleich der Wandel von der Natur- bis zur Industriegesellschaft aufgezeigt. Doch Vorsicht scheint geboten – je mehr das Vampirprinzip sich entwickelt, desto gefährlicher wird es!

Ferne Länder, hungrige Götter, durstende Vampire

»Das Unheimlichste an der Vielzahl von nächtlichen und jenseitigen Monstren, die uns aus den Angstträumen und Mythologemen der Menschheit entgegenstarren, ist am Ende ihre Gleichartigkeit. Kein Volk der Erde, dem die Natur, die es zu beherrschen und zu verbrauchen lernte, statt nur als Magd nicht auch als Schreckgestalt wiederkehrte. Kein Volk der Erde, das nicht seine Gorgonen und Werwölfe, seine Ghoulen und lebenden Toten zu ertragen hatte. Wie diffizil, wie spirituell, wie allgemein auch immer der jeweils unverbindliche Gottesbegriff sein mochte, die Gespenster der untersten Sphäre, die in den unbetretbaren Wäldern heulten, sich aus den Gräbern erhoben, sich über den Schläfer beugten, sind immer von beschreibbarer, von poetischer Deutlichkeit gewesen.«

Dieter Sturm/Klaus Völker: Von denen Vampiren und Menschensaugern, Bd. 2, S. 259

Diese Worte Dieter Sturms treffen ganz besonders auf die Vampire und ihr Umfeld zu. Nachtmahr, Alp und Alpdruck, Totenbeschwörer, Wiedergänger und Werwölfe tauchen aus dem Dunkel der Naturgesellschaft auf und reichen als Erinnerung bis in die Gegenwart hinein. Wir begegnen ihnen am anderen Ende der Erdkugel ebenso wie in den eigenen vier Wänden. Sie zeigen sich in den unterschiedlichsten Kostümierungen und in zahlreichen charakterlichen Variationen, wobei ihr innerster Kern erstaunliche Gemeinsamkeiten aufweist. Vergleichen wir die verschiedenen Berichte über den Vampirismus, wird deutlich, daß es sich hier immer um Variationen eines Themas handelt. So saugte beispielsweise der afrikanische *Asambosam* das Blut aus dem Daumen schlafender Menschen, während der armenische Berggeist *Daschnavar* dem Wanderer das Blut aus den Fußsohlen zieht. Im alten China fürchtete man den bluttrinkenden Dämon *giang shi*, und blutdürstig sind auch die verschiedenen Todesgötter der tibetanischen und nepalesischen Mythologie, die ihren Opfern mit langen, fangartigen Zähnen nachstellen. In der finnischen Mythologie ist der Sohn des Herrschers der Unterwelt rotwangig vom Blut der Menschen, die er mit den Eisenspitzen seiner Krallen tötet, um sie auszusaugen. Neben bösen Göttern fürchtete man auch immer die Seelen verdammter Menschen, von denen man annahm, sie könnten zu Vampirdämonen werden. In Islands Sagenwelt haust der gefürchtete Neuntöter, der neun Jahre als Wiedergänger umgeht. Er gilt als gierig und boshaft und kommt aus dem Grabe zu den Menschen zurück, um sich für einen vorzeitigen Tod im Kindbett, auf See oder durch ein anderes Unglück zu rächen. Auch in Tibet sollen die »unglücklich« Verstorbenen nach ihrem Tod ein Vampirdasein führen. Die orientalischen *Gouhle* sind werwolfartige Wesen, die Friedhöfe heimsuchen und sich von den begrabenen Leichen ernähren oder sich dort auf der Lauer nach frischem Blut verbergen. Neben Mythen und Sagen hat auch die bildende Kunst schon früh auf den Vampir verwiesen. Abbildungen von Vampiren finden sich auf babylonischer und assyrischer Töpferware, die Jahrtausende vor der Zeitenwende entstand.

In der Region des indischen Subkontinents, in der die Weltreligionen des Hinduismus und Buddhismus entstanden sind, kennt man ebenfalls den Vampir. So berichten die indischen Veden von blutgierigen, faunartigen Buhlgeistern, Gandharven genannt, die die Frauen im Schlaf heimsuchen. Diesen ähnlich sind die Pisâchas, von denen A.W. Schlegel in seiner »Indischen Bibliothek« zu berichten weiß: »Sie sind feindselige Wesen, lüstern nach Fleisch und Blut lebendiger Kreaturen und büßen ihre grausame Lust an Weibern im Zustande des Schlafs, der Trunkenheit und des Wahnsinns.«[21] Im indischen Jeypur sitzen nachts alte Weiber auf den Dächern und saugen mittels eines herabgelassenen Garns dem Schläfer Blut aus den Adern, um damit ihr eigenes angefaultes Leben zu verlängern. Es handelt sich bei ihnen nicht um böse Götter oder fluchbeladene Untote, sondern um alte Menschen, die vom Blut ihrer jungen Mitmenschen leben, also gewissermaßen um eine frühe »soziologische« Form des Vampirismus. Früh fand der Vampir auch Eingang in die indische Literatur: Beispielsweise berichten die in Sanskrit abgefaßten Legenden über König Vikram von dessen Abenteuern mit dem Vampir Baital-Pachisi.[22] In der indischen Kultur wird auch deutlich, wie sich der Vampirismus mit dem Blutkult und dem Menschenopfer überschneidet. Man denke an den Orden der Tugs, der sich für die Göttin Kali opfert, ein Vampirwesen, das mit Menschenblut genährt wird. Kali, die schwarze Göttin, ist dem brennenden Auge Schivas entsprungen und symbolisiert Tod und Vernichtung. Regenerieren kann sich Kali auch mit eigenem Blut, indem sie sich selbst den Kopf abschneidet und das daraus hervorsprudelnde Blut von Dienergestalten auffangen läßt, die lediglich weitere Aspekte Kalis verkörpern (Abb. 10).

Das Menschenopfer, das uns auch wieder an den Kannibalismus gemahnt, hatte für viele naturreligiöse und heidnische Kulturen eine hohe Bedeutung. Grundsätzlich beinhaltet *jede* Opfergabe die Huldigung einer göttlichen Macht. Die Opferung ist eine Grundform religiösen Handelns, das auf dem Gefühl einer gegenseitigen Abhängigkeit von Gott und Mensch beruht. Der Begriff »Opfer« läßt sich vom lateinischen »operari«, also »handeln, arbeiten« ableiten und bedeutet im religiösen Kontext soviel wie »einer religiösen Handlung obliegen« bzw. »einer Gottheit durch Opfer dienen«. Die Opfer unterteilen sich in unblutige und blutige, letztere wiederum in Tier- und Menschenopfer. Für die Menschenopfer wurden entweder Personen ausgewählt, die außerhalb des Gemeinde- oder Rechtsverbandes standen, oder Personen, die das Los bestimmte, die also letztlich von den höheren Mächten selbst ausgesucht wurden. Die Opferung eines Menschen beinhaltete immer seine rituelle Tötung im Rahmen einer Kulthandlung. Die verschiedenen Formen der Menschenopfer können ihren ursächlichen Sinn im Ahnenkult, in der Unterwerfung von Kriegsgefangenen, in der Totenfolge (Begleitopfer) oder in der Magie haben. Zu den bekanntesten Anlässen zählen außer Orakelbefragungen und privaten Anlässen vor allem Weihe und Sühnefeiern, bei denen »hungrige Götter« mit Menschenfleisch und -blut gespeist werden. Der Sinn liegt neben der Absicht, sich die Götter gewogen zu halten, darin, sich an den Erschaffern der Welt zu revanchieren. Der Mensch nimmt von den Göttern, indem er an dieser Welt »zehrt«, und er gibt den Göttern, indem er sich selbst opfert.

Ferne Länder, hungrige Götter, durstende Vampire

Abb. 10: *Die Göttin Kali kann sich mit ihrem eigenen Blut regenerieren, indem sie sich selbst den Kopf abschneidet und das daraus hervorsprudelnde Blut von Dienergestalten auffangen läßt. Indien, 18. Jahrhundert*

Die landläufige Ansicht, Menschenopfer seien als Zeichen einer besonders tiefstehenden Kultur zu werten, ist falsch. Außer den genannten indischen Beispielen sind es vor allem die Hochkulturen Alt-Amerikas, bei denen die Götter nach Fleisch und Blut des Menschen verlangten. Am ausgeprägtesten, wie zahlreiche Quellen belegen, war der Kult der Menschenopferung bei den Azteken während ihrer Blütezeit zwischen 1100 und der Eroberung durch die Spanier in der ersten Hälfte des 16. Jahrhunderts. Die Azteken glaubten, ihre Götter hätten bei der Erschaffung der Welt ihr Herz und ihr Blut der Sonne gegeben, und die Menschen müßten nun ihrerseits ebenfalls ein Opfer bringen, um die Welt im Gleichgewicht zu halten. Den höchsten Blutzoll forderte der Sonnen- und Kriegsgott Huitzilopochtli. Die Indios sollen ihm zur täglichen Stärkung menschliche Herzen und Blut dargebracht haben, damit der Gott den Kampf mit den Mächten der Nacht bestehe und am nächsten Morgen in Gestalt der Sonne wieder am Himmel erscheinen könne!

Vampire in Antike und Abendland

Auch Rom und Griechenland kannten das Menschenopfer; denn auch hier gab es hungrige Götter, die ihren Blutzoll forderten. Allerdings gaben die Menschen ihr Fleisch und Blut nicht immer nur aus freien Stücken. Es wurde ihnen, zumindest in ihren Angstträumen, auch des Nachts von bösen Geistern und Untoten geraubt. Einflüsse aus dem gesamten Mittelmeerraum und dem Vorderen Orient formten und bereicherten den antiken Vampirglauben. So wanderte etwa die blutgierige Schlangengöttin Lilitu von Babylonien aus ins Hebräerreich, wo sie sich als lüsterne Wüstendämonin Lilith inkarnierte und von diesem vorgeschobenen Posten aus auch die Dämonenvorstellungen der antiken Welt mitprägte. Einige ihrer Züge finden sich z. B. in der Gestalt der antiken Lamia wieder, einer Hexe, die sich mit Vorliebe von Kinderblut ernährte. Die Lamia war gleich Lilitu mit Flügeln ausgestattet und galt ursprünglich als eine Geliebte des Zeus, die, von der eifersüchtigen Frau des Göttervaters in den Wahnsinn getrieben, ihre Kinder tötete und fortan durch die Nacht geisterte und aus Rache fremde Kinder umbrachte, deren Blut sie trank und deren Fleisch sie verspeiste. Ihr einstiger Charakter als Verführerin und Vamp zeigt sich bei der Lamia noch darin, daß sie außer Kindern vor allem schöne Jünglinge als Opfer erwählt. War die Lamia ursprünglich eine Einzelperson, so spaltete sie sich im Laufe ihrer Entwicklung in zahlreiche Vampirhexen auf. Etymologisch und zum Teil auch wesensmäßig sind die Lamien mit den Lemuren verwandt, also den Geistern der Verstorbenen und der nächtlichen Gespenster des antiken Rom, zu deren Versöhnung an drei Nächten im Jahr das Fest der Lemurien gefeiert wurde.

Auch die sogenannten Empusen, sehr verwandlungsfähige Spukgeister, töteten Kinder und saugten ihnen das Blut aus. In den »Fröschen« läßt Aristophanes eine Empuse auftreten, die bald als Ochse, bald als Maultier, bald als schönes Weib und endlich als Hund erscheint. Mitunter leuchtet ihr Gesicht feuerrot, ein Bein ist aus Erz, das andere aus Eselsmist. Mit Lamien und Empusen eng verwandt ist Gello, ein Gespenst, das vor allem Neugeborene bedroht. Bei den Harpyen hingegen handelt es sich um unheimliche Geister und Fabelwesen, manchmal in der Form gespenstiger Rosse, die nur über Speisen herfallen. Die Striges wiederum sind dämonische Nachtvögel oder räuberische Menschen in Vogelgestalt. Sie haben einen dicken Kopf, starre Augen, einen Krummschnabel, graues Gefieder und lange Krallen; sie fliegen nachts umher, rauben Kinder aus der Wiege, zerfleischen sie und saugen ihnen das Lebenselixier Blut aus den Adern. Der Glaube, daß Blut Leben ist, und je jünger der Spender, desto konzentrierter wirkt, war auch in der Antike verbreitet. So gibt Odysseus im Hades den Schatten Blut zu trinken, damit ihnen Seele und Bewußtsein zurückkehren. Die Kraft der Lebenden soll sich auf die Toten übertragen.[23]

Die Vielzahl dieser Überlieferungen wirkte auf das im Entstehen begriffene Abendland ein und verband sich mit den dort heimischen Vorstellungen und dem christlichen Gedankengut zu einer neuen Facette des Vampirmythos. Darin fanden sich die aus dem Orient eingewanderten Ghoule – werwolfartige Wesen, die Friedhöfe heimsuchen und sich von den dort begrabenen Leichen ernähren – ebenso wie die antike Gestalt der Stryx (Plural: Striges) wieder, die bis in den Balkanraum vordrangen, der als Schmelztiegel der verschiedenen Vampirvorstellungen von großer Bedeutung werden sollte. Allerdings mutierten die Striges

I. Der Vampirismus oder die Gier nach Leben

in ihrer neuen Heimat von Kinder aussaugenden und fressenden Nachtvögeln zu kinderfressenden Hexen, womit sie einen entscheidenden Beitrag zum abendländischen »Hexenglauben« leisteten. Nicht von ungefähr erfahren wir aus dem berüchtigten Hexenhammer der Herren Sprenger und Insistor, daß es die Hauptleidenschaft der Hexen sei, Kinder zu fressen. So gestand eine unglückliche Angeklagte unter Folter: »Wir stellen hauptsächlich Kindern nach, getauften und ungetauften, besonders aber den letzteren, so lange sie noch nicht durch Gebet und das Zeichen des Kreuzes wider uns in Sicherheit gesetzt sind.«[24] Aus dem Gesagten wird einerseits deutlich, wie eng der Hexenglaube mit dem Vampirglauben verbunden ist und andererseits, wie geschickt die Kirche das »Böse« und damit auch die Angst vor Vampiren zum Vorteil ihrer eigenen Ideologie gedeutet hat.

Obgleich sich im Jahrhundert der Aufklärung Benedikt XIV., der Papst der Gelehrten, ein Förderer der Naturwissenschaften und Bewunderer Voltaires, in einem Brief an einen seiner Erzbischöfe für die Bekämpfung des Vampirglaubens aussprach – übrigens die einzige offizielle Äußerung eines Papstes zu diesem Thema –, setzte er sich mit dieser Auffassung nicht durch. Dazu stand sie zu konträr zur geläufigen Praxis der Kirche, die bisher die Angst des Volkes vor den Vampiren dazu benutzt hatte, die Befolgung der christlichen Regeln als sichersten Schutz vor den Blutsaugern zu preisen. Darüber hinaus boten diese Ängste den Priestern die Möglichkeit, ihre Schützlinge zu zusätzlichen Zahlungen für Exorzismus und Messen zu bewegen. Ausgesprochen rigoros drohte die griechisch-orthodoxe Kirche damit, daß jeder exkommunizierte Glaubensabtrünnige nach seinem Tod als Vampir umgehen müsse. Aber auch innerhalb der katholischen Kirche galten Exkommunikation, ein unchristliches und lasterhaftes Leben oder Selbstmord als sicherer Weg in den Abgrund der Untoten. Vor allem zur Zeit der Türkenkriege, zwischen dem 15. und 18. Jahrhundert, war die katholische Kirche darum bemüht, ihre eher unbedeutende Position innerhalb der vorwiegend griechisch-orthodoxen und islamischen Bevölkerung des Balkans zu behaupten und zu erweitern. Aus diesem Grund machte sie sich um 1600 verstärkt die dort herrschende Furcht vor Vampirwesen zunutze und ernannte die Vampire zu Verbündeten des Teufels, womit deren Bekämpfung automatisch in ihren Kompetenzbereich fiel. Bereits die mittelalterliche Theologie hatte die Vampire in ihre Hierarchie eingeordnet: Ihr oberster Chef und kommandierender General soll ein Herzog Bune sein, der im Reich der Dämonen insgesamt 30 Legionen von Unterteufeln befehligt. Doch erst ab 1600 wurde das bekannte Szenario christlicher Vampirabwehr entwickelt: Kruzifix und Weihwasser galten nun als wirkungsvolle Mittel, das Grab eines umgehenden Vampirs zu versiegeln. Die endgültige Auslöschung des Untoten als eines »advocatus diaboli«, konnte nur ein Priester betreiben. Die Methoden, die er dazu verwandte, wie etwa die bewährte Herzpfählung, wurden vielfach einem vorchristlichen Glauben entliehen, allerdings überzog man sie mit einem christlichen Firnis. So mußten etwa für die Pfählung der Leichen Holzstecken genommen werden, die aus der gleichen Holzart wie das Kreuz Jesu gefertigt waren. Die Gestalt Jesu Christi entwickelte sich in diesem Kontext zum großen Antivampir. In gewisser Hinsicht verbindet die leibliche Auferstehung und Überwindung des Todes Christus als »lebenden Toten« mit dem Vampir. Aber während der Gottessohn die opfernde, altruistische Position vertritt, indem er sein Fleisch und Blut im Abendmahl zum Wohle des Menschen verschenkt, vertritt der Vampir die sadistische und egoistische Position, indem er sich fremdes Blut zum eigenen Wohle einverleibt.

Der Prototyp des abendländischen Vampirs hat im Laufe seiner jahrhundertelangen Entwicklung folgende Hauptcharakteristika angenommen: Es handelt sich bei ihm um einen Toten, der nachts sein Grab verläßt, um seinen Opfern das Blut auszusaugen. Er greift Menschen und in der Not auch Tiere an. Tagsüber muß er in seinem Grabe liegen, da er an die Heimaterde seines Grabes gebunden ist. Der Leichnam eines Vampirs zeigt keine oder nur geringfügige Zeichen von Verwesung. Auf Leben in ihm deuten seine frische Gesichtsfarbe und Laute, die er von sich gibt, besonders dann, wenn sein Leichnam gepfählt wird. Weitere Zeichen sind unter anderem das Nachwachsen von Haaren und Nägeln und – bei männlichen Vampiren – ein erigierter Penis. Hat der Vampir ausgiebig Blut getrunken, kann das seinen Körperumfang verändern – manchmal läuft ihm auch das Blut seiner Opfer aus Mund, Nase und Ohren. Ein Vampir ist deshalb

I. Der Vampirismus oder die Gier nach Leben

so gefährlich, weil seine Opfer ebenfalls zu Vampiren werden, sobald sie gestorben sind. Das sicherste Abwehrmittel besteht darin, daß man sie ausgräbt, ihnen einen Pfahl ins Herz treibt und den Leichnam gegebenenfalls noch verbrennt.

Dieser Typus des Wiedergänger-Vampirs hat im christlichen Abendland seine »klassische« Ausprägung erfahren. Eine ähnliche Bedeutung hat ein Verwandter des Vampirs, der *Nachzehrer*, der Teile seines Leichengewandes ißt und sich manchmal auch an seinem eigenen Körper vergreift. Von den Lebenden wird er gefürchtet, weil er Freunde und Verwandte allein durch sympathetische Wirkung »nachholt«. Furore machte auch der bereits an anderer Stelle behandelte Alp. Förderlich für die Ausbreitung des Vampirglaubens waren stets Krankheit, Kriege und Not. Daß er gerade auf dem Balkan so gut gedieh, hatte seine Ursache nicht zuletzt in den jahrhundertelangen kriegerischen Auseinandersetzungen, die in dieser Region zwischen dem christlichen Habsburgerreich und dem expandierenden moslemischen Reich der Osmanen tobten. Von Regionen, in denen die Pest wütete, ist bezeugt, daß das Volk nicht selten die Friedhöfe stürmte, die Gräber aufriß und die Leichen pfählte, weil es Vampire als Ursache der Seuche vermutete.[25]

Erste schriftliche Berichte über das Wirken der Vampire im Abendland sind in den einzelnen europäischen Ländern unterschiedlichen Datums. Dabei ist allerdings zu berücksichtigen, daß schriftliche Aufzeichnungen nur sehr bedingt etwas darüber aussagen, wie lange der Vampirglaube in der entsprechenden Region bereits verbreitet war. Aus England gibt es seit dem Ende des 12. Jahrhunderts mehrere Beschreibungen von vampirischem Wiedergängertum. In Deutschland begegnen uns um 1337 viele Berichte von wiederkehrenden Toten, die den Lebenden Schrecken eingejagt haben sollen. Wer von den Wiedergängern mit seinem Namen angesprochen wurde, soll acht Tage danach gestorben sein. Sehr bekannt wurde der Fall des Hirten Myßlata in dem böhmischen Dorf Blow bei Cadan, der selbst dann noch als Vampir umgegangen sein soll, nachdem man ihm einen Pflock ins Herz gestoßen hatte. Erst nach der Verbrennung seiner Leiche hörte das vampirische Treiben des Hirten auf. Seine Leiche soll dabei auf dem Scheiterhaufen wie ein Ochse gebrüllt haben. In Schlesien war lange Zeit der Glaube an Nachzehrer lebendig. Erste Zeugnisse über sie tauchen im Jahre 1517 auf. Angeblich hörte man das Kauen und Schmatzen dieser Toten in ihren Gräbern.[26]

Vampirzeugnisse liegen aus fast allen Teilen Europas vor: Außer England und dem Heiligen Römischen Reich Deutscher Nation lieferten u. a. auch Frankreich, Italien, Spanien, Ungarn, Polen und Rußland Stoff dazu. Am zahlreichsten und am wirkmächtigsten waren die Berichte aus dem Balkan. Das hat mehrere Gründe: Der Balkan war Schnittpunkt verschiedener Kulturen, von denen mehr oder minder jede einen Baustein zum Vampirmythos beitrug, und vor allem waren die bereits erwähnten kriegerischen Auseinandersetzungen zwischen Christen und Moslems dem Vampirglauben förderlich. Ersichtlich wird das z. B. daran, daß bei den Serben in erster Linie solche Personen als Vampire verdächtigt wurden, die einmal im türkischen Teil Serbiens gelebt hatten.[27] Nicht zuletzt hatte Bram Stokers »Dracula« eine enorme Wirkung. Seit seiner Veröffentlichung scheint die Urheimat der Vampire nun auf immer und ewig auf den Balkan, d. h. genauer in das am Gebirgszug der Karpaten liegende Transsilvanien, festgelegt zu sein.

Gerade hier zeigt sich die für den Balkan typische Multikulturalität besonders deutlich: Slowaken, polnische Stämme, Ukrainer, Deutsche und Rumänen teilen sich die Region mit Zigeunern und Ungarn. Ein Teil dieser Bevölkerung stammt aus Asien (Zigeuner, Indien) oder führt seinen Ursprung auf Asiaten zurück, wie die Ungarn (Magyaren). Ein Erklärungsversuch für den verbreiteten Vampirglauben in Transsilvanien ist, daß die Mongolen, zu denen sich die Ungarn zählen, und der Stamm der Szekler, der auch von Asien nach Europa kam und stärker noch als die Magyaren innerhalb der europäischen Bevölkerung aufging, von tibetanischen Mongolen beeinflußt sein sollten, die sowohl an Vampire als auch an einen Fledermausgott glaubten. In diesem Zusammenhang ist interessant, daß Stoker seinem Dracula die Behauptung in den Mund legt, er stamme von den Szeklern ab.

In Transsilvanien kam auch der inzwischen weltweit bekannte Glaube auf, neben dem kirchlichen Abwehrzauber könne man Vampire vor allem durch Knoblauch bekämpfen, den man an Türen und Fenstern aufhängt. Die Bevölkerung betrachtete

I. Der Vampirismus oder die Gier nach Leben

Knoblauch als Medizin, nützlich gegen Erkältungen und andere Krankheiten; und da alles, was vor Krankheiten schützt, als gute oder »weiße« Magie gilt, betrachtete man Knoblauch auch als geeignetes Mittel gegen die Mächte der Finsternis.

Als in den Jahren 1725 und 1732 österreichische Ärzte Berichte über einen akuten Vampirismus auf dem Balkan an die kaiserliche Regierung in Wien schickten, hatte sich der Vampirglaube in dieser Region mittlerweile so verdichtet, daß er große Teile der dort lebenden Bevölkerung in Panik versetzte, was zur Folge hatte, daß das restliche Europa fasziniert nach dem Balkan blickte und sich in eine Vampirdiskussion verstrickte, die über Jahrzehnte andauern sollte!

Die Vampirpanik im 18. Jahrhundert

Ausgerechnet im Zeitalter der Aufklärung begann die Seuche des Vampirismus Europa zu erobern. In der Mitte des 18. Jahrhunderts äußerte ein besorgter Chirurg angesichts der vielen Berichte dieser Art, der Vampirismus habe sich »wie eine Pest über das Slawenland und die Walachei verbreitet ... zahlreiche Opfer gefordert und das ganze Land in Angst vor den geheimnisvollen Besuchern versetzt, vor denen sich niemand sicher fühlte.«[28] Bereits im späten 17. Jahrhundert hatten Gerüchte über Vampirepidemien in Rußland und Polen kursiert. Da sollen unverweste Menschenleichen Mund, Zunge und Augen bewegt haben und als Nachzehrer ihre Leichentücher verschlungen und ihren eigenen Körper angefressen haben. Andere sollen von ihren Gräbern auferstanden sein, um die Lebenden anzufallen. Diesmal schien sich die Vampirepidemie vor allem entlang der österreichischen Militärgrenze zu ziehen und sich in die unter Militärverwaltung gestellten Neuerwerbungen des Türkenkrieges von 1718 auszubreiten. Der Streifen, der sich halbmondförmig von Slawonien bis zur Bukowina zieht, wurde Hauptherd des Geschehens; der von den Habsburgern eroberte Nordteil Bosniens und Serbiens Schauplatz der ersten Skandale.

Vor allem zwei protokollierte Fälle waren es, die den Vampir für viele damalige Europäer wieder auferstehen ließen: Der Fall des Peter Plogosovitz (auch Peter Plogojowiz oder Plogojewitz) 1725 in Kisolova und der des Arnod Paole (auch Arnont Paole oder Arnold Paul) 1732 in Medvegia. Beide Männer gerieten in den Ruf, Vampire zu sein, da nach ihrem Tod ein unerklärliches Sterben über ihre jeweiligen Heimatorte hereinbrach. In beiden Fällen fanden sich Zeugen, die Plogosovitz, bzw. Paole als Untote gesehen haben wollen. Daraufhin wurden die Gräber geöffnet, und beide Male fand man die Leichen unverwest und mit Blut vollgepumpt. Den »überführten Vampiren« wurde daraufhin ein Pfahl ins Herz getrieben, um sie anschließend zu verbrennen.

Insbesondere den Fall des Arnod Paole aus Medvegia kann man aufgrund der damals vorgenommenen amtlichen Dokumentation als einen der bestbelegten und ausführlichsten Darstellungen des Vampirismus bezeichnen. Nach dem Auftreten mehrerer plötzlicher und unerklärlicher Todesfälle, gefolgt von dem in der betroffenen Region vorgebrachten Verdacht auf Vampire, hatte der zuständige Militärkommandant Schnezzer den Contagions-Medicus Glaser nach Medvegia geschickt, um eine gründliche Untersuchung vorzunehmen. Aus Glasers Bericht geht hervor, daß mehrere Bewohner unter Fieber, Brechreiz, Schmerzen im Magen-Darm-Trakt, Seitenstechen, Brustbeschwerden und unstillbaren Durst litten. Eine ansteckende Krankheit konnte er jedoch nicht feststellen. Allgemein war bei den Bewohnern die Angst stark verbreitet, von wiederkehrenden Toten verfolgt zu werden und nach dem eigenen Tod selber zum Vampir zu werden. Glaser ließ daraufhin einige Gräber öffnen und fand darunter unverweste Leichen von rosigen Teint. Um die Bewohner von Medvegia zu beruhigen, erbat Glaser in seinem Bericht an Schnezzer die Erlaubnis zu einer rituellen Hinrichtung der aufgefundenen »Vampire«. Schnezzer sandte diesen Bericht an das Oberkommando in Belgrad weiter. Der Interimskommandant von Belgrad, Marquis Botta d'Adorno, ordnete jedoch vor der Erlaubnis einer Exekution der Leichname eine »Chyrurgische Visitation« an, die von dem Regimentsmediziner, dem Feldscher Johann Flückinger, und zwei Unterfeldschern im Beisein mehrerer Offiziere vorgenommen wurde. Über diese Untersuchung erstellte Flückinger einen Bericht, den er unterzeichnete und von den zwei Unterfeldschern sowie den anwesenden Offizieren gegenzeichnen ließ. Im Gegensatz zu Glaser ging Flückinger von einer ansteckenden Krankheit aus und bei seinem Versuch, den Übertragungswegen der Seuche auf die Spur zu kommen, stieß

I. Der Vampirismus oder die Gier nach Leben

er als vermuteten Urheber der Epidemie auf die Gestalt des Heyducken Arnod Paole, der sich fünf Jahre vor der Untersuchung (also 1727) den Hals gebrochen hatte. Paole hatte bereits zu seinen Lebzeiten seiner Ehefrau gebeichtet, während seines Armeedienstes in Griechenland, bei dem er nach eignen Aussagen an einem besonders verfluchten Ort stationiert war, von einem Vampir heimgesucht worden zu sein. Nach seinem plötzlichen Tod sei Paole dann durch das Dorf gegeistert, habe dem Vieh das Blut ausgesaugt und vier Menschen umgebracht. Daraufhin hatte man ihn 40 Tage nach seinem Tod ausgegraben und gepfählt, wobei er vernehmlich geächzt haben soll. Und weil die Leute von Paoles getötetem Vieh gegessen hätten, schlußfolgerte Flückinger in seinem Bericht, müßten sich diese Personen auf diesem Wege ebenfalls mit dem »Vampirvirus« infiziert haben. Zehn von 16 Leichen, die der Regimentsmediziner daraufhin obduzieren ließ, offenbarten tatsächlich Zeichen von Unverwesbarkeit.[29]

Derartige Berichte waren es, die selbst einen Rousseau, dessen Philosophie doch auf dem Glauben beruhte, daß in der reinen Natur das Gute und Unschuldige vorwalte, ausrufen ließ: »Wenn es je in der Welt eine gerechtfertigte und bewiesene Geschichte gegeben hat, so ist es die der Vampire. Nichts fehlt: Offizielle Berichte, Aussagen von angesehenen Persönlichkeiten wie Chirurgen, Geistlichen, Richtern; das juristische Beweismaterial ist allumfassend.«[30] Aus derartigen Quellen speiste auch Montague Summers seinen Glauben an die Existenz von Vampiren, und noch in jüngster Zeit bemerkte Colin Wilson: »Es muß einen Grund dafür gegeben haben, daß diese Vampirgeschichten plötzlich die Fantasie ganz Europas beschäftigten. Offensichtlich war *irgend etwas* geschehen, und es ist unwahrscheinlich, daß es sich um bloße Einbildung handelte.«[31]

Aber was sind das für Quellen und Belege, die wir von der Vampirpanik aus dem 18. Jahrhundert besitzen? Da sind zunächst einmal die Berichte und Akten, die aus den kaiserlichen, königlichen und fürstlichen Kanzleien stammen. Neben den Berichten von Glaser und Flückinger gibt es zahlreiche weitere Akten aus den ehemals kaiserlichen Kanzleien in Wien, die sich auf den Vampirglauben, insbesondere in Serbien, beziehen.[32] Abschriften derartiger Berichterstattungen gingen an die Höfe des preußischen Königs und anderer deutscher Fürsten. Der französische

Gesandte in Wien schickte Abschriften an den Großsiegelbewahrer seines Königs nach Paris. Es ist zu vermuten, daß auch der Vatikan eingeschaltet wurde. Die Presse wurde sehr schnell durch Glasers Bericht informiert, den dieser nicht nur an das *Collegium Sanitatis* in Wien gesandt hatte, sondern auch an seinen Vater, den Mediziner Johann Friedrich Glaser, der als Wiener Korrespondent des *Commercium Litterarium* die Geschehnisse an die Öffentlichkeit brachte. Damit war ein Stein ins Rollen gekommen, der unaufhaltsam wurde, als die Abschriften von Vampirakten, die in Wien unter Mitgliedern höfischer und akademischer Kreise verbreitet worden waren, von dort auch bald in die Hände von Zeitschriftenverlegern gerieten. Jetzt eroberten die Vampire für Jahre hinaus die Schlagzeilen in der Presse.[33] Der Kaiser in Wien entschied daraufhin höchstpersönlich, die Universitäten einzuschalten, damit sie zum Thema Vampirismus Stellung nahmen. Noch 1732, also unmittelbar nach dem Abfassen der Berichte von Glaser und Flückinger, erschienen etwa ein Dutzend »philosophischer Versuche«, »kurtzer Bedenken«, »muthmaßlicher Gedanken«, »besonderer Nachrichten«, »christlicher Betrachtungen« sowie eine Anzahl akademischer Dissertationen an verschiedenen Hochschulen zu diesem Thema.[34] Lehrer, Theologen, Mediziner und Philosophen prüften den Wahrscheinlichkeitsgehalt der Nachrichten, erörterten die verschiedensten Aspekte und zogen vergleichbare Fälle aus Mitteleuropa heran, etwa den der angeblich besonders in Schlesien verbreiteten Nachzehrer. Vor allem zwei Schriften zum Vampirismus machten in der Folgezeit Furore: Zum einen Michael Ranffts Traktat »Von dem Kauen und Schmatzen der Todten in Gräbern« und zum anderen die Abhandlung des französischen Benediktinermönches Augustin Calmet, von dem wir noch hören werden. Ranffts erste Auflage war bereits 1728 (Abb. 11), also vier Jahre vor dem Publikwerden der Fälle von Vampirismus in Medvegia erschienen. In der wesentlich erweiterten zweiten Auflage von 1734 (Leipzig) geht er ausführlich auf diese Ereignisse ein, wobei er auch aus allen seit 1732 zu diesem Fall bezugnehmenden Schriften zitiert. Ranfft selber gebührt damit der Verdienst, das erste Standardwerk zum Vampirglauben vorgelegt zu haben. Er selber versteht sich als Aufklärer, hütet sich aber davor, die Vorkommnisse von vornherein als Aberglau-

I. Der Vampirismus oder die Gier nach Leben

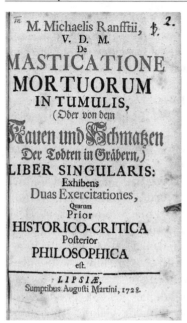

Abb. 11: *Michael Ranfft: Von dem Kauen und Schmatzen der Todten in Gräbern, Leipzig 1728*

ben abzutun, sondern setzt sich ernsthaft mit den vorhandenen Dokumenten auseinander. In seinem Bemühen um eine Erklärung der Vorfälle zieht er Verbindungen zu Alp-Vorstellungen und macht auch Sinnestäuschungen für den Glauben an Vampire mitverantwortlich. Das Kauen und Schmatzen erklärt er durch Tiereinflüsse an Gräbern, die unzulänglich abgedeckt worden sind. Seine Hinweise auf besondere Erde und chemische Vorgänge, die den Verwesungsprozeß aufschieben können, werden inzwischen von der Gerichtsmedizin anerkannt und bestätigt. Die plötzlichen Todesfälle führt er auf die Pest zurück. Zu der vorrangig von Theologen erörterten Frage, ob nun die Seele oder der abgeschiedene Leib eines Menschen als Vampir umgehe, nimmt Ranfft ausführlich Stellung. Dabei macht er einen Unterschied zwischen dem Tod der Seele und dem Tod des Körpers nach der Verwesung. Während die Seele den Körper längst verlassen hat, könnten Ranffts Meinung nach noch gewisse Kräfte beim Leichnam bis zu dessen Verfall zurückbleiben und unheilvoll auf die Lebenden einwirken. Damit mißt er den »Vampiren« Plogosovitz und Paole eine gewisse Realität bei. Eine Theorie, die ein Jahrhundert später der katholische Mystiker Joseph Görres weiterspann. Auch auf delikatere Punkte der Vampirberichte geht Ranfft ein. Während in den offiziellen Berichten der erigierte Penis, den der Vampir Plogosovitz bei seiner Ausgrabung gehabt haben soll, diskret mit »noch ein andere(s) wilde(s) Zeichen« umschrieben wird, erklärt Ranfft, daß derjenige, der mit steifem Glied stirbt, dieses auch nach dem Tode, bis zum Eintreten des körperlichen Verfalls behält.

Das andere bedeutsame Werk zur Vampirpanik wurde 1746 von dem seinerzeit bekannten Theologen und Bibelexegeten Augustin Calmet vorgelegt. Seine von einem katholischen Standpunkt aus verfaßte Arbeit erlebte viele Neuauflagen und wurde in mehrere Sprachen übersetzt. Ihr deutscher Titel lautet: »Gelehrte Verhandlungen von denen sogenannten Vampiren oder zurückkommenden Verstorbenen« (Einsidlen 1749). Calmet hebt als Argument gegen den Vampirismus hervor, daß nur Gott wiedererwecken kann. Das Phänomen des Vampirismus führt er zunächst einmal auf die schlechte Ernährung bei den Balkanvölkern zurück, was deren Einbildungskraft beflügle. Auch Opiumgenuß bewirke ihre phantastischen Träume und gebe dem Teufel Einfluß auf das Leben dieser Menschen. Dennoch spekuliert Calmet, ob nicht der Teufel Wiedererweckungskräfte von Gott erfahren haben könne. Falls ja, so stellt sich die Frage, wie denn der Teufel die Vampirleiber so subtil habe machen können, daß sie imstande seien, die Erde zu durchdringen, Gruftdeckel zu lüften und durch Fugen und Schlüssellöcher in Häuser zu schweben. Die Existenz von Vampiren schließt Calmet also nicht generell aus. Seine Arbeit ist insofern ein Novum in der Auseinandersetzung der Kirche mit den Vampiren, als er streng danach fragt: Wie weit deckt sich die Existenz von Vampiren mit unserer kirchlichen Lehre? Und sich nicht um die bisherige Praxis kümmerte: Wie weit können wir die Angst der Menschen vor den Vampiren für die Machtstellung der katholischen Kirche nutzen?

Von den zahlreichen Theorien über das Vampirwesen, die im 18. Jahrhundert aufkamen, blieb eine zunächst unbeachtet, die aber in der Folgezeit an Bedeutung gewinnen sollte. Es ist dies die Annahme, daß zwischen dem Hexenwahn, bzw. dessen Schwinden und dem Aufkommen der Vampir-Hysterie, ein enger Zusammenhang besteht. Bereits in Calmets Schrift finden wir die eher beiläufige Feststellung, daß im 16. und 17. Jahrhundert die Menschen in Lothringen von fast nichts anderem redeten als von Hexen und Hexenmeistern, dieser Glaube aber nun vollkommen verblaßt sei. Gábor Klaniczay hat in seiner Schrift über »Heilige, Hexen, Vampire« besonders darauf hingewiesen, wie nahtlos der Niedergang der Hexen im Habsburgerreich durch den Aufstieg der Vampire abgelöst wurde.[35] Klaniczays

These lautet, daß nicht so sehr aufklärerische Bemühungen den Hexenwahn beendet haben, sondern dieser weit mehr durch die Suggestionskraft der Vampire verdrängt wurde, nachdem die ersten Skandale dazu publik geworden waren. Immerhin gibt es auch inhaltlich zwischen den zumeist weiblichen Hexen und den überwiegend männlichen Vampiren Übereinstimmungen: Wie bereits an anderer Stelle erwähnt, steht auch die Hexe im Verdacht, Menschen, vorzugsweise Säuglinge, zu töten, um deren Blut zu trinken, bzw. deren Fleisch zu essen. Sowohl die Hexe als auch der Vampir verstoßen gegen soziales und religiöses Tabu und bringen den Menschen Schaden. Ihnen wurden dabei magische Kräfte zugesprochen, z. B. konnten sich beide der allgemeinen Vorstellung nach in Tiergestalt zeigen. Zudem waren sie dem Kundigen an geheimen Zeichen erkennbar, und will man ihre Macht endgültig brechen, müßten sie durch Feuer vernichtet werden.

Wie jedes Fieber, wie jede Epidemie, fand auch die Vampirpanik ein Ende. Ab der Mitte des 18. Jahrhunderts begannen sich die Wogen zu glätten. Gleichwohl sind rituelle Hinrichtungen von vermeintlichen Vampirleichen, vorzugsweise in Ost- und Mitteleuropa, noch bis an die Schwelle des 20. Jahrhunderts nachweisbar. Auch im Bereich der wissenschaftlichen Literatur überlebte der Vampir und die neu ins Blickfeld tretende Vampirfledermaus, obgleich die Anzahl der Veröffentlichungen der zweiten Hälfte des 18. Jahrhunderts gegenüber der ersten Hälfte deutlich sank. Doch daß der Vampir keineswegs den Schlaf der normalen Toten schlief, offenbarte sich spätestens mit dem Beginn der Romantik. Nun eroberte er die fiktive Literatur und hält darin seine herausragende Stellung bis in unsere Gegenwart. Seine heutige Position kann er überdies durch die modernen Medien ausbauen, in denen er glänzt wie kein anderes Geschöpf der Nacht neben ihm, woraus ersichtlich wird, daß weder Aufklärung, noch Pflock und Scheiterhaufen dem Vampir ernsthaft schaden können!

II. Der Vampir als literarische Fiktion

Ursprünge des Vampirgenres

Montague Summers hat in seiner materialreichen Arbeit auf die besonderen Schwierigkeiten verwiesen, mit denen eine Untersuchung des Vampirthemas in der Literatur verbunden ist.[1] Er empfand es nicht nur als schwierig, die bereits zu seiner Zeit gewaltig angewachsene fiktive Vampirliteratur zu überblicken und zu durchforsten, sondern noch schwieriger das Thema deutlich abzugrenzen, ist doch das »Vampirprinzip« fast überall präsent. Geradezu unmöglich ist es jedoch, präzise festzulegen, wann und wo sich das Vampirgenre entwickelt hat. Heute wird die Vampirliteratur, besonders wenn sie im klassischen Graf Dracula-Gewand daherkommt, gerne der *phantastischen Literatur* zugeordnet. Doch auch der Begriff der phantastischen Literatur ist nicht so einfach festzumachen. Roger Caillois hat für sie die vielleicht brauchbarste Definition geliefert, wenn er schreibt: »Im Phantastischen offenbart sich das Übernatürliche wie ein Riß in dem universellen Zusammenhang. Das Wunder wird dort zu einer verbotenen Aggression, die bedrohlich wirkt und die Sicherheit einer Welt zerbricht, in der man bis dahin die Gesetze für allgültig und unverrückbar gehalten hat. Es ist das Unmögliche, das unerwartet in einer Welt auftaucht, aus der das Unmögliche per definitionem verbannt worden ist.« Eine andere, stärker einengende und darum auch von Autoren wie Stanislaw Lem oder Rein A. Zondergeld kritisierte Auffassung stammt von Tzvetan Todorov. Todorov geht von einer natürlichen und einer übernatürlichen Ordnung aus und will den Begriff »phantastisch« nur dann verwendet wissen, wenn unentschieden bleibt, ob ein dargestelltes Ereignis einer der beiden Ordnungen zugehört; denn sobald es sich als »natürlich« erweist, sei das Ereignis im besten Fall »unheimlich«, während es, gehört die Erklärung dem Bereich des »Übernatürlichen« an, »wunderbar« sei.[2]

II. Der Vampir als literarische Fiktion

Auch wenn diese beiden Definitionen ein hilfreiches Instrumentarium bieten, mit dem man sich der Vampirliteratur seit der Romantik nähern könnte, taugen sie nur bedingt, wenn der Ursprung dieses Genres einbezogen wird. Denn an seinem Anfang standen Sage und Mythos. Diese wurden bei ihrer Ausformung aber weder als »Riß« in der Wirklichkeit noch als diffus empfunden, sondern als durchaus real, allenfalls als »verdichtete« oder überhöhte Wirklichkeit.

Erste Spuren eines »Vampirgenres« begegnen uns in fast allen alten Hochkulturen: In China soll man sich bereits um 600 v. Chr. Vampirgeschichten erzählt haben, und aus Indien sind die bereits an anderer Stelle erwähnten Abenteuer von König Vikram mit einem Vampir überliefert. Sage und Mythos, aus denen der Vampir entsprungen ist, standen natürlich auch immer in enger Verbindung zu den heiligen Schriften der Völker. So berichten etwa die indischen Veden von den Gandharven, blutgierigen, faunartigen Buhlgeistern, welche die Frauen im Schlaf heimsuchen. Ein an dieser Stelle beigegebener Bannfluch bezeugt deutlich, daß hier keine »Fiction«, sondern eine beängstigende Realität wiedergegeben werden soll.[3] In der antiken Dichtung nimmt das Vampirmotiv in Form von blutsaugenden *Striges, Lamien* und *Empusen* Gestalt an. So berichtet etwa Phiostratos in einer Erzählung von einer blutlüsternen Empuse, bei Apuleius erfahren wir in seinem kompilatorischen Roman »Metamorphosen« von nächtlichen Heimsuchungen durch bluttrinkende Lamien. In den »Fasti« des Ovid überfallen Striges den fünf Tage alten Königssohn von Alba, und Homer läßt Odysseus, wie wir schon gehört haben, im 11. Gesang die Toten mit Blut aus ihrem Reich locken:

»Als ich nun so mit Gelübden und Bitten die Scharen der Toten
Angefleht, ergriff ich die Schafe und schnitt ihre Kehlen
Über der Grube ab; ihr Blut floß dunkel. Da stiegen
Aus der Tiefe die Seelen der abgeschiedenen Toten....
Die umschwärmten die Grube in großen Scharen mit lautem
Schreien von allen Seiten. Mich faßte blasses Entsetzen.«[4]

Was uns in diesen frühen Dichtungen begegnet, ist eine Mischung aus historischen Erinnerungen und neu erfundenen Elementen. Die uns phantastisch erscheinende Welt, in welche diese großen Epen eingebettet sind, spiegelte für die damals lebenden Menschen keine freie Dichtung, sondern eine »verdichtete« Realität wider. Das mag bis zu einem gewissen Grad auch noch für die Geschichten und Märchen des Orients gelten, wie sie uns etwa in »Tausendundeiner Nacht« begegnen. Hier beichtet Scheherazade im Verlauf der fünften Nacht von einem jungen Königssohn, der während einer Jagd beinahe das Opfer einer bluttrinkenden Ghula wurde.[5] Uneingeschränkte Realität sollen die Vampire in den altisländischen Sagas vermitteln, wo sie als Wiedergänger umgehen, die nach Ernst Havekost von großer Bedeutung für die Ausbildung des Vampirmythos wurden. Havekost weist auch nach, daß die Gestalt des Wiedergängers nicht auf einen Sagadichter zurückgeht, sondern aus dem Volksglauben erwachsen ist.[6] Der abendländische Vampir tritt uns in literarischer Form erst spät entgegen. Zuvor stehen historische Berichte oder Versuche, das Phänomen wissenschaftlich einzufangen. Eine Ausnahme ist der 1657 erschienene phantastisch-satirische Roman »L' autre monde, ou les États et Empires de la Lune« von Cyrano de Bergerac. Dort herrschen auf dem Mond vampirische Sitten und ein Teil der Mondbewohner stattet der Erde als Lamien und Blutsauger einen Besuch ab. Trotz dieser geringen schriftlichen Zeugnisse war der Vampir in mündlich überlieferten Geschichten immer präsent. Durch die Jahrhunderte hindurch erzählten sich die Völker Europas Sagen von Nachtalpen, wiederkehrenden Gatten oder nachzehrenden Toten. Festgehalten wurden diese Berichte erst, als sich der Geist der Romantik den Mythen des Volkes zuwandte. Zahlreiche Dichter des 19. Jahrhunderts griffen auf diesen Sagenkreis zurück, wie Prosper Mérimée in »La Guzla« oder Gogol in dem »Wij«. In den Volksmärchen treten die Vampire häufig als Brautwerber auf. Der Umstand, daß sie hier meist lieber Menschenfleisch fressen als Blut saugen, macht die Verwandtschaft des Vampirs mit dem Werwolf deutlich. Der Brautwerber hat seine Wurzeln in der Leonorensage, in welcher der tote Bräutigam seine Braut bei Vollmond entführt. Ein anderes Vampirmotiv klingt im Mann vom Galgen an: Ein Mann raubt das Herz, die Leber oder den Magen eines Gehängten und gibt es seiner Frau zu essen. Der Tote kommt, um sein Eigentum zurückzufordern und führt den Mann oder die Frau mit sich fort.[7]

II. Der Vampir als literarische Fiktion

Die Vampirpanik des 18. Jahrhunderts, die ganz Europa beschäftigte und das gelehrte Schrifttum in ungeheurer Weise anschwellen ließ, blieb für die schöngeistige Literatur dieser Zeit vollkommen bedeutungslos. Lediglich eine Ausnahme existiert: Es handelt sich um das 1748 verfaßte, eher anakreontisch verspielte als düster dämonische Gedicht »Der Vampyr« des Lyrikers Heinrich August Ossenfelder.[8] Ein Grund für die Gleichgültigkeit der Literaten am Vampirgenre ist sicher der historisch »ungünstige« Moment; denn die Dichtung Englands, Frankreichs und Deutschlands war im Jahrhundert der Aufklärung stark von einer rationalistischen Geisteshaltung geprägt, die sich in einem wissenschaftlichen Weltverständnis, einem neuen bürgerlichen Selbstbewußtsein sowie in einem starken Glauben an die unbegrenzten Möglichkeiten vernunftgelenkten Denkens äußerte. Die Kunst wollte der sittlichen Erziehung und intellektuellen Fortbildung dienen und sich nicht mit rational schwer erfaßbaren Ängsten oder Phänomenen beschäftigen – höchstens in Form einer Satire mit aufklärerischer Intention, wie Oliver Goldsmith das 1760 in einer anderen »Ausnahme«, nämlich seinen »Chinese Letters« tat. Sein »Major Vampire«, den er hierin auftreten läßt, soll auf die gesellschaftliche »Blutsaugerei« zwischen den Menschen aufmerksam machen.[9]

Erst als sich das Jahrhundert seinem Ende zuneigte, und das Licht der Aufklärung viel von seinem Glanz eingebüßt hatte, fühlten sich die Künstler und Dichter von der Tiefe und Abgründigkeit des Vampirthemas angezogen. Das Jahr 1797 wurde dabei zum Schicksalsjahr. In England waren es Robert Southey und Samuel T. Coleridge, die sich dem Stoff zuwandten. In Southeys Verserzählung »Thalaba the Destroyer« entsteigt Oneiza, die verstorbene Geliebte der Titelgestalt als Blutsaugerin ihrem Grab. Bei Coleridge trägt die rätselhafte Figur der Geraldine in seiner nie vollendeten Ballade »Christabel« vampirhafte Züge. Im siechen »Heiligen Römischen Reich Deutscher Nation« schreibt Novalis seine »Hymnen an die Nacht«, in welchen er den Tod gleich einer vampirhaft verschlingenden Umarmung herbeisehnt. Endlich veröffentlicht 1797 Goethe das Gedicht »Die Braut von Korinth«, das z. T. in Anlehnung an Phlegons »Die Braut von Amphipolis« entstand.[10] Das Gedicht Goethes stieß nicht nur aufgrund der Themenwahl, sondern auch wegen der ungewohnt freizügigen Schilderung der nächtlichen Liebesszene zwischen der toten Braut und ihrem lebenden Bräutigam auf teilweise erbitterte Ablehnung innerhalb der zeitgenössischen Leserschaft. Dabei lag es Goethe fern, eine nekrophil-morbide Liebesorgie wiederzugeben; denn obwohl die tote Geliebte ihren Geliebten vampirisch nach sich ins Grab zieht, wartet nicht die Verdammnis auf die beiden. Der Olympier läßt die Liebenden nach ihrem irdischen Ableben »den alten Göttern zueilen«. Die heitere Welt griechischer Paganität triumphiert hier über ein lustfeindliches, düsteres Christentum, in dessen Klostermauern die Braut einst auf die Erfüllung ihrer Liebe verzichten mußte. Damit hatte Goethe den dunkel todeslastigen Stoff ins Lebensbejahende gewendet und mit ihm sowohl die Klassik des Jahrhunderts vollendet als auch den Weg in die neue Welt der Romantik gewiesen!

Vampirismus und romantische Gattung

James B. Twitchell erwähnt in seiner Studie über den Vampir in der romantischen Literatur, daß ihm der heutige Vampir oftmals grobschlächtig, langweilig und hoffnungslos pubertär vorkommt, wenn man ihn mit dem literarischen Blutsauger des 19. Jahrhunderts vergleicht, der ausgesprochen »sophisticated« ist.[11] Für die hohe Qualität des frühen Vampirgenres stehen in den angelsächsischen Ländern Namen wie William Blake, Edgar Allan Poe, die Schwestern Brontë, Shelley, Coleridge, Lord Byron oder Keats. In Frankreich sind es Charles Nodier, Prosper Mérimée, Théophile Gautier, Baudelaire oder der Comte de Lautréamont, in Deutschland u. a. Ludwig Tieck, E.T.A. Hoffmann und Heinrich Heine. Auch in der zweiten Jahrhunderthälfte finden sich noch illustre Vampirautoren: So Algernon Charles Swinburne, Maupassant oder die Russen Iwan Turgenjew und Alexander K. Tolstoi. Ab der Jahrhundertwende griffen dann Phantasten wie Edward Frederic Benson, Algernon Blackwood und später Howard Phillips Lovecraft auf die Vampirthematik zurück und entwickelten sie nicht selten ins Okkult-Weltanschauliche weiter. Doch auch im 20. Jahrhundert finden sich noch anerkannte Autoren, die am Mythos des Vampirs weiterspannen, so der formstrenge Stefan George oder die Lyrikerin Ingeborg Bachmann.

II. Der Vampir als literarische Fiktion

Vorbereitet wurde das literarische Vampirfieber durch die Schwarze Romantik, bzw. die »Gothic Novel«, in der Vampire bald zum festen Bestandteil wurden. Allein zwischen 1790 und 1820 erschienen über 300 Schauerromane dieser Gattung, darunter solche Gruselklassiker wie »Der Mönch« von Matthew Gregory Lewis (1796) oder »Frankenstein« von Mary Wollstonecraft Shelley (1818). In dem gotischen Klassiker »Melmoth der Wanderer« von Charles Robert Maturin (1820), einer kunstvollen Komposition aus Handlung und Reflexion, tauchen dann erstmals unverkennbar vampirische Motive auf. Melmoth, die verdammte Hauptfigur, in die sich auch Züge vom Ewigen Juden, von Faust und von Mephistopheles einmischen, irrt 150 Jahre ruhelos über die Erde, um eine Seele in höchster Not zu finden, die bereit wäre, sein Schicksal auf sich zu nehmen. Erst dann könnte er den Bann brechen, der auf ihm liegt, seit er durch einen Teufelspakt die Grenzen menschlichen Wissens zu überschreiten suchte. Der bleiche und gespenstische Melmoth, dessen Blick töten kann, durchwandert alle Kerker und Verliese dieser Welt, trifft Menschen in allen Drangsalen, doch selbst die Unglücklichsten wollen ihm ihre Seele nicht preisgeben. Einzig die Liebe zu dem Mädchen Immalee kann ihn erlösen, doch seine Erlösung bedeutet ihr Verderben. Maturins Melmoth zeigt die ganze Zerrissenheit eines spirituellen Vampirs, der gefangen ist in einem ewigen Zwiespalt von Trauer und zynischem Überdruß, von Demut und Hochmut und der, auch wenn er mächtig gegenüber den Normalsterblichen erscheinen mag, doch nur der Sklave seiner Verdammnis ist.[12]

Maturins großer Roman ist eine dunkel verschlungene Allegorie auf das menschliche Dasein. Er offenbart das »Hinausgeworfensein« des Menschen in eine Welt, die er nicht kennt und nach der er doch giert. Und Maturin zeigt auf, wie diese Lebensgier zur Verdammnis führt und den Wunsch nach sich zieht, aus diesen Verstrickungen erlöst zu werden. Alle diese Themen sind mit dem Vampirmotiv eng verbunden und machen verständlich, warum gerade so viele Romantiker mit ihrer Vorliebe für die »Nachtseiten« des Lebens, von der Gestalt des Vampirs fasziniert waren. 1820, als Maturins »Melmoth« erschien, schrieb der Romantiker Charles Nodier: »Das Ideal der romantischen Dichter liegt in unserem Leiden. Das ist kein Gebrechen der Kunst, sondern ein notwendiges Ergebnis des Fortschritts unserer sozialen Vervollkommnung. Jedermann weiß, wo wir uns in der Politik befinden; in der Dichtung sind wir ... bei den Vampiren.«[13]

Das Leiden der Welt, das Leiden des Dichters, ist auch das Leiden des Vampirs; denn gerade er ist ein »Hinausgeworfener«, mit einem dunklen Schicksal beladen, von dessen Ursache er oft nur wenig weiß. Hans Richard Brittnacher hat mehr als 60 Vampirromane und Erzählungen daraufhin ausgewertet, wie weit der Vampir die Selbstverantwortung für sein unseliges Los trägt.[14] Danach läßt sich nicht einmal einer Handvoll eine eindeutige Schuld für ihr Schicksal zusprechen. Zwar gelten die Protagonisten häufig als von Haus aus anrüchige Menschen, die als Vampire natürlich ein verworfenes Dasein führen, aber was ihre ursprüngliche Schuld war, bleibt zumeist verborgen. Gelegentlich findet sich das Motiv des Teufelspaktes oder des grausamen Vorfahren, dessen Übeltaten die Nachkommen zu büßen haben, oft aber sind es läßliche Sünden, denen der Vampir seine schreckliche Existenz verdankt. Wenn ihn eine Schuld trifft, so ist es nicht selten das Vergehen eines Selbstmordes aus verzweifelter Liebe – eine Tat, die zwar gegen die christliche Sittenlehre verstößt, aber vom Publikum mit Verständnis aufgenommen wird. Nach Brittnacher verleiht dem Vampir gerade die Schuldlosigkeit seiner Existenz eine ebenso tragische wie moderne Dimension, die es erlaubt, sein Schicksal als unbegreifliches Verhängnis und unverdientes Geschick auszugeben.

Doch so unergründlich die Urschuld des Vampirs auch sein mag – es sei denn, wir sehen sie in einem Übermaß an Gier –, so gewiß ist seine Destruktivität. Diese Destruktivität macht ihn nach Silvia Volckmann aber auch mit dem Dichter verwandt; denn: »Wie ein Vampir nämlich wirkt auch er aus dem Dunkel, dem Jenseits der bürgerlichen Öffentlichkeit; (Zer-)Störung, Kritik, Rebellion gegenüber der gesellschaftlichen Ordnung ist sein Geschäft. Die Gesellschaft soll ihn fürchten – und nähren. Als parasitären Außenseiter, einsam, gekettet an ein (Geschäfts-)Leben, das nicht seines ist, sich selbst erhaltend und legitimierend nur in der Vernichtung seines Anderen.«[15] Doch ganz so diesseitig wollen wir weder den Vampir noch den Dichter – zumal den romantischen – sehen. Der romantische Dichter benutzt das Phantastische keineswegs nur als Allegorie vordergründigen gesellschaftlichen Geschehens, sondern für ihn ist, was sich in Märchen, Sage, Mythos offenbart und was er mit seinem eigenen Erleben und Empfinden erweitert und sublimiert, Teil einer tieferen Wirklichkeit. »De(n) Dichter als Okkultist« nennt Colin Wilson den Künstler, der sich auf Reisen nach den Grenzen der Realität begibt.[16]

Es war daher auch mehr als Bürgerschreckattitüde, als sich im Jahre 1816 vier exzentrische Engländer im bürgerlichen Genf, genauer in der Villa Diodati am Genfer See, niederließen. Die vier Personen waren der Arzt und Schriftsteller John Polidori, der Dichter Percy Bysshe Shelley und seine spätere Frau, die Romanautorin Mary Wollstonecraft Shelley, damals noch Mary Godwin, und – Inszenator des Ganzen, der gerüchteumwobene Lord Byron. Nodier schrieb damals über Byron: »Unter den Schriftstellern, auf die sich die romantische Literatur heute mit Stolz beruft, gibt es wohl keinen berühmteren als Lord Byron. Mit allen Gütern der Natur und des Glücks gesegnet, hat er sich mit einer unerklärlichen Vorliebe der Darstellung düsterer Gedanken, der Beschreibung abstoßender Gebrechen und der Geschichte unheilbarer und hoffnungsloser Leiden gewidmet.«[17] Die kleine Gesellschaft vertrieb sich die Zeit – neben einem exzessiven Konsum von Laudanum, einem Gemisch aus Wein und Opium, – mit endlosen Disputen politischer, philosophischer und spiritistischer Fragen. In den nächtelangen Gesprächen wurden okkulte Phänomene bald ein Hauptthema: Man erörterte den Galvanismus, desgleichen die geheimnisvollen Versuche Erasmus Darwins – übrigens Großvater von Charles Darwin – tote Materie zum Leben zu erwecken. Zu einer mitternächtlichen Stunde rezitierte Byron derart suggestiv Coleridges Gespensterballade »Christabel«, daß Shelley einen Nervenzusammenbruch erlitt und von Halluzinationen gepeinigt Coleridges widerwärtige Hexe Geraldine erblickte. Die Gesellschaft las ferner gemeinsam deutsche Gespenstergeschichten, und schließlich schlug Byron vor, jeder der Anwesenden solle selber derartiges schreiben. Dieser Vorschlag Byrons sollte nicht nur die Literaturgeschichte gewaltig beeinflussen, sondern auch die Mythenwelt der Neuzeit bereichern. Hier, in der Villa Diodati am Genfer See, wurde in dem verregneten Sommer von 1816 nicht nur Frankenstein, sondern auch die moderne Vampirerzählung geboren.[18]

Mary Shelley wurde zur Schöpferin Frankensteins, der uns später noch ausführlicher beschäftigen wird. Die unheimliche Geschichte, die Shelley und Byron entwarfen, blieb Fragment. Byron hat auf den wenigen Seiten, die er zu Papier brachte, ein düsteres Szenario entwickelt, das ganz von der Trauer des Bösen durchtränkt ist. Er erzählt dort die Geschichte des geheimnisvollen Augustus Darvell, der auf einem verlassenen türkischen Friedhof bei Ephesus stirbt. Die Aura des Übernatürlichen, die ihn im Leben umgab, verdichtet sich bei seinem Tode. Kurz vor seinem Ableben hatte Darvell seinem Begleiter Anweisungen für allerhand magische Manipulationen gegeben, die ihm wohl die Rückkehr aus dem Grabe ermöglichen sollten. Von Byrons düsterer Ideenwelt ließ sich John Polidori beeinflussen, als er die Erzählung »Der Vampyr« niederschrieb. Polidori beendete seine Erzählung erst später und ließ sie 1819 anonym erscheinen. Der Erfolg dieser ersten neuzeitlichen, reinen Vampirgeschichte war gewaltig. Sie wurde in England, Frankreich und Deutschland häufig plagiert und bildete die Vorlage für Theaterstücke und Opern, darunter Heinrich Marschners »Der Vampyr«. Zum Erfolg der Erzählung trug sicherlich auch bei, daß zunächst angenommen wurde, sie stamme aus Byrons Feder. Das lag u. a. auch daran, daß Polidori den geheimnisumwitterten Helden seiner Geschichte, Lord Ruthven, mit Byron-ähnlichen Zügen ausstattete. In der Geschichte lernt der junge Aubrey Lord Ruthven kennen, der ebenso reserviert und eisig wie brillant und von faszinierender Wirkung auf die Frauen ist. Als Aubrey merkt, daß Ruthven sich dem Bösen verschrieben hat, wendet er sich von ihm ab. Doch das Schicksal führt die beiden wieder zusammen. Janthe, das Mädchen, in das sich Aubrey verliebt hat, wird von einem Vampir getötet. Durch Nachforschungen gerät Aubrey auf die Spur des Lords. Die Geschichte endet bitter. Aubrey stirbt, und es gelingt Ruthven, nachdem er bereits Janthe getötet hat, auch Aubreys Schwester, die er zuvor noch heiratet, in den Tod zu führen. Ruthven verschwindet danach und entgeht der Strafe, so daß am Ende der Geschichte das Böse triumphiert.[19]

Der Erfolg des »Vampyrs« brachte Polidori augenscheinlich kein Glück. 1821 beging er, gerade 26 Jahre alt, Selbstmord. Auch die übrigen Bewohner der Villa Diodati ereilte ein früher Tod: Shelley, der zeitlebens Angst vor dem Ertrinken hatte, kam

II. Der Vampir als literarische Fiktion

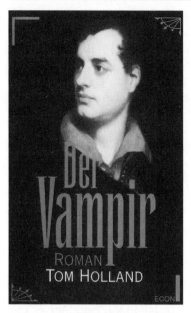

Abb. 12: *In Tom Hollands Roman »Der Vampir« wird Lord Byron, Vorbild des modernen literarischen Vampirs, zum leibhaftigen Vampir*

mit 29 Jahren bei einem Schiffsunglück ums Leben. Lord Byron starb 1824, im Alter von 36 Jahren, an einem Fieber, nicht weit von der Stelle, in der in seinem Fragment der geheimnisvolle Augustus Darvell verschied. Lediglich Mary Shelley erreichte ein etwas höheres Alter. Sie starb 1851 mit 54 Jahren. Daß Lord Byron 1824 tatsächlich den Tod der Normalsterblichen starb, wird allerdings von Tom Holland in seinem Roman »Der Vampir« bestritten. Nach Holland geistert Lord Byron noch heute als Untoter durch die Welt (Abb. 12).

Lord Ruthven, der erste »Dracula« des 19. Jahrhunderts, war, wenngleich er heute weitgehend in Vergessenheit geraten ist, der Auslöser des bis in die Gegenwart andauernden literarischen Vampirfiebers. Vor allem Frankreich, in dem der literarische Vampir noch geschlummert hatte, öffnete sich nach dem Erscheinen von Lord Ruthven den Reizen des vielschichtigen Untoten. So stimmte etwa der Comte de Lautréamont den düsteren »Gesang (des) Maldorors« an, in dem der böse Engel als besten Trank warmes Kinderblut empfiehlt, während Théophile Gautier von der »Liebenden Toten« berichtete.[20] Gerade der erotische Aspekt machte – neben der dunklen, schicksalshaften Seite des Vampirs – einen wichtigen Teil seiner Anziehungskraft aus. »In einer Atmosphäre, in der unkontrollierte Gefühle einem Vergehen gleichkommen, muß das Übersinnliche wie eine Erlösung wirken«, vermuten Georg Seeßlen und Claudius Weil.[21] Doch es gibt im Zeitalter der Romantik auch offene Geständnisse einer Verschmelzung von Sexus und Vampirismus. »Öffne alle Adern deines weißen Leibes, daß das heiße, schäumende

Blut aus tausend wonnigen Springbrunnen spritze, so will ich dich sehen und trinken aus den tausend Quellen, trinken, bis ich berauscht bin und deinen Tod mit jauchzender Raserei beweinen kann«, schrieb Clemens Brentano an seine Geliebte und Dichterkollegin Karoline von Günderode. Und in seiner Symbiose von Liebe und Tod fährt er fort: »Drum beiß' ich mir die Adern auf und will dir es geben, aber du hättest es tun sollen und saugen müssen. Öffne deine Adern nicht, Gunderödchen, ich will dir sie aufbeißen.«[22]

Der literarische Vampir des 19. Jahrhunderts kann uns in vielerlei Gestalt begegnen: Als bleicher melancholischer Verdammter, der fluchbeladen, oft ohne von seiner Schuld zu wissen, durch die Welt irren muß. Aber ebenso als diabolischer Genießer, wie etwa Lautréamont seinen bösen Engel schildert. Oder einfach als Schmarotzer, der von der Kraft der anderen zehrt. So schildert ihn Maupassant in seinem »Horla« oder Arthur Conan Doyle in seiner Erzählung »Der Parasit«, in welcher der Held, Prof. Gilroy, in die Augen der vampirischen Mrs. Penclose sehen muß. Ihr paralysierender Blick lähmt seinen Willen und saugt an den Kräften seiner Seele. Das Vampirmotiv verbindet sich hier mit der Überlieferung vom Basilisken, dessen Blick versteinert und Leben verdorren läßt oder mit der landläufigen Vorstellung von der Schlange, deren Blick das Kaninchen lähmt, bevor es gefressen wird. Endlich bleibt die Gestalt des verführerischen und exotischen Vampirs, wie ihn Lord Ruthven verkörpert, oder in weiblicher Ausprägung in der Vampirin »Carmilla« von Sheridan LeFanu, die, mädchenjung und steinalt, dezent lesbisch und mit sinnlich-magischem Zauber ihre Opfer zu betören weiß. Alle diese Elemente können einzeln auftreten, sie können sich aber auch in einer einzigen Gestalt vereinen, wodurch diese an Faszination gewinnt und erhöht wird.

Die Erhöhung des Vampirs ist ohnehin ein Kennzeichen seiner literarischen Adaption. Wenn wir uns an die »realen« Vampire der Vampirpanik des 18. Jahrhunderts erinnern, so z. B. an Paole und Plogosowitz, dann waren das kleine, ärmliche Dorfvampire, die nur ihre unmittelbare Nachbarschaft bedrohten. Doch bereits in der ersten reinen Vampirerzählung, dem »Vampyr« von Polidori, wandelt sich der Blutsauger – unter Einfluß der Gestalt Lord Byrons – in einen geheimnisumwitterten Lord.

II. Der Vampir als literarische Fiktion

Lord Ruthven ist der typische Vertreter eines vielgestaltigen Vampirbildes: Er ist Verführer, die Ursache seiner Verdammnis ist unbekannt, er ist ein grausamer Genießer, und als Aristokrat gehört er überdies einer »Ausbeuterklasse« an, was die soziologische Seite der Blutsaugerei anklingen läßt. Alle diese Elemente, wenngleich noch ausgefeilter und in einer großartigen Verbindung sämtlicher Vampirrequisiten, werden auch von einem anderen Aristokraten, dem schwarzen Helden des berühmtesten Vampirromans überhaupt verkörpert – nämlich von Graf Dracula!

Bram Stokers Dracula

Abb. 13: *Porträtfotografie von Bram Stoker aus dem Jahre 1906*

Abraham (Bram) Stoker (Abb. 13) wurde 1847 als drittes von sieben Kindern bei Dublin geboren.²³ Seine Eltern lebten in kleinbürgerlichen Verhältnissen. Bis zu seinem achten Lebensjahr war er ständig krank und konnte aus eigener Kraft weder stehen noch gehen. Stokers Biographen vermuten sicher nicht zu unrecht, daß diese fortdauernde Krankheit und Hilflosigkeit eine traumatische Erfahrung für ihn gewesen ist, die auch in seinem literarischen Werk ihren Niederschlag fand. Immerhin mag der ewige Schlaf und die Auferstehung aus dem Grabe – ein zentrales Thema in seinem »Dracula« – für einen an das Bett gefesselten Menschen nicht ohne Bedeutung sein. Die genaue Art seiner Krankheit blieb seinen Ärzten ebenso rätselhaft wie seine völlige Genesung. Nach seiner Gesundung wuchs Stoker zu einem kräftigen jungen Mann heran, der es an der Dubliner Universität sogar zum Athleten und Fußballstar brachte. Er studierte, wie Maturin, der Autor des

»Melmoth« und Sheridan LeFanu, der Verfasser des Vampirklassikers »Carmilla«, am Trinity College, wo er sich in den Fächern Geschichte und Literatur, Mathematik und Physik, immatrikulierte. Nach dem Studium trat Stoker in den Staatsdienst. Doch seine Tätigkeit als Lehrer scheint ihn nicht sehr befriedigt zu haben, so daß er es vorzog, sich als Journalist und Theaterkritiker durchzuschlagen. Die große Wende in Stokers Leben kam, als er infolge seiner Theaterkritiken Sir Henry Irving kennenlernte, den berühmtesten Shakespeare-Darsteller der damaligen Zeit. Stoker sollte für die nächsten 27 Jahre, bis zu Irvings Tod 1905, dessen Manager und Privatsekretär werden. Irving muß eine sehr bemerkenswerte Persönlichkeit von einer fast hypnotischen Ausstrahlung gewesen sein; denn bei der Erschaffung seines Dracula ließ Stoker sich von der Suggestionskraft Irvings inspirieren. Raymond T. McNally urteilt gar über die Beziehung der beiden Männer zueinander: »(Irving) war für Stoker im Leben, was Dracula in der Fiktion für Renfield war: Sein Herr und Meister.«[24] Die Zusammenarbeit mit Irving führte dazu, daß Stoker nicht nur ausgedehnte Tourneereisen mitmachte, so u. a. in die Vereinigten Staaten, sondern daß sich ihm auch der begehrte Eintritt in die Londoner High-Society erschloß. Bald verkehrte er mit James McNeil Whistler, Dante Gabriel Rossetti, Wilkie Collins, Hall Caine, Sir Arthur Conan Doyle oder der Familie Oscar Wildes. Stokers Lebensweg hatte sich bereits 1878 mit dem ebenfalls aus Dublin stammenden Oscar Wilde überschnitten, als er die von dem jungen Wilde umschwärmte Florence Balcombe heiratete. Nachdem Stoker sich bereits seit den 70er Jahren in seiner Freizeit als Autor phantastischer Erzählungen versucht hatte, gelang ihm 1897 mit der Veröffentlichung seines »Dracula« endlich der lang ersehnte literarische Durchbruch. Bis zu seinem Tode 1912 folgten noch einige weitere Erzählungen und Romane, mit denen er jedoch nicht mehr an den ersten Erfolg anknüpfen konnte.

Nennenswerte Äußerungen Stokers zu seinem »Dracula«, wie etwa Angaben zu maßgeblichen Quellen oder gar mögliche Interpretationsansätze, sind nicht überliefert. Ein frühes Interesse für den Okkultismus ist allerdings belegbar, so war Stoker Mitglied der Geheimloge »Golden Dawn in the Outer«, zu dessen Mitgliedern u. a. auch Joris Karl Huysmans und später Montague

II. Der Vampir als literarische Fiktion

Summers zählten. Ein entscheidendes Moment zur Konzeption des »Dracula« bildete sicher Stokers Bekanntschaft mit dem renommierten ungarischen Orientalisten Arminius Vanbéry im Jahre 1890. Von dem an der Budapester Universität tätigen Professor soll Stoker die Geschichte des Fürsten und Menschenpfählers Vlad Tepes, auch Dracula genannt, gehört haben. Noch im gleichen Jahr begann Stoker mit der Niederschrift, an der er insgesamt sieben Jahre arbeitete. Im Roman wird Vanbéry namentlich erwähnt, so äußert Dr. van Helsing »Mein Freund Arminius, der Professor für Geschichte an der Universität Budapest ist, hat mir einige Vermutungen über die Abstammung dieses Vampirs mitgeteilt.«[25] Erhalten gebliebene Exzerpte verschiedener ethnologisch und historisch orientierter Bücher belegen überdies, daß sich Stoker mit dem Land, der Kultur und dem Glauben der Balkanvölker vertraut machte.[26] Neben der Auswertung wissenschaftlicher Schriften sind in »Dracula« zahlreiche Einflüsse belletristischer Werke erkennbar. Die wohl wichtigste Stelle nimmt hierbei Sheridan Le Fanus 1872 veröffentlichte Erzählung »Carmilla« ein. So erinnert z. B. Stokers Dr. van Helsing an Le Fanus Gestalt des Baron Vordenborg, der ebenfalls unter Zuhilfenahme scheinbar abergläubischer Methoden die Vernichtung der Vampirin Carmilla betreibt. Polidoris Vampir, *Lord* Ruthven, wurde bei der Erschaffung des *Grafen* Dracula ebenso berücksichtigt.

Stokers Roman hat nicht nur eine Flutwelle neuer Vampirliteratur nach sich gezogen, die teilweise direkt aus dem »Dracula« schöpft, sondern auch den bis dato fast vergessenen Unhold Vlad Tepes zurück ins Leben gerufen, was sowohl zu einer wissenschaftlichen als auch belletristischen Auseinandersetzung mit dieser Person führte.[27] Der von Stoker reanimierte Vlad behält sein Herrschaftsgebiet aber nicht, wie es tatsächlich der Fall war, in der Walachei, sondern es wird im Roman in die schaurig-schöne Landschaft Transsilvaniens verlegt. Stoker läßt Draculas Schloß am malerischen Borgo-Paß erstehen, der das siebenbürgische Bistritz mit der Bukowina verbindet. Und aus Vlad Tepes, Tepes ist ein Beiname und bedeutet der Pfähler, machte Stoker Dracula den Sauger. Der Name Dracul bedeutet im rumänischen »Teufel«, aber auch »Drache«. Hierzu gibt es einen historischen Hintergrund: Draculas Vater, der ebenfalls den Namen Vlad trug, wurde 1431 von Kaiser Sigismund mit der Mitgliedschaft im Drachen-Orden geehrt. Er erhielt daher den Beinamen Dracul im Sinne von der »Drache«. Auf seinen Sohn wurde der Name in der Verkleinerungsform Dracula, »Sohn des Drachen«, übertragen. Es ist aber wahrscheinlich, daß aufgrund der gefürchteten Grausamkeit des jüngeren Vlad, das Wort Dracula mehr die Bedeutung »Sohn des Teufels« annahm. Nicht ohne einen gewissen Hintersinn ist es – denkt man an die stark erotische Ausstrahlung mit der Stoker seinen Dracula ausstattete – daß im rumänischen das phonetisch ähnlich klingende Wort Dragula der Geliebte bedeutet. Teufel und Geliebter, beide Gestalten sind in Dracula enthalten und verleihen ihm Schrecken und Faszination. Doch beginnen wir mit dem Inhalt:

Der junge Angestellte einer Londoner Immobilienfirma, Jonathan Harker, wird nach Transsilvanien entsandt, um mit dem Grafen Dracula den Kaufvertrag für ein altes herrschaftliches Anwesen in London abzuschließen. Während seines Aufenthaltes auf Schloß Dracula wird ihm nach und nach klar, daß sein Gastgeber ein Vampir ist, der mit einem kleinen Harem aus drei lüsternen Vampirinnen zusammenlebt, und er selbst ein Gefangener des Grafen ist. Dracula läßt Harker eingesperrt im Schloß zurück und reist per Schiff mit 50 Kisten Heimaterde nach England. Dort wird er bereits von einem früheren Opfer, dem mittlerweile geistesgestörten Renfield erwartet. Renfield, der sich in der Irrenanstalt von Dr. Seward mit Vorliebe von Fliegen und Spinnen ernährt, ist Dracula verfallen und nennt ihn den »Meister«. Zu Draculas neuen Opfern zählen Lucy Westenra und später auch ihre Freundin Mina Murray, die Braut von Jonathan Harker. Auch Lucy wird später eine Patientin des mit ihr befreundeten Dr. Seward. Da dieser sich jedoch in ihrem Fall überfordert fühlt, zieht er seinen holländischen Lehrer Professor Dr. van Helsing hinzu, einen Allroundwissenschaftler, der, mit okkulten Phänomenen vertraut, den Kampf mit Dracula aufnimmt, nachdem er an Lucys Hals Vampirbisse entdeckt hat. Aber Lucy ist nicht mehr zu retten und wird ebenfalls zu einem Vampirgeschöpf, das Nachts kleinen Kindern das Blut aussaugt. Unter van Helsings Anleitung wird ein Pfahl durch das Herz von Lucys Leichnam getrieben, der Kopf abgeschnitten und der Mund mit Knoblauch gefüllt. An dieser schauerlichen Zeremonie, die die Rettung von Lucys Seele bewirkt, haben teil: Dr. Seward, Lucys Verlobter Lord Arthur Holmwood, dessen amerikanischer Freund Quincey Morris und der mittlerweile auf abenteuerliche Weise nach England zurückgekehrte Harker. Dann schließen sich die Männer zu einer gemeinsamen Jagd auf Dracula zusammen und machen sich daran, die an mehreren Orten verteilten Erdkisten, in denen Dracula tagsüber Zuflucht findet, mittels geweihter Hostien für Vampire unzugänglich zu machen. Während sich auch bei Mina, unterdessen Harkers Frau, erste Symptome von Vampirismus zeigen, segelt Dracula in der letzten ihm verbliebenen Kiste nach Transsilvanien zurück. Seine Verfolger versuchen, ihm auf dem Landwege zuvorzukommen, stellen ihn und haben einen Kampf mit Zigeunern zu bestehen, die Dracula verteidigen. Dabei wird Morris getötet, aber den anderen gelingt es, Draculas Herz mit einem Messer zu durchbohren. Draculas Plan, England zu erobern und zum Vampirismus zu »bekehren«, ist damit gescheitert. Mit Draculas Tod gehen auch die an Mina ausgebildeten Vampirmerkmale zurück.

Der Roman »Dracula« ist von einer ungewöhnlichen Erzählstruktur. Stoker verzichtet gänzlich auf die übliche Erzählfigur und zerstückelt eine an sich durchgängig zusammengehörende Geschichte in Einzelteile, die allerdings fast nahtlos ineinandergreifen. So setzt sich der Roman nahezu ausschließlich aus Tagebuchaufzeichnungen der Protagonisten, sowie gelegentlichen Zeitungsmeldungen, Briefen, Memoranden und Telegrammen zusammen. Dieser dokumentenhafte Charakter vermag »dem Werk eine pseudowissenschaftliche Authentizität zu verleihen«.[28] Es ist gerade diese »Wahrheitstreue«, die die Spannung außerordentlich erhöht, vermittelt sie dem Leser doch den Eindruck, all das phantastische Grauen finde tatsächlich statt.

Insbesondere der erste Teil des Romans, der die Reise Jonathan Harkers nach Transsilvanien und seinen wenig erfreulichen Aufenthalt auf dem Schloß des Grafen Dracula schildert, vermag vollkommen zu überzeugen, während die Qualität des Romans mit dem Auftreten des Vampirspezialisten van Helsing, einer Mischung aus Aufklärer und Geisterjäger, deutlich nachläßt. Doch trotz des sinkenden Niveaus kann man dem Werk als Ganzes seine Suggestionskraft kaum absprechen. Stoker ist es gelungen, alte und neue Vampirmythen geschickt miteinander zu verschmelzen. Beinahe nichts fehlt, sei es, was die Eigenschaften der Vampire betrifft, sei es, wie man sie am wirkungsvollsten bekämpft: So erfahren wir, daß der Vampir tagsüber in der Gruft, in einem mit Heimaterde gefüllten Sarg ruht, daß er über außerordentliche Kräfte sowohl körperlicher als auch psychischer Art verfügt und eine große Verwandlungsfähigkeit besitzt. So kann er in der Gestalt einer Fledermaus, eines Wolfes oder auch als Nebel erscheinen. Er kann wie ein Insekt oder Reptil die Wände hochklettern (Abb. 14), beherrscht die Elemente, vermag Stürme zu entfachen und ist Herr der Ratten und Wölfe. Der Vampir ist von Blutgier getrieben, wobei der

Abb. 14: *Draculaillustration aus dem Jahre 1916, auf der der Vampirgraf wie eine riesige Eidechse die Außenmauern seines Schlosses hinabklettert*

männliche sie mit Vorliebe an jungen, attraktiven Damen befriedigt, während der weibliche Vampir im Regelfall junge Männer vorzieht. Allesamt hinterlassen sie das typische Vampirmal: Ein kreisrundes Loch mit ausgefranstem Rand und weißem, blutleer gelutschtem Hof – anatomisch exakt lokalisiert in der Kuhle zwischen Schlüsselbein und Hals, dort, wo die Ader pocht. Wie alle Geschöpfe der Nacht meidet der Vampir das Sonnenlicht, er hat kein Spiegelbild und kann fließendes Wasser nur zur Zeit der einsetzenden Ebbe und Flut passieren. Dracula ist darüber hinaus ein mit Übermenschenzügen ausgestatteter Untoter, der ein ganzes Land, nämlich die damals führende Großmacht England, in seinen Bann ziehen will. Bekämpfen kann man Vampire mit Knoblauch, Kreuz, Weihwasser und Hostie. Den Garaus macht man ihnen, indem man eine geweihte Kugel in den Sarg schießt oder ihnen einen Pflock ins Herz treibt und anschließend den Kopf abtrennt und Knoblauch in den geöffneten Mund legt.

Doch was für Intentionen hatte Stoker mit seinem »Dracula«? Wollte er nur einen erstklassigen Reißer verfassen, oder dachte er an ein tiefes, symbolträchtiges Meisterwerk? Im Grunde lassen sich hierüber nur Spekulationen anstellen, da Stoker keine speziellen Aufzeichnungen dazu hinterließ. Allgemein wird vermutet, daß er in seinem mit deutlich erotischen Anspielungen vollgeladenem Gruselklassiker unbewußt seine eigene Sexualmisere widerspiegelt. Seine Ehefrau Florence Balcombe, bzw. Stoker, galt zwar als viktorianische Schönheit, aber auch als gefühlsarm und frigide. Stoker starb übrigens 1912 an der Syphilis, die er sich bei einem Seitensprung zugezogen hatte. Eine weitere Theorie liefert Karsten Prüßmann: »Vom psychoanalytischen Standpunkt her wäre es auch einmal interessant, zu hinterfragen, warum Stoker dem Gelehrten van Helsing ausgerechnet seinen eigenen Vornamen Abraham gab.« Prüßmann vermutet, daß sich Stoker dadurch von seinem Brotgeber und »Meister« Henry Irving befreien wollte, von dem er sich ja bei der Gestaltung des Dracula mitinspirieren ließ.[29]

Doch die Gestalt Draculas wäre niemals zum Mythos aufgestiegen, wenn Stoker lediglich seine eigenen unbewußten Triebe in eine spannende Romanhandlung gefaßt hätte. Die Bedeutung des Romans liegt vielmehr darin, daß Stoker der symbolträchtigen Figur des Vampirs ihre adäquate Gestalt verliehen hat. Der Vampir verkörpert vieles: Sexualität, Machtgier, Schmarozertum, Sucht, Verbrechertum, Dämonie, aber auch den Traum vom ewigen Leben. All das vereinigt Dracula auf nahezu *vorbildliche* Weise in sich, und wir werden später am Beispiel der Romanverfilmungen noch sehen, wie die unterschiedlichen Draculadarsteller diese zahlreichen Laster mit unterschiedlicher Gewichtung umgesetzt haben. Auch das macht die Bedeutung Draculas aus, daß er wie jedes Symbol vielschichtig ist, so daß immer neue Facetten seines Wesen hervorgehoben werden können.

Von den 18 Büchern, die Stoker insgesamt verfaßte, war keinem auch nur annähernd ein so großer Erfolg beschieden, wie seinem »Dracula«. Zu Recht! Stoker hat sich nach dem Erscheinen seines Übervampirs noch einige Male in der Vampirthematik versucht: In seinem 1904 erschienenen Roman »Die sieben Finger des Todes« erzählt er von der Auferstehung einer ägyptischen Königin, in dem 1909 herausgekommenen Buch »Das Geheimnis des schwimmenden Sarges« führt er den Leser zurück nach Transsilvanien in ein düsteres Karpatenschloß. Ein Jahr vor seinem Tod erschien sein seltsamster Roman »Das Schloß der Schlange«, in dem die Vampirin Lady Arabella March einem vorzeitlichen, unterirdischen Ungeheuer huldigt. Die wirre Handlung schwankt dabei zwischen unfreiwilliger Komik und schon beinahe surrealistischen Sequenzen. Erst nach Stokers Tod kam die Erzählung, »Draculas Gast«, eine ausgeschiedene Episode aus dem Roman »Dracula«, heraus.[30]

»Dracula« gilt allgemein als der letzte große gotische Roman. Mit gutem Grund: Noch einmal ist hier eine Geschichte von Versuchung und Verführung vor einen Schauplatz installiert, der ganz der gotischen Szenerie entspricht: Verfallene Gemäuer, zugige Burgen, schaurige Mausoleen, Friedhöfe, Ratten, Fledermäuse und ein dämonischer Bösewicht. Seitdem gelten diese Requisiten als angestaubt, und die Autoren des Schreckens müssen neue Zutaten kredenzen, wenn sie ernst genommen werden wollen. Gleichwohl, der Graf aus Transsilvanien konnte damit noch zum universellen Mythos werden und gerade im angelsächsischen Bücherschrank ist er mittlerweile kaum weniger häufig anzutreffen als die Bibel. Es gibt allerdings noch einen anderen gotischen Schauerroman, der zum Mythos geriet – der achtzig Jahre vor »Dracula« entstandene »Frankenstein«. Wie wir aus dem Treiben in der Villa Diodati wissen, entstammen sowohl der Vampir als auch der künstliche Mensch in ihrer Form als moderne Gruselgeschichte, dem Freundeskreis um Lord Byron. Es dürfte daher nicht uninteressant sein, diese beiden Mythenträger einmal nebeneinanderzustellen!

Dracula und Frankenstein: Ein Vergleich

Im Gegensatz zu »Dracula« markiert »Frankenstein« den Beginn eines neuen Genres. Gilt er doch aufgrund seiner deutlich wissenschaftlich-utopischen Ausrichtung als Grundstein der Science-fiction. Doch zum Inhalt:
Der aus Genf stammende Viktor Frankenstein wird von seiner Familie zum Studium nach Ingolstadt geschickt. Dort unternimmt er, von der Chemie und Anatomie fasziniert, bestimmte

Forschungen, die ihn zur Entdeckung des Geheimnisses des Lebens führen. Alle moralischen Bedenken hintansetzend und von der Vorstellung besessen, einen besseren und glücklicheren Menschen zu kreieren, beginnt er, ein neues Wesen aus zusammengenähten menschlichen Körperteilen zu erschaffen. Das Geschöpf, das er entworfen hat, ist fast zweieinhalb Meter groß und soll wunderschön werden. Doch die Schaffung des strahlenden Übermenschen mißlingt. Das Geschöpf wirkt abstoßend, und Frankenstein entzieht sich seiner Verantwortung durch alle möglichen Fluchtreaktionen und Verdrängungsmechanismen. Das ausgestoßene Frankenstein-Geschöpf entwickelt sich innerhalb eines Jahres vom »edlen Wilden« zum gebildeten, aber ungeschlachten und durch ständige Zurückweisung verbitterten »Monstrum«. Seine unerwiderte Liebe wird zu Haß. Verzweiflung treibt es nach Genf, wo Dr. Viktor Frankenstein sich mittlerweile als angesehener Bürger niedergelassen hat. Das Monstrum fordert nun unerbittlich sein Recht auf Glück und Liebe von seinem Schöpfer. Doch Frankenstein ist weder fähig noch willens, die Bedürfnisse seines Geschöpfes zu befriedigen und wird jetzt zum Opfer seiner einstigen Hybris: Vier Jahre einer gnadenlosen Verfolgung zwischen Schöpfer und Geschöpf beginnen. Die Jagd führt von Genf in die Eiswelt des Mont Blanc, über England und Schottland bis zur entlegensten der Orkney-Inseln und wieder nach Genf zurück, um schließlich im Packeis des nördlichen Polarmeeres zu enden. Viktors engster Freund, seine ganze Familie und schließlich er selbst, werden Opfer seines Geschöpfes. Das verstoßene Monstrum verschwindet in den Tiefen der Eiswüste.

Das Thema des künstlichen Menschen scheint eigentlich zu modern und auch zu profan, um sich für einen gotischen Roman zu eignen. Doch »Frankenstein« verzichtet keineswegs auf die gotischen Ingredienzien des »Bösen«. Auch hier durchwandert der Leser düstere Kulissen und wird über Friedhöfe und durch Krypten geleitet, um endlich mit einem Monstrum konfrontiert zu werden, das ihm einen gehörigen Schrecken in die Glieder jagt. Freilich hat es mit diesem Monstrum seine besondere Bewandtnis, es stammt weder aus dem Jenseits noch aus einer dunklen Gruft, sondern ist dem Laboratorium eines fanatischen Wissenschaftlers entsprungen. Aber trotz dieser Modernität verweist auch »Frankenstein« auf ein älteres Genre. Künstliche Menschen verschiedenster Fabrikationsart durchwanderten bereits vor ihm als Golems, Homunculi, Androiden oder belebte Statuen die Mythenwelt und Literaturgeschichte. In der Vorstellung wurden dabei drei verschiedene Praktiken entwickelt, um künstliches Leben zu erzeugen: eine magisch-mythische, eine mechanische und eine biologische. Der älteste Weg war der magisch-mythische, aus ihm stammt z. B. der Golem, ein aus Lehm und Staub geschaffenes Wesen, das in einem magischen Ritual unter Zuhilfenahme von Gottes Namen zu einem Halbleben erweckt wurde. Von der dumpf-unbewußten Existenz des Golems lassen sich durchaus Beziehungen zum Zombie und anderen Untoten schließen. Der mechanischen Methode haben Denker wie Descartes, Bayle und vor allem La Mettrie mit seinem »L'Homme machine« die Bahn geebnet. Literarisch umgesetzt wurden diese künstlichen Wesen u. a. in E.T.A. Hoffmanns Olympia (aus: »Der Sandmann«) oder in Jean Pauls »Maschinenmann«. Der dritte Weg zum künstlichen Menschen, der durch die Gentechnik an Aktualität gewonnen haben dürfte, ist der biologische. Er versucht, die Natur ganz direkt nachzuahmen. Ein einigermaßen erstaunliches Rezept zu seiner Erzeugung legte bereits Paracelsus vor: Menschliche Samenflüssigkeit wird in eine Retorte gegeben, vierzig Tage bei Körpertemperatur gehalten und dann bis auf vierzig Wochen mit dem »Arcanum« des menschlichen Blutes genährt. Der dann fertige Mensch soll lediglich kleiner als ein normal geborener sein: ein *Homunculus*. So sachlich die Angaben dieses Rezeptes auch klingen, mit dem geheimnisvollen »Arcanum«, wohl der Quintessenz des Blutes, rückt es doch wieder in das Dunkel mittelalterlicher Chemie.[31] Trotzdem schwingt selbst in derartigen Rezepturen ein Hauch von modernem Genlabor mit, das für den Außenstehenden ja durchaus mit einem »Geheimnis« umgeben ist.

Auch Viktor Frankenstein, der als ein eifriger Leser Paracelsus' geschildert wird, kommt letztendlich ohne ein geheimnisvolles »Arcanum« nicht aus. Sein Ansatz ist allerdings ein biologisch-mechanischer: Sein Wesen wird aus toten Menschenteilen zusammengeflickt. Doch im Grunde interessiert sich die Autorin des »Frankenstein«, Mary Shelley, für das technische Problem der Herstellung des künstlichen Menschen nur am Rande. Ihr ging es weniger um wissenschaftliche bzw. pseudowissenschaftliche Details zur biologischen Erzeugung ihres »Monsters«, als vielmehr um dessen geistige Menschwerdung. Dabei steht der große Monolog des namenlosen Geschöpfes im Mittelpunkt des Romans (Kap. XI–XVI). Hier wird das langsame Erwachen der Sinne geschildert, der Prozeß der Bewußtwerdung und der Prozeß der Bildung. Man hat Frankensteins Geschöpf mit der Figur des edlen Wilden verglichen, die in der Geistesgeschichte des 18. Jahrhunderts durch den Einfluß Rousseaus eine große Rolle spielt. Der edle Wilde diente als Demonstrationsobjekt für alle Theorien, die beweisen wollen, daß der Mensch im Urzustand gut ist, daß nur die Gesellschaft ihn verdirbt. Mary Shelleys Roman ist ein spätes Beispiel dieser Theorien. Das Monster ist nicht nur biologisch ein Geschöpf »aus der Retorte«, sondern auch soziologisch, es ist ein unbeschriebenes Blatt, in das die Gesellschaft das Zeugnis ihrer eigenen Verderbtheit einprägt. Unter diesem Gesichtspunkt betrachtet, ist »Frankenstein« auch ein radikal pessimistischer Roman.

Doch der modernste Aspekt ist nicht die Erschaffung des namenlosen Monsters, oder gar der naive Glaube an den edlen Wilden, sondern die Verantwortung der Wissenschaft und des Wissenschaftlers vor der Schöpfung. Der Roman »Frankenstein« mit dem Untertitel »Ein moderner Prometheus« ist weit weniger ein phantastischer Horrorroman als das heutige Leser aufgrund der unzähligen Frankenstein-Filme und Comics erwarten dürften, als eine häufig eher trockene Abhandlung über menschliche Hybris. Viktor Frankenstein treibt wie einst Prometheus – der den Menschen aus Lehm geformt haben soll und ihm später das Feuer auf die Erde brachte – die Wunschvorstellung, den Göttern das Geheimnis des Lebens zu entreißen, um selber zu sein wie Gott.

Prometheus, der rebellische Verkünder eines von den Göttern unabhängigen Heils, wird schwer bestraft. Er wurde von Zeus an einen Felsen des Kaukasus gefesselt, und ein Adler fraß ihm täglich die Leber ab, die nachts nachwuchs. Und wie Prometheus, aber auch ähnlich wie Faust – Roberto Massari nennt Frankenstein daher auch treffend eine Gestalt »zwischen Prometheus und Faust« – muß Frankenstein seine Hybris und Maßlosigkeit bitter bezahlen.[32]

Es ist eben diese Maßlosigkeit, die Dr. Viktor Frankenstein mit dem scheinbar so ganz anders gearteten Vampir verbindet. Und sicher ist es auch kein bloßer Zufall, daß beide, Frankenstein und der neuzeitliche Vampir, dem gleichen Milieu entsprungen sind, nämlich der Villa Diodati am Genfer See. Es gibt in Mary Shelleys Roman sogar eine Stelle, in der Viktor Frankenstein in tiefer Niedergeschlagenheit auf den Vampir in sich verweist, der sich in seinem Geschöpf verkörpert zu haben scheint: » – nachgerade erschien es mir als mein eigener Vampir«.[33] In der Tat zeigt Frankensteins Geschöpf deutliche Vampirzüge auf: Gleich Dracula ist es voller dämonischer Ausstrahlung, ausgestattet mit enormen Körper – und Willenskräften. Beide Kreaturen bringen den Menschen Leid, leiden zugleich aber selbst an ihrer Verdammnis. Auch von Frankensteins Geschöpf kann man sagen, es ist dem Grabe entstiegen, wurde es doch aus Leichenteilen zusammengeflickt, und beide symbolisieren die Sehnsucht nach Unsterblichkeit, denn sowohl der Vampir als auch das Kunstprodukt stehen jenseits der normalen Sterblichkeit.

Genauso wie »Dracula« wurde »Frankenstein« seit seinem Erscheinen im Jahr 1818 immer wieder neu aufgelegt. Aber trotz hoher Buchauflagen gelang Frankenstein – auch hierin zeigen sich biographische Ähnlichkeiten mit Dracula – der Sprung zum weltumspannenden Mythos vor allem durch seine Adaption von Bühne, Film und Comic. Mit der Popularisierung des Stoffes trat eine Verschmelzung von Schöpfer und Geschöpf ein, die den Mythos noch verstärkte: Aus dem namenlosen Monstrum der Mary Shelley wurde nun in der allgemeinen Publikumsvorstellung Frankenstein selbst. Der Schöpfer wurde von seinem Geschöpf verschlungen. Bereits bei Mary Shelley findet sich der bemerkenswerte Satz: »Du bist mein Schöpfer, doch ich bin dein Herr.«[34]

Daß beide Romane zwei Mythen sind, die irgendwie zusammenhängen, haben gerade die Trivialisierer dieser Gestalten instinktiv erfaßt und geschickt für sich ausgeschlachtet, was Titel wie »Frankenstein trifft Dracula« oder »Dracula jagt Frankenstein« belegen.[35] Doch in einem Punkt klafft ein evidenter Gegensatz zwischen Frankenstein und Dracula auf, den auch Hollywood gerne herausgearbeitet hat: Frankenstein ist ein häßliches Monstrum, von dem sich alle mit Entsetzen abwenden.

Und wenn sich dieses vereinsamte Kunstprodukt auch nach menschlicher Zuwendung verzehrt, so bleibt es doch ohne wirkliche sexuelle Leidenschaft. Dracula hingegen, wie der Vampir überhaupt, löst nicht nur Entsetzen aus, sondern auch Faszination: verkörpert er doch Lust, Laster und Grauen in einer einzigartigen Symbiose.

Vielleicht beruht dieser grundlegende Unterschied auch darin, daß *Frankenstein* uns bereits in die kühle, technische und künstliche Welt der Science-fiction entführt, in deren Luft das Ursprünglich-Triebhafte, zu dem ja gerade auch der Sexus gehört, weit schlechter zu gedeihen scheint als in der herkömmlichen Phantastik, die nicht selten explizit erotisch aufgeladen ist. Wohl spielen auch im »Dracula« Wissenschaft und Technik in Gestalt der Herren van Helsing und Dr. Seward eine Rolle, aber sie dienen im Grunde nur dazu, das phantastische Geschehen glaubhafter in die damalige Gegenwart transponieren zu können. In Mary Shelleys »Frankenstein« hingegen wird das Monster nicht nur auf scheinbar wissenschaftliche Weise erzeugt, sondern der Leser wird auch mit der Folgewirkung von Wissenschaft und Technik konfrontiert. Zu Recht gilt daher Frankenstein als der Beginn des Science-Fictiongenre.

Stärker noch als die Science-fiction ist die phantastische Literatur als reaktionär gescholten worden.[36] Während Science fiction in ihrer besten Ausprägung wenigstens Visionen der Zukunft entwerfen kann, seien es abschreckende, um auf Fehlentwicklungen in der Gegenwart zu verweisen, oder rosige, um Leitbilder gesellschaftlicher Utopien zu entwerfen, wird die traditionelle Phantastik nur als ein Genre empfunden, das in eine undurchsichtige, geheimnisvolle, mit Requisiten vergangener Tage vollgestellte Welt eintaucht. Doch bei genauer Betrachtung enthalten gerade die verstaubten Rumpelkammern ungeahnte Tiefenschichten und einen subversiv-evolutionären Charakter, da hier jedes herrschende Realitätsprinzip in Frage gestellt wird. Die Phantastik erinnert daran, daß wir die Welt in ihrer Komplexität eben *nicht* zur Gänze erklären können, da unsere ganze Wissenschaft immer nur Teilerklärungen abliefern kann. Gerade dadurch wirkt sie auf viele Menschen verunsichernd. Daneben verweist die Phantastik auf den dunklen Urgrund, aus dem wir stammen, was auch ihre Vorliebe für Symbole der Vergangenheit erklärt. In ihrer besten Ausprägung übernehmen Bilder von archaischer Tiefe diese Funktion, in trivialisierter Ausprägung angestaubte und altertümelnde Requisiten. Die Phantastik läßt ahnen, in wie vielerlei Art sich unsere Triebe und Ängste offenbaren können, aber auch, was sich hinter dem Geheimnis des Daseins verbergen könnte. Hierin mag auch eine Ursache liegen, warum die Erotik in der Phantastik praller gedeiht als in der Science-fiction. Der Sexus entströmt gleich unseren anderen Trieben einem elementaren Urgrund, er führt also zurück in die Vergangenheit, während die Science-fiction uneingeschränkt den Blick nach vorne richtet: Sie zeigt auf, wohin unsere Triebe, in Taten und Erfindungen umgesetzt, führen können. Doch der Blick zurück ist ebenso wichtig wie der nach vorn, die Zukunft läßt sich nur meistern, wenn man möglichst viel von dem Grund kennt, auf dem sie fußt. Dracula und Frankenstein sind daher keine einander feindliche Mythen, sondern einander ergänzende. Und so gehen die beiden Ungeheuer in Arbeitsteilung oder Zusammenarbeit um die Welt. Gestern, heute und morgen!

Der Vampir als Trivialfigur und Kinderschreck

Es gibt offenbar zahlreiche Stoffe in der Weltliteratur, die sich bestens für »Schund« eignen. Daß dazu auch unser Thema zählt, dürfte kaum jemanden überraschen. Trotz des z.T. beachtlichen Niveaus, das der Vampirstoff im 19. Jahrhundert erreichte, nahmen sich bald minderbegabte Autoren in Verbund mit lediglich an Gewinn orientierten Verlegern dieses Genres an. Was zur Folge hatte, daß »seriöse« Leser den Vampir zu meiden begannen, während auf der anderen Seite der Groschenheftmarkt mit billigen, schlecht geschriebenen Vampirgeschichten überflutet wurde. So bemächtigten sich bereits ab 1830 nicht nur das Vaudeville und der Volkszirkus, sondern auch zahlreiche »roman-feuilletons« beziehungsweise »penny-dreadfuls«, wie sie in England genannt wurden, des blutrünstigen Geschöpfes. Die erfolgreichste dieser »Penny-Scheußlichkeiten« war »Varney the Vampire or, the Feast of Blood« von James Malcolm Rymer (Abb. 15).[37] Zwei Jahre erschien *Varney* wöchentlich als Fortsetzungsroman und umfaßte bei seinem Abschluß 1847 über 800 zweispaltig gedruckte Seiten. Erwin Jänsch nennt Varney »einen Vampir für das Proletariat«[38],

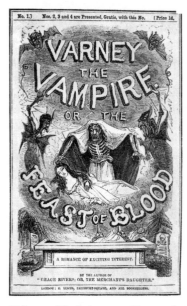

Abb. 15: *Titelseite aus »Varney the Vampire«, 1847*

und gemessen an seinem kommerziellen Erfolg, konnte man ihn gewiß den großen literarischen Blutsaugern des 19. Jahrhunderts aus den Werken von Polidori, Le Fanu und Stoker an die Seite stellen. Die unübersichtliche Handlung bietet dem Vampir Varney nur wenig Möglichkeiten zur Entwicklung eines Eigencharakters, doch dafür bietet Rymer seinem Publikum Action, Horror und Sex. Immerhin mag das zu dieser Zeit noch eine gewisse Frische gehabt haben, so daß Leonard Wolf »Varney« als »eines der wunderbarsten schlecht geschriebenen Bücher der Welt« bezeichnete.[39]

Ihre triviale Vermarktung ist dem Ansehen der Phantastik gewiß nicht immer bekommen. Besonders in Deutschland führte das dazu, daß die Phantastische Literatur sehr stiefmütterlich behandelt wurde und das gesamte Genre auch heute noch vom herrschenden Kulturbetrieb als nicht »gesellschaftsfähig« gerne beiseite geschoben wird. Als weiteren überzeugenden Grund einer solchen Bewertung führt Leslie A. Fiedler in »Liebe, Sexualität und Tod« an, daß für die meisten renommierten Schriftsteller im 20. Jahrhundert »der totale Krieg und die Großstadt ... zu irrationaleren und erschreckenderen Phänomenen geworden (sind) als die Gespenster und Spukschlösser«, mit denen man sich im 19. Jahrhundert befaßt hat.[40] Angesichts der Atombombe schien Dracula seinen Schrecken verloren zu haben und auf viele nur noch lächerlich zu wirken. Doch im Trivialbereich hat der Vampir unbeirrt seinen Siegeszug fortgesetzt, so daß er dank der modernen Unterhaltungsindustrie heute überall präsent erscheint: Im Kino ebenso wie im Fernsehen, in der Musik oder in billigen Romanserien. Mögen viele derartiger Produkte künstlerisch auch belanglos sein, als Ausdruck eines Massenphänomens sind sie es keineswegs. Wer so tief in die allgemeine Vorstellung eingesunken ist wie der Vampir, muß einiges mit uns zu tun haben. Diese »Blutsverwandtschaft« wird auch angesichts der Atombombe nicht aufgehoben.

In der Trivialliteratur hat sich der Vampir in mehrere Richtungen fortentwickelt: Zunächst trat er einmal in die Fußstapfen Draculas. Das späte Erscheinen »Draculas« als gotischer Roman hatte diesen in den Augen einiger Kritiker von Anfang an mit dem Odium der Trivialität behaftet. Überdies markiert Stokers »Dracula« Anfang und Ende zugleich. Nämlich das Ende des gotischen Romans und den Beginn der Vermarktung des Vampirs als Trivialmythologie durch die modernen Medien und die Kulturindustrie. Neben der Dracula-Adaption schlachtet der »Trivialvampir« hemmungslos die Motive und Kulissen der klassischen Schreckensliteratur aus. Die Abgenutztheit derartiger Requisiten wird nicht selten durch ihre Anhäufung und Brutalisierung zu überspielen versucht. Daneben hat sich eine neue Bewertung des Vampirdaseins ergeben: Während in den Texten vor 1900 das Dasein des Vampirs als furchtbares Verhängnis geschildert wird, tritt es uns jetzt oft vollkommen unzensiert, als erstrebenswerte Existenzform entgegen. Das kann sich auf der Ebene der gehobenen Unterhaltung abspielen wie etwa in Robert Aickmans Novelle »Pages from a young Girl's Journal« oder auch in Richard Mathesons Erzählung »Drink my Blood«, aber auch verstärkt in billigen Vampirserien und Vampircomics.[41]

Daneben taucht bereits seit dem 19. Jahrhundert der »menschlich-allzumenschliche« Vampir auf. Er ist eine Witzfigur, der in seiner Überzeichnung die Komik ausgelebter Begierden offenbart und unser eigenes Ich als das Spiegelbild zurückwirft, das es von ihm selbst nicht gibt. Wenn wir über die Triebhaftigkeit und ungefilterte Bösartigkeit des Vampirs lachen, dann lachen wir über uns selbst. Dieser komische Vampir begegnet uns in Humoresken und Parodien, Filmen und Erzählungen, aber auch in eigenen *Vampire Jokes* oder Vampirkochbüchern.

Diese »harmlose« Seite des Vampirs hat dazu geführt, daß er in den letzten Jahren auch das Kinderzimmer erobert hat und uns in der Sesamstraße als »Count Count« ebenso begegnet wie in zahllosen Kinderbüchern unterschiedlicher Qualität. Ein gelun-

II. Der Vampir als literarische Fiktion

Abb. 16: *Illustrationen aus Angela Sommer-Bodenburg: »Der kleine Vampir verreist«. Reinbek bei Hamburg 1982*

genes Beispiel für diese Gattung bilden die zahlreichen Geschichten vom kleinen Vampir von Angela Sommer-Bodenburg (Abb. 16).[42] Sommer-Bodenburg berichtet darin vom kleinen, liebenswerten Vampir Rüdiger und seiner nicht immer ganz so netten Verwandtschaft. Die Autorin, von Beruf Lehrerin, will in diesem Zusammenhang von ihren Schülern erfahren haben, wie sehr deren Vorstellungswelt bereits von Blutsaugern bevölkert ist. Überraschen kann uns das allerdings nicht, wenn wir uns erinnern, daß wir ja alle als sadistische kleine Sauger auf die Welt gekommen sind.

Doch trotz der allseitigen Vermarktung und hemmungslosen Ausschlachtung des Stoffes ist der Vampir einfach nicht totzukriegen. Nachdem bereits verkündet wurde, der Vampir in der gehaltvollen Literatur habe sich – wie Stokers Dracula selbst an seinem Ende – buchstäblich in Luft aufgelöst, haben gerade die letzten zwei Jahrzehnte das Gegenteil bewiesen: Der Vampir kann jederzeit wieder auferstehen!

Die Wiederkehr der Untoten und die Chronik der Vampire

Zwischen 1930 und 1960 mußte der Vampir eine gewisse Durststrecke zurücklegen. Während bis Ende der zwanziger Jahre noch qualitätvolle Vampirprodukte auf den Buchmarkt kamen, floß der Blutstrom nach dieser Zeit – trotz Bela Lugosi als beeindruckender Leinwand Dracula – spärlicher. Zu den herausragendsten Vampirerzeugnissen aus dem ersten Drittel unseres Jahrhunderts zählen u. a. »Sarahs Grab« (1900) von Frederick Georg Loring, »Mortons befremdlicher Tod« (1910) von Algernon Blackwood oder Jean Rays »Friedhofswächter« (1925). Aber auch der deutsche Sprachraum erlebte zu dieser Zeit eine Sternstunde der Phantastik und war daher weit weniger als unsere anämische Gegenwart auf einen Vampirimport aus den angloamerikanischen Ländern angewiesen. Erzählungen wie »Das Grabmal auf dem Père Lachaise« (1914) von Karl Hans Strobl, »Der Vampir« (1921) von Toni Schwabe oder Alfred Kubins kleine Erzählung »Die Jagd auf den Vampir« belegen dies anschaulich. Aus der Ära der »Durststrecke« ragt besonders Richard Mathesons »Ich bin Legende« (1954), eine Mischung aus Horror und Science-fiction-Elementen, heraus. Doch so gelungen Mathesons Roman auch war, er fand zunächst keine Nachahmer. Was in dieser Zeitspanne fast ausschließlich dominierte, waren Trivialvampire, die sich zwischen billigen Horrorattrappen tummelten oder als Faschingsnummern Vampir-Kasperle-Theater spielten.

Der Schlaf des gehobenen Vampirs endete im Laufe der sechziger Jahre, und in der Folge klappten immer mehr Sargdeckel wieder auf. Die ungebrochene Vitalität des Vampirs läßt sich allein daraus ablesen, daß er nicht nur die alteingetretenen Pfade entlangmarschiert, sondern sich ganz neue Wege erschlossen hat. Seine Rolle als klassischer »Draculavampir«, als »Trivialvampir« oder als literarisch gehaltvoller »Kunstvampir«, wie er uns etwa bei Ingeborg Bachmann oder H.C. Artmann begegnet[43], hat sich in den letzten Jahrzehnten erweitert bzw. fortentwickelt. Dieser Prozeß läßt sich an folgenden Punkten festmachen:

Erstens: Am »Kasperle-Vampir«, der in neueren Gestaltungen, so z. B. Woody Allens Version von »Graf Dracula« (1971) beweist,

II. Der Vampir als literarische Fiktion

daß er nicht nur zu albernen Hanswurstiaden taugt, sondern auch voller Skurilität und Hintersinn sein kann.

Zweitens: Kommen zahlreiche neuere Publikationen hinzu, die sich im Zuge der Vampirwelle in einem erweiterten Sinn mit dem Vampir auseinandersetzen, indem sie über den »Blutsauger« Vlad Tepes schreiben oder sich mit dem menschlichen »Werwolfcharakter« beschäftigen. Hierzu gehören u. a. Marius Oniceanus »Dracula, Kreuzritter, Legende, Wahrheit« (1985) oder Roderick Anscombes exquisiter Roman »Das geheime Leben des Laszlo Graf Dracula« (1994).

Drittens: Haben sich Science-fiction-Erzähler des Vampirs bemächtigt, und ihn aus seinen verfallenen Schlössern geholt, um ihn als eine Gestalt mit Zukunft neu zu präsentieren. Hierzu zählen neben dem bereits erwähnten Richard Matheson, Autoren wie Colin Wilson mit seinem »The Space Vampires« (1976), oder C.S. Friedman und Brian Aldiss. In Friedmans »Madness Seasons« (1990) ist die Handlung 500 Jahre in die Zukunft vorverlegt, in eine Zeit, da die Welt schon lange von Außerirdischen erobert ist. Auch Aldiss' »Dracula Unbound« (1991) führt weit in die Zukunft, der Held wird dann aber via Zeitsprung in das Jahr 1896 zurückversetzt, wo er unversehens Gast von Bram Stoker wird.

Viertens: Erleben wir eine Intellektualisierung des Vampirs seiner Umwelt gegenüber. Gerade der Untote kann aus seiner Distanz den Lebenden gegenüber, deren Treiben weit sachlicher analysieren. Davon berichtet u. a. Fred Saberhagen in »The Dracula Tapes« (1975) oder Les Daniels in seiner »Don Sebastian« – Reihe: »The Black Castle« (1978); »The Silver Skull« (1979); »Citizen Vampire« (1981); »Yellow Fog« (1986); »No Blood Spilled« (1991).

Fünftens: Die Intellektualisierung des Vampirs erfolgt aber nicht nur im Zuge einer Beobachtung der Außenwelt, sondern auch im Zuge einer Selbstbeobachtung. Der Vampir verfolgt genau sein Dasein durch die Jahrhunderte und Jahrtausende und lernt dazu, so daß wir von einem »Entwicklungsvampir« sprechen können. Zu dieser Kategorie zählen etwa: Whitley Striebers »Der

Kuß des Todes« (1981) oder Adolf Muschgs »Das Licht und der Schlüssel« (1988), der den bezeichnenden Untertitel trägt: »Erziehungsroman eines Vampirs«.

Sechstens: Wie bereits im Trivialsektor, hat sich auch in der gehobenen Unterhaltungsliteratur der suggestive Vampir herausgebildet, der mit hedonistischer Amoralität und der Verlockung des ewigen Lebens, den Leser in den Bann zieht. Dazu gehören die Romane »Dracula Unborn« (1977) und »Dracula My Love« (1980) von Peter Tremayne oder Jody Scott mit »I, Vampire« (1984).

Siebentens: Der Vampir hat Amerika erobert. Damit ist nicht nur gemeint, daß er sich in Hollywood breitgemacht hat und zahlreiche amerikanische Autoren über ihn schreiben, sondern die Vampire haben offensichtlich in großer Zahl die Alte Welt verlassen, um sich dort neu einzurichten, wo der heutige Machtpol liegt – in der Neuen Welt. Am krassesten hat wohl Stephen King für die amerikanische Vampirvermehrung gesorgt, indem er in »Brennen muß Salem« (1975), sämtliche Bewohner einer amerikanischen Kleinstadt zu Vampiren werden ließ. Der »Neue Welt-Vampir« begegnet uns aber auch bei bei Jory Sherman in »Vegas Vampire« (1980) oder filmisch bei George A. Romero. In seiner »Nacht der lebenden Toten« (1968) läßt er seine amerikanischen Landsleute nach ihrem Ableben als Untote wiederauferstehen.

Achtens: Vor allem sticht aber eine Feminisierung des Vampirstoffes hervor, wobei hier weniger an weibliche Vampire gedacht wird als vielmehr an die große Anzahl von Autorinnen, die sich mit dieser Thematik auseinandersetzen. Obwohl das Horrorgenre, sowohl was die Leser als auch die Autoren betrifft, deutlich von Männern dominiert wird, ist das beim Vampir nicht mehr der Fall. Das »Vampirprinzip« wird offenbar geschlechtsübergreifend begriffen, als allgemeines Lebensprinzip, in das sowohl Mann als auch Frau involviert sind. Zu den Autorinnen zählen etwa Tanith Lee: »Sabella, der letzte Vampir« (1980); Elfriede Jelinek: »Krankheit oder Moderne« (1987); Poppy Z. Brite: »Verlorene Seelen« (1992). Barbara Neuwirth hat mit »Blaß sei mein Gesicht« (1988) eine Anthologie von Vampirgeschichten von Frauen vorgelegt.

II. Der Vampir als literarische Fiktion

Und so mag es auch nicht verwundern, daß die heute erfolgreichsten Vampirromane aus der Feder einer Frau stammen – nämlich von Anne Rice. Die 1941, als Kind irischer Eltern, in New Orleans geborene Autorin hat mit ihrer fünfbändigen »Chronik der Vampire« nicht nur das breite Publikum begeistert, sondern auch große Teile der Kritik.[44] Insbesondere in den angelsächsischen Ländern hat sie einen Kultstatus erreicht, und was Vampire betrifft, konnte sie den »Horrorkönig« Stephen King erfolgreich überrunden. Die Verfilmung des ersten Bandes ihrer Chronik »Interview mit einem Vampir«, war dem »Spiegel« Anlaß genug, sich in einer Titelgeschichte mit dem Vampirismus auseinanderzusetzen.[45]

Rice, deren literarische Vorbilder H.G. Wells, Poe und Nathaniel Hawthorne heißen, hat mit ihrer »Chronik« ein eigenes Universum der Vampire erschaffen. Im ersten und vielleicht wichtigsten Band ihrer Vampirreihe, dem »Interview mit einem Vampir« (1976), führt ein junger Reporter ein Gespräch mit Louis de Pointe du Lac – einem Vampir. Louis war vor seiner Existenz als Untoter ein Plantagenbesitzer im New Orleans des ausgehenden 18. Jahrhunderts, der nach dem Tod seines geliebten Bruders in eine tiefe Sinnkrise fiel. Befreit wurde er daraus von dem betörenden Vampir Lestat de Lioncourt, der sich im Jahre 1791 aus dem revolutionswirren Paris nach Louisiana abgesetzt hatte, und damit wohl den ersten europäischen Vampir auf amerikanischem Boden darstellt. Die beiden in Jugend und Schönheit lebenden Vampire Louis und Lestat komplettieren sich mit Claudia – einem Mädchen, das sie im Alter von fünf Jahren zu einer Vampirin machen – zu einer kleinen Familie. Aber der Einfluß, den Louis auf die ebenso liebreizende wie kindlich skrupellose Vampirin gewinnt, erregt in der Folge Lestats Eifersucht. Claudia wiederum haßt Lestat und trachtet danach, ihn zu zerstören. In der Illusion, ihn tatsächlich vernichtet zu haben, schifft sie sich mit Louis nach Europa ein. Während der Reise durch die Alte Welt und die Länder des Mittelmeeres ist der philosophisch veranlagte Louis unentwegt von dem Wunsch getrieben, Auskunft über sein Vampirwesen, über die Besonderheit seiner Art, über ihr Woher und Wozu zu erhalten, Antworten, die ihm der leichtfüßige Hedonist Lestat nicht geben konnte. Doch eine befriedigende Antwort findet er nirgends. In Paris endlich macht er die Bekanntschaft des älteren und mächtigen Vampirs Armand, des Leiters des »Theaters der Vampire«. Doch auch der charismatische Armand weiß nichts von den letzten Dingen, kennt weder Gott noch Teufel. Resigniert kehrt Louis allein in die Neue Welt zurück – Claudia ist in Paris von den dortigen Vampiren hingerichtet worden, hatte sie doch gegen das einzige Verbot verstoßen, welches die Vampire untereinander errichtet haben: Töte oder versuche niemals, einen anderen Vampir zu töten.

In den folgenden Bänden der »Chronik der Vampire« setzt der wieder ins Vampirdasein zurückgekehrte Lestat der von Louis erzählten Geschichte seine eigene Geschichte entgegen. Im zweiten Band »Der Fürst der Finsternis« (1985) steigt er zum Rockstar auf, im dritten »Die Königin der Verdammten« (1988), wird der Ursprung der Vampire bis ins alte Ägypten zurückverfolgt, und in »Nachtmahr« (1992) schließlich unternimmt Lestat das Wagnis, in die Welt der Lebenden zurückzukehren. Hatte er früher die Gesellschaft anderer Vampire genossen, so sehnt er sich jetzt nach der von sterblichen Menschen, womit bereits das Grundthema des Romans genannt ist. Lestat spricht es selbst aus, als er den wieder in New Orleans lebenden Louis besucht: Menschen, sagt er, wollten die ewige Jugend, während es Vampire danach verlange, menschliche Gefühle zu empfinden. Sein Wunsch, wie ein Mensch zu fühlen, ist so stark, daß er mit einem Irdischen den Körper tauscht. Doch als er durch eine Krankheit erleben muß, wie hinfällig der menschliche Körper ist, drängt es ihn danach, zurück in seinen Vampirleib zu schlüpfen, was nicht so einfach ist, da sein Tauschpartner Gefallen an dem Leib eines Unsterblichen gefunden hat. Im abschließenden Band »Memnoch der Teufel« (1995) wird Lestat von Memnoch durch Himmel und Hölle geleitet, um sich davon zu überzeugen, daß Gott ein »moral idiot« ist, der keine Ahnung von den Konsequenzen hatte, als er die Welt erschuf.[46]

Fragt man nun nach dem Grund für den weltweiten Erfolg von Anne Rices Vampirchronik, so sind es neben ihrem Einfallsreichtum und der gedanklichen Substanz, die sie ihren dunklen Helden gibt, vor allem die zahlreichen Kennzeichen des modernen Vampirs, die ins Auge fallen. Bei kaum einem anderen Autor dürften sie derart gehäuft auftreten:

Erstens: Ihre Hauptvampire sind Amerikaner oder amerikanisiert. Sie befinden sich also im Zentrum der politischen Macht und an der Quelle unserer heutigen Massenzivilisation. Aus einem ähnlichen Grund tummelten sich im 19. Jahrhundert besonders viele Vampire in England. Rice schafft sogar eine Hierarchie der Vampire, an deren Spitze ihre amerikanischen Vertreter stehen. Die französischen Vampire erweisen sich zwar als recht kultiviert, aber auch als ausgesprochen dekadent, während die »klassischen« Vampire aus Osteuropa und Transsilvanien sogar als vollkommen debile »Untervampire« in Erscheinung treten.

Zweitens: Die Autorin Anne Rice hat die ursprünglich maskulin dominierte Vampirwelt entschieden feminisiert und ihr damit auch einen ganz neuen Kreis von LeserInnen zugeführt. Die in Band drei der Chronik eingeführte »Königin der Verdammten«, Akasha, ist nicht nur das machtvollste Vampirgeschöpf, sondern ist auch mit radikalfeministischen Zügen ausgestattet. So hegt sie den Glauben, daß die Frauen eine Welt des Friedens errichten könnten, wenn erst die meisten Männer ausgerottet seien.

Drittens: Anne Rice ist es gelungen, eine eigene Vampirmythologie aufzubauen. In dieser neu erschaffenen Welt klammert sie kaum eine Menschheitsfrage philosophischer und spiritueller Natur aus.

Viertens: Dadurch, daß Anne Rice ihre Chronik von Vampiren in der Ichperson erzählen läßt – zunächst von Louis und dann von Lestat –, kann der Leser sich weit stärker mit den Vampiren identifizieren als in der herkömmlichen Vampirliteratur. Der Vampir hört auf, Monster zu sein. Er wird Identifikationsobjekt, und der Leser nimmt teil an der Entwicklung, die auch ein Untoter durchläuft. Darüber hinaus ist Louis, der den Einstiegsband bestreitet, ein ausgesprochener »Gutvampir«, stets von Skrupeln geplagt über seine aus Existenznot begangenen Missetaten. Ihm darf sich daher auch der »menschlichste« Leser beruhigt anvertrauen.

Fünftens: Unverkennbar ist es Rice gelungen, aus ihren Hauptvampiren attraktive Helden zu machen, die die Sehnsucht der

Leser nach Schönheit, Reichtum, Macht und Unsterblichkeit befriedigen. Ihr Vampirdasein wird dabei so geschildert, daß es vielen Lesern weit faszinierender vorkommen muß als das Leben der Normalsterblichen. Eine derartige Attraktivität läßt die Vampire im Zeitalter eines Massenhedonismus natürlich besonders verführerisch erscheinen. Der so verführte Leser verläßt, nietzscheanisch gesprochen, von Seite zu Seite mehr seine ihm anerzogene »Herdenmoral« und wandert über zur »Herrenmoral«, die das reißende Vampirraubtier ja per se verkörpern muß.

Doch so glitzernd und faszinierend die Vampire bei Anne Rice in ihrer literarischen Verdichtung auch erscheinen mögen, in natura sind sie – wie wir bald sehen werden – weit unattraktiver und nicht zuletzt wesentlich unappetitlicher!

III. Der Vampir als pathologische Gestalt

Tote, Untote und Scheintote

Die Feststellung, daß der Tod in unserer gegenwärtigen Kultur weitgehend verdrängt wird, ist nichts neues. Doch es wird auch heute noch gestorben, und im Bereich des Entertainment, wozu ja auch der Vampir gehört, gar nicht einmal so selten. Aber die persönliche Auseinandersetzung mit dem Tod, sei es mit dem möglichen eigenen oder dem Sterbeprozeß eines Anverwandten und die Konfrontation mit dessen Leichnam, wird soweit als möglich aus unserem Leben ausgeschlossen. Der Tod wird heute von dazu bestimmten Institutionen »entsorgt«. Das vertraute Du und Du des einzelnen mit ihm wie in den traditionellen Kulturen, das Wissen, daß der Tod die andere Seite des Lebens ist, bleibt verborgen oder stößt auf tiefe Ängste. Undenkbar, daß die Menschen heute, wie im Mittelalter üblich, ihr Totenhemd noch selbst sticken würden. Der eigene Tod wird zumeist als das grausige Ende, als funktionalistisches »Aus« der Maschine Mensch angesehen, als ohnmächtiges Versagen vor dem eigenen Verschleiß. Das war einst anders: Der Tod war nicht nur etwas Selbstverständliches und Vertrautes gewesen, sondern er besaß allein dadurch weit weniger Schrecken, daß er eigentlich gar nicht existierte – die Seele überlebte in der Vorstellung den physischen Tod ja allemal, und selbst das materielle Totsein wurde mitunter als ein Zustand gesehen, der ein geheimes Nachleben oder gar Weiterleben nicht ausschloß, wofür gerade die »Untoten« den besten Beleg abliefern.

Doch obgleich der traditionelle Mensch den eigenen Tod weit weniger fürchtete als der westliche Gegenwartsmensch, stand er *den* Toten durchaus ambivalent gegenüber, was sich einerseits in einer Totenfürsorge und andererseits in einer Totenangst ausdrückte. Die materielle Totenfürsorge bestand bzw. besteht z. B. in der liebevollen Anlage von Gräbern und Grabbeigaben, zu denen neben Schmuck und Waffen vor allem auch Nahrungsmittel zählen; denn anscheinend sind nicht nur die Untoten hungrig, sondern auch die toten Seelen auf ihrer Wanderung ins Jenseits. Die geistige Totenfürsorge zeigt sich vor allem in Gebeten für die Verstorbenen, in einigen Kulturen war es überdies üblich, daß die Ehefrau oder die Dienerschaft dem Verstorbenen als Begleitung ins Totenreich folgen mußten. Daneben gab es auch für unverheiratete Verstorbene ein Hochzeitszeremoniell, in welchem dem Totenzug im Spiel, manchmal auch im Ernst, eine Braut oder ein Bräutigam beigegeben wurde.

Die Totenfürsorge erfüllt den Zweck, die Toten zu begleiten und ihrer Seele zur Ruhe zu verhelfen; denn eines fürchtete man im Regelfall: Die Wiederkehr der Toten. Doch gibt es auch hier Ausnahmen: Der Glaube, daß die Toten ihre geliebten Angehörigen, besonders bei Nacht und meistens in der Zeit unmittelbar nach ihrem Ableben, besuchen können, ohne daß die meist Schlafenden davon Kenntnis nehmen müssen, ist auf der ganzen Welt verbreitet. Aber vor Toten, die keine Ruhe finden konnten, galt es auf der Hut zu sein. Das kam vor allem dann vor, wenn der Übergangsritus zwischen Leben und Tod nicht oder nicht vollständig vollzogen worden war. Die Verstorbenen kehrten beispielsweise wieder, wenn der Leichnam eines Ertrunkenen unauffindbar blieb und nicht den Bräuchen entsprechend beerdigt werden konnte, oder wenn ein Mord, ein Selbstmord, der Tod einer Frau bei der Niederkunft oder ein totgeborenes Kind die Gemeinschaft der Lebenden zu beflecken drohten. Im Christentum war durch Augustinus (354–430), dem eigentlichen Begründer der christlichen Totenlehre, die Vorstellung verbreitet, daß es sich bei den Totenerscheinungen häufig gar nicht um den Körper oder die Seele des Verstorbenen handelt, sondern nur um ein »geistiges Bild« des Toten; diesen »geistigen Bildern« sei zu mißtrauen, da sie häufig von Dämonen in den Geist oder mehr noch in die Träume des Menschen gepflanzt würden.

In der durchschimmernden Geistigkeit der Totenerscheinungen tut sich freilich ein Gegensatz zu der Erscheinung der Untoten auf: Während die Verstorbenen den Lebenden als »geistige Bilder« oder als feinstoffliche, durchschimmernde Leiber entgegentreten, behält der Vampir seine irdische Materialität. Beim Vampir ist es nicht der Totengeist, der den Lebenden erscheint, sondern der allnächtlich auferstandene Leichnam selbst. Dieser

III. Der Vampir als pathologische Gestalt

Vampirleichnam ist weder richtig tot noch lebend, sondern, wie Montague Summers ihn bezeichnet, ein »living in the death«. Treffend nennt Summers den Vampir auch »androgyn«, ein Zwittergeschöpf zwischen Leben und Tod.[1] Doch es ist nicht der Vampir allein, der aus seinem Grab auferstehen kann: Christus selbst entstieg dem Totenreich, um den Sterblichen vom ewigen Leben zu künden, und er besaß die Kraft, Tote zum Leben zu erwecken. Freilich handelt es sich hier nicht um lebende Tote, sondern um eine vollständige Rückkehr in das irdische Leben. Auch im Reinkarnationsglauben kehrt die unsterbliche Seele in das Leben, d. h. in einen neuen Körper zurück, nachdem der alte gestorben ist.

In den Vorstellungen der Völker gibt es viele Überschneidungspunkte und fließende Übergänge zwischen Leben und Tod. Das drückt sich auch im Totenglauben aus: Interessanterweise spielt sich z. B. gerade in der rumänischen Überlieferung das Leben nach dem Tod nicht in einer spirituellen Welt ab, sondern gleicht weitgehend dem auf der Erde. Kein Wunder also, daß gerade dort die Untoten wie lebendige Menschen über die Erde wandern. Überschneidungen von Leben und Tod zeigen sich auch im Schlaf, der nicht ohne Grund »der kleine Bruder des Todes« genannt wird. Wenn wir uns allabendlich zur »Ruhe« legen und das zumeist an einem eigens dafür bestimmten Ort und in Dunkelheit, dann ist das nicht nur ein kleines Sterben, sondern erinnert zugleich an das Bild eines Vampirs, der sich allmorgendlich in seine Gruft zurückzieht. Parallelen zum Vampir weist auch der besonders auf Haiti verbreitete Zombieglaube auf. Der Zombie ist durch die Magie eines Zauberers seinem Grab entstiegen und muß als willenloses Geschöpf dessen Befehlen folgen. Er fungiert zumeist als Arbeitsautomat. Ein Zombie kann sich bewegen, essen, hören, sogar sprechen, aber er erinnert sich nicht an sein einstiges Leben und ist sich seines gegenwärtigen Zustandes nicht bewußt. Während der Vampir der lebende Tote ist, ist der Zombie nur der wandelnde und dienende Tote – ein Körper ohne Seele und Intellekt.

Auch wenn der Tod plötzlich eintritt und den menschlichen Leib zerteilt, wie etwa bei der Enthauptung, liegen zahlreiche Berichte vor, die ein kurzes Nachleben der Glieder, insbesondere des abgeschlagenen Hauptes, konstatieren. So erfahren wir beispielsweise von der 1824 vollstreckten Hinrichtung eines Raubmörders aus Koblenz aus der Feder eines Beteiligten:

»Mit dem Schlage des Messers fiel auch fast in demselben Augenblick der Kopf zur Erde. Er kam auf die rechte Seite zu liegen, ohne mit der Schnittfläche den 1 Fuß hoch aufgeschütteten weichen Sand berührt zu haben. Es wurde keine Bewegung des Kopfes bemerkt; das Auge war halb geöffnet. Der Kopf wurde alsbald von mir erhoben. Gleich nachdem einer von uns ihm das Wort ›Mörder‹ in das Ohr gerufen hatte, öffneten sich die Augen vollkommen und starr, und mit dem Ausdruck der Verwunderung blickten sie ohne Zeichen des Schmerzes auf die Beobachtenden hin. Dies währte mehrere Sekunden, worauf sich das Auge nach oben rollte, so daß die Pupille kaum mehr sichtbar war. Die Augenlider schlossen sodann das sich senkende Auge, und mehrere Tränen liefen über die Wangen.«[2]

Der berühmte Anatom Samuel Thomas von Soemering (1755–1830) führte seinerzeit derartige Phänomene darauf zurück, daß das Hirn des abgeschlagenen Hauptes noch für einen Augenblick seine Lebenskraft bewahren könne.

Ferner gibt es natürlich das weite Feld der Krankheiten, bei denen sich der Tod bereits im Lebenden eingenistet hat: Wir sprechen in solchen Fällen von einer todkranken Person, deren Physiognomie vom Tode gezeichnet oder leichenblaß ist. Daneben trugen die großen Seuchen, als Inbegriff davon die Pest, die im 14. Jahrhundert etwa ein Drittel der europäischen Bevölkerung dahinraffte, dazu bei, daß sich für die Überlebenden die Grenzen von Leben und Tod verwischten. Die vorzeitigen Begräbnisse und versehentlichen Lebendbestattungen, die sich damals aus Angst vor Ansteckung häuften, ließen auch den Vampirglauben weit entflammen. Doch die Pest war nicht nur dem »androgynen« Vampir günstig, sondern ließ auch noch ein anderes Zwitterwesen Furore machen: den tanzenden Tod (Abb. 17). Zahlreiche Künstler des ausgehenden Mittelalters entwarfen hierzu großartige Bildzyklen. Daß der Tod tanzt, daß er den Inbegriff des Lebendigen, den Tanz, für sich usurpiert, mehr noch, daß er auf diese Weise eine foppende Imitation des Lebens vorführt – das macht das eigentliche Grausen der Totentänze aus.

Ein weiteres Phänomen, das für die Ausbreitung des Vampirglaubens von Relevanz ist und beim Schwarzen Tod bereits angedeutet wurde, ist der Scheintod. Dieses Gebiet hat nicht nur

III. Der Vampir als pathologische Gestalt

Abb. 17: *Szene aus einer Totentanzfolge. Holzschnitt, Mitte des 15. Jahrhunderts*

Mediziner, Gerichtsmediziner und Naturwissenschaftler intensiv beschäftigt, sondern auch Philosophen, Historiker, Schriftsteller und Künstler. Ähnlich wie das Grausen vor dem Vampir, erfuhr auch das Grausen vor dem Scheintod mit dem Aufkommen der Romantik eine neue Blüte. Wenn wir dem »Lebendig Begrabenen« auf Antoine Wiertz' bekanntem Gemälde dabei zuschauen, wie er seinen Sargdeckel beiseite schiebt, so erinnert diese Szenerie deutlich an das abendliche Erwachen eines Vampirs (Abb. 18). Die Angst vor dem Scheintod führte gerade zu Beginn des 19. Jahrhunderts zu allerhand kuriosen Konstruktionen, mittels derer sich Scheintote aus ihrem Sarg heraus, z. B. via Klingelzug, wieder ins Leben zurückmelden konnten (Abb. 19).[3]

Tote, Untote und Scheintote

Abb. 18: *Antoine Wiertz: Der lebendig Begrabene, um 1840*

Von seiner medizinischen Definition her ist der Scheintod ein Zustand, in dem das Leben erloschen zu sein scheint. Beim Menschen können bei fast vollständigem Aussetzen der übrigen Funktionen und Reflexerregbarkeit des Körpers Atmung und Herztätigkeit auf ein kaum erkennbares Minimum herabsinken. Bewußtsein, Empfindungen, Bewegung fehlen; die Haut ist blaß, der Brustkorb steht still. Puls ist nicht mehr zählbar, Herztöne nicht mehr hörbar. Dieser Zustand kann sich mehrere Stunden, in seltenen Fällen über Tage hinziehen. Er wird beobachtet bei Vergiftungen, tiefen Erschöpfungszuständen, bei Cholera, nach starken Blutungen, Gehirnerschütterungen, bei geretteten Ertrunkenen, Herzstörungen, Schädigungen des Atemzentrums, elektrischen Unfällen und bei kataleptischen (Starrsucht) Anfällen. Es wird nicht überraschen, daß in Zeiten, in denen derartige Phänomene noch nicht bekannt waren, es auch zu einer vorschnellen Todesattestierung kommen konnte. Hatte der »Tote« Glück, so konnte er sich noch während der Zeit seiner Aufbahrung bemerkbar machen, was der anwesenden Trauergemeinde sicher einen gehörigen Schrecken einjagte. Hatte er Pech, dann wurde er beerdigt – und irgendwann später fand man vielleicht

III. Der Vampir als pathologische Gestalt

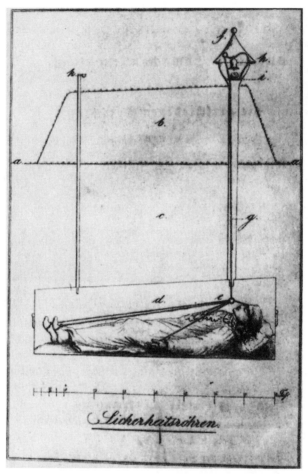

Abb. 19: *Zu den zahllosen Vorrichtungen, die bei der geringsten Bewegung eines Scheintoten die Umgebung alarmieren sollten, zählen mit einer Glocke verbundene Sicherheitsröhren. Aus: Kaiserliche Patentschrift, Nr.?, Anfang 19. Jahrhundert*

einmal einen seltsam verkrümmten Leichnam in seinem Grab vor, was dem Glauben an die Untoten wieder ein neues Gerücht bot.

Aber nicht nur die Scheintoten hatten Einfluß auf den Vampirglauben – einen vielleicht noch größeren gewannen die »Scheinlebenden«. Gemeint sind damit jene Toten, die bei der

Öffnung ihres Sarges einen ungehörig »lebenden« Eindruck auf den Betrachter machen. Scheinlebende sind dabei keineswegs nur als Vampire auf uns gekommen. So gibt es zahlreiche Berichte, in denen die Särge von Herrschern oder Heiligen nach Jahrhunderten geöffnet wurden und die Leichname nahezu unversehrt schienen. Der Grund liegt einfach darin, daß die in kostbar gefertigten Metallsärgen liegenden prominenten Toten weitgehend luftdicht abgeschottet waren, wodurch der körperliche Verfallsprozeß stark verzögert wurde; denn die für die Verwesung verantwortlichen Bakterien benötigen Sauerstoff. Doch warum verwesten nun unsere Dorfvampire Paole und Plogosovitz in ihren preiswerten Holzsärgen nicht so schnell? Der Grund: Im Erdgrab wird der Zerfall eines Leichnams um den Faktor 8 verlangsamt. Ein Leichnam, der unter freiem Himmel liegt, wird also achtmal schneller verwesen als im Sarg. Und dieser Faktor kann sich – je nach Sauerstoffzufuhr – erhöhen. Wenn das Erdreich nur sehr wenig Sauerstoff durchläßt, z. B. weil es stark lehmhaltig ist, dann können sich auch die dort befindlichen »Vampire« gut erhalten. Doch diese Gegebenheiten waren den Ärzten in der ersten Hälfte des 18. Jahrhunderts noch unbekannt. Wie wichtig Scheintote und insbesondere die Scheinlebenden für den modernen Vampirglauben wurden, erkennt man daran, daß die in voller Leibesgestalt auferstandenen Vampire nur dort anzutreffen sind, wo die Leichen nicht verbrannt wurden und die Beerdigung die allgemeine Bestattungsart war. Wurde aber ein Verstorbener des Vampirismus verdächtigt, griff man im Regelfall auf die ältere Feuerbestattung zurück und verbrannte ihn. Damit konnte man in der Tat jedem Scheinlebenden den Garaus machen!

Im Vampirismus offenbart sich der Glaube an eine mögliche Feindschaft der Toten gegenüber den Lebenden. Um diese Gegnerschaft zu verhindern, wurden bei der Grablegung oft vorbeugende Abwehrmaßnahmen gegen wiederkehrende Tote unternommen. Als solche galt beispielsweise die Beigabe von Fischernetzen und Mohnkörnern; denn man glaubte, die Toten lösten jedes Jahr einen Knoten vom Netz auf und äßen ein Mohnkorn. Auf diese Weise hoffte man Nachzehren und Wiedergängertum verhindern zu können. Die Sachsen betteten, um das Nachzehrertum zu verhindern, ihren Toten einen Stein und

III. Der Vampir als pathologische Gestalt

einen Pfennig unter die Zunge. In anderen Regionen wurde dem Leichnam eine Rasenscholle zwischen Brust und Kinn gelegt – der Tote sollte »ins Gras beißen«. Die Furcht der Lebenden vor einer möglichen Bedrohung von den Toten erstreckte sich nicht nur auf Verstorbene, die bereits zu Lebzeiten als wenig erfreulich galten, sondern beruht auf der weitverbreiteten Vorstellung, daß der seelenlose Leichnam ohne Schutz den Dämonen preisgegeben ist. Nach der Lehre der griechisch-orthodoxen Kirche hat der Teufel Gewalt über die Leichen *verstockter* Missetäter oder wenn sie mit dem Kirchenbann behaftet waren. Er vermag ihre Leiber zu beseelen und sich ihrer zum Schaden der Lebenden zu bedienen. Das kann vom einfachen Schabernack bis zur Tötung von Menschen reichen.

Doch mitunter sind die Toten gleich den Untoten auch mit Attraktivität ausgestattet. Die Vorstellung, daß sie mit den Lebenden in eine geschlechtliche Beziehung treten können, ist sehr alt und wird in zahlreichen Legenden aller Völker behandelt. So wird zum Beispiel in einer talmudischen Erzählung geschildert, wie Herodes noch sieben Jahre mit der Leiche seiner ermordeten Gattin Marianne geschlafen hat. In vielen Sagen und Märchen zeugen tote Männer, oder tote Frauen gebären Kinder, oder tote Mütter kommen, um ihre Kinder zu säugen. Der Glaube, daß der verstorbene Ehemann die hinterbliebene Gattin zu schwängern vermag, konnte eventuellen heimlichen Liebhabern natürlich nur recht sein. Im Orient machte die »lustige Witwe« für einen derartigen Fauxpas nicht den verschiedenen Gatten, sondern zumeist einen Vampir verantwortlich, was für den Neugeborenen freilich nachteilig war, da er selbst leicht als Vampir verschrien werden konnte. Unverheiratete schwangere Frauen hingegen konnten im Mittelalter leicht beschuldigt werden, mit dem Teufel ein Stelldichein gehabt zu haben, und man führte sie als Hexen zum Scheiterhaufen.

In solcherart makabren Geschichten offenbart sich die von Georges Bataille attestierte Verwandtschaft von Fortpflanzung und Tod.[4] Das Töten des einen Geschöpfes bedeutet das Leben des anderen, und die Verwesung des Leichnams reichert den Humus mit neuen Nährstoffen an. Der sezierte Leichnam bietet dem Arzt neue Erkenntnisse über das Leben, und der klinisch Tote kann mit einer Organspende Leben retten. Im frühen

19. Jahrhundert, als der literarische Vampir seine Weltkarriere startete, war es den Medizinern oft nur sehr eingeschränkt erlaubt, Leichen zu untersuchen. Die daraus resultierende Praxis, Leichen heimlich zu exhumieren, um mit ihnen medizinische Experimente durchzuführen, regte damals die allgemeine Phantasie außerordentlich an. Der Leichnam dient aber nicht nur dem Leben anderer, sondern an ihn kann sich auch die Hoffnung knüpfen, wieder ins Leben zu treten, sei es im Auferstehungsgedanken des Christentums oder in der Vorstellung, daß der Leichnam als Reisegefährte ins Jenseits vonnöten ist, wie wir sie aus dem alten Ägypten kennen. Die moderne Wissenschaft hat aber noch ganz neue Türen eröffnet: In den Kühlschränken von Spezialkliniken lagern die eingefrorenen Leichname von Menschen, die hoffen, durch die Wissenschaft eines Tages wieder zum Leben erweckt zu werden!

Vampirismus in medizinischer Sicht

Bereits im Abschnitt über die Vampirpanik wurde darauf hingewiesen, daß die teils mündlich überlieferten, teils auch amtlich bestätigten Berichte über Vampire – besonders die Fälle Plogosovitz und Paole – ein reges Interesse bei den Wissenschaftlern und Ärzten auslösten. Der ausführlichste Versuch einer medizinischen Deutung aus dem 18. Jahrhundert stammte von dem ungarischen Arzt Georg Tallar. Das Werk erschien 1784, also bereits Jahrzehnte nach dem großen Vampirfieber.[5] Tallar studierte in Serbien und Rumänien über mehrere Jahrzehnte hinweg Vampirphänomene. Er war nicht nur bei der Exhumierung vampirverdächtiger Leichen zugegen, sondern untersuchte auch Leute, die über eine unbestimmte Krankheit klagten, welche von Fieber, Verdauungsproblemen, Blässe und Übelkeit begleitet war – und die sie im allgemeinen darauf zurückführten, daß sie von Vampiren gebissen oder berührt worden seien. Die davon Betroffenen versuchten, sich selbst zu heilen, indem sie ihren Körper mit dem Blut von Leichen beschmierten, die sie auf Friedhöfen ausgegraben hatten, oder mittels anderer magischer Methoden. Georg Tallar hatte eine andere Erklärung für ihre Beschwerden: Er führte sie auf die extremen Fastengebote der orthodoxen Kirche zurück, die ihren Gläubigen im Winter das

III. Der Vampir als pathologische Gestalt

Äußerste abverlangten und zu Verdauungsproblemen führten. Er versuchte, diese Menschen durch eine vernünftige Ernährung zu heilen und war dabei – wenn wir seinem Bericht Glauben schenken können – recht erfolgreich.

Die sogenannte Vampirkrankheit, die sich dadurch auszeichnet, daß die Toten resistent gegen den Verfall blieben, die Lebenden über ein akutes Leiden klagten und von phantastischen Heimsuchungen durch Vampire berichteten, beschäftigte natürlich nicht nur die Ärzte und Naturwissenschaftler. So stammt eine der meistbeachteten Theorien aus dem 19. Jahrhundert zum Vampirismus von dem Historiker Joseph von Görres. Dieser hat in seiner fünfbändigen »Christliche(n) Mystik« (1836–1842) auch zum Vampirismus Stellung bezogen. Bereits Michael Ranfft hatte in seinem Traktat »Über das Kauen und Schmatzen der Todten in Gräbern« die Auffassung vertreten, ein Teil unserer Seele, die *anima vegetativa*, bleibe noch eine Zeit über unseren Tod hinaus mit dem Körper verbunden.[6] Von ihr könnten dann positive oder negative Energien über den Leichnam auf die Lebenden ausgestrahlt werden. Hier setzt Görres an. Er konstatiert ein vegetatives Sondersein des in der Erde liegenden Vampirs. Die Seele habe sich zwar auch hier vom Körper gelöst, dennoch blieben bei der vampirisierten Leiche noch die unteren Vitalkräfte zurück und ermöglichten ein pflanzenartiges oder pflanzentierhaftes Fortleben. Görres bemüht sich, seinen im Grunde mystischen Ansatz naturwissenschaftlich zu verbrämen, indem er detailliert auf die körperlichen Prozesse eingeht, die in einem derart aufgeladenen Leichnam stattfinden. Ein vampirisierter Leichnam kann für Görres, ähnlich wie ein Magnet, aus der Ferne Einfluß auf sein Umfeld gewinnen:

»Der Vampir in seinem Grabe übt eine Wirkung auf die Lebenden aus, in Folge welcher, die von ihm Ergriffenen vampirisiert, selber zu Vampiren werden. Die, welche er nämlich besucht, erkranken, und ihre Krankheit ist von der Art der Suchten: die Eßlust schwindet, die Lebenskräfte siechen, Abzehrung tritt ein; und ohne daß eine Fieberbewegung sich gezeigt, sterben sie nach kurzer Frist dahin, und werden im Grabe wieder zu Vampyren.«[7]

Dabei besucht der vampirisierte Tote seine Opfer nicht tatsächlich, sondern entzieht ihnen von seinem Grabe aus die Lebenskraft. Ähnlich wie die Pflanze das Sonnenlicht einsaugt, sollen die »Vampirpflanzen« gewissermaßen die Vitalkräfte der Lebenden einsaugen. Dieses Ausgesaugtwerden werde von den Betroffenen, die nicht selten unter Halluzinationen litten, in denen sie sich von dem Vampirleichnam verfolgt fühlen, oft als ein Blutsaugen empfunden. Als beste Bekämpfung einer Vampirseuche empfiehlt Görres eine Maßnahme, zu der das einfache Volk in seinem gesunden Instinkt schon immer gegriffen habe: die Verbrennung des Vampirs.

Zwanzig Jahre nach Görres hat der Arzt und Philosoph Maximilian Perty diese Thesen noch einmal aufgegriffen und modifiziert weiterentwickelt.[8] Eine Sonderform der wissenschaftlichen Deutung des Vampirismus bilden die Theorien, die innerhalb der fiktiven Literatur angestellt wurden. Sie reichen von Platitüden bis zu komplexen naturwissenschaftlichen Spekulationen. Befriedigende Erklärungen zum Vampirismus und für die Vampirpanik des 18. Jahrhunderts hat aber erst die Naturwissenschaft der letzten Jahrzehnte zu leisten vermocht. Paul Barber hat in seinem Aufsatz über Gerichtsmedizin und den europäischen Vampir aufgelistet, wieweit wir den Vampirismus heute naturwissenschaftlich erklären können.[9] Auf das Thema Scheintod und die angebliche Unverwesbarkeit der Leichen wurde bereits im vorhergehenden Kapitel eingegangen. Wir können jetzt aber auch viele andere Besonderheiten erklären, die man einst den vermuteten Vampiren unterstellt hatte. Da ist z. B. der rosige Teint und die Wohlgenährtheit der im Grabe liegenden »Vampire«, selbst wenn sie im Leben mager oder unmittelbar vor ihrem Ableben hohlwangig und bleich waren. Doch gerade dieses »Aufblühen« der Toten hängt mit ihrem Verwesungsprozeß zusammen. Es entsteht durch die Bildung von Fäulnisgasen, die zu einer Aufblähung des Körpers führen. Damit wird auch klar, warum man diese aufgeblasenen »Ballonvampire« ideal mit einem Pflock, der nicht unbedingt ins Herz gerammt werden muß, »töten« konnte: Denn nach der Pfählung sacken sie wie ein getroffener Ballon in sich zusammen. Auch die bei »Vampiren« festgestellte neue Haut und das Weiterwachsen von Fingernägeln und neuen Haaren erklärt sich durch den Fäulnisprozeß; denn die Fäulnisgase pressen Flüssigkeit unter die Oberhaut, die mit den Nägeln in Blasen abgeht. Darunter erscheint die Lederhaut wie eine neue Haut, und die leeren Nagelbetten sehen aus, als würden sich

III. Der Vampir als pathologische Gestalt

neue Nägel gebildet haben. Selbst das »wilde Zeichen«, der erigierte Penis unserer Vampire, ist auf eine Gasgärung zurückzuführen. Das Blubbern und Schmatzen der Toten rührt ebenfalls von dem Fäulnisprozeß her und das vermeintliche Blut, das den »Vampiren« aus Mund und Nase hervorquillt, ist nichts weiteres als blutfarbene Fäulnisflüssigkeit.

Was nun das Sterben während der Vampirpanik betrifft, so führt Christian Reiter, Pathologe am Institut für Gerichtsmedizin in Wien, dieses nicht auf Vampirbisse zurück, sondern auf den 1849 im Blut infizierter Schafe entdeckten Milzbrandbazillus, der auf den Menschen übertragbar ist. Die Indizien: Nur Viehzüchter und Bergleute, die in den ständig bedrohten Dörfern an der Grenze zur Türkei lebten, wurden von der Krankheit befallen, dort stationierte Soldaten hingegen nicht. Zudem trat die Seuche vornehmlich in den Wintermonaten auf, wenn die Lebensmittel knapp wurden und die hungerleidende Bevölkerung sogar auf den Verzehr verendender Tiere angewiesen war. Darunter befanden sich auch Kadaver von Schafen, die die damalige Bevölkerung selbst für Opfer des Vampirismus hielten, und die, wie Christian Reiter vermutet, den Milzbrandbazillus in sich trugen. Die Folgen einer Milzbrandinfektion sind: Hohes Fieber, rasanter Körperverfall, Krämpfe in Brust und Magen, Herzbeschwerden – eben jene Symptome, die auch die Vampiropfer aufwiesen. Gelangen die Erreger zusätzlich in die Lunge, nimmt die Krankheit einen extrem akuten Verlauf und endet nach kurzer Zeit tödlich. Selbst Wahnvorstellungen lassen sich für Reiter auf den Milzbrand zurückführen, da es durch die damit verbundene mangelnde Versorgung mit Sauerstoff zu einer Umnachtung des Geistes kommt. Die Opfer können in ihrer Atemnot Beklemmungsgefühle entwickeln, die den Eindruck vermitteln, jemand würde ihnen an den Hals gehen und sie würgen.[10]

In Amerika, wo sich rituelle Vampirtötungen bis zum Ende des 19. Jahrhunderts nachweisen lassen, konnte man eine vermeintliche Vampirseuche nachträglich als Tuberkuloseepidemie diagnostizieren. 1993 wurden in Connecticut zufällig die Überreste eines riesigen Mannes geborgen, der vor etwa 150 Jahren gestorben war. Knochen und Schädel waren bei ihm wüst umarrangiert worden. Auf den gekreuzten Beinknochen lag der enthauptete Schädel. Die Brust war zertrümmert, wohl um daraus das Herz zu entreißen. Im Leichnam konnten die Forscher Tuberkulosebakterien nachweisen. Offenbar war der Mann das erste Opfer einer Epidemie geworden und hatte dann vermutlich zuerst seine nächsten Angehören und wenig später zahlreiche andere Bewohner seiner Gemeinde durch Ansteckung »nachgeholt«. Wahrscheinlich geriet er daraufhin in den Verdacht, Vampir zu sein. Die Bewohner gruben ihn aus, und als sie seinen blühenden Leichnam sahen, der ganz im Gegensatz zu den von ihm angesteckten, ausgemergelten Tuberkuloseerkrankten wohlgenährt schien, wurde vermutlich die rituelle Hinrichtung vorgenommen.

Ob mit derart überzeugenden Hypothesen allerdings sämtliche »Vampirfälle« aufgeklärt werden können, mag dahingestellt bleiben. So stellt sich etwa die Frage, warum ein Arzt wie Georg Tallar, der jahrzehntelang »Vampiropfer« untersuchte, selber nicht angesteckt wurde. Und auch die unappetitliche Verwesungsfrage ist noch nicht ganz geklärt; denn darf man den alten Berichten aus der Ära der Vampirpanik Glauben schenken, so geht aus ihnen deutlich hervor, daß nicht alle Leichname »aufgeblüht« waren, sondern es vorkam, daß unmittelbar neben ihnen liegende und etwa zu demselben Zeitpunkt begrabene, bereits einen vollkommen verwesten Eindruck machten.[11]

Jede Krankheit gebiert gewissermaßen durch Erzählungen, Interpretationen, Übertreibungen nach geraumer Zeit ihr eigenes Monstrum. Auf den Zusammenhang von Pest und Vampirismus wurde bereits hingewiesen. Neuerdings hat besonders das geheime Band fasziniert, das zwischen Vampirseuche und Aids bestehen könnte. Sowohl in Coppolas Draculaverfilmung als auch in Anne Rice' »Chronik der Vampire« finden sich Anspielungen auf Aids. Im Roman »Nachtmahr« verwendet der Vampir Lestat ein Kondom, als er, wieder zum Menschen geworden, mit einer Krankenschwester schläft. Damit ist zugleich der Bogen von Vampirismus zu Krankheit, Sexus und Tod gespannt. Im Film zeigt Coppola Blutproben unter dem Mikroskop, die augenblicklich an einen HIV-Test denken lassen. Bereits vor ihm hatte Murnau in seinem Stummfilmklassiker »Nosferatu«, ebenso wie Werner Herzog in seinem Remake darauf, eine Verbindung zur Pest hergestellt. Doch ist der Bezug zwischen Krankheiten und der Monsterwelt keineswegs neu. In

III. Der Vampir als pathologische Gestalt

fast allen Kulturen lassen sich sogenannte Krankheitsdämonen nachweisen, welche die Menschen mit Krankheiten verfolgen und in denen sich die Krankheit zugleich personifiziert.

Ein anderes Gebiet ist der Schlaf: Schlafstörungen, beängstigende Träume und das Nachtwandeln scheinen vorzügliche Einfallstore für Dämonen aller Art zu sein. Der Romantiker Charles Nodier wollte beobachtet haben, daß unter Alpträumen leidende Nachtwandler oft Orte wie Friedhöfe aufsuchen und so in den Verdacht gerieten, Vampire zu sein.[12] Wie sehr gerade der »Alptraum« ein Tummelplatz für Dämonen ist, dürfte jedermann bekannt sein. Nach psychoanalytischer Deutung, wie sie etwa insbesondere der Freud-Schüler Ernest Jones in seiner Abhandlung über den Alptraum geleistet hat, sind diese düsterschweren Träume auf Verdrängungen und unausgelebte Triebe zurückzuführen. Bei den Trieben spielt natürlich der Sexus eine signifikante Rolle und bei den Monstergeschöpfen, die ausschweifenden Sex suggerieren, stehen die Vampire ganz obenan. Was die Schlafstörungen betrifft, so hat sie Volker Elis Pilgrim in seiner Forschungsnovelle »Der Vampirmann« auf neuartige Weise mit dem Vampirmythos verbunden. Pilgrim schildert sich dabei selbst als das Opfer einer Vampirattacke. Während eines Aufenthaltes in Australien konnte er, wenn er in einem bestimmten Haushalt übernachtete, nur mit größeren Unterbrechungen und innerer Unruhe schlafen. Am nächsten Morgen war er stets erschöpft, blaß und ohne Appetit. Sein Zimmer roch unangenehm modrig, wie es das eben nach einem Vampirbesuch zu tun pflegt. Ähnliche Erlebnisse mußte er dann auch nach seiner Rückkehr nach Deutschland erleiden. Pilgrim kam der Sache auf die Schliche und sah sich bald als das Opfer eines psychischen Vampirismus, eines *Äthervampirismus*. Seine daraufhin entwickelte Theorie lautet, daß einige »Vampire« ihren Opfern während des Schlafes, vorwiegend zwischen 23 und 3 Uhr, die Lebensenergie abzapfen können. Dieser Energieverlust führe dann bei den Opfern, die häufig Frauen sind – die Täter hingegen meistens Männer – zu Schlaflosigkeit, Gesichtsblässe, eingefallenen Wangen und Depressionen. Die Täter, die stets in einer Beziehung zu ihren Opfern stehen, sei es durch enge räumliche oder durch psychische Verbundenheit, werden, neben ihrer männlichen Geschlechtszugehörigkeit, noch durch rote Wangen und eine vampirtypische egoistische Gier auffällig. Mit dieser Feststellung stehen wir auch schon an der Schwelle zum nächsten Kapitel!

Wer wird Vampir?

Auf die gestellte Frage ließe sich antworten: Jeder von uns! Denn wie wir bereits am Neugeborenen beobachtet haben, lassen sich in dessen Saug- und Beißlust unschwer Züge erkennen, die wir auch beim Vampir wiederfinden. Weitergefaßt offenbart sich das Vampirprinzip als das allgemeine Lebensprinzip: Ebenso wie der Mensch »saugt« auch das Tier seine Nahrung in sich hinein, und selbst die Pflanze »saugt« das Sonnenlicht in sich auf. Doch soll das Thema zunächst auf den Vampir beschränkt werden, durch den der Mensch sich ursprünglich bedroht fühlte. Dieser unterteilt sich in zwei Gruppen: In den *spirituellen* Vampir, der seinen Opfern als Dämon oder Geist eines Verstorbenen erscheint, und in den – dank Dracula – heute als *klassisch* empfundenen Vampir, der nachts leibhaftig von seinem Grabe aufersteht, um das Blut der Lebenden auszusaugen. Der Bekanntheitsgrad des klassischen Vampirs war dabei ursprünglich geringer als der des spirituellen, treffen wir ihn doch nur in den Regionen an, in denen die Erdbestattung und nicht die Feuerbestattung üblich war. Allerdings schien die Gefahr für den Menschen, nach dem Tod zu einem »Körpervampir« zu werden, größer als zu einem spirituellen Vampir zu mutieren, da letzteres eher Dämonen als menschlichen Geistern vorbehalten war. Zahlreich hingegen waren die Erklärungen, die sowohl der schlichte Volksglaube als auch die kirchliche Propaganda lieferten, um nach dem Tod als Körpervampir wieder auferstehen zu müssen. Betroffen waren davon: Verbrecher, Sünder jeglicher Couleur, unehelich Geborene ebenso wie an Unglückstagen Geborene, Menschen, die sich zu ihren Lebzeiten mit Hexerei oder Zauberei abgegeben haben, Christen, die sich zum Islam bekehren ließen, Priester mit Todsünden, Exkommunizierte und Menschen, die keine Sterbesakramente empfangen haben, und in Rußland auch die Alkoholiker. Die Kassuben glaubten, wer mit Zähnen oder mit einem roten Fleck am Leib auf die Welt kommt, und wer im Groll stirbt, der werde nach dem Tod zum Vampir. Nicht wenige der Genannten dürften für das heutige Rechtsempfinden wohl vollkom-

III. Der Vampir als pathologische Gestalt

men unschuldig in den Vampirstand verdammt worden sein, wie etwa die unehelich oder an Unglückstagen Geborenen, oder diejenigen, die durch den Vampirbiß angesteckt wurden – zumindest dann, wenn sie nicht in einem Zustand masochistischer Lüsternheit auf diesen Sündenbiß gewartet haben. Dabei ist es beim Vampirbiß durchaus strittig und je nach Literaturvorlage schwankend, ob man daran sterben oder sogar erst begraben werden muß, um Vampir zu werden. Wenn man glaubt, daß durch einen Biß eine schrittweise Vampirumwandlung droht, ohne daß das Opfer bisher daran gestorben ist, läßt sich diese Mutation noch verhindern, wenn der Vampir vor dem Tod des Opfers unschädlich gemacht wird. Die berühmten drei Bisse, derer es bedarf, um zum Vampir zu werden, oder die Vorstellung, das Opfer müsse vom Blut des Vampirs trinken, sind ebenso literarische und filmische Ausschmückungen wie die, daß der Vampir – wie etwa bei Anne Rice – sein Opfer mit Absicht zum Untoten machen muß. Genauso durch Literatur und Film geprägt ist die Gestalt des morbiden Aristokraten, die uns gleichzeitig an die soziologische Gruppe der Blutsauger erinnert, ebenso wie Tyrannen, Wucherer und Ausbeuter. Neueren Datums ist auch die Herausarbeitung des »nymphomanen Weibes« als Vampirin, wobei hier die Grenzen zwischen Vampirin, Vamp und Femme fatale fließend sind.

Berichte von Totenerscheinungen, insbesondere die jüngst Verstorbener, sind uns aus sämtlichen Kulturen überliefert. Daß dabei die Toten den Lebenden nicht generell wohlgesonnen sind, darf kaum überraschen. Ihre Feindseligkeit läßt sich im wesentlichen auf zwei Ursachen zurückführen: Es ist entweder ihre eigene schon zu Lebzeiten vorhandene Boshaftigkeit, die sie dazu verdammt, nach ihrem Tod als Gespenster oder spirituelle Vampire umzugehen, oder sie nehmen Rache an Lebenden, die ihrerseits niederträchtig gegenüber den jetzigen »Untoten« waren. Die Grenzen zwischen dem spirituellen Vampir und dem Körpervampir sind hierbei keineswegs immer eindeutig zu ziehen. So besagt etwa die uns bereits aus dem vorliegenden Kapitel bekannte These Joseph von Görres', die später von Okkultisten aufgegriffen wurde, daß der Tote in seinem Grabe auf einer niederen Form weiterleben kann und es ihm möglich sei, den Lebenden als Vampir zu erscheinen, ohne sein düsteres Domizil verlassen zu müssen. Diese »Astralvampire« will der französische Spiritist A. T. Pierot auch bei den versehentlich begrabenen Scheintoten ausgemacht haben[13]

Daß es Vampirerscheinungen gibt, ist unleugbar. Die traditionelle Deutung, egal ob aus volkstümlicher Überlieferung, kirchlicher Interpretation oder später aus okkulter Sicht, ging davon aus, daß diese Geschöpfe aus dem Reich des Todes oder des Jenseits stammten. Die moderne Psychologie hält die Vampire allerdings für wesentlich diesseitiger. Nach ihr stammen sie aus den Lebenden selbst, nämlich aus den Köpfen der Opfer. Die Frage lautet in diesem Fall also nicht: »Wer wird Vampir?«, sondern vielmehr: »Wer macht Vampire?« Vampirschöpfer sind nach dieser Auffassung Menschen, die Probleme mit ihrer Sexualität haben, die an Spannungszuständen und Ängsten leiden, aber auch solche, die Schuldgefühle gegenüber Verstorbenen haben, die nun, in ihrer Projektion, als blutschlürfende Wiedergänger Rache nehmen. Der Wunsch aber, einen Verstorbenen durch eine Vampirhinrichtung noch ein zweites Mal in das Jenseits zu befördern, der in derartigen Projektionen oft genug enthalten ist, kann auch bedeuten, sich von der Erinnerung an den Toten vollends befreien zu wollen.

Die Lebenden können in einer Vampirbeziehung keineswegs nur als Opfer, sondern auch als Täter involviert sein. Gemeint ist hier das weite Feld des psychischen Vampirismus, in welchem ein Mensch einem anderen oder mehreren die Kraft absaugt. Derartige Prozesse können sich innerhalb der eigenen vier Wände, aber auch auf der Bühne der Weltgeschichte abspielen. Joachim C. Fest hat in seiner monumentalen Hitler-Biographie darauf hingewiesen, daß sich der deutsche Diktator an der von seinem Auftritt gebannten Masse »auftanken« konnte.[14] Der stärkere, aggressivere, hypnotischere Mensch, d. h. im Regelfall ein Mann, entsaugt nicht selten gerade seinen Verehrern das Blut, bzw. die Kraft und läßt sie dadurch zu Vampiropfern werden. Auf einen derartigen »Vampirmagnetismus« hatte bereits H. P. Blavatsky, die Begründerin der Theosophie verwiesen.[15] Volker Elis Pilgrim glaubt in den »Vampirmännern« die Spezies Mann entdeckt zu haben, die ihre eigene, eingeborene Weiblichkeit verdrängt haben und nun in nächtlicher Stunde, mit ihrem Ätherleib in das weibliche Schlafzimmer schleichen, um dort

III. Der Vampir als pathologische Gestalt

durch das Zapfen am weiblichen Ätherleib die eigene verdrängte Weiblichkeit zu kompensieren. In gewisser Weise wurde der psychische Vampirismus in den alten Kulturen als Therapeutikum eingesetzt. So brachte man im antiken Rom Kranke und Gesunde, Alte und Junge zusammen, damit die Greise und Leidenden sich in dieser Gesellschaft neu »beleben« konnten. Galen, neben Hippokrates der bedeutendste Arzt der Antike, empfahl diese Methode ausdrücklich.

Während die Auseinandersetzung mit dem Vampirismus ursprünglich der Welt des Glaubens angehörte, geriet sie ab dem 18. Jahrhundert immer stärker in den Brennspiegel wissenschaftlichen Forschergeistes. Das hat sich natürlich auch auf die Literatur ausgewirkt: Dr. van Helsing ist Allroundwissenschaftler und nicht Theologe. Auch die Vertreter der Grenzwissenschaften versuchen, sich dem Feld des Vampirismus über Telekinese, Psychokinese, Materialisation oder ähnlichen Vorgängen zu nähern. Diese Verwissenschaftlichung der Vampirauseinandersetzung hat dazu geführt, daß der Vampir immer mehr aus der Welt der Sünde und des religiösen Verstoßes in die Welt der pathologischen Erscheinungen und Krankheiten überwechselte. Der Vampir ist kein satanischer Ketzer mehr, sondern ein Kranker. Auf die Symbolik von Pest und Aids für den Vampirismus wurde ja bereits im vorhergehenden Kapitel verwiesen. So hat Barbara Hambly in ihrem Roman »Jagd der Vampire« die These aufgestellt, daß Vampirismus durch einen Virus übertragen werden könne, der den Körper des Verseuchten langsam in den eines Vampirs umwandelt.[16] Tatsächlich gibt es Krankheiten, die für einen Außenstehenden leicht Vampirismus suggerieren können: Beispielsweise die Tollwut, die durch Biß, auch durch den der Vampirfledermaus!, übertragen werden kann. Ein von der Tollwut befallener Mensch ist extrem lichtempfindlich und wasserscheu. Er verbirgt sich daher zunächst in einer dunklen Behausung und verläßt sie erst dann, wenn er im »Wutstadium« danach giert, andere Menschen anzufallen. Zudem sind an Tollwut erkrankte Menschen sehr geruchsempfindlich und weichen daher auch vor Knoblauch zurück. Tollwut war bis ins letzte Jahrhundert eine in Europa weit verbreitete Krankheit, und gerade in Transsilvanien, der Heimat Draculas, gab es im 17. und 18. Jahrhundert gefährliche Tollwutepidemien, bei denen Zehntausende starben.

Wer wird Vampir?

Der Vampir ist Realität und Mythos in einem. Gerade in seiner fiktiven Erscheinung übt er heutzutage auf einige Menschen eine derartige Faszination aus, daß sie von dem Wunsch durchdrungen sind, selbst Vampir zu sein. Dies kann von einer harmlosen Marotte bis hin zu pathologischer Übersteigerung reichen. Pathologische Fälle finden sich gewiß in der Patientenkartei des Stephen Kaplan, Doktor der Soziologie aus New York, Gründer und Direktor des »Vampire Research Center« und wohl mittlerweile der bekannteste »praktizierende« Vampirologe – ein Dr. van Helsing unserer Tage gewissermaßen. Ein Resultat seiner Arbeit ist die Unterteilung der Vampire in drei Hauptgruppen: Zur ersten Gruppe zählen die Menschen bzw. Vampire, die zum Überleben auf Blut angewiesen sind. Diese trinken Blut nicht als Ausdruck einer psychischen Erkrankung, wie das bei den Vertretern der zweiten Gruppe der Fall ist, die eine psychopathologisch bedingte Fixierung auf Blut aufweisen, sondern aus körperlicher Notwendigkeit. Die dritte und letzte Gruppe bilden die psychischen Vampire. Diese sind weder auf Blut angewiesen, noch betreiben sie psychischen Vampirismus, sondern für sie bildet Graf Dracula einfach die ideale Identifikationsfigur. Am bemerkenswertesten an Kaplans Forschungen ist sicher die Gruppe eins – über die er allerdings wissenschaftlich verifizierbare Unterlagen der Öffentlichkeit vorenthält. Die ihr Angehörigen bilden für Kaplan eine eigene Gattung Mensch; denn anders als gewöhnliche Menschen sollen derartige Vampire die Inhaltsstoffe des Blutes vollständig verarbeiten können und verfügen somit über einen anderen Stoffwechsel. Dieser abnormen Biologie verdanken die echten Vampire auch ihre extrem hohe Lebenserwartung, die laut Kaplan zwischen 150 und 250 Jahren liegt. Die charakteristischen Merkmale dieser Blutsauger reichen nach Kaplans detaillierten »Forschungen« von bläßlicher Gesichtsfarbe, den obligaten langen Reiß- bzw. Beißzähnen bis hin zum rötlich gefärbten Urin. Die Anzahl derartiger »echter« Vampire taxiert unser moderner Dr. van Helsing in den USA auf etwa 200, weltweit auf 500. Von den psychopathologischen Vampiren soll es zwischen 10 000 und 20 000 in Nordamerika, und insgesamt um die 100 000 geben. Angesichts solcher Forschungsergebnisse mag sich der eine oder andere Leser fragen, ob es nicht nur den pathologischen Graf Dracula, sondern auch den pathologischen

III. Der Vampir als pathologische Gestalt

Dr. van Helsing gibt. Immerhin sei eine gewisse Ehrenrettung für Kaplan erlaubt. Wir wissen, daß der Glaube eines Menschen, wenn er stark genug ist, auch körperliche Veränderungen hervorrufen kann. Hier sei nur an den Fall der Therese Neumann bzw. Therese von Konnersreuth erinnert. Seit ihrem 28. Lebensjahr im Jahre 1926 bis zu ihrem Tod 1962 trug sie die Stigmata Christi – blutende, nie heilende Wunden an Händen und Füßen, Stirn und Lende. Es liegt also durchaus im Bereich des Vorstellbaren, daß auch »Vampire« – in einem gewissen Umfang – über eine besondere Physis verfügen können.[17]

Seriösere Forscher als Kaplan, so etwa Herschel Prins, haben den Vampirismus in seiner pathologisch-klinischen Form in vier Gruppen unterteilt: In den »kompletten Vampirismus«, er beinhaltet sowohl das Bluttrinken als auch nekrophil-sadistische Handlungen; in die Nekrophilie ohne Blutkonsum, die bis zum Geschlechtsakt mit einem Leichnam reicht; dann in die Gruppe der psychischen Vampire und endlich in die Gruppe der Autovampire.[18] Generell sind auch Personen für den Vampirismus gefährdet, die unter einer ausgesprochenen Beißlust leiden. Das Beißen weist auf die oralsadistische Phase des Säuglings hin, in der sich sexuelle Lust und Nahrungsaufnahme miteinander vermengen. Dieser Atavismus ist aber gewiß nicht nur bei Vampiren anzutreffen, die Erinnerung daran findet sich in den meisten geschlechtlichen Beziehungen wieder: So dürfte es kaum ein Paar geben, das nicht gelegentlich einen »Liebesbiß« riskiert. Allerdings, wo zu kräftig gebissen wird, da fließt Blut, das durchaus auch als »Milchersatz« fungieren kann. Am harmlosesten, da für Außenstehende ungefährlich, ist der Autovampirist. Er begnügt sich damit, sich selbst zu beißen und das eigene Blut zu entsaugen. Daß eine derartige Blutliebe, die sogenannte Hämatophilie, wenn sie sich anderen Menschen zuwendet, leicht in das kriminelle Milieu abrutschen kann, liegt in der Natur der Sache. Bei psychopathologischen Sexualdelikten von »Vampiren« überschneiden sich dann häufig Blutlust, Kannibalismus und Nekrophilie. Einer der bekanntesten Fälle davon ging als Werwolf von Hannover in die Annalen der Geschichte ein!

Fritz Haarmann und andere Totmacher

»Warte, warte nur ein Weilchen
dann kommt Haarmann auch zu dir
mit dem kleinen Hackebeilchen
Und macht Hackefleisch aus dir«

Nicht jedem Mörder ist es vergönnt, von Volkes Stimme mit einem Liedchen beehrt zu werden. Es muß an Haarmanns Taten und Untaten also etwas besonderes gewesen sein, daß er so tief in das allgemeine Bewußtsein gesunken ist. Haarmann, mitunter gar als »Deutscher Mythos« bezeichnet, muß etwas haben, was auch in unseren Tiefenschichten noch rumort. Denn das Geschäft mit dem Grauen könnte sicher nicht so gut florieren, wären die Werwölfe, Totmacher und Haarmänner nur krankhafte, aus der Gesellschaft vollkommen isolierte Einzeltäter. Diesen Zusammenhang versuchte auch der Ritualmörder, Satanist und »Vampir« Charles Manson geschickt für sich auszunutzen, indem er den Spieß einfach umdrehte und seinen Richtern erklärte: »Ich bin das, was ihr aus mir gemacht habt. Aber was ihr wollt, ist ein Teufel – ein sadistischer Teufel, weil es genau das ist, was ihr seid.«[19]

Haarmann entsprang der Zunft der Lust- und Werwolfmörder, für die er heute als Symbol fungiert. Der bei diesen Kreaturen ausgelebte Tötungs-, Verschlingungs- und Verschmelzungstrieb bricht innerhalb der Menschheit immer wieder gewaltsam hervor. Wilhelm Busch bemerkte dazu lapidar: »Solange beim Menschen die Eckzähne noch so verdächtig markiert sind, so lange wird es Leute geben, die sich auf die Natur berufen und fröhlich weiterschlachten.«[20] Auf ältere Berichte über Kannibalen und Werwölfe wurde bereits an anderer Stelle eingegangen. Das 19. und 20. Jahrhundert verfügt über zahlreiche gut dokumentierte Aufzeichnungen über derartige Unholde, die von der Sexualpathologie auch mit dem Namen »lebende Vampire« belegt werden. So berichtete im 19. Jahrhundert der italienische »Vampir« Verzini: »Ich bin nicht verrückt, aber im Moment des Schlitzens sah ich nichts mehr. Nach vollbrachter Tat war ich befriedigt und fühlte mich wohl. Mir ist nie die Idee gekommen, die Genitalien zu berühren oder zu betrachten. Es genügt mir völlig, den Hals der Frau zu schlitzen und Blut zu saugen.«[21] Der Franzose Léger wiederum verlangte nicht nur nach dem Blut seiner Opfer, sondern auch nach deren Fleisch. Wie ein Wolf warf er sich auf ein Mädchen, vergewaltigte und tötete es, um dann ihre Brüste abzuschneiden, das Herz herauszureißen, es zu essen und von dem Blut des Mädchens zu trinken. Léger wurde 1824 guillotiniert. Ein Landsmann von ihm, der 1922 guillotinierte Henri Désiré Landru, der »Prototyp des Frauenmörders«, stand im Verdacht, 280 Frauenmorde begangen zu haben, von denen ihm aber lediglich elf nachgewiesen werden konnten. Der Landwirt Karl Denke tötete zwischen 1902 und 1924 insgesamt 31 Menschen, pökelte sie ein, verzeichnete in einem Haushaltsbuch ihr »Schlachtgewicht«, aß vermutlich von dem Fleisch, verkaufte es und schnitt sich aus der Haut der Opfer Schnürriemen und Hosenträger. Der 1931 hingerichtete »Vampir von Düsseldorf«, Peter Kürten, erklärte seinem Arzt: »Das Bluten kann ich hören... Das Blut ist ausschlaggebend in den meisten Fällen, das bloße Würgen genügt meist nicht, um zum Samenerguß zu kommen.«[22] In der Nacht vor seiner Hinrichtung 1949 schrieb John Haigh, der »Vampir von London«, seine Beichte nieder, in der er von der Faszination spricht, die Blut auf ihn ausübte. Bereits als Kind hatte er sich Wunden zugefügt, um das austretende Blut aufzusaugen. Als sein Blutdurst immer stärker wurde, lockte er Männer und Frauen in sein Atelier, ermordete sie und trank Blut aus ihrer Kehle. In der Bundesrepublik war es der Fall Jürgen Bartsch (1963), der die Gemüter erhitzte und pogromähnliche Stimmung hervorrief. In den USA sorgte u. a. der Kannibale Jeffrey Dahmer für Schlagzeilen. Dahmer hatte zwischen 1978−1991 sechzehn, zumeist farbige junge Männer getötet und sie auch teilweise verspeist. Seine Wohnung glich einem surrealem Schlachthaus. Als die Polizei dort eindrang, fand sie Reste von elf menschlichen Körpern: einen Thron aus Knochen, drei Köpfe, fünf Schädel, fünf Skelette, Schachteln mit abgetrennten Händen, die Genitalien eines Mannes in einem Hummertopf, Lungen, Nieren und Lebern in der Gefriertruhe. Ebenfalls dort: ein menschliches Herz. Er verspeiste die Herzen seiner Opfer, damit sie ein Teil von ihm wurden. 1994 wurde Dahmer von einem Mithäftling der Schädel eingeschlagen.[23]

Werwölfe und lebende Vampire sind fast ausschließlich Männer. Frauen zählen neben den Jünglingen zur Hauptgruppe der Opfer. Doch gibt es Ausnahmen: Ähnlich wie Graf Dracula können auch diesseitige Lustmörder über eine weibliche Gefolgschaft verfügen. So beteiligten sich mehrere Frauen aus der »Familie« des »Mordgurus« Charles Manson an den von ihrem Oberhaupt angeordneten ekstatischen Menschenschlachtungen. Von einem anders gelagerten Fall von weiblichem Geschlechtssadismus konnte bereits der Sexualforscher Richard von Krafft-Ebing in seinem Klassiker »Psychopathia sexualis« berichten: »Ein verheirateter Mann stellte sich mit zahlreichen Schnittnarben an den Armen vor. Er gibt über den Ursprung derselben folgendes an: Wenn er sich seiner jungen, etwas ›nervösen‹ Frau nähern wolle, müsse er sich erst einen Schnitt am Arm beibringen. Sie sauge dann an der Wunde, worauf sich bei ihr eine hochgradige sexuelle Erregung einstelle.«[24]

Die vitalen und verdichteten Energien, die sich beim Lustmord entäußern, haben auch dazu geführt, daß Dichtung und Literatur ihren Blick auf ihn gerichtet haben. Bram Stoker ließ sich bei der Abfassung seines »Dracula« von Berichten über Jack the Ripper inspirieren. Der »East London Advertiser« stellte 1888 in bezug auf die von Jack the Ripper begangenen Morde fest: »Es ist derart unmöglich, diese abstoßenden Bluttaten auf irgendeine gewöhnliche Ursache zurückzuführen, daß sich der Verstand beinahe instinktiv Theorien über okkulte Kräfte zuwendet und Mythen der Vorzeit vor dem geistigen Auge erscheinen. Gespenster, Vampire, Blutsauger... nehmen Gestalt an und bemächtigen sich der erregten Phantasie.«[25] Die Phantasie erregen auch die imaginären Verbrechen, die ein Marquis de Sade ersonnen hat, in deren Mittelpunkt Lust und Mord stehen. Lust und Leid eines lebenden Vampirs behandelt Roderick Anscombe in »Das geheime Leben des László Graf Dracula«. Von Haarmann endlich, um zu ihm zurückzukehren, ließ sich kein geringerer als Alfred Döblin zu seinem 1929 entstandenen Roman »Berlin Alexanderplatz« inspirieren. Erzählt wird dort die Geschichte des Verbrechers Franz Biberkopf, der in einem ähnlichen Milieu wie Haarmann aufgewachsen ist und eine verwandte psychische Struktur wie dieser aufweist. Auch Fritz Langs

III. Der Vampir als pathologische Gestalt

Filmklassiker »›M‹ – eine Stadt sucht einen Mörder« (1931), in dessen Mittelpunkt die Gestalt eines Kindermörders steht, verdankt seine Entstehung der Haarmannschen Vorlage. 1972 zeigte Uli Lommel in seinem Film »Die Zärtlichkeit der Wölfe« einen von Blutdurst und Beißlust getriebenen Haarmann. Augenscheinlich um Authentizität bemüht ist Romuald Karmakar in seinem Film »Der Totmacher« (1995), in dem Götz George den Werwolf und lebenden Vampir Haarmann überzeugend wiederauferstehen läßt. Vorlage für das Drehbuch waren die Protokolle der psychiatrischen Vernehmung Haarmanns.[26]

Doch wer war nun dieser Fritz Haarmann, der die deutsche Mythenwelt bereichert hat, und den Theodor Lessing als Werwolf und Montague Summers als einen der außergewöhnlichsten Fälle von Vampirismus bezeichnete?[27] 1879 wurde er als jüngstes von sechs Kindern in Hannover geboren. An seiner stets kränklichen Mutter hing er abgöttisch. Seinen Vater Friedrich Haarmann hingegen, zunächst Lokführer und später Besitzer einer kleinen Zigarrenfabrik, hat er gehaßt. In der Schule ist er ein Versager, eine begonnene Lehre bricht er bald wieder ab. Er wird eingezogen und kommt als Soldat ins Breisgau. Dort gilt er zwar als bester Schütze seiner Kompanie, doch werden bald Anzeichen einer geistigen Störung sichtbar. Mit dem Vermerk »epileptisches Irresein« schickt man ihn nach Hannover zurück. 1896 lockt er zwei minderjährige Schuljungen in einen Keller, um sie sexuell zu mißbrauchen. Man attestiert ihm angeborenen Schwachsinn und weist ihn in die Heilanstalt in Hildesheim ein. Entsetzt über die Zustände dort, gelingt ihm die Flucht, er geht in die Schweiz und taucht erst drei Jahre später wieder in seiner Heimatstadt auf. Seine Mutter ist mittlerweile gestorben. Der junge Haarmann treibt sich herum, lebt in Streit mit seiner Familie. Sein Vater hält ihn für arbeitsscheu, und nur zu seiner Schwester Emma faßt Haarmann ein zeitweises Vertrauen. Eine Verlobung wird gelöst. Er geht erneut unter die Soldaten und wird wieder als diensttauglich entlassen. Von da an bezieht er zeitlebens eine kleine Rente. Erst 1905 begannen laut Haarmann seine homosexuellen Kontakte. Allerdings sind es weniger seine Sittlichkeitsvergehen, die ihn in Konflikt mit der Justiz bringen, als seine zahllosen Einbrüche, Diebstähle, Betteleien und Betrügereien, die die Strafen immer länger werden lassen. 1918 wird er nach fünfjähriger Zuchthausstrafe entlassen. Aber erst jetzt, angesichts des zusammenbrechenden Kaiserreiches, der allgemeinen Verrohung durch den Krieg und der darauffolgenden Wirren, wird aus dem kleinen Gauner Haarmann der gefürchtete Werwolf Haarmann. Der Hauptbahnhof von Hannover, einer der großen Zentralbahnhöfe Deutschlands, angefüllt mit Vertriebenen, Entwurzelten und Gestrandeten, wird Haarmanns Revier. Ein dubioser Detektivausweis und seine gelegentlichen Spitzeldienste für die Polizei erleichtern ihm einiges. Auf dem Bahnhof als »Herr Kriminal« bekannt, hat er freien Zutritt zu den Wartesälen. Hier greift er sie auf, seine junge Beute: entwichene Fürsorgezöglinge, Wanderburschen, Ausreißer und Arbeitslose, gewährt ihnen in seiner Dachkammer in der Altstadt von Hannover Unterkunft und Verpflegung und nimmt ihnen als Gegenleistung das Leben.

27 Morde gehen auf das Konto Haarmanns, 24 davon, die er zwischen 1918 und 1924 begannen hatte, konnte man ihm nachweisen. Im Zustand sexueller Raserei hatte er seinen Opfern die Kehle durchgebissen und von ihrem ausströmenden Blut getrunken. Die Leichen hatte er daraufhin zerstückelt, das Fleisch sorgsam von den Knochen abgeschabt. Was an Haarmanns Fall verwundert, ist, daß er seine Perversionen praktisch in der Öffentlichkeit ausleben konnte. Weder der Hauptbahnhof, noch seine Wohnung in der dichtbevölkerten Altstadt von Hannover, in der er seine Menschenschlachtungen vollzog, waren Orte der Einsamkeit. Darüber hinaus trieb er einen schwungvollen Handel mit der Kleidung der Ermordeten – und, wie man annehmen darf, auch mit deren Fleisch. Letzteres hatte er zwar im Verhör und vor Gericht abgeleugnet, aber es bleibt doch die Frage, woher er denn das Fleisch gehabt haben will, das er zu Dumpingpreisen verkaufte und von dem er aller Wahrscheinlichkeit nach selbst gekostet hat.

Nachdem die Bevölkerung Hannovers zusehends beunruhigter wurde von dem spurlosen Verschwinden von Menschen einerseits und dem Auffischen von zahlreichen Menschenknochen aus der durch die Stadt fließenden Leine andererseits, ging Haarmann der Polizei mehr durch Zufall bei einem Streit auf dem Hauptbahnhof in die Fänge. Erst jetzt nahm die Polizei die Gerüchte ernst, die über Haarmann in der Altstadt im Umlauf waren. Als seine Dachkammer inspiziert wurde, zeigte sich, daß Fußboden und Wände von Menschenblut durchtränkt waren. Trotzdem leugnete Haarmann zunächst jedes Verbrechen ab. Um den abergläubischen Werwolf zum Geständnis zu bringen, ersann sich die Polizei ein makabres Mittel: Vier mittlerweile geborgene Schädel von Haarmannopfern, deren leere Augenhöhlen man von innen mit rotem Papier verklebt hatte, wurden während Haarmanns Abwesenheit in dessen Zelle aufgestellt. Im Schädelinneren befanden sich brennende Kerzen. Als Haarmann in seine Zelle zurückgeführt wurde, packte ihn das Grausen, glaubte er doch daran, daß die Seelen der Getöteten solange zu ihren Gebeinen zurückkehren, bis der Mörder seine Tat gesteht. Erst sein Geständnis befreite Haarmann von dem unheimlichen Szenario in seiner Zelle.

Haarmann, der nach seiner Verhaftung anfänglich niedergeschlagen wirkte und viel weinte, veränderte sich nach seinem Geständnis total. Er wurde nahezu sprunghaft munter, oft fast kindisch albern. Außerdem erwies sich Haarmann jetzt als ausgesprochen schwatzhaft, und hinter seiner mangelnden Bildung und geistigen Dumpfheit, so Theodor Lessing, zeigte sich eine »gespenstische Schlauheit und Berechnung im Dienste eines vormenschlichen Triebwahns«.[28] Seinem psychiatrischen Gutachter Ernst Schultze kam er mitunter wie ein Chamäleon oder verschlagener Schauspieler vor. All das war mit Großmannssucht gepaart. Auf den biederen Psychiater müssen Haarmanns größenwahnsinnige Reden abstoßend gewirkt haben, in denen er darin schwelgte, wie er durch die Verfilmung und Vermarktung seiner Untaten mit dem Ruhm der Unsterblichkeit bekränzt werden würde. Und doch behielt Haarmann in seiner dummdreisten Selbstgefälligkeit recht, sowohl was seinen Nachruhm betrifft als auch in seiner Witterung für das heraufziehende Medienzeitalter. Äußerst selbstbewußt hatte er sich in seiner krakelig-ungelenken Handschrift einen bombastischen Grabtext gewünscht: »Zum Ewiegen (sic!) Andenken an den Massemörder Fritz Haarmann und seiner Opfer. Die Knochen sollen alle mit mir beerdigt werden und alle Welt soll noch in tausend Jahren von mir sprechen.«[29]

Doch trotz seiner Prahlsucht und seiner naiven Schwatzhaftigkeit blieb Haarmann, was den eigentlichen Mordhergang betraf, seltsam stumm. Man mag darin einen letzten Rest von Schamhaftigkeit erkennen – nur, Haarmann war kein schamhafter Mensch. Das Charakterbild, das uns von ihm überliefert wurde, setzt sich aus Egozentrik, Infantilität, Gefühlsroheit gegenüber anderem Leben und einer gefährlichen Verschlagenheit zusammen. Der Arzt, Kulturphilosoph, Physiognom, Prozeßbeobachter, erster und wohl auch bester Biograph Haarmanns, Theodor Lessing, beschrieb Haarmanns Züge wie folgt: »Der Mund ist klein, frech und dicklippig. Die Zunge, in der Erregung vorschnellend und die Lippen netzend, ist auffallend fleischig; die Zähne weiß, scharf und gesund; das Kinn tritt energisch hervor. Das zwischen braun und grau schillernde Auge ist kalt und seelenlos; aber gerissen und verschlagen und meistens in Bewegung.«[30]

Nein, Scham wird nur zu einem geringen Teil der Grund dafür gewesen sein, daß Haarmann den Mordhergang nur mit wenigen Worten beschrieb. Wahrscheinlicher ist, daß er verbal gar nicht in der Lage war, den ekstatischen Gefühlsstrom in Worte zu fassen, den er empfunden hatte, wenn er sich auf seine Beute warf. Haarmann war zwar verschlagen und geschwätzig, doch sein Denken war schemenhaft und ungeformt. Es ist auch gut möglich, daß sein bewußtes Ich, das in einem verkümmerten und dumpfen Seelenleben hauste, verschwand, sobald die Mordekstase in ihm erwachte und ein lavaartig hervorquellender Triebstrom von ihm Besitz ergriff. An einem normalen Geschlechtsverkehr war Haarmann dabei schon lange nicht mehr interessiert. Was er betrieb, war Vampirsex pur: Küssen, beißen, saugen, lecken und das Hineinverschlingen des Liebesopfers.

Seltsamerweise geht das vom Psychiater Ernst Schultze angefertigte Gutachten auf Haarmanns Geschlechtsleben kaum ein. Die Untersuchung war vorrangig darauf ausgerichtet, das intellektuelle Niveau und die geistige Zurechnungsfähigkeit Haarmanns zu erfassen. Trotz gravierender Bildungslücken und einer auffallenden Unfähigkeit, die einfachsten Rechenaufgaben zu lösen, stellte Schultze bei Haarmann eine gute Beobachtungsgabe, eine schnelle Auffassungsgabe, eine ungewöhnliche Anpassungsfähigkeit an die jeweilige Situation, Schauspielertalent und ein außerordentlich gutes Gedächtnis fest. In dem Resultat von Schultzes Gutachten wird Haarmann für zurechnungsfähig

III. Der Vampir als pathologische Gestalt

erklärt. Die früheren Militärgutachten über Haarmann und seine zeitweilige Einweisung in die Heilanstalt Hildesheim hielt Schultze für nicht relevant. Das am 15. April 1925 vollstreckte Urteil für Haarmann lautete Tod durch Enthaupten – Haarmann stirbt damit einen klassischen Vampirtod. Dem Tod, »dem Köppen«, sah Haarmann gelassen entgegen, ekstatische Lebensgier und Todestrieb waren bei ihm eng verzahnt. Schultzes Gutachten erlebte noch ein Nachspiel: Als Haarmanns Schädel untersucht wurde, stellte man eine Anomalie fest. Seine Schädelhaut war mit dem Hirn verwachsen, wahrscheinlich die Folge einer Hirnhautentzündung, die bekanntlich zu Wesensveränderungen führen kann.

In seiner erstmals 1925 erschienenen Biographie über »Haarmann. Die Geschichte eines Werwolfes« behandelt Theodor Lessing den Massenmörder Haarmann nicht als ein isoliertes Phänomen, sondern stellt ihn in den gesellschaftlichen Kontext und die Besonderheit seiner Zeitumstände. Für Lessing galt es als erwiesen, daß in einem Klima öffentlicher Pathologie auch pathologische Täter besser gedeihen, was natürlich nicht heißt, daß allein die pathologische Gesellschaftsstruktur zur Erzeugung von kranken Triebtätern führt. Bei Haarmann waren neben Veranlagung, einem pathogenen familiären Milieu, nach Lessing auch die allgemein chaotischen, sich auflösenden Gesellschaftsstrukturen nach dem Ersten Weltkrieg für seine Verbrechen mit förderlich gewesen. Der Firnis einer sensibilisierten Kultur war hinweggefegt, und atavistische und verdrängte Triebe im Menschen kamen wieder an die Oberfläche. So gab es gerade in der ersten Hälfte des blutigen 20. Jahrhunderts eine ungewöhnlich große Zahl von Massenmördern. Hinter einer unscheinbaren Fassade wütete die giftige Triebenergie von Menschenfressern und Vampiren. Haarmann wurde ihr Symbol und daß er darüber hinaus noch zum »deutschen Mythos« wurde, hat sicherlich noch tiefliegendere Gründe: Am Tage von Haarmanns Urteilsverkündung konnte der Zeitungsleser neben der Haarmannschlagzeile noch zwei weitere Sondermeldungen lesen: »Hitler freigelassen/ Ein neuer Massenmörder?«[31] Wir werden an anderer Stelle noch genauer sehen, daß zwischen Hitler und Haarmann, sowohl was das familiäre Milieu als auch was die psychische Struktur betrifft, erstaunliche Parallelen vorliegen. An dieser Stelle sei nur auf das

Die Psyche der Sauger und ihrer Opfer

Abb. 20: *Die letzte »Lebenszeichnung« vom »Werwolf« Fritz Haarmann, 1925. Unverkennbar mischen sich hier bereits Züge eines anderen Wolfes ein, der »zufällig« zum Zeitpunkt von Haarmanns Hinrichtung vorzeitig aus der Haft entlassen wurde*

letzte »Lebenszeichen« Haarmanns verwiesen. Es ist eine Skizze, mit der ein Gerichtszeichner die typischen Gesten Haarmanns im Gerichtssaal festhielt: Was uns hier entgegenblickt ist bereits Gestik und Physiognomie des atavistischen Volkstribuns Adolf Hitler (Abb. 20)!

Die Psyche der Sauger und ihrer Opfer

Haarmann hatte einen Gaunerkumpan namens Hans Grans, der ihm beim Verhökern der Kleidung und Wertgegenstände der Ermordeten half. Nach Haarmanns Worten soll Grans ihn eines Tages aus »Geschäftsgründen« auf ein potentielles Opfer aufmerksam gemacht haben, das Haarmann jedoch sexuell nicht begehrte und daher ablehnte. Auf Grans' Einwand »Das kann man doch leichter bei einem, den man nicht liebt« entgegnete Haarmann belehrend: »Das ist nicht richtig. Man macht das leichter, wenn man liebt.«[32] Daß Liebe und Tod eng miteinander verschlungen sind und der Höhepunkt der Ekstase oft nur durch den Tod vollendet wird, ist ein in Mythen verewigtes altes Menschheitswissen. Oscar Wilde läßt seine »Ballade vom Zuchthaus zu Reading« mit folgenden Worten enden:

>»Und jeder tötet, was er liebt,
>Das hört nur allzumal!
>Der tuts mit einem giftigen Blick,
>Und der mit dem Schmeichelwort schmal.
>Der Feigling tut es mit dem Kuß,
>Der Tapfre mit dem Stahl.«

Der Lustmörder gar als tapferer Held? Roderick Anscombe hat in dem Roman »Das geheime Leben das László Graf Dracula« seinem »Haarmann« eine Stimme gegeben, indem er seinen Lustmörder, in diesem Fall einen gebildeten Arzt und Aristokraten, über seine eigene Gefühlswelt Tagebuch führen läßt. Unter den imaginären Tagebuchblättern findet sich folgende Notiz:

»Ja, es ist Liebe, reden wir Monster uns ein. Wir lieben zu inbrünstig, zu urtümlich, zu ehrlich. Zu bestialisch. Liebe ist die letzte große Lüge. Wie soll man eine Liebe beschreiben, die so verzehrend ist, so erfüllt von dem Verlangen, eins zu werden mit der Geliebten, daß der Liebende ihre Kehle aufreißt, um den heiß hervorschießenden Lebenssaft auszuschlürfen, bis zum letzten Beben ihres sterbenden Herzens?«[33]

Der Vampir, sowohl der fiktive als auch der pathologische, ist von dem verzehrenden Verlangen durchdrungen, jemanden zu besitzen, sich das Objekt seiner Begierde zu eigen zu machen. Hierin gleicht er dem Eifersüchtigen, der das Geschöpf seiner Liebe auch ganz für sich haben will. Allerdings ist der Akt der Einverleibung beim Vampir nicht ein von immer neuen Sorgen und Frustrationen begleiteter Vorgang wie beim Eifersüchtigen, sondern ein einmaliger und endgültiger. Der todbringende Liebesbiß, das Aussaugen und Verschlingen des begehrten Opfers versetzen ihn in einen Zustand dionysisch-göttlicher Raserei. Der Vampir ist dann von einem Lustrausch durchzuckt, der weit ekstatischer sein dürfte als der Orgasmus des zivilisierten Normalbürgers. »Wir normalen und beherrschten Menschen«, schreibt Theodor Lessing dazu, »haben uns den vormenschlichen Triebdämonen wohl weniger durch ›Sublimierung‹, als durch die geistbedingte (d. h. Logos- und Ethosbedingte) wachsende Abkältung der Erdkraft entzogen.« Diese »Erdkräfte« sind im Tier noch enthalten, deren Brunstzeit Lessing als deren »periodischen Wahnsinn«[34] bezeichnet, aber ebenso im Vampir. Davon, wie rauschhaft eine solche Rückkehr sein kann, läßt Anscombe seinen lebenden Vampir László Graf Dracula voller Blasphemie künden: »Ich empfand ein unbeschreibliches Triumphgefühl, eine namenlose Verzückung, die sich nur mit dem Ausdruck auf den Gesichtern von Heiligen im Moment ihres Martyriums vergleichen läßt.«[35]

In der Kunst werden Vampiropfer und Vampirtäter oft als schicksalsmäßig miteinander verbunden dargestellt. So macht z. B. Coppola in seiner Draculaverfilmung aus dem Hauptobjekt der Begierde des transsilvanischen Grafen, Mina Harker, eine Wiedergeburt von dessen geliebter Frau Elisabeth. Auch sonst kennen wir aus Kunst, fiktiver Literatur und Film die Darstellung des Opfers, das in lüsterner Erregung darauf wartet, ausgesaugt zu werden (vgl. Abb. 2). In Anne Rices »Chronik der Vampire« erwählt der Vampir Armand mit Vorliebe die Menschen zum Opfer, die bereits den Wunsch nach dem Tod in sich tragen. Es wäre töricht anzunehmen, daß nur das Verschlingen, nicht aber auch das Verschlungenwerden mit sexueller Lust verbunden sein kann. Sadismus und Masochismus vereinigen sich im vampiristischen Liebesakt. Hans Richard Brittnacher schreibt in seinem Buch »Ästhetik des Horrors«:

»Die Vampirliteratur ist nicht zufällig durchsetzt mit einer ganz eigenen, spezifischen Ästhetik des Anämischen, der ästhetischen Ausdrucksform eines verhaltenen Masochismus – des Sich-Ergebens, des Sich-Gehenlassens und des Mit-sich-geschehen-Lassens bis hin zum Äußersten.«[36] Der Umstand, daß sich dabei sowohl in der Kunst als auch im Leben auf der Seite der Täter meist ausgewachsene Männer und auf der Seite der Opfer zumeist Frauen oder »schöne Jungens« (O-Ton Haarmann) befinden, mag angesichts der unterschiedlichen Rollen, welche die Geschlechter innerhalb der »Paarung« übernehmen, nicht überraschen. Darüber hinaus gilt der Zahn – und der Vampir hat bekanntermaßen lange, scharfe Zähne – als ein altes phallisches Symbol, und das Messer, mit dem die lebenden Vampire ihre Opfer nicht selten aufschlitzen, hat durchaus Penisfunktion. Die Passivität, die ihre Opfer dabei häufig zeigen, wird zumeist auf die hypnotische Kraft des Vampirs zurückgeführt. Diese kann aber nicht nur das bewußte Handeln lähmen, sondern auch verborgene Todessehnsüchte wecken. Daß derartige Praktiken nicht nur bei Hollywoodvampiren, sondern auch bei den weit weniger attraktiven Haarmännern funktionieren, darf vermutet werden. Zumindest würde das die z. T. recht hohe Opferzahl der lebenden Vampire verständlicher machen. Unter den mindestens 24 totgebissenen Opfern, die man Fritz Haarmann nachweisen konnte, befanden sich gewiß etliche Burschen, die ihrem Totmacher körperlich gleichwertig oder gar überlegen waren. Trotzdem hat es nie einen nennenswerten Widerstand von ihrer Seite gegeben. Das läßt sich sicherlich nicht nur mit einer überraschenden Attacke des Täters erklären, sondern auch damit, daß dieser seine Opfer durch einen suggestiven Bann zumindest teilweise paralysiert hatte. Im Grunde ist das die Methode, mit der jeder »Verführer« arbeitet.

Allerdings würde es zu weit gehen zu behaupten, jedes Opfer sei – zumindest in seinen Tiefenschichten – einverstanden mit dem, was ihm angetan wird. Selbst die hypnotische Attacke des übernatürlichen Vampirs kann jeglicher Verführungskraft entbehren und nur als alptraumhafte Beklemmung und Lähmung empfunden werden. So heißt es etwa in Georg von der Gabelentz' Erzählung »Der Vampir«: »Jetzt wollte sie eilig den Ausgang gewinnen, aber eine unsichtbare Kraft hielt ihre Füße fest, eine Fessel schnürte sich um ihre Brust, sie vermochte nicht, sich zu bewegen.«[37] Gerade das Opfer auf der Straße, jenseits der Bühnenwelt, wird oft genug nur blankes Entsetzen empfinden. Haarmann, der die Qualen seiner Opfer verdrängte, zeigte große Angst davor, mit der persönlichen Seite der von ihm Getöteten konfrontiert zu werden. Er wollte in seinen »schönen Jungens« nur Objekte der Lust erblicken, keine menschlichen Individuen, denen er Leid und Tod brachte. Resigniert stellt Anscombes Vampir über sich fest: »Ich bin dreckig. Ich habe mich selbst immer tiefer und tiefer in diese Perversion begeben ... Nun bin ich hilflos meiner abstoßenden Leidenschaft ausgeliefert.«[38]

Die Angst des Opfers vor der Verschlingungsleidenschaft des Vampirs kann aber auch irreal sein. Der Vampir ist dann eine Projektion, eine Psychose des »Opfers«, die sich in Gestalt von Alpträumen, Alpdrücken oder Halluzinationen inkarniert. Eine solche Angst kann zu grotesken Formen führen: So erstickte in England ein polnischer Einwanderer, weil er sich aus Angst vor Vampiren vor dem Zubettgehen noch eine Knoblauchzehe in den Mund gelegt hatte. Die Angst dieses oder ähnlicher »Vampiropfer« hat ihren Ursprung häufig in der Unterdrückung von Begierden und sexuellen Wünschen. Man leugnet das Böse in sich selbst und projiziert es nach außen. Die Angst vor der eigenen Triebhaftigkeit und Schlechtigkeit wird zur Angst vor bösen Geistern und Vampiren. Der Vampir wird zur dunklen Seite des eigenen Selbst. Diese dunkle Seite will die englische Okkultistin Dion Fortune gar aus sich herausmaterialisiert haben: Im Halbschlaf verfluchte sie einen Freund und wünschte ihm den Fenriswolf aus der nordischen Mythologie auf den Hals. Voller Schrecken mußte sie dann erleben, wie sich neben ihr im Bett ein großer Wolf manifestierte.

Das Opfer bleibt in seiner Angst vor dem Vampir meist passiv. Wandelt sich die Passivität in Aktivität, dann wird aus dem Vampiropfer ein Vampirjäger. Diese aktivierte Angst kann sich als relativ harmlose Marotte äußern: Beispielsweise versammelte zu Beginn der siebziger Jahre David Farrant, Präsident der dubiosen »British Psychic and Occult Society«, seine Anhänger auf dem Londoner Highgate Friedhof, um, nachdem Gerüchte von einem großen, über den Gräbern schwebenden Vampir aufgetaucht waren, mit ihnen gemeinsam auf Vampirjagd zu gehen. Farrant, der mit Pflock und Kreuz ausgerüstet war, konnte allerdings durch das Einschreiten der Polizei gebremst werden.[39] In einem anderen gesellschaftlichen Umfeld kann aber das, was hier lediglich als Spleen erscheint, zu einer Massenpsychose umschlagen, in der sich menschliche Ängste in Gewaltbereitschaft kehren. Grabschändungen von vermuteten Vampirgräbern, aber auch Jagden nach lebenden Vampiren und anderen Übeltätern sind einige der möglichen Reaktionen. Der Ruf »Tötet den Mörder!«, und zwar auf möglichst brutale Weise, erklingt dann sehr schnell. Der Täter, gerade der juristisch noch nicht überführte, wird dann selbst zum Opfer. Die potentiellen Opfer hingegen werden zur anonymen Tätermasse verschmolzen. Die daraus resultierende Lynchjustiz durchzieht die Menschheitsgeschichte wie ein roter Faden. Der »Sadismus mit gutem Gewissen«, dem eine aufgebrachte Masse frönt, kann – je »mehr sie Blut geleckt hat« – zu um so enthemmteren Ausschreitungen führen. Eine Beruhigung tritt erst dann ein, wenn sie, wie der Einzeltäter, ihren sinnlichen Mordtrieb befriedigt hat.

Die Grenze zwischen normal und abnormal ist fließend. Der Atavismus, der in den Vampiren und Haarmännern hervorbricht, ist auch im Normalbürger enthalten. Allerdings ist hier die Hemmschwelle größer. Sie schwindet jedoch, wenn der einzelne in die Masse eingetaucht ist, in der sein Tagesbewußtsein zurückgeschaltet wird, und seine verdrängten Triebe sich im »Massentier« kollektivieren. Der menschliche Atavismus kann sich aber auch zu Phantasiegebilden sublimieren. Der bekannte Sexologe Magnus Hirschfeld hat auf den großen Bogen atavistischer Triebe gedeutet, der sich von den Vampiren und Menschenfressern zu den lustmörderischen Tagtraumgebilden jedes einzelnen spannt:

»Die Analyse derartiger Fälle beweist immer wieder von neuem, was für eine wichtige Rolle diese atavistische Komponente der Grausamkeit in der Struktur von Perversionen spielt. Ab und zu hört die Welt von einem ›Jack the Ripper‹, einem Haarmann, einem Kürten und ist schockiert, daß ›so etwas sein kann‹. Der Analytiker und Nervenspezialist kennt jedoch zahllose Leute, die ›genau so‹, aber glücklicherweise im Reiche der Phantasie geblieben sind.«[40]

Zu den harmlosen Methoden – zumindest harmloser als zahlreiche »friedliche« Sportwettkämpfe –, den »Vampir in uns« auszuleben, gehören auch die besonders in der angelsächsischen Welt verbreiteten Vampirclubs. Hier wird spielerisch mit dem eigenen Blutdurst kokettiert. Aber nicht nur »Täter«, auch »Opfer« können ihre Lust ironisch ausleben. So versucht Kiki Olson in ihrem Buch »So angle ich mir einen Vampir« zu ergründen: »Warum Vampire bessere Liebhaber sind«. Der Vampir kann aber auch zum Negatividol gewaltbereiter Jugendlicher werden, wie das Norine Dresser in den USA beobachtet hat.[41] Von hier aus ist der Sprung zu jenen Jüngern des Bösen, die den Vampir wegen seiner Macht, Ausschweifung und Gewalttätigkeit bewundern, oft nicht weit!

Der Vampirismus in satanischen Kulten

Die Gemeinsamkeiten zwischen Hexen, Satanisten und Vampiren sind zahlreich. Dabei verbindet sie nicht nur, daß sie sich allesamt dem Bösen und der Finsternis verschrieben haben. Eine alte Vorstellung ist z. B., daß Hexen und Hexenmeister nach ihrem Tod als Vampire umgehen müssen. Bereits zu ihren Lebzeiten sollen sie kleine Kinder schlachten, deren Fleisch essen und ihr Blut trinken. Daneben suchen Schwarzmagier nach dem »Lebenselixier«, für dessen Herstellung nicht selten das Leben anderer Menschen geopfert werden muß, um ihr eigenes begrenztes Dasein, gleich dem der Untoten, auf ewig zu nähren. Der Vampir ist für die meisten Satanisten eine faszinierende Gestalt. So ist etwa der »Drachenorden«, von dem sich der Name Dracula ableitet – und mit dessen Mitgliedschaft Draculas Vater, Vlad II., vom Kaiser Sigismund beehrt worden war –, in seiner heutigen entarteten Form von Satanisten dominiert.[42] Auch die erwähnte Vampirjagd auf dem Londoner Highgate Friedhof, hatte ihre Ursache möglicherweise im Treiben einiger Satansjünger, die dort Gräber aufbrachen, Tiere opferten, diese ausbluten ließen und wahrscheinlich auch von deren Blut tranken. Erst die zurückgebliebenen Spuren mochten dem Vampirjäger Farrant und seinen Anhängern als genügend »Beweise« für das Treiben von Untoten erschienen sein. Umgekehrt sieht es so aus, als seien auch zahlreiche Vampire vom Satansspuk fasziniert: So praktiziert der Vampir Armand aus Anne Rice »Chronik« satanische Riten auf Pariser Friedhöfen, während ihr bluttrinkender Held Lestat sich einer Rockband anschließt, die zunächst den einladenden Namen »Satan's Night Out« trägt. Auch die Kirche nahm Zusammenhänge zwischen dem Satan und Vampiren an. Selbst heute gibt es noch Exorzisten, die sowohl die Teufelsaustreibung als auch die Vampirvertreibung praktizieren. Der britische Geistliche Christopher Neil-Smith etwa, will seine Klienten nicht nur von Symptomen der Teufelsbesessenheit heilen können, sondern auch bewirken, daß Hilfesuchende mit Vampiropfermerkmalen von ihren Leiden befreit werden.

Höhepunkt aller satanischen Aktivitäten bildet die Schwarze Messe mit der Anrufung Satans. Die Schwarze Messe ist von ihrem Aufbau her eine diabolische Umkehrung des christlichen

Gottesdienstes. Werden dort Gott und Christus verherrlicht, so werden sie hier verhöhnt. Wird im christlichen Gottesdienst das Heilige und Geistige verehrt, so in der Schwarzen Messe das Inferiore und Dunkel-Archaische. Während Christus sein Blut und Fleisch den Menschen in der heiligen Handlung der Eucharistiefeier schenkt, verlangt der Widersacher Opfer. Dies geschieht zumeist, indem über einem auf dem Altar liegenden entblößten Frauenkörper ein Tier geschlachtet oder im »Idealfall« ein Säugling getötet wird (Abb. 21). Stellt im christlichen Gottesdienst die Kommunion den Höhepunkt des eucharistischen Dienstes dar, so leitet im satanischen Kult die rituelle Schlachtung des Opfers den Beginn einer Orgie ein, die von Hostienfrevel, Tempelschändung, Völlerei, Rausch, Nackttanz, über Sodomie, Flagellantismus bis zu Kannibalismus und einem Suhlen in Blut, Urin und Kot reicht. Man kann also sagen, auch in der Schwarzen Messe verbinden sich wie beim Vampirsex Lust und Tod und die Einverleibung von Fleisch und Blut.

Wo immer eine Religion dualistisch strukturiert ist, wie z. B. im Christentum, gibt es einen »offiziellen« oder »guten« Gott und einen Widersacher, den Vertreter des Bösen. Aber auch in den Naturreligionen, in denen dieses Schwarz-Weiß-Schema am wenigsten ausgebildet ist, begegnen uns bereits »böse«, d. h. eindeutig schwarzmagische Praktiken. Diese äußern sich im Regelfall darin, daß man einen Gegner durch Zauberei schädigen will, was bis zum Tod des Feindes führen kann. Was uns hier im Zusammenhang mit dem Thema Vampirismus interessiert, ist die Art und Weise, wie die Medizinmänner bei ihrem schwarzen Zauber vorgehen. Sie setzen nämlich eine Kraft ein, mit der auch Vampire operieren: Die Kraft der Suggestion. Wie der Vampir, so muß auch der Medizinmann mit seinem Opfer in einen psychischen Rapport treten. Daher ist es auch wichtig, daß das Opfer von seiner Verdammung weiß, damit ein intensiver »fluidaler« Kontakt zwischen Opfer und Täter hergestellt werden kann. Dieser Kontakt bewirkt, daß die suggestive Kraft des Zauberers sich beim Opfer als eine autosuggestive Kraft fortpflanzt, und der Verdammte sich hoffnungslos in seine ihm aufgezwungene Rolle als Opfer ergibt. Die Tränke und Tinkturen, welche der Zauberer für seinen Fluch zusammenbraut, dienen dabei wohl vorrangig als Kulisse, hinter der sich die hypnotischen Kräf-

Der Vampirismus in satanischen Kulten

Abb. 21: *Martin van Maele: Radierung zu Jules Michelet: La Sorcière. Paris 1911*

III. Der Vampir als pathologische Gestalt

te wirkungsvoll entfalten können, mit denen der Zauberer das Opfer in den Bann seines eigenen Willens zwingt. Diese hypnotischen Willenskräfte sind anerkannterweise beim »primitiven« Menschen ausgeprägter als bei den müden und übersättigten Angehörigen einer Hoch- und Spätzivilisation.[43] Dieser latente Atavismus weist aber wieder zurück auf den Vampir, wie ja überhaupt das »Böse« im Menschen nicht selten archaische Triebstrukturen entfesselt, die zu weit vitaleren Kraftentladungen führen können als das »Gute«.

Schwarzmagische Praktiken sind vermutlich so alt wie die Menschheit selbst. Die Schwarze Messe und die heutigen Praktiken der Satanisten haben sich aber erst mit der Ausbildung des Christentums herauskristallisiert. Ihre Blütezeit hatte die Schwarze Messe und der mit ihr verbundene Satanskult im Mittelalter, wo sie sich nicht selten mit ketzerischen Strömungen innerhalb des Christentums verband. Das Barock, vor allem das Zeitalter Ludwigs XIV., erlebte eine Privatisierung der Schwarzen Messe, deren archaischer Zauber gerade auf die gelangweilte und intrigante Höflingskaste nicht ohne suggestive Wirkung blieb. Am Ende der feudalen Ära wurde die Schwarze Messe durch den Marquis de Sade literarisiert. Er benutzte den ganzen Höllenspuk vorrangig dazu, um seinen Phantasien von sexuellen Rasereien und sadistischen Ausschweifungen die höchstmögliche Steigerungsform zu verleihen. Die Literarisierung der Schwarzen Messe wurde von den Romantikern aufgegriffen, aber in eine Poetisierung des Satans und aller Nachtseiten des Lebens verwandelt. Eine literarisch bemerkenswerte und zugleich detaillierte Beschreibung einer Schwarzen Messe legte 1891 der symbolistische Dichter Joris K. Huysmans in seinem Roman »Tief unten« vor. Kern und Gesetz des Satanismus sind hier, »daß der Erwählte des Bösen die Wendeltreppe der Sünde hinabsteige bis zu ihrer letzten Stufe.«[44] Das Böse stellt einerseits eine Revolte gegen gesellschaftliche und religiöse Zwänge dar, andererseits deutet das Buch Huysmans' an, daß Erlösung und Aufstieg des Menschen erst dann erfolgen können, wenn er zuvor »Tief unten« war und alle Wonnen und Qualen der Verdammnis ausgekostet hat.

Die Schwarze Messe wird auch im 20. Jahrhundert praktiziert. Wir begegnen ihr in der Literatur, im Trivialsektor oder in der bildenden Kunst z. B. in Form von Happenings, so in Szene gesetzt etwa von Hermann Nitsch oder Otto Muehl. Sinn derartiger Aktionen soll die Befreiung des Menschen aus der Welt bürgerlicher Normen sein. Selbstverständlich praktizieren auch die Satanisten weiterhin den schwarzen Kult, wobei bei ihnen der Stellenwert des spezifisch Vampirischen eine weitere Aufwertung erfuhr. So ließ sich der bekannteste Satanist des 20. Jahrhunderts, Aleister Crowley, der von seinen Anhängern als »Großes Tier 666« verehrt und von der englischen Gesellschaft als »gottlosester Mann der Welt« ausgestoßen wurde, seine Eckzähne spitz zufeilen. Begegnete Crowley einer Verehrerin, dann neigte er sich vor und gab ihr den »Schlangenkuß«, indem er ihr mit seinen Fangzähnen ins Handgelenk oder auch in die Kehle biß.[45] Natürlich floß auch viel Blut – zumeist von Hunden und Katzen –, wenn Crowley seine höllischen Rituale vollzog. Das Blut wurde dabei äußerst epigonal über nackte weibliche Körper ausgegossen, mußte gelegentlich aber auch von den Jüngern getrunken werden. Auch Charles Manson ließ sich von seiner »Familie« als Satan verehren. Bei nächtlichen Riten wurden Tiere geopfert und ihr Blut wurde über Paare ausgegossen, die die freie Liebe praktizierten. Anschließend wurde das Blut getrunken. Mit seinen getreuesten Anhängern glaubte Manson sich nachts in einen Vampir zu verwandeln und beschaffte sich menschliche Opfer. Das Opfer wurde auf einem Tisch festgebunden und mittels eines Apparates, der aus sechs Messern bestand, zeremoniell getötet. Die Anhänger verschlangen das noch zuckende Herz. Manson befahl auch das Massaker an Sharon Tate, der weiblichen Hauptdarstellerin aus Roman Polanskis Film »Tanz der Vampire«. A. S. La Vey, der 1966 in den USA die »Church of Satan« gegründet hat, verkündet, Crowleys Aufforderung – »Do what you like« – aufgreifend, daß der Mensch einzig und allein dazu erschaffen sei, seine Triebe und Instinkte ungehemmt zu befriedigen. Das dürfe selbst auf Kosten der »Schwachen« geschehen. So fordert er in seiner Lehrschrift »The Satanic Bible« seine Jünger auch zu Praktiken eines psychischen Vampirismus auf, um die eigene Kraft und das eigene Wohlbefinden zu stärken.

Doch trotz aller Schwarzen Messen und Scheußlichkeiten dürfte das, was die Satanisten angerichtet haben, gering sein im Vergleich zu dem, was die »Blutsauger« anrichten können, wenn

III. Der Vampir als pathologische Gestalt

sie über eine reale Macht verfügen. Wie kläglich sehen etwa die Schurkereien vom selbsternannten »Großen Tier 666« aus, wenn man sie mit dem Mordbrennen der Mächtigen vergleicht. Was bleibt von der Empörung über den Attrappensatan Aleister Crowley übrig, wenn man seine Untaten an denen eines Gilles de Rais, Vlad Tepes oder gar Stalin und Hitler mißt!

IV. Der »Blutsauger« als historische Realität

Zur Psyche des Jägers

»Wer erst einmal Blut geleckt hat ...« lautet eine bekannte Redewendung und meint damit das Erwachen der sexuellen Leidenschaft, vor allem aber das Aufflammen menschlichen Jagd- und Mordtriebes. Dabei ist die Jagd natürlich keine Erfindung des Menschen, sondern ein Urphänomen des Lebens. Ähnlich wie den Geschlechtstrieb hat die Natur auch den Jagdtrieb versüßt. Damit beide Triebe, der zur persönlichen Erhaltung und der zur Erhaltung der Gattung, erfüllt werden, sind die damit verbundenen körperlichen Anstrengungen mit einem Lustgefühl verknüpft. Besonders für unseren Vampir bedeutet die Befriedigung des Jagdtriebes höchste Lust. Schließlich dient sie ihm ja nicht nur zur Nahrungsaufnahme, sondern zur sexuellen Befriedigung. Ein Vampir wäre daher wohl auch kaum mit gelieferten Blutkonserven zufriedenzustellen, im Gegensatz zum selbstdomestizierten Raubtier Mensch, das sich im Supermarkt mit fertig abgepackten Nahrungsmitteln versorgt. Nein – der Vampir ist ein sinnliches Raubtier und verkörpert somit die Gestalt des Jägers auf eine sehr ausgeprägte Art. Deshalb taucht in der Vampirliteratur immer wieder das Thema Jagd auf. In der französischen Literatur wurde der Vampir gern mit der mythischen Gestalt des wilden Jägers verbunden. Daß auch bei uns Menschen der Sexus eng mit der Jagd verbunden ist, können wir am »Schürzenjäger« erkennen, der im englischen übrigens einen Namen trägt, mit dem auch der Vampir assoziiert wird – nämlich *wolve*. Im französischen bedeutet die auf ein junges Mädchen bezogene Redewendung »dem Wolf begegnet sein« übrigens, daß sie ihre Unschuld verloren hat.

Graf Dracula gibt sich seinem Gast aus London, Jonathan Harker, gleich am ersten Abend als passionierter Jäger zu erkennen: »Ja, mein Herr, Ihr Stadtbewohner seid eben nicht imstande, einem Jäger nachzufühlen.«[1] In Anne Rices »Chronik« war Lestats Freund David vom Geheimorden der Talamasca in seiner

IV. Der »Blutsauger« als historische Realität

Jugend leidenschaftlicher Jäger. Bereits mit zehn Jahren hatte er sein erstes Wild erlegt und sich später bei der Verfolgung von Großwild gern in Lebensgefahr begeben, weil dadurch der Jagdgenuß erhöht wurde. Fleisch aß er nur von Tieren, die er selber getötet hatte. Roderick Anscombes lebender Vampir László Graf Dracula ist leidenschaftlicher Jäger und führt seinen Blutdurst auf einen starken Jagdinstinkt zurück. Seine menschliche Beute reißt er wie ein wildes Raubtier.[2] Um sein Raubtierwesen zu unterstreichen, zeigt besonders der Filmvampir gern die scharfe Jagdwaffe seines Gebisses. Aber auch der Mensch bleckt in der Wut seine verkümmerten Raubtierhauer und verweist mit diesem Atavismus auf seine mörderische Herkunft.

Die Jagd ist eine Urbetätigung des Menschen, die für seine Evolution von zentraler Bedeutung war. Um sich gegen die zunächst überlegenen Konkurrenten aus dem Tierreich durchzusetzen, entwickelte das schwache Raubtier Mensch künstliche Waffen und Jagdstrategien. Die Notwendigkeit, gemeinsam zu jagen, forderte seine sozialen und kommunikativen Fähigkeiten. So bildete die Jagd eine der entscheidenden Grundlagen zur Herausbildung der menschlichen Kultur. Während sich unsere vermutlich eher friedliebenden Ur-Ur-Ahnen überwiegend vegetarisch ernährten, bedeutete das Erscheinen des *Homo erectus* vor fast zwei Millionen Jahren den Übergang zu einer proteinreichen fleischlichen Kost und damit zum Jäger. Dieser Übergang zum »Raubtier« erforderte Gemeinschaftsgeist, Kühnheit, List und Erfindungsgabe.

Die Form der menschlichen Jagd hat sich in den letzten Jahrtausenden gewandelt. Sie reicht von der Gemeinschaftsjagd der Urjäger über die prunkvolle Parforce-Jagd des absolutistischen Frankreich bis zu den eher nüchternen Jagden der Gegenwart. Doch überall schimmert die Psyche des Jägers durch, die sich vor zwei Millionen Jahren im Menschen ausgebildet hat. So enthält etwa jegliche Sammelleidenschaft immer auch ein Stück Jagdleidenschaft. Und natürlich ist der gesamte Bereich des Verbrechens von der Jagdlust geprägt. Der Verbrecher jagt nach dem Objekt seiner Begierde, während die Polizei sich an die Fährte des Verbrechers heftet. Der »Schnüffler« jagt dabei mit gutem Gewissen, genauso wie van Helsing den Jäger Dracula jagt. Treffend hat das Anscombe am Beispiel des Inspektor Kraus charakterisiert, der die Jagdspur nach dem lebenden Vampir aufgenommen hat:

»Inspektor Kraus ist ein kleiner Mann, wie ein Frettchen oder ein Wiesel oder irgendeines dieser Tiere, die so lange herumschnüffeln, bis sie eine Fährte finden, und dann hartnäckig ihre Beute verfolgen, hinunter ins tiefste Kaninchenloch. Er strotzte förmlich vor Jagdeifer, reckte ständig die Spürnase in den Wind, um Witterung aufzunehmen. Besagte Spürnase springt scharfkantig zwischen dunklen, eng zusammenstehenden Augen hervor, die blinzelnd an ihr entlangspähen. Eine solche Nase ist wie geschaffen dafür, sie in anderer Leute Angelegenheiten zu stecken.« (Anscombe: Das geheime Leben, S. 267.)

Beinahe sprichwörtlich ist die menschliche Jagd nach Glück, aber auch dieses Streben selbst ist oft als ein mächtiges Glücksgefühl beschrieben worden. Anscombe läßt seinen lebenden Vampir von der »Heiterkeit des Jagens« sprechen und Ortega y Gasset widmet in seinen »Meditationen über die Jagd« dem Thema »Jagd und Glück« ein eigenes Kapitel.[3] Für Ortega ist der Normalsterbliche durch den Zwang zur entfremdeten Berufstätigkeit geknechtet. Glück hingegen stelle sich im Leben ein, wenn wir einer Beschäftigung nachgehen können, zu der wir uns innerlich berufen fühlen. Dieses Glück findet sich in der Jagd, da diese als genetische Sehnsucht gewissermaßen in uns eingeboren ist bzw. wie Ortega sich ausdrückt, eine »tief und dauernd im Wesen des Menschen begründete Begierde« ist. Ortega bezeichnet in seinen »Meditationen« die Jagd auch als »Ferien vom Menschsein«, da der Jäger die Tünche der Zivilisation abstreift und, – um das Bild zu vervollständigen – von einer fiebernden Hundemeute umringt, eine atavistische Heimkehr zu den menschlichen Urtrieben vollziehen kann. Ziel aller Jagd, das wollen wir keinesfalls verhehlen, ist und bleibt aber die Tötung, damit der Jäger seine Beute verschlingen kann. Nur dann findet der Jäger vollkommene Befriedigung. Damit begegnet uns auch in der Jagd wieder die Trias von Lust, Tod und Verschlingung. Und es ist nur folgerichtig, wenn bei Anne Rice selbst der »Gutvampir« Louis eingestehen muß: »Friede finde ich nur, wenn ich getötet habe.«[4]

Doch der echte Jäger tötet nicht wahllos. Er ist kein blindwütiger Mörder. Zum einen ist sein Ehrgeiz – darin ähnelt er sowohl dem Sammler als auch dem Vampir – auf das seltene und erlesene Wild gerichtet, mit dem er gewissermaßen in einen sportlichen Wettkampf treten kann. Zum anderen unterliegt das

IV. Der »Blutsauger« als historische Realität

echte Jagen immer der Beschränkung und ist einem ethischen Denken verpflichtet. Gerade der frühe Jäger hat mit dem Akt des Tötens auch stets den der Sühne verbunden. Er bittet sein Opfer für die Notwendigkeit der Tötung um Vergebung. Noch Ortega schreibt: »Zum guten Jäger gehört eine Unruhe im Gewissen angesichts des Todes, den er dem bezaubernden Tier bringt.« (José Ortega y Gasset: Meditationen, S. 61). Doch neben diesen ethischen und transzendierenden Aspekten gibt es auch handfest ökologische: So gab es beinahe immer Beschränkungen gegenüber dem Wild, die darauf ausgerichtet waren, das Verhältnis zwischen Jäger und Gejagten im natürlichen vorgegebenen Rahmen zu belassen. Der echte Jäger war also nie darauf bedacht, eine Tierart auszurotten, sondern die Tötungsrate stand im Wechselspiel zur Vermehrungsrate der Gejagten. Das natürliche Verhältnis sieht dabei generell so aus, daß die Jäger sich immer in einer Minderheit gegenüber den Gejagten befinden.

Das im Jagdtrieb enthaltene Aggressionspotential des »Mörderaffen« hatte sich ursprünglich fast ausschließlich gegen das Tier gerichtet, dessen Fleisch und Blut er zum Überleben benötigte. Die eigenmächtige Tötung eines anderen Menschen unterliegt einem strengen Verbot, dessen Überschreitung geahndet wird. Selbst beim Vampir können wir diese Gattungssolidarität nachweisen: Nach Anne Rice gibt es unter den Vampiren nur ein einziges Verbrechen, nämlich einen anderen Vampir zu töten. Allerdings gab es nach George Bataille innerhalb der menschlichen Geschichte drei Ausnahmen: das Duell, die Blutrache und den Krieg. (Bataille: Der heilige Eros, S. 68–77). Das Duell war ursprünglich eine Form des Krieges, in der sich die feindlichen Stämme, nach einer den Regeln entsprechenden Herausforderung, einige Krieger wählten, die sich stellvertretend im Einzelkampf maßen. Die Blutrache hat ihre Regeln wie das Duell. In der Hauptsache ist sie ein Krieg, dessen feindliche Lager nicht durch ein bewohntes Gebiet, sondern durch die Zugehörigkeit zu einem Clan bestimmt werden. Blutrache, Duell, auch der Krieg waren zunächst alle peinlich genauen Regeln unterworfen. Durch diese ritualisierte Mäßigung ähneln sie der Jagd. Darüber hinaus werden gewaltsame Auseinandersetzungen zwischen den Menschen auch noch durch zwei andere Punkte mit der Jagd verbunden: Einmal natürlich durch den Akt des Tötens, zum anderen auch durch die Einverleibung der Gegner; denn der frühe Krieg endete nicht selten im kannibalistischen Akt, in der Verspeisung des getöteten Feindes. Die Jagd bildete also zweifelsohne eine Voraussetzung für den Krieg. Kriegerische Auseinandersetzungen waren stets mit Fragen der Macht und der Sicherung des eigenen Lebensraumes verbunden. Dafür, daß diese gewaltsamen Konflikte nie das Maß sprengten und damit das Leben in seiner Substanz gefährdeten, sorgten mehrere Faktoren: Die Einhaltung von Regeln, die begrenzte Entwicklung der Waffentechnologie und ein weit natürlicheres Ausleben elementarer menschlicher Triebe im Alltag, als das innerhalb einer überzivilisierten Gesellschaft möglich ist. Wo derartige Begrenzungen fehlen, kann der Krieg in eine Orgie von Gewalt und Blut ausarten. Gerade bei besonders friedliebenden Völkern, die ihr Aggressionspotential weitgehend zurückdrängen und ihm kein Ventil lassen, kann es zu einer brutalen Gewaltexplosion führen, wenn die tradierte Ordnung plötzlich zusammenbricht. Als in den sechziger Jahren dieses Jahrhunderts der auf der malaiischen Halbinsel lebende Stamm der Semai, bei dem Gewalt verpönt war, in moderne kriegerische Auseinandersetzungen hineingezogen wurde, verfielen die semaischen Soldaten einem Blutrausch. Ein Beteiligter sagte darüber: »Wir töteten, töteten, töteten. ... Wir dachten nur ans Töten. Ja, wir waren wirklich trunken von Blut.«[5] Verdrängte Triebe können sich im Krieg unkontrolliert Bahn brechen, sie können aber auch von den Technikern der Kriegsmaschinerie geschickt »in den Dienst heroischer Phrasen eingespannt« werden, wie Theodor Lessing, der Biograph vom Werwolf Haarmann, schrieb. Für Lessing war das kollektive Abschlachten im Ersten Weltkrieg ein Symbol für den Raubtiercharakter der angeblich so kultivierten Staaten und Nationen, die sich mit Hilfe einer »Mordchemie« in einen »Blutrausch« versetzten.[6] 1925 las Tucholsky im Nordosten von Paris, in La Vilette, dem Schlachthofareal, an einer Eingangstür auf einer Tafel, die den Toten des Ersten Weltkrieges gewidmet und von den vereinigten Großschlächtereien der Stadt Paris aufgehängt worden war, die Zeile: »La Boucherie en gros/ 1914–1918«.[7]

Anne Rice läßt ihren Vampir Lestat sinngemäß sagen, der menschliche Krieg, der nach außen meist mit einem Grund bemäntelt wird, habe eigentlich immer nur den Zweck erfüllt, die Mordlust zu befriedigen und das »nackte Entzücken beim Zerreißen einer Beute« zu vermitteln.[8] Zur Lust des Krieges bekennt sich uneingeschränkt der »Krieger«, der literarisch z. B. durch die Schriftsteller und Krieger Ernst Jünger, hier vor allem in seinem Frühwerk, und Kurt Eggers verewigt wurde.[9] Der echte Krieger will jedoch nicht nur töten, er will auch selbst in der »Todeszone« stehen, da die Gefährdung des eigenen Lebens für ihn eine Steigerung der Lebensintensität bedeutet. Was bei der Gestalt des Kriegers auffällt, ist, daß er etwas, was lediglich einen *Teil* im Dasein des echten Jägers ausmacht, zum alleinigen Lebensinhalt erhebt. Der eigene Tod und der des anderen wird nicht mehr in die Waagschale des Lebens geworfen, sondern gerinnt zum Selbstzweck. Die Gestalt des Kriegers ist daher ein Symbol für die Maßlosigkeit des modernen Krieges und Tötens geworden. Ein Symbol dieser Maßlosigkeit ist freilich auch der Vampir, der seinen triumphalen Aufstieg sicher nicht zufällig in einer maßlos gewordenen Welt erlebte. Vielleicht ist keiner so sehr Zeichen für die aus den Fugen geratene menschliche »Jagd nach dem Glück« wie dieser Jäger, der in seiner Gier mehr Leben verschlingt, als neues erschafft!

Von der Schönheit und dem Schrecken der Macht

Die Jagd war ursprünglich ein kollektives Ereignis. Mit der Ausbildung von unterschiedlichen Gesellschaftsklassen geriet sie jedoch bald zum Vorrecht der herrschenden Schichten. Eine der Ursachen der Französischen Revolution war der Groll der Bauern darüber, daß man sie nicht mehr jagen ließ. Das Jagdrecht wurde daher nicht selten als Ausdruck der Tyrannei empfunden, und während der Epoche des Kolonialismus erhielt die Großwildjagd das Odium des Imperialismus. Kurzum – die Jagd ist eine Frage der Macht. Deshalb erhielt die Gestalt des Jägers oft einen Beigeschmack von Bedrohung und das keineswegs nur für das zu erlegende Wild, sondern auch für die von der Jagd ausgeschlossenen Menschen. Zu all den Rachegeistern, Gespenstern und nicht zuletzt Vampiren, die die Menschen nachts in ihren

Träumen verfolgten, gesellte sich recht bald die Gestalt des »Wilden Jägers«. Einer dieser wilden Jäger war Wotan, der oberste Gott der Germanen. C. G. Jung glaubte gar, daß Wotan als geistige Kraft in der Ära des Nationalsozialismus wieder auferstanden war.[10]

Auch der Vampir, der zudem große Macht symbolisiert, ist ein großer Jäger. Keanu Reeves, der Darsteller des Jonathan Harker in Coppolas »Dracula«, äußerte auf die Frage eines amerikanischen Journalisten, was er mit der Gestalt Draculas verbinde, spontan: »Vampire, Unterwerfung, Herrschaft, Vergewaltigung, Bestialität, Schuld, biblische Grundtöne, Satan, Gott, christliche Motive, die Toten, die Untoten, Blut, Mord, Rache, Opfer, Klassizismus... und oraler Sex.« (Freddy Röckenlaus: Zeitmagazin Nr. 6 vom 5. 2. 1993, S. 30). Ein wahrhaft erschreckendes, aber auch faszinierendes Kaleidoskop von Eindrücken, das der transsilvanische Vampirgraf hervorzurufen vermag! Wichtig für den Aufstieg des Vampirs in eine derart machtvolle und bedeutungsschwangere Gestalt war der Wandel, den er im 19. Jahrhundert vom folkloristisch geprägten Unhold zum universellen Mythos vollzog. Wichtig war aber auch eine Entwicklung, die bereits im 18. Jahrhundert eingesetzt hatte: Der Vampir hörte auf, bloßer Blutsauger im wörtlichen Sinne zu sein und geriet immer mehr zu einer Gestalt, die sowohl physisch als auch psychisch, vor allem aber ökonomisch auszubeuten verstand. Der Vampir mutierte damit zu einem Magneten, der alles in den Bann zog, wonach ihm gelüstete. Schließlich verkörperte er die Dämonie der Macht, dessen Merkmal nicht selten die Unersättlichkeit ist!

Den Stein ins Rollen brachte Voltaire. Dieser hatte nämlich in einem kleinen Aufsatz über *Vampire* diesen Begriff ganz bewußt soziologisch ausgeweitet.[11] Voltaire bezeichnete darin Mönche und Jesuiten als die wahren Vampire. Der Begriff Vampirismus wird zum erstenmal auf einen Personenkreis bezogen, dessen blutsaugerische Tätigkeit für Voltaire darin bestand, daß er sich über das Schüren religiöser Ängste auf Kosten des Volkes bereicherte. Das Beispiel machte Schule: Es waren bald nicht mehr nur Mönche und Jesuiten, die von ihren Kritikern als Vampire bezeichnet wurden, sondern ebenso Aristokraten, Politiker oder Kapitalisten. Besonders Karikatur und Satire verbreiteten das Bild des Ausbeuters als Vampir. Auf einer Zeichnung aus der Zeit

IV. Der »Blutsauger« als historische Realität

Abb. 22: *Die französische Königin Marie-Antoinette als Vampirin. Aus der revolutionär gesinnten Zeitschrift »Courier de l'Europe« vom Oktober 1784*

Abb. 23: *»Wie Sie sehen, meine Herren, führt uns ein derartiges Anleihsystem notwendig zur Erschöpfung und Blutleere...« Aus: Brandler, Georg Gustave Doré, Berlin (Ost), 2. Aufl. 1990*

unmittelbar vor der Französischen Revolution tritt uns Marie Antoinette stellvertretend für den Adel als Vampirungetüm entgegen (Abb. 22); im 19. Jahrhundert karikierte Gustave Doré einen Politiker, der feist erscheint wie ein vom Blut der Armen aufgepumpter Blutegel und dabei eine hartherzige Sparpolitik verkündet (Abb. 23), während auf einer anonymen Spottzeichnung aus dem englischen Satiremagazin »Punch« ein zufriedener Kapitalist mit Riesenmaul seine Landsleute verspeist (Abb. 24). In England erfreute es sich im 18. Jahrhundert einer gewissen Beliebtheit, verhaßte Politiker in Polemiken als große Blutsauger oder Vampire zu titulieren. Die französische Vampirliteratur des 19. Jahrhunderts griff die Aufklärungsversuche von Voltaire begierig auf, was sich darin zeigte, daß die »Pfaffen« zu beliebten Vampirfiguren wurden. Aber auch die große Literatur arbeitet mit der sozialkritischen Metapher: So setzte z. B. D. H. Lawrence das Bild vom Vampir ein, um das Aussaugen der Schwachen zu illustrieren. Eine Szene aus Georg Büchners Revolutionsdra-

Abb. 24: *Der Kapitalist mit Riesenmaul verspeist seine Landsleute. Anonyme Illustration aus dem »Punch«, Mitte 19. Jahrhundert*

ma »Dantons Tod«, in der ein armer Bürger die Revolutionäre von gestern als die Ausbeuter von heute anprangert, macht deutlich, daß die in Luxus und Schwelgerei lebende Kaste der Vampire keine abgeschlossene Gemeinde, sondern eine recht flexible Gruppierung bildet.

»Bürger: Sie haben kein Blut in den Adern, als was sie uns ausgesaugt haben. Sie haben uns gesagt: Schlagt die Aristokraten tot, das sind Wölfe! Wir haben die Aristokraten an die Laterne gehängt... Sie haben gesagt, die Girondisten hungern euch aus, wir haben die Girondisten guillotiniert. Aber sie haben die Toten ausgezogen und wir laufen wie zuvor auf nackten Beinen und frieren.«

Georg Büchner: »Werke und Briefe«. München 1988, S. 74

Gewissermaßen ihren welthistorischen Kulminationspunkt erlebt die Gestalt des Vampirs als Ausbeuter im Werk von Karl Marx.

IV. Der »Blutsauger« als historische Realität

Hier wird das Kapital immer wieder als vampiristisches Ungeheuer illustriert, das aus der Gallerte toter Arbeit besteht und sich durch Einsaugen lebendiger Arbeit ernährt. Für den Marxforscher Günter Schulte ist Marx' Zurückgreifen auf die Gestalt des Vampirs kein vordergründiges Wortgeplänkel, sondern ein Signum für die Grundlagen von dessen Denken überhaupt. Bereits im Jugendwerk von Marx gehen die Blutsauger um. So stirbt in der Ballade »Die Mutter« ein zarter Knabe am Busen seiner Mutter und verwandelt sich dabei in eine blutsaugende Natter:

»Sie (die Mutter) Todesleiden wiegt / 'ne Natter wühlt im Herzen, / Und saugt das süsse Blut, / Und schwelgt in seinen Schmerzen, / Und trinkt die heisse Gluth«.
Die Ballade endet mit dem Tod der Mutter. (Schulte: »Kennen Sie Marx«, S. 16). Nach Schultes Deutung begegnet uns in der Ballade bereits der spätere Ökonom und Revolutionär Marx:

»Die Mutter verliert ihren zarten Knaben gerade dadurch, daß sie ihn als ›theure(s) Gut‹ ganz für sich behalten will. Das teure Gut, obwohl selbst Produkt und Eigentum des Erzeugers, verwandelt sich in eine fremde Macht gegen seinen Ursprung, die Mutter. In der fremden, vampiristischen Macht des Produktes scheint sich also die verkehrte Liebe der Mutter selbst zu manifestieren. – Das ist das Marxsche Motiv der Gegenfinalität allen sozialen Tuns, sofern es im Zeichen einer falschen Liebe geschieht. Das verkehrte soziale Tun führt zum Verlust der Lebenssubstanz, des Lebenskapitals.«

Schulte: Kennen Sie Marx, S. 16–17

Im Kapitalismus mag sich demnach keiner vom »theuren Gut« trennen, jeder saugt, sofern er kann, »in falscher Liebe« den anderen aus. Die Schwachen, sprich die Lohnabhängigen, bleiben dabei auf der Strecke. Diese Szenerie Marxscher Weltdeutung hat der englische Künstler Walter Crane auf einem Holzschnitt wiedergegeben: Der das Kapital schaffende Arbeiter wird vom Kapital in Gestalt einer riesigen Vampirfledermaus ausgesaugt. Das Kapital selbst ist ein Untoter, der »verstorbene Arbeit«, also getane Leistungen der Arbeiter hortet und sich davon lebendig erhält, daß er stets von neuem lebende Arbeit einsaugt. Doch keine Sorge! Erlösung ist in Sicht. Der Engel des Sozialismus bläst bereits zum Jüngsten Gericht bzw. zur großen proletarischen Revolution (Abb. 25)! Das Bild assoziiert damit das erhoff-

Abb. 25: »*Kapital ist verstorbene Arbeit.*« *Der Marx'sche Vampir Kapitalismus saugt den erschöpften Arbeiter aus. Holzschnitt nach Walter Crane, um 1890*

te Ziel des Sozialismus: In ihm wird der Vampirspuk ein Ende haben, und jeder kann dort nach seinen wahrhaften Bedürfnissen leben. Die Vampirfledermaus sinkt dann hinab ins ewige Grab, und der Ausgebeutete erwacht zu frischem Leben!

IV. Der »Blutsauger« als historische Realität

Natürlich bot es sich an, die Deutung des Kapitalismus als ein Vampirsystem auch auf die kolonialen und imperialistischen Mächte zu übertragen. Nicht ohne Grund wurde England hierin beliebteste Zielscheibe. Zu seiner Glanzzeit verfügte das »perfide Albinion« über einen Kolonialbesitz, der etwa das 250-fache der Fläche des eigentlichen Mutterlandes ausmachte. Besonders in Kriegszeiten gedieh daher das Bild Englands als einer Riesenkrake, die ihre Glieder über die ganze Welt erstreckt und aus allen Völkern das Blut aufsaugt. 1916, also inmitten des Ersten Weltkrieges, veröffentlichte Ernst zu Reventlow eine Schrift mit dem Titel »Der Vampir des Festlandes«. Reventlow schildert dort aus seiner Sicht, wie es den Engländern im Laufe der Jahrhunderte gelungen ist, durch geschicktes Taktieren die europäischen Kontinentalvölker gegeneinander auszuspielen und sich auf deren Kosten weltweit auszudehnen und zu bereichern. Dadurch wurden die erfolgreichen Engländer zum »Vampir des Festlandes«. Der Inder Alok Bhalla, also ein Angehöriger eines ehemaligen Kolonialvolkes, sieht das Aufblühen der Vampirliteratur im England des 19. Jahrhunderts gar als eine Widerspiegelung von besonders erfolgreicher imperialer »Vampirtätigkeit«.[12] Auch im Zweiten Weltkrieg tauchte das Bild der Engländer als Vampire wieder auf: Der namhafte Grafiker A. Paul Weber fertigte eine propagandistische Bildserie »Britische Bilder« an, unter denen eines auch England als Vampirungetüm zeigt, das die übrige Welt, dargestellt am Beispiel Indiens, das als sieches Opfer darniederliegt, schamlos aussaugt (Abb. 26). Neben den Engländern gab es noch ein anderes Volk, dem man vorwarf, wie eine Riesenspinne den Erdball mit einem engmaschigen Netz zu überziehen: das »internationale Judentum«. Dabei ist der Jude als Vampir keine Domäne der Rechten. Auch beim getauften Juden Marx erscheint der Jude als Vampir, da er für ihn die deutlichste Verkörperung des »Vampirs Kapitalismus« darstellt. Selbst nach dem von Hitler befohlenen Holocaust wurde von rechter, aber auch von linker Seite das Judentum als Vampir karikiert. So z. B. in einem Pamphlet über das Judentum mit dem Titel »Die Giftschlange Völkervampir« und auch in Rainer Werner Fassbinders umstrittenem Stück »Der Müll, die Stadt und der Tod«. Dort heißt es an einer Stelle: »Er saugt uns aus, der Jud. Trinkt unser Blut...«.[13]

Von der Schönheit und dem Schrecken der Macht

Abb. 26: *Der britische Imperialist als Vampir, der hier Indien aussaugt. A. Paul Weber, aus der Reihe »Britische Bilder«, 1939–1940*

Bereits am letzten Beispiel wird deutlich, daß auch das Fremde, das man wegen seiner Unvertrautheit fürchtet, mit dem Vampirismus assoziiert wird. Selbst die Bedrohung durch Stokers Dracula rührt nicht zuletzt von der Fremdheit des Vampirgrafen her. Dracula stammt aus einer verlassenen Region im Südosten Europas, in der es weder exakte Landkarten noch verläßliche Fahrpläne gibt und in der eine hinterwäldlerische und abergläubische Bevölkerung haust. Dieser atavistische Ostvampir hat sich nun in London eingenistet, in das Herz des seinerzeit am weitesten entwickelten Landes. Für Richard Wasson, der sich mit den verschlüsselten politischen Botschaften in Stokers »Dracula« auseinandergesetzt hat, verkörpert dieser Vampirgraf aus einem rückständigen Land einen Gegensatz zum modernen westlichen Parlamentarismus, den er allein schon durch seine Existenz bedroht; denn zum einen hat er gerade die Bewohner der britischen Inseln zu seinen Opfern erkoren, und zum anderen werden eben diese Opfer als Vampire wieder auferstehen, womit sie nicht nur der modernen Lebensform verloren gehen, sondern auch noch zu deren Gegnern werden, da sie in eine frühere, mittlerweile fremd gewordene Lebensstufe zurückfallen.[14] Die

IV. Der »Blutsauger« als historische Realität

Fremdenphobie, die sich hier verschlüsselt in einer Vampirangst äußert, hat natürlich in Krisen und Kriegszeiten Hochkonjunktur. Aus den USA, die im Zweiten Weltkrieg den Krieg gegen die Japaner, gegen »die kleinen gelben Teufel«, mit einem deutlich rassistischen Unterton führten, stammt eine Titelillustration der Zeitschrift »Collier's«, die einen japanischen Bomberpiloten als Vampir zeigt (Abb. 27). Der Fremde wird mit dieser Mutation seiner Zugehörigkeit zur menschlichen Spezies beraubt und steigt gleichzeitig zu einer mythischen Bedrohung auf.

Wie wir gesehen haben, ist die Bedrohung durch die Vampirmacht eine äußerst vielschichtige. Der Vampir dient gewissermaßen als gesellschaftskritisches Instrument und macht auf Fehl-

Abb. 27: *Titelillustration der amerikanischen Zeitschrift »Collier's« vom Dezember 1942, die einen japanischen Bomberpiloten als Vampir zeigt*

entwicklungen aufmerksam. Er kann aber ebenso Gegenstand von Phobien sein oder nur ein Spiegelbild unseres eigenen schlechten Gewissens. Denn unersättlicher als der Mensch selbst, kann auch der bedrohlichste Vampir nicht sein. Die perverse Macht des Vampirs ist zugleich unsere eigene Verkommenheit, das Abbild einer gesellschaftlichen Dekadenz und der eigenen »Innenweltverschmutzung«.[15] So steht der Vampir auch immer für Krankheit, Destruktion und Aggression, für Verfolgung und Bedrängnis der Schwachen, für Fremdzerstörung und Selbstzerstörung, für das Leiden des aus dem Paradies vertriebenen kranken Tieres Mensch.

Doch kein Geschöpf ist reines Negativum. Das gilt selbst für den Vampir. So steht er auch für den Protest der romantischen Seele gegen die Entpoetisierung der Welt. Er ist ein Rebell gegen die aufziehende Welt reinen Zweckdenkens und der alles überwuchernden Mittelmäßigkeit einer demokratischen Massengesellschaft. Daher tritt der moderne Vampir gemeinsam mit zwei anderen Geschöpfen in das Feld der Verweigerung, die genauso wie er aus dem Widerstand gegen die Nüchternheit und Häßlichkeit des Industriezeitalters herausgeboren sind: dem Dandy und Nietzsches Übermenschen. Doch der Vampir macht mit diesen beiden nicht nur gemeinsame Sache, Dandy und Übermensch haben das Bild des heutigen Vampirs auch entscheidend mitgeformt. Stil und Umgangsformen weisen den Vampir als Dandy aus, seine erstaunlichen Fähigkeiten lassen ihn als Übermenschen bzw. Übervampir erscheinen. Erstmals inkarniert hat sich diese Trias wohl am deutlichsten in Lord Byron; denn er war alles in einem: Dandy, Übermensch, »Vampir«.

Der *Dandy* ist zunächst ganz lebendes Kunstwerk, sein Zweck ist seine äußere Erscheinung. Er lehnt jede praktische Tätigkeit für sich ab. Doch auch wenn er vorgibt, nur Fassade zu sein, so liegt in seiner Distanz zur Welt zugleich seine Abneigung gegen sie verborgen – und seine Revanche. Hinter seiner kühlen und unbewegten Maske walten zerstörerische Kräfte. Der Dandy ist das Laster im Gewande der Eleganz. Verewigt hat die Gestalt des Dandys Oscar Wilde in seinem Roman »Das Bildnis des Dorian Gray«. Das theoretische Fundament dazu hatte Wilde aber bereits von Baudelaire erhalten. Für Baudelaire hat der Dandy seinen Ursprung im Charakter der Widersetzlichkeit und Auflehnung.

IV. Der »Blutsauger« als historische Realität

Er ist für ihn ein:

»Vertreter des besten Teils vom menschlichen Stolze, des heute allzu selten gewordenen Bedürfnisses, wider das Alltägliche zu kämpfen und es zu zerstören ... Der Dandyismus erscheint hauptsächlich in Übergangsepochen, wenn die Demokratie noch nicht allmächtig ist und die Aristokratie noch nicht gänzlich abgewirtschaftet hat. In der Wirrnis solcher Zeiten können einige aus der Bahn geworfene, angewiderte, unbeschäftigte, aber an ursprünglicher Kraft reiche Leute den Plan aushecken, eine neue Art der Aristokratie zu gründen ... Der Dandyismus ist das letzte Aufleuchten des Heroismus in Zeiten des Verfalls ... Der Dandyismus gleicht der untergehenden Sonne, wie das sich neigende Gestirn ist er voll Herrlichkeit, aber wärmelos und voll Schwermut. ... Der Schönheitscharakter des Dandy besteht vornehmlich in dem Aussehen von Kälte, das dem unerschütterlichen Entschlusse entstammt, durch nichts erregt zu werden. Man könnte von einem verborgenen Feuer sprechen, dessen Vorhandensein man ahnt und das Wärme ausstrahlen könnte, aber dies nicht will.«[16]

Nietzsches *Übermensch* ist antimoralisch wie der Dandy und der Vampir. Wie diese vertritt er die Herrenmoral und nicht die Sklavenmoral. Der Übermensch weiß, daß das Dasein keinen Sinn und keinen Trost hat, dennoch bejaht er es aus innerer Stärke. Er gehört zu den Kommenden, gleichzeitig ist er ewig und uralt; denn der materialistische Mystiker Nietzsche hat in seiner Philosophie den Gedanken der ewigen Wiederkehr eingesponnen. Genauso wie der Vampir sich jede Nacht aus seinem Grabe erheben muß, um auf ewig den Vorgang des Blutsaugens zu wiederholen, kehrt auch der Übermensch und mit ihm alles gelebte Leben, wie einem Fluch gehorchend, immer wieder in dasselbe Dasein zurück. Der Ausgangspunkt von Nietzsches ewiger Wiederkehr ist die Vorstellung, daß nach unendlichen Zeitläufen sämtliche Kombinationsmöglichkeiten der Materie erschöpft sein werden und sich daher das bereits einmal Gewesene wiederholen muß. So ist alles Sein in einem unveränderlichen Kreislauf gefangen. Der Übermensch weiß um diese Dinge, und wie dieses Leben selbst, steht er »Jenseits von Gut und Böse«. Aber gleichzeitig enthält die Figur des Übermenschen Nietzsches die Sehnsucht, der Mensch möge sich biologisch zu einer höheren Gattung fortentwickeln. Der Übermensch ist gewissermaßen ein darwinistischer Supermann, wie – so Charles S. Blinderman –

auch Graf Dracula, da sich Stoker, bei der Kreation seines Übervampirs, ähnlich wie Nietzsche, vom darwinistischen Gedankengut hat beeinflussen lassen.[17] Zu den Übermenschen gehören nach Nietzsche die »Verborgensten, Stärksten, Unerschrockensten, Mitternächtlichsten« Menschen, die auch das letzte und tiefste Geheimnis der Welt kennen, das da lautet: »Diese Welt ist der Wille zur Macht – und nichts außerdem!« Es sind die Menschen, die auch nichts weiter sein wollen als Wille zur Macht – das entspricht aber im Grunde wieder dem alles verschlingenden Vampirprinzip, in dem der Schwächere zur Beute des Stärkeren wird.

Graf Dracula ist Blutadel, der Dandy Geistesadel, der Übermensch kommender Adel. Alle drei durchströmt kaltes Feuer, alle sind Meister der Form und voll Verachtung für den gewöhnlichen Menschen, alle schätzen sie die Schönheit höher als die Moral. Sie sind große Asoziale und doch nicht frei von Edelmut, sie enthalten Atavistisches und träumen doch zugleich vom kommenden Morgenrot. Vampir und Dandy sind Melancholiker, und der Übermensch entsprang zumindest der Seele des Melancholikers Nietzsche. In ihrer Schwermut besitzen sie eine besondere Wahrnehmungsfähigkeit und Empfindlichkeit, die sie zur Introspektion ermächtigt. Sie gehören zu den wenigen Eingeweihten, die dem Schein der Oberfläche nicht erliegen und voll Spott für den einfältigen Fortschrittsglauben des Bourgeois sind. Sie alle sind Geschöpfe der Einsamkeit, die aber, aufgrund ihrer Fähigkeiten, mehr Stärke besitzen als der Normalmensch. Vor allem jedoch ersehnen sie sich offen oder insgeheim die vollkommene Macht!

Die so erfolgversprechende Tinktur aus Schrecken und Schönheit, Macht und Versuchung, wie wir sie beim Vampir, beim Dandy und beim Übermenschen kennengelernt haben, tritt uns auch in der Popkultur entgegen. Die Rolling Stones, mächtige Götter aus dem Reich der Populärkultur und seit Jahrzehnten Mitpräger des heutigen Lebensgefühls, zu deren Verkaufsstrategie es bekanntlich gehört, »Sympathy for the Devil« zu haben, präsentieren sich in einer Szenerie des Popkünstlers Guy Peelhaert als SS-Dandys. Die dort dargestellte vordergründig kühle Ästhetenidylle bei Tee und Hausmusik mag jedoch nicht einmal auf den ersten Blick zu beruhigen. Man ahnt, bald ist es mit dem Stilleben und mit den darauf zu sehenden nackten, unschuldigen Mädchen vorbei. Mick Jagger hat bereits seine äußere »SS-Reizwäsche« abgelegt – deren Kennzeichen neben dem bedeutungsschwangeren Schwarz der Uniformen unter anderen die zwei Sigrunen sind, die wie zwei aggressive Vampirfänger auf dem Kragenspiegel ruhen – und präsentiert sich frivol transvestitenhaft in Strapsen. Bald werden aus den Geigenkoffern wohl die Hackebeilchen tanzen!

Gilles de Rais und die Magie des Bösen

Vampire gelten als unsterblich, doch sind sie das wirklich? Bereits ein Sonnenstrahl vermag sie zu töten, und ständig sind sie der Gefahr ausgesetzt, während des Schlafes von einem Dr. van Helsing einen Pflock ins Herz getrieben zu bekommen. Was Wunder, daß die meisten Vampire das Ende einer Vampirgeschichte nicht überleben. Und auch den lebenden Vampiren ergeht es häufig wenig besser. Die Haarmanns, Kürtes, Haighs oder Mansons starben zumeist unter dem Henkerbeil oder verschwanden in psychiatrischen Kliniken. Und selbst die Dandys und Übermenschen nehmen oftmals kein glückliches Ende. Der fiktive Dandy Dorian Gray starb eines gewaltsamen Todes, sein Schöpfer, Oscar Wilde, irrte seine letzten Lebensjahre als ausgestoßener Bettler durch halb Europa, bevor er in noch verhältnismäßig jungen Jahren starb. Der teuer bezahlte Traum vom Übermenschen versank 1945 in den Trümmern Berlins, der geplanten Welthauptstadt Germania. Der von den Nationalsozialisten vereinnahmte Prophet Nietzsche verschied pflegebedürftig und geistig umnachtet. Auch er noch jung an Jahren. Und auch der »Blutsauger« als historische Realität nimmt nicht selten ein grausames Ende. Es scheint beinahe, als gäbe es doch eine irdische Gerechtigkeit, und der Schrecken kehrte zu jenen zurück, von denen er einst ausging. Vlad Tepes, der historische Dracula, wurde geköpft, Robespierre guillotiniert, Mussolini von Partisanen getötet und aufgehängt, Hitler beging Selbstmord, Stalin starb eines qualvollen Todes, Ceaucescu, von seinen Landsleuten Draculescu getauft, wurde erschossen. Gilles de Rais, mit dem wir hier den Reigen der realen »Blutsauger« eröffnen wollen, verbrannte man auf dem Scheiterhaufen, nachdem er zuvor gehängt worden war.

Gilles de Rais und die Magie des Bösen

Doch wer war nun dieser Gilles de Rais, der »heiliges Ungeheuer« oder »französischer Dracula« genannt wurde und in die Mythenwelt als »Ritter Blaubart« einging?[18] Gilles de Rais wurde im Jahr 1404 aus vornehmem bretonischen Geschlecht geboren. Nachdem er mit elf Jahren seinen Vater verloren hatte, wurde er von seinem schwachen Großvater Jean de Craon erzogen. Zügellos und von maßlosem Ehrgeiz getrieben, wuchs er auf. Seine Güter machten ihn zum Haupt des bretonischen Adels, und durch seine Heirat wurde er zu einem der reichsten Männer Frankreichs. Gilles bewährte sich nicht nur hervorragend in mehreren Feldzügen, er besaß auch, gemessen an seiner Zeit, eine gewisse Bildung und interessierte sich für Bücher, Musik und Theater. Im französischen Freiheitskampf gegen die Engländer wurde er zum beständigen Begleiter und Leibwächter von Jeanne d'Arc, die später von der katholischen Kirche selig- und heiliggesprochen wurde. Anläßlich der Krönungsfeierlichkeiten von Karl VII. in Reims (1429) erhielt Gilles, erst fünfundzwanzigjährig, von dem neuen und mit ihm befreundeten König den Rang eines Marschalls von Frankreich verliehen. Vier Jahre später aber zog er sich auf seine Güter zurück und begann ein Leben der Verschwendung und Ausschweifung.

Georges Bataille schreibt über den Kriegsmann Gilles: »Augenscheinlich war Gilles in der Schlacht ein hervorragender Anführer. Er gehörte zu jenen, die durch den Rausch des Kampfes vorwärts getrieben werden. Gerade weil Jeanne d'Arc das wußte, wollte sie ihn im entscheidenden Moment zur Seite haben.«[18] Batailles Ansicht nach enthielt der Krieg für Gilles de Rais eine sexuelle Komponente; denn er glaubt, daß er ihm genügend Gelegenheit geboten hatte, sich an Metzeleien geschlechtlich zu erregen. Es ist allerdings zu vermuten, daß der Krieg ihn nicht nur geschlechtlich stimulierte, sondern ihm ganz allgemein Gelegenheit bot, seine leidenschaftliche Natur auszuleben. Nach Bataille war es der Berserker, der Wilde, der Kannibale in Gilles, der sich in der Legitimität eines Befreiungskrieges als Kampfgefährte einer Heiligen austoben konnte. Den Rausch der Schlacht steigerte Gilles de Rais noch durch einen ausschweifenden Alkoholkonsum. Sobald er jedoch aufhörte Krieg zu führen, nahm sein Leben einen beklagenswerten Verlauf. Sein exzessiver Charakter konnte sich jetzt nicht mehr im Krieg verwirklichen, sondern mußte sich nun neue Ventile öffnen, die ihn unversehens auf die Bahn des Verbrechens führten. Wie gering der Sprung vom umjubelten Kriegshelden zum gemeinen Mörder sein kann, deutet eine Äußerung von C. G. Jung an, der betonte, es sei anhand von Charakter und Anlage eines Menschen oft schwer zu sagen, ob er ein tüchtiger Fleischermeister, ein nationaler Kriegsheld oder ein Massenmörder werde, da die menschlichen Voraussetzungen für diese Berufe stärkere Parallelen aufweisen.[20] Nachdem Gilles kein Held mehr sein konnte, wurde er ein Schlächter von Kindern.

Doch bevor es soweit kam, lebte sich Gilles de Rais' leidenschaftliches Wesen zunächst in einer beispiellosen Verschwendungssucht aus. Gleich nach seiner Ernennung zum Marschall von Frankreich ließ er sich ein geradezu königliches Wappen bewilligen. Daheim inszenierte er gewaltige dramatische Aufführungen, bei denen verschwenderisch Speisen und Getränke verteilt wurden. Begab er sich auf Reisen, begleitete ihn eine umfangreiche Eskorte. Ein Wappenherold, zweihundert Mann und Trompeten kündigten ihn an; die Chorherren seiner Kapelle, eine Art Bischof, Kirchensänger und Kinder seiner Singschule bildeten für den hoch zu Roß Thronenden ein prunkvolles Gefolge. Sein Wunsch zu glänzen war derart maßlos, daß er es fertigbrachte, innerhalb weniger Jahre eines der größten Vermögen Frankreichs durchzubringen. Für Georges Bataille ist die Prasserei Gilles de Rais' nicht die Folge irgendeiner Verschwendungssucht, sondern Teil seines Wesens und zum »exzessiven Spiel, das der Grundsatz des primitiven Menschentums ist« gehörend.[21] Nachdem das Kriegsspiel beendet war, bot dieses Spiel neue Befriedigung. Freilich war darin der Ruin praktisch vorprogrammiert. Aber – »Der Untergang Gilles de Rais' hat Aspekte düsterer Großartigkeit.«

Nachdem Gilles pleite war, suchte er als Ausweg einen Pakt mit dem Teufel (Abb. 28). Gemeinsam mit einigen Helfershelfern übte er sich in alchemistischen Praktiken, um Gold zu erzeugen und in der Beschwörung von Dämonen. Aber weder Gold noch Teufel stellten sich ein, obwohl Gilles bald zum äußersten greift und ein Kind dem Satan opfert. Doch der Höllenfürst verschmäht ein Rendezvous mit dem »heiligen Ungeheuer«. Obgleich Gilles also in jeder Beziehung leer ausgegangen ist, offenbart das Böse bald auf andere Weise seine Magie an ihm. Es zeigt seine Suggestionskraft gerade darin, daß es schließlich um seiner selbst willen getan wird. Der Lohn besteht also nicht in neuem Reichtum und Goldsegen, nicht in einer Begegnung mit dem Teufel, sondern in der pervertierten Lust am Bösen selbst.

Abb. 28: *Die Unterschrift zum Teufelspakt. Gilles de Rais' Namenszug*

Es ist die Lust, die ein Kind beim Anblick eines umstürzenden Bauklötze-Turmes empfindet, die Lust, die sich im Verspotten und Schmähen alles offiziös Heiligen entlädt, die Lust, die derjenige empfindet, der alle Schranken in sich öffnet und sein destruktives Potential ungehemmt auslebt. In Joris Karl Huysmans Roman »Tief unten«, verfaßt der Held der Geschichte, Durtal, eine Studie über Gilles de Rais. Dort läßt er verlauten, daß das Böse des Bösen willen zu tun im Grunde genommen nicht abwegiger ist als das Gute um des Guten willen. Es seien lediglich zwei entgegengesetzte Pole der Seele, die sich im 15. Jahrhundert exemplarisch in den beiden ehemaligen Kampfgefährten, der Heiligen Johanna von Orleans und dem rasenden Satansjünger Gilles de Rais verkörperten.

Doch inwieweit war der prunksüchtige Marschall von Frankreich nun ein Vampir? Er war es in seiner Maßlosigkeit, in seinem Atavismus, in seiner pervertierten Sexualität und in seiner Faszination von Blut. Von seinem ersten Opfer, einem kleinen Knaben, bewahrte er das Blut auf, um es für Beschwörungen zu nutzen. Doch je mehr er tötete, desto stärker treten die Satansanrufungen zurück, werden nur noch schmückendes Beiwerk und vordergründige Legitimation. Bald wird nur noch getötet, geschlachtet und gequält um der reinen Lust willen. Aber nicht der sexuelle Genuß oder der Samenerguß waren für ihn entscheidend, sondern den Tod am Werk zu sehen. Dieses Sehen berauschte ihn. Er war ein manischer Sadist, ein Nekrophiler und auch ein Vampir; denn selbst wenn er das Blut, dessen Anblick er liebte, nicht trank, so ergötzte ihn doch das Suhlen darin. Die abgeschlagenen Köpfe zeigte er gelegentlich einigen Eingeweihten seiner Verbrechen, wobei er sie fragte, wer der schönste tote

Kopf sei, etwa der von heute, von gestern oder von vorgestern? Die, die ihm selbst am meisten gefielen, küßte er oft. »Man spürt darin«, schreibt Bataille, »das Besessensein vom Tode: da schließt sich ein Mensch mehr und mehr in der Einsamkeit des Verbrechens, der Homosexualität, des Grabes ein; in diesem tiefen Schweigen beherrschen ihn die Gesichter toter Kinder, die er mit einem abscheulichen Kuß entweiht.«[22]

Die genaue Zahl der Opfer Gilles de Rais' ist unlösbar. Mindestens 140 Morde können ihm nachgewiesen werden, doch liegt die wahre Zahl wahrscheinlich höher. Das Alter der getöteten Kinder lag in der Regel zwischen 7 und 15 Jahren. Das Geschlecht variierte, doch zweifellos zog Gilles Knaben vor. Ein wichtiges Auswahlkriterium für die Opfer bildete neben Alter und Geschlecht die körperliche Schönheit.

Die Verbrechen des Gilles de Rais, der von seinen Häschern ganze Landstriche nach geeigneten Opfern durchforsten ließ, konnten nur deshalb so lange ungesühnt bleiben, weil sich die Eltern der geraubten Kinder vor Repressalien von ihrem Feudalherrn, dem Marschall von Frankreich, fürchteten. Erst der Bischof von Nantes konnte das langjährige Wüten beenden. Sowohl von einem kirchlichen als auch von einem weltlichen Gericht wurde Gilles de Rais 1440 zum Tode verurteilt. Die Anklagepunkte lauteten, daß er »Ketzer, Rückfälliger, Zauberer, Sodomit, Beschwörer böser Geister, Divinateur, Würger Unschuldiger, Apostat, Götzendiener, vom Glauben abgewichen und diesem feind, Wahrsager und Hexenmeister war und ist«.[23] Unter Reuebekenntnissen, Schluchzen und einer derartigen Flut von Tränen, daß er selbst das bei seiner Hinrichtung anwesende Volk, worunter sich auch die Eltern der zahlreichen Opfer befanden, rührte, schritt das »heilige Ungeheuer« in den Tod. Trotzdem müssen seine Verbrechen wie ein Fluch auf seiner Familie gelegen haben. 1502 war das Haus von Rais vollkommen ausgestorben. Ein zeitgenössischer Kommentator äußerte dazu: »Schließlich hatte Gott der Schöpfer kein Gefallen mehr an diesem Haus, das einst einmal so mächtig war, so daß keine Kinder mehr daraus hervorgingen und es dem Verlöschen anheimfiel.«[24]

Vlad Tepes — der historische Dracula

»Es war sein Lust und gab ihm Mut,
wenn er sah fließen Menschen Blut«[25]

Diese Zeilen dichtete Michel Beheim auf seinen Zeitgenossen Vlad Tepes, der auch Dracula — Sohn des Drachen — genannt wurde. Obgleich dieser Dracula sich weder nachts aus seinem Grabe erhob, noch mit Vorliebe attraktiven jungen Frauen in den Hals biß, hatte Bram Stoker nicht schlecht gewählt, als er den grausamen Karpatenfürsten zum Vorbild seines berühmten Vampirgrafen erhob. Doch zu dessen Biographie:[26] 1431 wird Vlad Tepes in der Festungsstadt Schäßburg (Sigişoara) in einem Gasthof geboren. Eine Notunterkunft, denn sein Vater Vlad II. befand sich zu diesem Zeitpunkt gerade mit seiner Familie im Exil. 1456 wird Dracula zu Vlad III. gekürt und als dieser »Selbstherrscher, großer Vojevode und souveräner Herrscher und Herr aller Länder der ungarischen Walachei und der Gebiete jenseits der Gebirge«.[27] Den zahlreichen Überlieferungen nach war Vlad III. ein Meister vornehmlich dreier Künste: der diplomatischen, mit der er jahrelang zwischen dem König von Ungarn und dem osmanischen Sultan um seine Unabhängigkeit lavierte, der militärischen, mit der er seine Hirten- und Bauernhaufen gegen die Länder jenseits der Donau führte, und der der grausamen Menschenpfählung. Dieser letzten Kunst verdankte er seinen weiteren Beinamen: Tepes — der Pfähler. Trotz seines diplomatischen Geschickes wurde Dracula 1462 auf Befehl des ungarischen Königs Matthias Corvinus auf die Hochburg Visegrád nach Ungarn gebracht. Dort führte er aller Wahrscheinlichkeit nach ein Dasein als Fürst unter Hausarrest. 1476 ließ König Corvinus seinen Gefangenen wieder frei, und Fürst Vlad III. erhielt erneut Amt und Würden als Herrscher über die Walachei. Doch seine wiedergewonnene Macht währte nicht lange — ein Jahr später wurde er getötet.

Als Kriegsherr war Vlad Tepes kühn: Im Winter 1461 forderte er keinen Geringeren als den Eroberer von Konstantinopel, Sultan Mehmed II., zum Kampf heraus. Die militärischen Auseinandersetzungen, die sich bis kurz vor Draculas Festnahme durch den ungarischen König hinstreckten, gehören mit zu der am meisten beachteten Episode aus seiner Laufbahn. Sein Einfallsreichtum, seine Tapferkeit, seine Strategie und Taktik, machten ihn überall in Europa berühmt. Ebenso bekannt und berüchtigt war er wegen seiner Grausamkeit. Denn wer immer ihm widersprach, ihm auffiel, sich von ihm beim kleinsten Vergehen ertappen ließ, dem drohte, wie allen seinen Kriegsgefangenen, der Tod. Gesandten ließ er die Hüte, die sie vor ihm zu ziehen versäumten, auf die Köpfe nageln. Bettler und andere »unnütze Fresser« wurden auf seinen Befehl hin verbrannt. Streng ging Vlad Tepes auch gegen die vor, die seine sexuelle Puritanermoral mißachteten. Frauen, die ihre Geschlechtslust außerehelich auslebten, wurden ebenso dem Tode anheimgegeben wie »unkeusche« Witwen oder Mädchen, die ihre Jungfrauenschaft nicht bewahrten. Meist wurden zuvor ihre Sexualorgane verstümmelt, wie Dracula neben seiner Leidenschaft, dem Pfählen, überhaupt eine Lust daran hatte, Menschen zu verstümmeln, zu zerhacken, zu häuten, zu rädern, zu blenden oder wilden Tieren vorzuwerfen. Zigeuner, die gestohlen hatten, wurden sofort zum schimpflichen Tod am Galgen verurteilt. Als einige Stammesbrüder einmal um Milde gegenüber den Verurteilten baten und sich dabei auf eine vom deutschrömischen Kaiser Sigismund ausgestellte Urkunde beriefen, die das Henken von Zigeunern verbot, erregten sie den Zorn ihres Herrschers. Der durch diesen Hinweis in seinem Souveränitätsstolz gekränkte Vlad III. ließ daraufhin die Missetäter braten und sieden und zwang die übrigen Zigeuner, sie anschließend zu verspeisen. Dracula selbst liebte es, seine Mahlzeiten zwischen den von ihm gepfählten Feinden und Missetätern einzunehmen (Abb. 29). Die von ihm zum Pfähltod Verurteilten wurden lebendigen Leibes mit dem Anus auf die zugespitzten Pfähle gesetzt. Der Tod war so ein äußerst qualvoller und trat erst nach Stunden, manchmal erst nach Tagen ein, wenn sich der Pfahl durch das Eigengewicht des Verurteilten weit genug in dessen Leib eingerammt hatte. Als Mehmed der Eroberer 1462 den kühnen Feldherrn Vlad zurückschlug, soll er mit seinem Heer bei der walachischen Hauptstadt Tîrgoviște eine halbe Stunde lang an 20 000 gepfählten Türken und Bulgaren vorbeimarschiert sein. Die Leichen waren bereits seit Monaten aufgespießt und der Verwesung und den Vögeln ausgesetzt. Der Horrorwald erfüllte selbst den hartgesottensten Betrachter mit

Vald Tepes – der historische Dracula

Abb. 29: *Vlad Tepes – der historische Dracula, speist beim Anblick der auf seinen Befehl hin Gepfählten. Holzschnitt aus einem 1500 in Straßburg erschienenen Pamphlet über Vlad Tepes*

Grauen und führte zum Rückzug der entsetzten Türken. Ein zeitgenössischer Chronist berichtet: »Sogar der Sultan war überwältigt und mußte eingestehen, daß er das Land eines Mannes, der zu solchen Maßnahmen greift und seine Herrschaft in dieser Weise auszunutzen weiß, nicht erobern kann. Ein Mann, der solche Taten begeht, ist noch viel schrecklicherer Dinge fähig.«[28]

Natürlich muß die Grausamkeit Draculas in Zusammenhang mit seiner Zeit betrachtet werden. Auch andere Herrscher seiner Epoche, wie z. B. Ludwig XI. von Frankreich, waren oft nicht zimperlich und nahmen auf das einzelne Menschenleben wenig Rücksicht. Foltereien, Inquisition und Kriegsmetzeleien waren nichts Ungewöhnliches in der spätmittelalterlichen Welt. Darüber hinaus fanden viele von Vlad Tepes' Exzessen an einer Kulturgrenze statt, die zwischen Christen und Moslems verlief. Aus der Geschichte wissen wir, daß das Maß an Gewalt und Grausamkeit, das die Menschen bereit sind einander zuzufügen, häufig mit dem Grad wächst, wie fremd sie einander fühlen. Doch trotz dieser Einschränkungen bleiben die Exzesse von Vlad dem Pfähler außergewöhnlich. Was sie auszeichnet ist die absolute, gnadenlose Konsequenz, die keine Beschränkung durch irgendwelche Rechte anderer, nicht einmal göttlicher, akzeptierte. Zu recht ist daher auch gefragt worden, ob es sich bei dem Woiwoden nicht einfach um einen sadistischen Psychopathen gehandelt hat, der aufgrund einer partiellen Impotenz und einer angeborenen sexuellen Abnormität Lust an der Menschenquälerei empfand.[29] Sehr wahrscheinlich werden derartige Züge in ihm enthalten gewesen sei und es ist ebenso wahrscheinlich, daß ihm das Quälen anderer Wonne bereitete. Aber damit allein dürfte sich uns seine Grausamkeit kaum erschließen; denn er war kein selbstgenügsamer Sadist, sondern das Quälen anderer war bei ihm zumeist mit einem handfesten Zweckdenken verbunden, das da hieß: Wie errichte ich mir die totale Macht gegenüber meinen Untertanen! Wie stärke ich mein eigenes Staatsgebilde derart, daß meine Souveränität als Herrscher unangreifbar ist! Dracula war ein Monomane der Macht. Ralf-Peter Märtin schildert Vlad Tepes in seiner Dracula-Biographie als einen Prämachiavellisten. Als Kriegsherr wollte er sich alle Kraft und Energien seiner Untertanen gebündelt zu eigen machen. Daher duldete er weder Widerspruch, noch daß sie ihre Kräfte an für ihren Herrscher unnütze Ausschweifungen vergeudeten. In einem derart auf eine Machtspitze durchrationalisierten System hatten Diebe oder »unnütze Fresser« keinen Platz. »Schmarotzer am Volksvermögen« mußten daher ausgemerzt werden. Wegen dieser Zweckeingebundenheit war der Sadismus von Vlad Tepes, im Gegensatz zu dem Gilles de Rais', auch keiner, der sich in der Verborgenheit dunkler Verliese abspielte. Die Wonnen des heimlichen Sadisten, seine Macht nur gegenüber dem Opfer auszuspielen, hätten der Staatsräson nichts genützt. Wenn Vlad Tepes pfählte und quälte, dann sollte es die Welt wissen; denn wenn sie es wußte, dann wußte sie auch von seiner Macht, und jeder seiner möglichen Gegner konnte sich ausmalen, was ihm bei Widerspruch bevorstehen würde. Daß der Pfähler darüber hinaus gern im Angesicht der Gequälten speiste, belegt, daß auch im historischen Dracula das Vampirprinzip vorherrschte: Verschlingungstrieb, Sadismus, Machtgefühle gegenüber den Opfern und Sexus werden sich in diesem Moment in ihm vereint haben.

Verglichen mit Dracula, wirkt das Ungeheuer Gilles de Rais nahezu »menschlich«. Seine Prunksucht hatte etwas naiv Einfältiges, sein Morden war keiner kalten Räson unterworfen, vor allem aber litt Gilles an Reuegefühlen, an Ängsten, in ihm nagte der Zweifel gegenüber seinen Taten. Dracula hingegen war kalt, durchtrieben, von seiner Gefühlsstruktur einseitiger. Er erhob den Sadismus zum berechnenden Kalkül. Von Nikolaus Modrussa, seinerzeit Legat des Papstes am ungarischen Hof, stammt eine beeindruckende physiognomische Schilderung von Dracula. Er schreibt:

»Er war nicht sehr groß, aber untersetzt und muskulös. Sein Auftreten wirkte kalt und hatte etwas erschreckendes an sich. Er hatte eine Adlernase, geblähte Nasenflügel, ein rötliches, mageres Gesicht, in dem die sehr langen Wimpern große, weit-offene, grüne Augen umschatteten; schwarze, buschige Brauen gaben ihnen einen drohenden Ausdruck. Er trug einen Schnurrbart. Breit ausladende Schläfen ließen seinen Kopf noch wuchtiger erscheinen. Ein Stiernacken verband seinen Kopf, von dem schwarze gekräuselte Locken hingen, mit seinem breitschultrigen Körper.«

Die auf uns gekommenen Bildnisse von Dracula lassen den Schrecken erahnen, den seine Gegenwart ausgelöst haben muß (Abb. 30).

Obgleich Gilles und Dracula vieles voneinander trennte, waren sie sich in ihrer Maßlosigkeit gleich, und in dieser Maßlosigkeit ist sicher auch ein Hauptgrund zu suchen, daß sie beide,

IV. Der »Blutsauger« als historische Realität

Abb. 30: Porträt von Dracula aus dem 16. Jahrhundert. Dem Bild liegen Stiche aus den Lebzeiten Vlad Tepes' zugrunde

auch Dracula, der Monomane der Macht, ein gewaltsames Ende nahmen. 1477 fand er in einer Schlacht, vermutlich durch die Hand eines Meuchelmörders, den Tod. Türkische Soldaten trennten daraufhin seinen Kopf von seinem Rumpf ab und schickten ihn nach Konstantinopel zu seinem Gegner Mehmed II. als Beweis dafür, daß der gefürchtete Pfähler tatsächlich tot war. Nachdem Mehmed ihn begutachtet hatte, wurde er öffentlich zur Schau gestellt.

Gleichwohl war Dracula mit seinem Tode natürlich noch nicht tot. War Vlad Tepes bereits zu seinen Lebzeiten eine legendäre Figur, so schwoll sein »Ruhm« dank der neu entwickelten Drucktechnik durch russische, vor allem aber deutsche Flugschriften weiter an. Die Schriften über ihn gerieten zu Bestsellern und konkurrierten mit den Berichten über Kolumbus' Entdeckung von Amerika. In chronikartigen, teils schwankhaften Episoden erzählen sie aus dem Leben Draculas. Die meisten dieser Schriften enthielten Schauergeschichten mit einer Moral für den Leser. In späteren Jahrhunderten gesellten sich noch Epen, Theaterstücke, Romane und Gedichte dazu. Als allerdings Bram Stoker am Ende des 19. Jahrhunderts Vlad Tepes zum Vorbild für seinen Vampirgrafen erhob, war sein Ruhm weitgehend verblaßt gewesen. Bereits Mitte des 16. Jahrhunderts hatte das deutsche Interesse am Pfähler rapide abgenommen, in Rußland hatte es sich immerhin bis zum Anfang des 18. Jahrhunderts gehalten. Lediglich in Rumänien, wo er sogar als Freiheitsheld gegen fremde Usurpatoren gefeiert wurde, hatte man ihn nicht vergessen. Aber seit Stoker ist Dracula wieder in aller Munde: sei es als Vampir, als Studienobjekt für Historiker oder Gegenstand schöngeistiger Literatur[30] und nicht zuletzt als ein wichtiger Eckstein der rumänischen Tourismusindustrie. Als überdies in diesem Jahrhundert sein vermeintliches Grab entdeckt wurde und es zur Gänze leer war – nicht einmal der enthauptete Leib lag darin –, geriet Vlad Tepes für einige tatsächlich in den Verdacht, ein Vampir zu sein. Ob sein Leib nun als Vampir durch die Welt wandelt, mag dahingestellt bleiben, der Name Dracula hat sich jedenfalls als unsterblich erwiesen!

Rote Vampire

Der Vampirismus zeigt sich nicht nur im Lebens- und Todestrieb der Natur, sondern auch im Bereich der Ideen und geistigen Vorstellungen, in deren Bann zu geraten etwas spezifisch Menschliches ist. Zunächst stand die Sogwirkung von religiösen und theologischen Ideen im Vordergrund, in der Neuzeit begannen dann Ideen mit gesellschaftspolitischem und utopischem Gehalt zu dominieren. Paradoxerweise treten derartige Gedankengebäude häufig mit dem Anspruch auf, das Vampirprinzip zu überwinden und eine Gesellschaft zu errichten, die sich auf das Prinzip Solidarität gründet und frei von Ausbeutung ist. Dieser Anspruch ist, wie wir bereits gesehen haben, im Marxismus besonders evident, er ist aber auch in den Ideen auffindbar, die zur Französischen Revolution führten.[31] Zumindest von einem ihrer Hauptakteure kann gesagt werden, daß er als Individuum beinahe ganz hinter den Ideen verschwand, die zur Revolution führten. Seine Zeitgenossen nannten ihn den »Unbestechlichen«, eben weil sie spürten, daß sein Handeln kaum von persönlichen Interessen geleitet wurde, sondern fast ausschließlich von der Umsetzung welthistorischer und menschheitsbeglückender Gedanken geprägt war. Kurzum, es handelt sich um den 1758 in Arras geborenen Rechtsanwalt Maximilien de Robespierre.

Die Französische Revolution hat viele geistige Väter. Ihr Grundgedanke war, daß der Mensch frei geboren ist und alle Menschen von Natur aus die gleichen Rechte besitzen. Dieser humane Gedanke bestimmte die erste Phase der Revolution. Doch der Verlauf der Revolution wurde in der Folge durch eine andere Lehre stärker bestimmt. Es war die Lehre Rousseaus, in deren Zeichen die Revolution nach ihrem liberalen Anfang weiterschritt, um schließlich zur rasenden Furie zu werden. Und es

IV. Der »Blutsauger« als historische Realität

war Robespierre, der dieser Lehre gänzlich verfallen war und auf ihrem Altar Hekatomben von Blut fließen ließ, und zwar keineswegs nur das der alten Ausbeuter, der »Vampire« des Klerus und der Aristokratie – wobei Robespierre letzterer ironischerweise selber angehörte – sondern jedermanns Blut, der gegen die »Tugend« verstieß. Eine Denunziation reichte aus.

Dabei hatte Rousseau die Ideen der Aufklärer, die von Descartes Lehre des *cogito ergo sum* beeinflußt waren, zunächst sinnvoll ergänzt, indem er darauf hinwies, daß sich der Mensch nicht nur durch sein Denken, sondern auch durch seine Empfindungen definiert. Die ursprüngliche Reinheit der Empfindungen, die ein starkes Gemeinschaftsgefühl beinhalte, sei allerdings durch die Vergesellschaftung des Menschen zerstört. Als Ziel betrachteten Rousseau und seine Jünger es daher, das verlorene Gemeinschaftsgefühl, das die spontane Übereinstimmung aller Menschen einer Gesellschaft beinhaltete, wieder neu zu beleben. Dieses Gemeinschaftsgefühl würde sich sodann gesellschaftlich im *volonté générale*, im Gemeinwillen, ausdrücken. Der ersehnte Gemeinwille, der in der Theorie die Gleichheit und Solidarität einer Gesellschaft zum Ausdruck bringen sollte, geriet in der Praxis der Französischen Revolution zu einer Apotheose der Unfehlbarkeit des von der rechten Tugend geleiteten Willens. Wer nur irgendwie im Verdacht stand, er stehe im Widerspruch zum »Gemeinwillen«, landete unwillkürlich unter der Guillotine.

Robespierre, über den Carry Brachvogel ironisch schrieb: »Ach, er befand sich immerfort auf seinem Lieblingsaufenthalt – im Zukunftsstaat«,[32] war der oberste Exekutant des »Gemeinwillens«, dieser im Grunde genommen abstrakten Kopfgeburt der menschlichen Empfindungen. Mit dem Terror der Tugend und dem Köpfen aller Feinde der Revolution, sollte der Weg ins gelobte Land erzwungen werden. Der Zauberbann einer Ideologie, die erneut das Paradies versprach, aus dem der Urmensch einst vertrieben worden sein sollte, hatte mit bewirkt, daß aus Robespierre, der als Knabe Tränen über einen verendeten Vogel vergoß, später derjenige wurde, der Abertausende enthaupten ließ. Gleich bei Revolutionsausbruch hatte Mirabeau über ihn geurteilt: »Der Mann wird es weit bringen; er glaubt, was er sagt.«[33] Robespierre war kein brutaler Sadist, und anders als Vampire ekelte er sich vor Blut. Eine Guillotine sah er zum ersten Mal in der letzten

Stunde seines Lebens, als der Terror der Tugend nach ihm selbst griff. Dennoch war Robespierre nicht nur der unschuldige Intellektuelle, der in den Sog des Geistesvampirs »Befreiungsideologie« geraten war. In seinem Wesen spann sich neben Uneigennützigkeit, Fleiß und Opferbereitschaft auch der feine Sadismus des Oberlehrers ein, der »untugendhafte« Kinder straft, und der Lebensneid des Unsinnlichen und Triebschwachen, der mit Vorliebe über die ungehemmte Vitalität der »Untugendhaften« moralisiert. Danton, Robespierres sinnenfreudigen Kampfgefährten, brachte nicht zuletzt seine Lebensfreude auf das Schafott. Robespierre, dieser Prediger der Gleichheit, der sich in seinem persönlichen Umgang arrogant und herablassend wie ein »Übermensch« gab, war ein tugendstolzer und seelisch vereinsamter Weltverbesserer, der es nie verstand, sich die Sympathien seiner Mitmenschen zu erwerben. In dem offiziellen Nachruf auf ihn heißt es: »Das Ungeheuer hat 35 Jahre gelebt, war 5 Fuß, 2 Daumen groß, hatte leicht verkniffene Züge und einen fahlen, galligen Teint. Seine vorherrschenden Leidenschaften waren der Stolz, der Haß und die Eifersucht. Nichts konnte seinen Durst auf Menschenblut löschen; es waren nur Trümmer, Wüsten und Tote, über die er hatte herrschen können.« Auch wenn der in diesem Nachruf angedeutete sinnliche Blutdurst eines Vampirs auf Robespierre nicht zutraf, läßt die Charakterisierung eine andere Eigenschaft durchschimmern, die diesen Pedanten des Todes doch wieder mit dem Vampirmotiv verbindet: die *Nekrophilie*. Sein Lebensneid ließ den »Tugendhaften« für eine Ideologie wüten, die nicht das Paradies bringen konnte, das sie versprach, sondern nur den Tod. Insofern war Robespierre Opfer und Täter in einem. Robespierres radikale Lebensfeindlichkeit spiegelt auch eine zeitgenössische Karikatur von ihm wider: Sie zeigt, wie er vor einem Denkmal zum Ruhme der Revolution und in einem Meer von Guillotinen den letzten noch überlebenden Menschen außer ihm hinrichtet: den Henker! (Abb. 31). Freilich – im Tode sind endlich alle Menschen gleich. Nur Robespierre bleibt übrig – einsam wie ein Untoter.

Die Guillotine leitete nicht den Beginn einer lichten Zukunft ein, sondern das Zeitalter der Romantik, mit seiner Liebe für alles Dunkle und Abgründige, wozu auch die Vampire zählten. Die Französische Revolution stand aber auch am Beginn der Ära einer ganz neuen Menschheitsentwicklung – der industriellen

IV. Der »Blutsauger« als historische Realität

Abb. 31: *Der tugendstolze Robespierre richtet den letzten außer ihn noch Lebenden – den Henker!*

Revolution und des mit ihr verbundenen Kapitalismus. Ihr Kritiker Karl Marx erblickte im Kapitalismus die Vampirgesellschaft *par excellence*. Auch sie sollte, diesmal nicht mehr mit Rousseaus *volonté générale*, sondern mit Marxens »wissenschaftlichem Sozialismus« in eine vampirfreie Gesellschaft überführt werden. Und wieder zog es zahlreiche Intellektuelle in den Bann des Vampirs »Befreiungsideologie«, und wieder endete der Traum von der Gleichheit im Terror. Das Paradies blieb aus, dafür kam der Archipel Gulag.

Als Folge der Oktoberrevolution gelangten aber nicht nur Diener einer Ideologie an die Macht, sondern auch solche, die es verstanden, sich die Macht der Ideologie dienstbar zu machen. Hier ragt vor allem ein Name hervor: Stalin. Von ihm reicht, wenngleich nicht unmittelbar, eine geistige Linie zurück zu Dracula. Stalins Vorbild, der Gründer der russischen Großmachtstellung, Iwan der Schreckliche, war nämlich ein Bewunderer des Pfählers Vlad Tepes gewesen.[34] Anders als der verkrampfte Intellektuelle Robespierre war Stalin genuiner Machtmensch. Die Formen des Terrors hatten sich jedoch seit dem 18. Jahrhundert gewandelt: Traditionelle Macht, selbst wenn sie ins terroristische ausartete, hatte sich nie gescheut, ihre Urteile öffentlich zu vollstrecken. Sie fühlte sich dazu legitimiert. Das traf auf die Zeit von Vlad und auch noch auf die von Robespierre zu. Nach dem Intermezzo des bürgerlichen 19. Jahrhunderts traute man sich im 20. Jahrhundert nicht mehr diese Offenheit. Eine versteckterer Form des Terrors wurde angewandt, die zur Folge hatte, daß sowohl im Nationalsozialismus als auch im Stalinismus die Opfer an Orte des Grauens verschwanden, die zwar einerseits vor der Öffentlichkeit verborgen blieben, um die eigene Bestialität zu kaschieren, andererseits aber bekannt genug waren, um die Bevölkerung einschüchtern zu können.

An die 20 Millionen Menschen, die der Terror Stalins verschlang, starben für eine Ideologie, die vorgab, das Vampirprinzip innerhalb der menschlichen Gesellschaft zu überwinden. Der Weg dorthin sollte über die »Diktatur des Proletariats« erfolgen, die aber in allen kommunistischen Ländern die Diktatur weniger, oder eines einzigen bedeutete. Stalin erschuf überdies eine Millionenarmee rechtloser Arbeitssklaven, deren Ausbeutung alles überstieg, was der Marxsche Vampir Kapitalismus je zu fordern gewagt hatte. Darüber hinaus mußte die übrige Bevölkerung ihre Arbeitskraft an ein Wirtschaftssystem vergeuden, das zwar vorgab, frei von Ausbeutung zu sein, aufgrund seiner Ineffektivität aber mehr vergebliche Arbeitsmühe verschlang, als der Kapitalismus seinen Arbeitern durch Ausbeutung entzog.

IV. Der »Blutsauger« als historische Realität

Die Greuel, die Stalin anrichtete, übersteigen freilich den Grad, den man auf die marxistisch-leninistische Ideologie allein zurückführen könnte. Was unter seiner Regentschaft geschah, verweist uns daher auch auf seinen ganz besonderen Charakter. Erich Fromm bezeichnet Stalin als eines der deutlichsten historischen Beispiele für einen klinischen Fall von seelischem und physischem Sadismus in einer nicht sexuellen Ausprägung.[35] Noch zu Lebzeiten Lenins hatte Stalin angeordnet, Gefangene zu foltern. Später, als er Alleinherrscher war, übertrafen die von der Geheimpolizei angewandten Methoden an Einfallsreichtum und Grausamkeit alles, was sich die zaristische Polizei je ausgedacht hatte. Manchmal traf Stalin selbst Anordnungen dazu, welche Art der Folterung bei einem Gefangenen anzuwenden war. Gern hatte er es auch, Personen mitzuteilen, sie seien vollkommen sicher, um sie dann ein oder zwei Tage später verhaften zu lassen. Eine besonders raffinierte Form des Sadismus bestand bei Stalin darin, daß er die Gewohnheit hatte, die Frauen- und manchmal auch die Kinder – höchster Parteifunktionäre zu verhaften und in Arbeitslager zu stecken, während die Männer weiter ihrer Arbeit nachgehen und vor ihm zu Kreuz kriechen mußten, ohne auch nur wagen zu können, um die Entlassung ihrer Angehörigen zu bitten. Für Fromm kommt in Stalins Charakter der Wunsch zum Ausdruck, »den Menschen zu zeigen, daß er absolute Macht und Gewalt über sie besaß. Durch sein Wort konnte er sie töten, foltern lassen und wieder retten und belohnen; er besaß die Macht Gottes über Leben und Tod.«

Dieser Charakterzug, der ihn an Dracula den Pfähler erinnern läßt, wurde ergänzt durch Mißtrauen, Verschlagenheit, Neid auf mögliche Rivalen, einem urwüchsigen starken Instinkt, scharfsinnige Urteilskraft, gute Menschenkenntnis – besonders was die Schwächen der Anderen betraf, Einfallsreichtum und außerordentliche Organisationsbegabung. Sowohl seinem Wunsch, sein zu wollen wie Gott, als auch seiner Menschenkenntnis entspringt der Personenkult, den Stalin um Lenins und seine eigene Person zelebrieren ließ. Sein Instinkt hatte hier richtig gewittert, daß das zu Beginn unseres Jahrhunderts noch stark archaisch empfindende russische Volk Ikonen der Verehrung brauchte. Allerdings implizierte sein Status als gottähnlicher Übermensch nicht nur, daß die sowjetische Gesellschaft, statt sich fortzuentwickeln, in psychischer Hinsicht z. T. eine atavistische Rückentwicklung antrat, sondern er brachte für Stalin auch ein Leiden, das er mit vielen Vampiren teilte: die Einsamkeit. Er stand so sehr über allen anderen und galt als so vollkommen, daß der lebendige seelische Kontakt zu seinen Mitmenschen verlorenging. Am Ende seines Lebens war er verbittert und litt unter pathologischem Verfolgungswahn – auch eine Art Vampirschicksal, daß der Jäger zum Gejagten wird oder sich als solcher fühlt. Als der Nachtmensch Stalin starb, bahrte man seinen präparierten Leichnam in einem gläsernen Sarg im Mausoleum des gleichfalls gut präparierten Lenin auf. Denis Buican spricht in diesem Zusammenhang von einem »Mausoleum der lebenden Toten«.[36] Allerdings währte dieser Sonderstatus als lebender Toter für Stalin nur wenige Jahre. Als Chruschtschow seine Verbrechen ans Licht brachte, wurde ihm zwar kein Pflock in sein Mörderherz gerammt, aber er mußte daraufhin mit einem gewöhnlichen Grab vorlieb nehmen.

Eine Neigung zum Größenwahn und exzessiven Personenkult wies auch ein anderer kommunistischer Führer auf, der noch weit mehr als Stalin mit dem Vampirismus in Verbindung gebracht wurde: Nicolae Ceausescu, der große Conducator aus der Heimat Draculas, von seinen Untertanen treffend »Draculescu« genannt (Abb. 32). Daß ausgerechnet dieser stalinistische Diktator in den Vampirstatus erhoben wurde, was auch an den zahlreichen nach seinem Sturz erschienenen Buchpublikationen ablesbar ist, die Titel tragen wie: »Ceausescu – Der rote Vampir« oder »Draculescus Tod und Erbe«[37], hat eine ganze Palette von Gründen:

Erstens: Entstammt Ceausescu der Heimat Draculas.

Zweitens: Besaß er eine aufrichtige Bewunderung für Vlad Tepes. Unter seiner Ägide wurden Parteihistoriker beauftragt, Dracula zum Nationalhelden aufzubauen, natürlich unter Verdrängung der von ihm begangenen Grausamkeiten. Besonders der fünfhundertste Todestag Draculas im Jahre 1976 wurde bombastisch begangen. Überall in Rumänien gaben Parteibonzen Lobeshymnen auf den Karpatenfürsten in Auftrag. Monographien, Romane, Gemälde, ein Film und eine Gedenkbriefmarke huldigten dem Pfähler.

IV. Der »Blutsauger« als historische Realität

Drittens: War Ceausescu wie Dracula berauscht von der Macht (vgl. Abb. 32). Der zu diesem Zweck installierte Personenkult überstieg nicht nur das Ausmaß, das Hitler und Mussolini um ihre Personen veranstalten ließen, sondern selbst den Stalins und ist in seinem abgeschmackten Götzenkult allenfalls mit der hymnischen Selbstverherrlichung Mao Tse Tungs vergleichbar.

Viertens: Hinter der Maske einer egalitären Ideologie waren er und sein Clan Ausbeuter allerschlimmster Ausprägung. Für den Lebensstil der Ceausescus mußte ein ganzes Volk bluten. Seine Selbstbereicherung übertraf bei weitem das Maß, das sich die »Vampire« aus den Herrscherhäusern der Bourbonen und Romanows herausgenommen hatten und das zu den sozialen Revolutionen von 1789 und 1917 geführt hatte.

Abb. 32: *Nicolae Ceausescu – genannt »Draculescu« – als unumschränkter Herrscher, als ungekrönter König Rumäniens und Herr über Leben und Tod*

Fünftens: War er ein pervertierter Jäger, der sich Tausende von Tieren, die z.T. narkotisiert waren, vor sein Gewehr treiben ließ, sie dann mordgierig en masse tötete, um sich im nachhinein als großer Jäger feiern zu lassen.

Sechstens: Lebte er nicht nur im übertragenen Sinne vom Blut anderer, sondern war zugleich ein sehr realer Vampir. Per Tropfeninfusion ließ sich der rote Vampir gereinigtes Säuglingsblut in seine Venen eingeben. Mindestens fünf Jahre geschah das Monat für Monat, rund zwei Stunden lang. Hunderte von Babys wurden dafür angezapft. Mit Babyblut wollte Ceausescu jung und gesund bleiben und – wenn nicht die Unsterblichkeit der Untoten, so doch ein möglichst langes Leben erreichen.

Trotz des gewaltigen Lügengebäudes, das Ceausescu um seine Person als »der größte Sohn des Volkes«, als »großer und kluger Revolutionär«, als »gelehrter humanistischer Denker« oder gar als »Titan der Titanen« errichten ließ, wog das Gewicht der Wahrheit auf Dauer schwerer. Von einem flugs zusammengerufenen Militärgericht wurden er und seine Frau nach einem kurzen Prozeß am Weihnachtstag 1989 erschossen. Bereits Jahre zuvor hatte ihn die Angst aller Größenwahnsinnigen und ausbeuterischen Vampire geplagt, er könne Opfer eines gewaltsamen Todes werden. Eine Ironie der Geschichte ist, daß sich Ceausescu, als eine wütende Menschenmenge vor seinem Palast in Bukarest seinen Tod forderte, nach Snagov fliegen ließ, nicht weit von dem Ort entfernt, an dem der Überlieferung zufolge, Dracula begraben lag. Von Snagow aus ging der Fluchtversuch dann weiter in Richtung Tîrgoviște, die Stadt, in der sich Draculas Herrschaftssitz befunden hatte. Ob Ceausescus Ruhm sich allerdings als ebenso unsterblich erweisen wird wie der seines Idols Dracula, bleibt noch offen!

Deutsche Mythen und die Synchronizität der Wölfe

Als Synchronizität bezeichnete C. G. Jung das zeitliche Zusammentreffen von Geschehnissen, die nicht kausal, sondern durch einen gemeinsamen Sinn verbunden sind. Nicht kausal, dafür aber sinngemäß sind auch die Mythen von Haarmann, Dr. Mabuse und Adolf Hitler verbunden. Alle drei bildeten sich unmittelbar nach dem Chaos des Ersten Weltkrieges heraus, und alle stehen im Zeichen des Wolfes. Mit Haarmann, dem »Werwolf von Hannover«, haben wir uns bereits eingehend beschäftigt. Die fiktive Gestalt des Dr. Mabuse sagt von sich: »Ich bin ein Werwolf. Ich sauge Menschenblut in mich! Jeden Tag brennt der Haß alles Blut auf, das mir in den Adern läuft, und jede Nacht sauge ich sie mit einem neuen Menschenblut voll.«[38] Der Künstlerpolitiker Hitler trug bezeichnenderweise den Vornamen Adolf. Adolf ist die abgeleitete Kurzform von Adalwolf. Dieser alte deutsche Name ist zusammengesetzt aus althochdeutsch adal- (edel, vornehm, Abstammung) und -wolf.

IV. Der »Blutsauger« als historische Realität

Sinngemäß bedeutet er edler oder tapferer Krieger. Doch damit nicht genug: Hitler liebte es, sich im vertrauten Kreis Wolf nennen zu lassen. Für die Enkelkinder von Richard Wagner war er der »Onkel Wolf«. Der Wolf wurde ein Begleiter seiner Karriere: Die bedeutendste Stadtneugründung im Dritten Reich, die Stadt der Volkswagenwerke, trägt den Namen Wolfsburg. Das größte und bestangebauteste Führerhauptquartier im ostpreußischen Rastenburg erhielt den Namen »Wolfsschanze«. Daneben gab es noch die Führerhauptquartiere »Wolfsschlucht«, »Wolfsschlucht II« und »Wehrwolf«. Und schließlich sollten in der Stunde der Götterdämmerung des Tausendjährigen Reiches fanatisierte »Werwölfe« den auf deutschen Boden vorgedrungenen Feind aus dem Hinterhalt angreifen. All unseren drei »Wolfsmännern« ist gemein: Das Triebhafte und Atavistische, die uneingeschränkte Gier nach Macht – bei Haarmann zumindest die Macht über die Opfer –, der Sadismus, der Hang zur Nekrophilie, das Verbrechertum, Oralsex und Verschlingungstrieb, das Suggestive und Mediale, die seelische Veröldung, die Vereinsamung, das Psychopathische, der Suchtcharakter, das Maßlose, der Größenwahn, das Spieler- und Schauspielernaturell. Bei der fiktiven Gestalt des Dr. Mabuse kennen wir die familiäre Biographie nicht – bei Hitler und Haarmann tun sich auch hier Gemeinsamkeiten auf: Es ähnelt sich das kleinbürgerliche Milieu, und beide haßten ihre Väter, während sie ihre Mütter verehrten und zu dem Rest der Familie in einem gespannten oder gleichgültigen Verhältnis standen. Überdies war der eine von ihnen homosexuell und der andere zumindest homoerotisch veranlagt.[39]

Die Gestalt des Dr. Mabuse beruht auf den Romanen von Norbert Jacques.[40] Daß Mabuse zum Mythos wurde, lag jedoch nicht zuletzt an den großartigen filmischen Umsetzungen von Fritz Lang. Der erste Zyklus davon entstand Anfang der zwanziger Jahre. Siegfried Kracauer hat in seinem Klassiker »Von Caligari bis Hitler. Ein Beitrag zur Geschichte des deutschen Films« die Filme der Jahre nach dem Ersten Weltkrieg in folgende drei thematische Hauptsparten aufgeteilt: »Aufmarsch von Tyrannen«, »Die Macht des Schicksals« und »Stummes Chaos«.[41] Die Zeitspanne des Nachkriegsfilms reicht für Kracauer von 1918–1924. Es ist genau die Zeitspanne, die den Beginn von

Haarmanns Morden bis zu seiner Festnahme umreißt – und der Zeitraum, der von Hitlers politischem Erwachen bis zu seiner Festungshaft in Landsberg reicht. Unmittelbar zum Zeitpunkt der deutschen Kapitulation lag der Gefreite Hitler erblindet, infolge einer Giftgasverletzung, im Lazarett Pasewalk in Pommern. Als er einige Wochen darauf wieder sehend das Lazarett verließ, begann seine Wandlung vom verbummelten Bohemien und namenlosen Soldaten des Weltkrieges, der er bisher gewesen war, zum Trommler der deutschen Rechten. 1924 dann, in der Festung Landsberg, in der Hitler den ersten Band von »Mein Kampf« verfaßte, verwandelte sich der Trommler in den »Führer«. Ein neuer Mythos begann. Mit der Psyche wandelte sich innerhalb weniger Monate auch die Physiognomie. Innerhalb des Jahres 1919 änderte sich sein Gesichtsausdruck deutlich. Fotos vom Anfang des Jahres zeigen uns einen vollkommen unbekannten Hitler, während am Ende desselben Jahres bereits der »Führer« durchbricht (Abb. 33a+b).

Zu dem von Kracauer georteten Themenkreis »Aufmarsch von Tyrannen« zählen selbstverständlich die zwei während dieser Zeit entstandenen Mabusefilme von Fritz Lang: »Der große Spieler – ein Bild der Zeit« und »Inferno – Ein Spiel um Menschen unserer Zeit«. Die im Film eingesetzten Texttafeln arbeiten noch

Abb. 33a+b: *Der unerwachte und der erwachende Wolf. Adolf Hitler, Anfang und Ende 1919*

stärker als die Buchvorlage Mabuses Machtphilosophie und sein Tyrannentum heraus. So heißt es z. B.:

>»Es gibt keine Liebe/ es gibt nur Begehren!
Es gibt kein Glück,/ es gibt nur Willen zur Macht!
...Jetzt soll die Welt erst erfahren, / wer ich bin, – ich!
Mabuse! –
ein Titan, der Gesetze und Götter / durcheinanderwirbelt wie dürres Laub!!«

Den Auftakt zu der Tyrannenwelle hatte »Das Cabinet des Dr. Caligari« gebildet. Auch dieser Film handelt, wie die nach ihm gedrehten Mabusefilme, von Macht und Tyrannei, von Verbrechen, Wahnsinn, Atavismus, Hypnose, Rausch und Trance. Zu dem Kreis der Tyrannenfilme gehört natürlich auch »Nosferatu. Eine Symphonie des Grauens«, Murnaus geniale Adaption des Draculastoffes von Bram Stoker, die den Auftakt zur Leinwandkarriere des Vampirgrafen bildete. Die zweite Themengruppe »Die Macht des Schicksals« zu der etwa Filme wie »Der müde Tod« und »Die Nibelungen« – beide von Fritz Lang – zählen, zeigen auf, wie die Ereignisse des Lebens von langer Hand vorherbestimmt sind. Das Motiv der Schicksalsmacht fließt allerdings auch in die Tyrannenfilme mit ein, die zugleich Elemente der dritten Filmgruppe »Stummes Chaos« enthalten. Dazu gehören die Filme »Hintertreppe« oder »Sylvester«. Sie behandeln das Thema der entfesselten Triebe und Instinkte, das Aufbrechen vergessener Tiefenschichten in einer chaotisch gewordenen Welt – also ein Klima, das der Herausbildung der Tyrannei zugrundeliegt.

Doch nicht nur der Film, auch die Literatur hat das Besondere, »Wölfische« der Jahre nach 1918 widergespiegelt. Hier sei noch einmal an Mabuse erinnert, der ja zunächst gedruckt vorlag, bevor er die Leinwand eroberte. Mabuse, der zu der Zeit in München seine Verbrecherorganisation aufbaut, als Hitler mit dem Parteiaufbau der NSDAP beginnt, ist der Verbrecher als Genie. In ihm verbinden sich Magier und kalter Rechner, Künstler und überragender Stratege des Verbrechens. Er mordet und raubt nicht des bloßen Besitzes willen. Seine Bedürfnisse reichen weiter und sind erlesener: Er will den Rausch der Macht und die sinnliche Befriedigung durch das Verbrechen. Mabuse, dem Genie, ist bewußt, was der kleine Gauner vielleicht nur dumpf ahnt, wenn er vordergründig ökonomischen Werten nachjagt. Er kennt die Eigenkraft des Verbrechens, die der kluge Psychologe Nietzsche bereits Jahrzehnte vorher entschlüsselt hat:

»So spricht der rote Richter: ›Was mordet doch dieser Verbrecher? Er wollte rauben.‹ Aber ich sage Euch: seine Seele wollte Blut, nicht Raub: er dürstete nach dem Glück des Messers. Seine arme Vernunft aber begriff diesen Wahnsinn nicht und überredete ihn. ›Was liegt an Blut!‹ sprach sie; ›willst du nicht zum mindesten einen Raub dabei machen? Eine Rache nehmen?‹ Und er horchte auf seine arme Vernunft, wie Blei lag ihre Rede auf ihm. – Da raubte er, als er mordete. Er wollte sich nicht seines Wahnsinns schämen.«[42]

Die ersten Jahrzehnte unseres Jahrhunderts brachten, nach der Romantik, eine zweite Blütezeit der phantastischen Literatur in Deutschland hervor. Zu dieser Strömung zählen Autoren wie Gustav Meyrink, Leo Perutz, Karl Hans Strobl, Fritz Ritter von Herzmanovsky-Orlando, Alexander Lernet-Holenia oder Alfred Kubin. Sicher nicht ihr bedeutendster, aber ihr erfolgreichster Vertreter war Hanns Heinz Ewers Ewers ist unübersehbar von der symbolistischen französischen Literatur des ausgehenden 19. Jahrhunderts, die er auch übersetzte und edierte, beeinflußt. Seine Erzählungen und Romane sind ein wahres Kompendium von Dekadenzmotiven, die er allerdings erheblich vergröberte und nicht selten ins Triviale abgleiten ließ. Ein Bestseller gelang ihm 1911 mit »Alraune«, eine Variation des Themas der *Femme fatale*. Hier tritt uns auch sein Alter Ego, Frank Braun, ein durch Nietzsche-Lektüre beeinflußter »Übermensch« entgegen. Ebenso in Ewers 1920 erschienenem Werk »Vampir. Ein verwildeter Roman in Fetzen und Farben« ist Ewers bzw. seine literarische Ausgabe, Frank Braun, wieder mit von der Partie. Der Roman ist gewiß kein literarisches Meisterwerk, besitzt aber als Zeitdokument eigenen Wert. Bei dem »Vampir« handelt es sich nicht einfach um eine fiktive Erzählung, sondern Ewers flicht die Erlebnisse des Weltkrieges und die Wirren der Nachkriegszeit in die Romanhandlung mit ein. Es klingen hierin bereits deutlich rechte Motive an. Gegen Ende der Weimarer Republik zählt sich der einstige Globetrotter und Kosmopolit Ewers aktiv der deutschen Rechten zu. 1932 erscheint sein Freikorpsroman »Reiter in deutscher Nacht«, im gleichen Jahr kommt auch

IV. Der »Blutsauger« als historische Realität

»Horst Wessel. Ein deutsches Schicksal« heraus. Allerdings währte die Allianz zwischen Frank Braun alias Ewers und der braunen Bewegung nicht lange. Bald nach 1933 wurde er als Konjunkturritter und bürgerlicher Décadence verschmäht. Dennoch hatte das braune Zwischenspiel zur Folge, daß Ewers' Werk nach 1945 eine z. T. überzogene Verdammung erfuhr, ähnlich wie ihm 1933 seine Dekadenz zum Schaden gereicht hatte. So urteilte Dieter Sturm über Ewers' »Vampir«: »In Deutschland ging nach dem Ersten Weltkrieg ein kleinbürgerlich verkommener, aber um so großmäuligerer Stiefbruder von Dracula um: ›der Vampir‹ des Hanns Heinz Ewers. In diesem rabiaten Roman, der nicht einmal die Bezirke unfreiwilliger Erheiterung erreicht, erscheint der Weltkrieg als gigantische Allegorie auf eine Art kosmischen Vampirismus; stammelnde Krafthuberei und infantiler Chauvinismus vereinen sich mühelos zu einer inzwischen allzu vertrauten mörderischen Mystik: ›Rot ist die Zeit, rot von Blut … Blut muß die Menschheit trinken, um gesund zu werden und jung! … Alle Tage nun – heute und morgen und immer: Schwerttag, Kriegstag, Bluttag‹.«[43] Es steht außer Frage, Ewers' »Vampir« ist kein literarisches Meisterwerk, sondern erweist sich durch fehlende kompositorische Geschlossenheit wahrhaftig als *ein verwilderter Roman in Fetzen und Farben*. Aber der Roman eignet sich gerade wegen seiner inhaltlichen Tendenz und seiner »verwilderten« Machart als ein Schlüsselwerk zur Deutung seiner Zeit. Der Globetrotter Ewers' befand sich bei Ausbruch des Ersten Weltkrieges auf Reisen und konnte nicht mehr in seine Heimat zurückkehren. Der »Vampir« ist in seinen wesentlichen Teilen während des Krieges in Ewers' unfreiwilligem Exil, den USA, verfaßt worden. Unangenehme Erlebnisse, die er dort als Deutscher machen mußte, wie Aufenthalt in Gefängnissen und Zuchthäusern, blieben nicht ohne Einfluß auf den Roman und Ewers spätere politische Einstellung. Bemerkenswert an dem Werk sind vor allem die Parallelen, die sich zwischen dem Helden Frank Braun und dem werdenden Hitler auftun. Da es bereits verfaßt wurde, als Hitler noch der »namenlose Frontsoldat« war, ist es weniger ein Werk der Synchronizität, als streckenweise der Prophetie. Frank Braun ist »Übermensch«, er ist aber ebenso wie Haarmann und Hitler auch Muttersöhnchen, ein Mann mit deutlich femininen Einschlägen, und Wolf bzw.

Vampir. Bei seiner Geliebten kehrt er zurück an die Mutterbrust und trinkt deren »rote Milch«. Diese Regression bedeutet für den braunen Frank aber zugleich, an den Busen der Natur und in den Schoß des Volkes zurückgekehrt zu sein. Seine Geliebte symbolisiert nämlich das deutsche Volk, in das Frank Braun nach langen Irrwegen heimgefunden hat. Indem er ihr Blut trinkt, trinkt er das Blut des Volkes und wird deutsch und stark. Er tankt sich an der Geliebten »Deutschland« genauso auf, wie das später Hitler an seinen Massenkundgebungen tat. Und wie Hitler nach 1918 seine Physiognomie wandeln wird, so hat auch Frank Brauns Gesicht sich gewandelt:

»Sie nahm seinen Kopf in beide Hände, küßte ihn leicht, beide Augen und Wangen und den Mund. Griff seine Rechte, hielt sie fest. Sah ihn lange an, begann dann wieder: ›Du siehst anders aus als früher.‹

Er fragte: ›Wie anders?‹

›Deutscher!‹ antwortete sie, ›Soviel deutscher‹.

Sie wiederholte: ›Deutscher! Du gingst den Weg, den ich dich führte – den Weg zur Heimat. Gingst ihn – mit mir – für mich! Deutsch wurdest du: mein Blut fließt in dir.‹

Und wieder küßte sie ihn.«[44]

Frank Braun hat sich gesund getrunken. Er ist nun bereit, Deutschlands Retter zu werden und Deutschlands Feinde niederzuschlagen. Allerdings ist das deutsche Blut, das der kommende Heiland Frank Braun aus den Adern seiner Geliebten sog, mit einer typischen »Pikanterie« des Décadence Ewers versehen. Die Geliebte trägt nämlich den jüdisch klingenden Namen Lotte Lewi. Wen wundert es da noch, daß Ewers bei den Nazis keine Karriere machen konnte?

1924 begannen sich die chaotischen Nachkriegszustände in Deutschland zu stabilisieren. Mit der Festigung der Weimarer Republik schienen auch die Wölfe und Vampire zu verschwinden, in der Literatur und auf der Leinwand wie im Leben. Haarmann sah seiner Hinrichtung entgegen. Hitler saß nach seinem verunglückten Putschversuch in Festungshaft. Dort bildete sich zwar im internen Kreis das Bild des von der Vorsehung auserwählten Führers heraus – doch verschwand seine Person aus den Schlagzeilen. Er war eben nur Führer einer zerschlagenen Partei, bzw. nach seiner Freilassung einer kuriosen Splitterpartei. Doch

IV. Der »Blutsauger« als historische Realität

die Wölfe waren nicht tot, sie sammelten nur neue Kräfte. Nach dem Einbruch der Weltwirtschaftskrise, zu Beginn der dreißiger Jahre, begannen sie sich wieder zu regen. Hitlers Partei, die NSDAP, avancierte von einer Splitterpartei schlagartig zur zweitstärksten und wurde schon bald darauf zu stärksten Partei Deutschlands. Haarmanns Geist ging um in Filmen wie »M – Eine Stadt sucht einen Mörder« oder in Döblins »Berlin Alexanderplatz«. Auch Dr. Mabuse durfte natürlich nicht fehlen. Pünktlich zur Machtergreifung der Nationalsozialisten lag Fritz Langs Verfilmung von »Das Testament des Dr. Mabuse« vor. Der Film konnte dann aber nicht in die Kinos kommen, da er sofort der Zensur unterlag – wohl deshalb, weil er zuviel Ähnlichkeit mit der damaligen Wirklichkeit zeigte.[45] Das Testament ist eine »Gebrauchsanweisung«, wie ein genialer Verbrecher, umgeben von einer hypnotisierten Gefolgschaft, die totale Macht erlangen könnte und das Tor zur Apokalypse aufzustoßen vermag!

Wenn wir nun die drei Wölfe aus der neueren deutschen Mythenwelt Revue passieren lassen – Mabuse, Haarmann, Hitler – so ragt der letztgenannte Wolf unzweifelhaft hervor. Er hat sich in der Weltgeschichte eingebrannt, die beiden anderen Wölfe wirken dagegen nur wie Begleitmusik, die sein Kommen in anderen Sparten, der Literatur, des Films und des Sexualverbrechens ankündigt. Über das Phänomen Hitler ist viel gerätselt worden. Das Rätselhafte verbindet sich bei ihm mit dem Dämonischen, und diese Kombination hat einen ganzen Rattenschwanz von okkulten Spekulationen um Hitler und sein »Drittes Reich« hervorgerufen.[46] Goethe hat im letzten Kapitel von »Dichtung und Wahrheit« eine Betrachtung über das »Dämonische« eingefügt. Der Olympier schrieb diese Sätze 1813 nieder, als sich die Epoche Napoleons ihrem Ende näherte. Offenbar wollte er damit auf die dunklen Triebkräfte der menschlichen Geschichte anspielen:

»Am furchtbarsten aber erscheint dies Dämonische, wenn es in irgendeinem Menschen überwiegend hervortritt. Während meines Lebensganges habe ich mehrere teils in meiner Nähe, teils in der Ferne beobachten können. Es sind nicht immer die vorzüglichsten Menschen, weder an Geist noch an Talenten, selten durch Herzensgüte sich empfehlend; aber eine ungeheure Kraft geht von ihnen aus, und sie üben eine unglaubliche Gewalt über alle Geschöpfe, ja sogar über die Elemente, und wer kann sagen, wie weit sich eine solche Wirkung erstrecken wird? Alle vereinten sittlichen Kräfte vermögen nichts gegen sie; vergebens, daß der hellere Teil der Menschheit sie als Betrogene oder als Betrüger verdächtig machen will, die Masse wird von ihnen angezogen. Selten oder nie finden sich Gleichzeitige ihresgleichen, und sie sind durch nichts zu überwinden, als durch das Universum selbst, mit dem sie den Kampf begonnen...«

Diese durch Napoleon inspirierte Betrachtung wurde nach 1945 nicht zu Unrecht auch auf Hitler angewandt. Aber im Grunde genommen enthält Goethes Äußerung über den dämonischen Charakter auch ein exzellentes Psychogramm von Graf Dracula...

André François-Poncet, Frankreichs Botschafter an Hitlers Hof und alles andere als ein »Geisterseher«, schreibt in seinen Erinnerungen von den drei Hauptwesensmerkmalen Hitlers, die sich auch in seinem Gesichtsausdruck widerspiegelten: »Ich selber kannte an ihm drei Gesichter, die drei Aspekte seiner Natur entsprachen: Das erste war von tiefer Blässe, zeigte verschwommene Züge, einen trüben Ton. Ausdruckslose, ein wenig vorstehende Augen, die abwesend blickten, gaben ihm etwas Fernes; ein undurchsichtiges Gesicht, beunruhigend wie das eines Mediums oder eines Nachtwandlers. Das zweite war angeregt, von lebhafter Frische, leidenschaftlich bewegt. Die Nasenflügel bebten, die Augen schossen Blitze, Heftigkeit lag darin, Wille zur Macht, Auflehnung gegen jeden Zwang, Haß auf den Gegner, zynische Verwegenheit, Energie, Bereitschaft, über alles hinwegzugehen: ein Gesicht von Sturm und Wildheit gezeichnet, das Gesicht eines Rasenden. Das dritte war das eines alltäglichen Menschen, der naiv, plump, gewöhnlich, leicht zu ergötzen ist, der in lautes Lachen ausbricht und sich dabei auf die Schenkel schlägt, ein Gesicht, wie man ihm häufig begegnet, ohne bestimmten Ausdruck, eines jener tausend und abertausend Gesichter, wie man sie auf der ganzen Welt findet.«[47]

Hitler, das Medium. Nach der Theorie des englischen Biochemikers Rupert Sheldrake durchziehen »morphogenetische Felder« unseren Kosmos. Diese Felder können Informationen in alle Gene einer Spezies übertragen. Für Sheldrake sind ihre Wirkungen in der ganzen Natur nachweisbar: Sie machen z. B. erklärbar, warum Zugvögel genau »wissen«, wann und wo sie

IV. Der »Blutsauger« als historische Realität

sich zu ihrem Abflug in den Süden versammeln müssen. Aus den einzelnen Vögeln wird so eine »verschworene Gemeinschaft«, die einheitlich fühlt und handelt. Ähnliches kann auch bei menschlichen Massenversammlungen geschehen, wenn plötzlich »der Funke überspringt«. Auch parapsychologische Phänomene wie Gedankenübertragungen wären daher mit Sheldrakes Theorie erklärbar: So befände sich unser Gehirn in einem fortwährenden Austausch von Informationen über die morphogenetischen Felder. Ein Medium wäre so gesehen ein Geschöpf, in dem sich derartige Informationen bündeln, da es hierfür besonders aufnahmebereit ist. Von Sheldrakes Theorie ausgehend, läßt sich sicherlich darüber spekulieren, ob Hitlers Unterbewußtsein besonders dazu geeignet war, mediale Fähigkeiten zu entwickeln. Immerhin würde eine derartige Veranlagung seine bekannte »nachtwandlerische Sicherheit« erklärbar machen, mit der er seine tollkühnen Unternehmungen über Jahre hindurch erfolgreich durchführte. Daß er selbst glaubte, von der »Vorsehung« auserwählt zu sein, war keineswegs nur eine Propagandaente. Auch Hitlers raubtierhafte, wölfische Witterung für Gefahren könnte möglicherweise über derartige »Informationen« deutbar sein. Immerhin ist es außergewöhnlich, daß er die zahlreichen auf ihn gerichteten Attentate überlebte.

Hitler, der Besessene. Nach C. G. Jung war es der rastlose Wanderer Wotan, der einstige Gott der Germanen, der Gott der Winde und Herr der Schlachten, der Schöpfer der Dichtkunst, der Totengott und der Gott, der nach Menschenopfern verlangt, der im Dritten Reich seine spezielle Wiedergeburt erlebte.[48] Wotan ist der Unruhestifter, der bald hier, bald dort Streit erregt oder zauberische Wirkung entfaltet, und der von dem Christentum von einem Gott in einen Teufel verwandelt worden war, um danach nur mehr wie ein Irrlicht durch stürmische Nächte zu flackern, als ein gespenstischer Jäger mit einem Jagdgefolge, zu dem auch die Wölfe Geri und Freki zählen. Richard Wagner, Hitlers großes und vielleicht einzig wahres Idol, hatte bereits vernehmlich an Wotans Grabesgruft gepocht, als er ihn zur Zentralgestalt in seinem Hauptwerk »Der Ring des Nibelungen« machte. Seit der Jugendbewegung brachten blonde Jünglinge Wotan blutige Tieropfer, um seine Wiederauferstehung zu beschwören. Es mag sein, daß das Wilde, Triebhafte, Archaische, das Wotan verkörpert und das über Jahrhunderte unterdrückt war, in Hitler wieder zum Durchbruch kam, mit aller Problematik, die mit derartigen »Wiederbelebungen« verbunden ist. Nach Theodor Lessing bewirkt gerade die Vernüchterung des modernen Alltagslebens einer Industrienation Rückschläge in triebhafte, archaische Strukturen.[49] Über derartige Ventile werden gewissermaßen emotionale Defizite ausgeglichen.

Hitler, der Normale. War Hitler weder in Trance noch im Rausch eines wiedererwachten *furor teutonicus*, sackte er offenbar in die Normalität zurück, aus der er entstammte. Er wurde dann wieder ganz »einer von uns«. Doch es scheint, daß Hitler auch alle drei Persönlichkeiten miteinander verbinden konnte. Das Medium, den Rasenden und denjenigen, der aussprach, was die Mehrheit empfand und worin sie sich wiederfand. Hitler war dann der Verführer. Wobei daran zu erinnern ist, daß der Begriff des »Verführers« ursprünglich einen stark dämonischen Beigeschmack hatte. Als der Verführer galt in der Christenzeit über lange Zeit der Teufel. Und auch unser neuzeitlicher Vampir ist ein Verführer *par excellence*. Joachim C. Fest schreibt in seiner berühmten Hitler-Biographie über den Redner Hitler:

»Obwohl seine Reden sorgfältig präpariert waren und streng den Notizen folgten, die er stets vor sich hatte, entstanden sie doch durchweg im engen, kommunizierenden Austausch mit den Massen. Einem seiner zeitweiligen Anhänger schien es, als atme er geradezu die Empfindungen seiner Zuhörer ein, und diese ungemeine Sensibilität, die ihm eigen war und eine unverwechselbare feminine Aura um ihn her verbreitete, hat jene orgiastischen Zusammenschlüsse mit seinem Publikum ermöglicht, das sich im biblischen Wortsinne ›in ihm erkannte‹. Weder psychologischer Spürsinn noch die Rationalität seiner Kundgebungsregie hätten ihm eine so große Verzauberungsmacht verschafft, wenn er die geheimsten Regungen der Masse nicht geteilt und ihre Gestörtheiten auf eine exemplarische Weise in sich vereint hätte. Vor seiner Rednertribüne begegnete, feierte und vergötzte sie sich selbst, es war ein Austausch der Pathologien, die Vereinigung von individuellen und kollektiven Krisenkomplexen in rauschhaften Verdrängungsfesten.«

Joachim C. Fest: Hitler, S. 457

Die Masse, mit der Hitler sich auf den Kundgebungen vereinte, war für ihn »ein Weib«, und zahlreiche zeitgenössische Beobachter haben das scharfe, sinnlich aufgeladene Fluidum seiner Kundgebungen betont. Der Dichter René Schickele sagte über die

Reden Hitlers sogar, daß sie »wie Lustmorde sind«.[50] Hitler, der Überhaarmann und Vampir, der sich durch seine Reden oral befriedigt!

War Stalin für Erich Fromm ein klinischer Fall von Sadismus gewesen, so sah er in Hitler einen klinischen Fall von Nekrophilie.[51] Hitlers letzte Ziele waren Tod und Zerstörung: Der Krieg, die Taktik der verbrannten Erde, der Holocaust. Sein eigener Selbstmord war nur die letzte Konsequenz seiner bösartigen Aggression und seines Vernichtungswillens. In dieses Bild paßt auch, daß Frauen, die mit ihm in näheren Kontakt kamen, im Selbstmord endeten bzw. Selbstmordversuche unternahmen: So Geli Raubal, Unity Mitford oder Eva Braun. Fest weist darauf hin, daß das »Dritte Reich« gerade in seiner Zelebrierung des Todes, dem der Künstlerpolitiker Hitler immer neue Blendwirkungen abgewann, seine künstlerische Vollendung fand. Wenn Hitler etwa auf dem Königsplatz in München oder auf dem Nürnberger Parteitagsgelände bei düsterer Hintergrundmusik die breite Gasse zwischen Hunderttausenden von Menschen zur Totenehrung abschritt, schaffte er »Szenerien eines politisierten Karfreitagszaubers, in denen, wie man von der Musik Richard Wagners gesagt hat, ›der Glanz für den Tod Reklame‹ machte.«[52] Der Tod wurde mit Vorliebe vor nächtlichen Kulissen gefeiert, unentwegt wurden Fackeln, Scheiterhaufen oder Flammenräder entzündet oder der »Blutzeugen« der Bewegung gedacht. Für die Zeit nach dem Endsieg waren gewaltige Totenburgen in den eroberten Gebieten geplant, zum Ruhm für die gefallenen deutschen Soldaten (Abb. 34).

Doch erfaßt man den Charakter Hitlers nicht in seiner ganzen Vielschichtigkeit, wollte man ihn nur auf seine Nekrophilie reduzieren. Er muß zumindest soviel Lebensgier gehabt haben, wie man sie dem Vampir, dem Spieler oder dem Süchtigen zuspricht. Sein Charakter war maßlos und in Extreme aufgespalten: Entweder Weltherrschaft oder Untergang. Er ist der klassische Typus des Spielers, der immer Vabanque setzt. Die Gefahr hat die dunklen Geister seiner Seele stimuliert, ähnlich wie sich für den Krieger die Intensität des Lebens durch die Nähe des Todes steigert. Extrem war Hitlers ganze Lebensweise: Auf der einen Seite war er Asket, Nichtraucher, Antialkoholiker und Vegetarier, auf der anderen Seite wurde er angepeitscht von sei-

Deutsche Mythen und die Synchronizität der Wölfe

Abb. 34: *Der Kult des Todes. Wilhelm Kreis, Federzeichnung für eine geplante Totenburg am Dnjepr in Rußland, 1941*

nen Leidenschaften und fixen Ideen. Darin gleicht er dem Vampir und dem Junkie, die auf alles verzichten können, wenn sie nur das Eine bekommen, wonach sie gieren: Blut bzw. Drogen. Albert Speer, Hitlers Intimus, bemerkte über Hitler, er sei schon immer »in irgendeiner Weise« süchtig gewesen.[53]

Keineswegs nur auf Anhänger, sondern auch auf zahlreiche Gegner und ausländische Politiker wirkte Hitler suggestiv, besonders, und hierin ähnelt er wieder dem klassischen Vampir, aufgrund seiner eigenartig glänzenden Augen. Noch unmittelbar vor Kriegsende verließen hohe Militärs, die Hitler die Aussichtslosigkeit der militärischen Lage klarmachen wollten und auf ein Ende des Krieges drängten, vollkommen gewandelt dessen Hauptquartier. Was das Charisma eines Menschen ausmacht, ist im Grunde ebenso geheimnisvoll und spekulativ, wie was einen Menschen zum Medium macht. Wir können nur konstatieren: es gibt charismatische Menschen, und Hitler war einer davon. Er selbst begeisterte sich für die, den theosophischen und anthroposophischen Anschauungen ähnliche »Odstrahlen« Theorie (1845) des deutschen Chemikers, Industriellen und Naturphilosophen Carl von Reichenbach, die auch an Sheldrake denken läßt.

IV. Der »Blutsauger« als historische Realität

Danach lenkt die Naturkraft »Od« das Leben und umgibt die Menschen wie ein Kraftfeld von Strahlungen. Bei einem Charismatiker bündeln sich die Strahlen und geben ihm die magnetische Kraft. Allerdings hat Hitler dies zu steigern gewußt. Hierzu gehörte z. B., daß er Massenveranstaltungen mit Vorliebe nach Einbruch der Dunkelheit einrichtete. Und er war sich auch der Grenzen seines Charismas bewußt. Ähnlich wie der Vampir schien Hitler seine Heimaterde als Kraftquelle zu brauchen. Nie hat er deutschen Boden verlassen, es sei denn im Gefolge der Wehrmacht. Lediglich zu Staatsbesuchen in das befreundete Italien wagte er sich. Bei anderen Gelegenheiten hatte er sich immer geweigert, ins unbekannte, fremde oder feindliche Ausland zu reisen, wohl witternd, daß seine Kräfte dann nachlassen müßten. Stimmten die Bedingungen und befand er sich im Einklang mit der von ihm selbst geschaffenen Umgebung, schien es schwer, sich seines Fluidums zu entziehen (Abb. 35). Eines der merkwürdigsten Zeugnisse zu Hitlers Fluidum stammt von dem Dominikaner Franziskus Stratmann, der als führender Kopf der katholischen Friedensbewegung ein entschiedener Gegner Hitlers war: »Ich sah Hitler zum ersten und einzigen Male in Rom, als er dort 1938 einen Staatsbesuch bei Mussolini machte. Vom Beginn der nationalsozialistischen Bewegung an hatte ich nicht eine Minute an ihn und seine Sache geglaubt, befand mich vielmehr in einer uneingeschränkten Opposition gegen ihn. Bei seiner Anwesenheit in Rom hatte ich nicht die Absicht, auch nur einen Schritt zu machen, um den hohen Gast zu sehen. Aber bei einem Gang in die Stadt fuhr plötzlich Hitlers Wagen mit Gefolge an mir vorbei. Ich sah sein Gesicht nur zwei bis drei Sekunden lang von der Seite. Es war jungfräulich zart gerötet, in starkem Kontrast zu den herausfordernden SS-Gesichtern, zwischen denen er in bescheidener Haltung saß. Ein Fluidum ging von ihm aus, auf mich zu und in mich hinein, und – ich war völlig entspannt und innerlich wie verändert. Gehaßt hatte ich den Mann nie, nur ganz und gar abgelehnt (...), aber nun stieg auf einmal ein warmes, gutes Gefühl in mir auf. Ich ging in die Kirche und betete in einer seltsamen Veränderung. Auf den Vorgang zurückblickend, weiß ich nicht, was mir – auch mir – passiert wäre, wenn ich mich einmal oder des öfteren den Augen dieses Zauberers ausgesetzt hätte. Aber der Spuk verflog noch in der-

Abb. 35: *Der erwachte Wolf. Adolf Hitler auf dem Reichsparteitag in Nürnberg.* »Untrügliche Kenntnis der Psychologie des großen Auftritts und imperatorischer Gesten« (Joachim C. Fest).

selben Stunde...«[54] Die suggestive Kraft Hitlers mag u. a. auf der stilistischen »Synchronizität« all der Fahnen, Farben, Symbole, Uniformen und Architekturen beruht haben, die das Dritte Reich wie das düstere Gesamtkunstwerk einer ins politisch gewendeten schwarzen Romantik erscheinen läßt. Das bemerkenswerte daran ist, daß vieles von diesem Zusammenhang nicht das Produkt einer raffinierten Planung war, sondern Ergebnis eines »Zufalls«. »Zufällig«, also nicht kausal, aber sehr »synchron«, war der Führer der braunen Bewegung in Braunau geboren, erhielt der Österreicher Hitler die reichsdeutsche Staatsbürgerschaft in Braunschweig, hieß seine Geliebte, mit der er in den Tod ging, Eva Braun und trägt auch der Ewersche Nationalvampir den Namen Braun. Ewers' Buch über die Ikone der braunen Bewegung und der braungekleideten Sturmtruppen, den Berliner SA-Sturmführer Horst Wessel, schrieb Ewers zwar auf direkten Wunsch Hitlers hin, doch hat er die Anregung dazu passenderweise im »Braunen Haus« in München erhalten.[55] Braun hängt sprachlich mit *brinán* (Brand) und *brinnen* (brennen) zusammen. Von dort führt der Weg zur Brünne, der leuchtenden, brennenden Rüstung, so daß braun entweder brennend, leuchtend oder gebrannt, brandschwarz bedeutet. Das Braun liefert somit eine Assoziation zu Hitlers Nekrophilie und seine todbringende Herrschaft, aber ebenso läßt es an die anale Komponente des Homoerotikers denken und, wenn man so will, auch an Hitlers eigenes Ende – als braunschwarz verkohlter Leichnam. Darüber hinaus ist braun die Farbe des geronnenen Blutes. Diese »synchronen« und »stilistischen« Phänomene haben sicher mit dazu beigetragen, daß Hitler und sein Drittes Reich einen Stammplatz im Okkultismus, und in den angelsächsischen Ländern auch im Horrorbereich eingenommen haben, während diese beiden Genres über seinen Bruder im Morden, Stalin, vollkommen gleichgültig hinweggehen. Und so darf es nicht verwundern, daß uns im Horrorbereich auch Nazivampire begegnen (Abb. 36). Aber selbst der sogenannte »Neue deutsche Film« mochte auf Hitler als Vampir nicht verzichten. In Hans W. Geissendörfers Film »Jonathan. Vampire sterben nicht« (1969/70) wird Dracula als eine aufgeblasene, sadistische Hitlerfigur dargestellt.

Wird der Vampir vom Sonnenstrahl getroffen, zerfällt er zu Staub, und seine hypnotischen Kräfte lösen sich in nichts auf. So erging es auch Hitler: Nach seinem Tod löste sich sein »Tausendjähriges Reich« wie ein bösartiges Phantasiegebilde auf. Die Deutschen, die eben noch zu einem nicht geringen Teil mit Todesverachtung gegen den übermächtigen Feind gekämpft haben, stehen dem eben Geschehenen auf einmal vollkommen ernüchtert gegenüber. Gleich im Frühjahr 1945 tauchten in Berichten wiederholt Wendungen auf, wonach plötzlich ein »Bann« gebrochen, ein »Spuk« beseitigt schien.[56] Es war dies ein Phänomen, das die alliierten Sieger verwunderte und das sicher nicht nur mit Opportunismus erklärt werden kann. Übrigens – um ihrem Kreuzzug gegen Hitler zum Siege zu verhelfen, hatte die US Army u. a. kostenlose Exemplare von Stokers »Dracula« an die GIs verteilt. Darüber, wer Dracula war, schien offenbar kein Zweifel zu bestehen.[57]

Doch so tot Hitler als Wolf und Vampir auch sein mag, von seinem Schatten sind wir nicht erlöst. Denn er – Hitler – ist zugleich auch noch mit einem anderen Mythos verbunden: Frankenstein. Wir erinnern uns: Im Kreis um Lord Byron, in der Villa Diodati am Genfer See, sind sie einst gemeinsam aus der Taufe gehoben worden: Der moderne aristokratische Übervampir und die Gestalt des Dr. Frankenstein. In Nietzsches Vision des Übermenschen sind sie bereits beide vereint enthalten. Franken-

Abb. 36: *Nazivampire im Angriff*. Umschlagzeichnung des Comicbandes »Weird War Tale« Nr. 13 von 1973

steins Geschöpf – das sollte werden der Herren- und Übermensch, erhoben über die normale Kreatur. Dr. Frankenstein wollte der Natur und der Evolution – ähnlich wie später Hitler – durch die Möglichkeiten der modernen Naturwissenschaften auf die Sprünge helfen. Hitlers Schatten lebt noch fort in der Vision Dr. Frankensteins – die Genlabore sind bereit!

»Ein Planet wird geplündert«

Für Karl Marx war die Ausbeutung des Menschen durch den Menschen das entscheidende Hindernis in der Entwicklung zu einer homogenen Gesellschaft. Der Kapitalismus stellte für ihn den Höhepunkt einer negativen Entwicklung dar, in der die besitzenden Klassen die Arbeitskraft der Besitzlosen wie Vampire aussaugen. Für den Ökologen hat sich dieser auf das Menschengeschlecht begrenzte Blickwinkel erweitert und zugleich verschoben: Für ihn ist es nunmehr die menschliche Gattung als Ganzes, die zum Vampir wurde und die Ausbeutung der Erde betreibt. Statt der Verelendung bestimmter Bevölkerungsgruppen sieht er vorrangig die wachsende Verelendung unserer Erde, die daraus resultiert, daß sich der Mensch gierig alles einverleibt, was er ihr an Schätzen entreißen kann (Abb. 37). Herbert Gruhl brachte diesen Sachverhalt bereits im Titel seines 1975 erschienenen Ökobestsellers »Ein Planet wird geplündert. Die Schreckensbilanz unserer Politik« zum Ausdruck. Kern von Gruhls These ist, daß wir unseren Planeten durch hemmungsloses Ausplündern ebenso zugrunde richten werden, wie das unser Vampir tut, wenn er seinem Opfer rücksichtslos alles Blut entzieht. Schuld an dieser Maßlosigkeit ist für Gruhl die menschliche Hybris. Die Fähigkeit des Menschen, sich von den Naturgewalten in mancher Hinsicht frei zu machen und immer mehr Naturkräfte in seinen Dienst zu stellen, habe ihn in den Irrglauben versetzt, alles für möglich und alles für erlaubt zu halten. Diese grundlegende Problematik begann sich für Gruhl mit der Emanzipation des Menschen aus der Natur herauszuschälen, die mittlerweile dazu geführt hat, daß »die Geschicke der Welt überhaupt nur noch in Großstädten und von Gruppen entschieden werden, die von Naturerfahrung unberührt sind«.[58] Der lebensisolierte Intellekt, den Gruhl als Folge einer Entfremdung von der Natur, aber auch von jeder spirituell verankerten Übernatur betrachtet, war von Robert Müller-Sternberg bereits ein Jahrzehnt zuvor als Vampir und Dämon des Rationalen bezeichnet worden, der »über den künstlichen Sonnen seiner Erfindungssucht die Sonne der Natur (vergißt), in deren Licht er zum Leben gekommen ist. Der zügellose Intellekt zerstört die Grundlage, die ihn trägt. Sein Unglaube macht die Wissenschaft tödlich.«[53]

Naturschutz ist ein Produkt der Industriegesellschaft. Naturvölker kennen ihn nicht, da sie ihn nicht nötig haben. Sie fühlen sich selbst noch als ein Teil der Natur, und ihr Verhältnis zu ihr ist durch Ehrfurcht geprägt. Dieser enge Kontakt löste sich mit der Herausbildung der ersten menschlichen Hochkulturen, ohne allerdings gänzlich zu zerreißen. Erst seit etwa zweihundert Jahren, mit

Abb. 37: »Ein Planet wird geplündert« oder der Vampirismus an der Erde. Holzschnitt von Rudolf Warnecke (Arme alte Erde), 1968

dem Entstehen der modernen Industriegesellschaft, hat sich der Mensch der Natur gegenüber als aggressiver Ausbeuter entpuppt. Gerade sein naturentfremdeter Intellekt hat es verstanden, gigantische Werkzeuge zu entwickeln, die ihm erstmals die Möglichkeit geben, den Koloß Erde ungehemmt auszuschlachten. Die Gier, sich für den Augenblick an den Schätzen der Natur zu bereichern, scheint dabei größer zu sein, als die Bereitschaft, sich mit den Folgen einer derartigen Maßlosigkeit auseinanderzusetzen. Bis ins Jahr 2100 sollen mehr als die Hälfte aller Pflanzen- und Tierarten ausgestorben sein. Viele werden nur noch als »lebende Tote«, d. h. künstlich, wie etwa in Zoos und Großgehegen, überdauern. Die Menschheit kann auf Milliarden von Tieren zurückschauen, die sie getötet, gequält und zerstückelt hat. Das Töten erfolgte oft bar jeder Notwendigkeit: Die riesigen Büffelherden Nordamerikas wurden von den vordringenden weißen Eroberern vorrangig des Mordvergnügens wegen getötet. Diese ganz neue Lust am Töten und Ausplündern zeigte sich erstmals in aller Schroffheit bei der ersten wirklich modernen Nation der Welt: den USA. Die neu ins Land strömenden Siedler traten der vorgefundenen Natur vorrangig zweckbezogen gegenüber, meist ohne jegliche tiefergehende emotionale Verbundenheit, wie sie zu diesem Zeitpunkt wenigstens in Rudimenten auf dem alten Kontinent noch vorhanden war. Aber gerade diese bloße Zweckmäßigkeit, die von ihrem Wesen auch immer eine Verengung und Verödung der Wahrnehmung impliziert, scheint als Kompensation die Gier ausgelöst zu haben, sich alles einverleiben zu wollen, was man bekommen kann. Diese mittlerweile globalisierte Aussaugungsgier des modernen Menschen hat bewirkt, daß das Verhältnis von Leben und Tod in der Natur nicht mehr stimmt: Es wird mehr Leben vernichtet als sich in seiner Vielfalt wieder entwickeln kann. Es herrscht eine Dominanz des Todes. Theodor Lessing hat in seinem Haarmann Buch geschrieben, die »untergangsreife Bildungsmenschheit« betreibe eine Heuchelei sondergleichen, wenn sie einerseits vampirgleich vom Mark der Erde zehre, aber andererseits vor den Folgen ihres Tuns die Augen verschließt, da dieses verhängnisvolle Wirken ihrer Eitelkeit und dem Bild widerspricht, das sie von sich selbst entworfen hat.[60] Wegschauen wird durch Kurzsichtigkeit ergänzt. Während traditionelle Kulturen durch ihre Einbettung in den Kreislauf der Natur und durch ein spirituelles Weltempfinden quasi mit der Ewigkeit verbunden waren, herrscht heute eine Diktatur des Augenblicks. Gruhl schreibt: »Ein weiterer unverzeihlicher Fehler des modern wirtschaftenden Menschen besteht darin, daß sein Zeithorizont so beschränkt ist. Die weiteste Frist, in der er denkt, ist die Zeit, in der sich sein Kapital rentiert.«[61]

Auch die »politische Weitsicht« reicht nach Gruhl selten bis über die nächste Wahlperiode hinaus. Kurzsichtigkeit ist aber die Sicht des Süchtigen: Er denkt nur bis zum nächsten »Schuß« Blut oder Heroin.

Für Volker Elis Pilgrim ist der Mann zum Vampir geworden, weil er seine Weiblichkeit verdrängt hat.[62] Wir gehen in dieser Hypothese noch einen Schritt weiter: Da die Menschheit als Ganzes, in ihrer technizistisch-rationalistischen Ausrichtung vermännlicht ist, nähert sie sich der Erde als aggressiver Vampir. Der sanfte, organische Vampirismus der Natur, der in einem gleichmäßig verteilten Prozeß von Geben und Nehmen, von Leben und Tod besteht, ist durchbrochen worden. Dabei hat auch der »Mannmensch« von heute zunächst eine weit weniger aggressive weibliche Basis. Im Mutterleib ist der sich entwickelnde Fötus zunächst grundsätzlich weiblich. Erst am Anfang des dritten Monats bildet sich das männliche Geschlecht heraus. Der Aufbau des männlichen Geschlechtschromosoms -xy – ist eine Kombination von weiblich -x- und männlich -y. Das weibliche Geschlechtschromosom ist durch ein doppeltes -x- gekennzeichnet. Fügt man die beiden Geschlechter zusammen, dann würde die Menschheit zu $\frac{3}{4}$ aus weiblichen und nur zu $\frac{1}{4}$ aus männlichen Chromosomen bestehen. Trotzdem hat in der modernen Industriegesellschaft der »Mannmensch« Dominanz erlangt, der auf die Erde, die nach tradierter Auffassung als »Mutter Erde« weiblich ist, nun als Vampir einwirkt. Nach der »Gaia-Theorie« des renommierten britischen Biologen James Lovelock stellt die Erde einen eigenen Organismus, ein eigenständiges Lebewesen dar – damit wäre in der Tat die klassische Vampirkonstellation hergestellt: Der Vampir Mannmensch saugt das Weib Erde zu Tode.[63]

Das letzte Buch, das Herbert Gruhl 1992, ein Jahr vor seinem Tod, veröffentlicht hat: »Himmelfahrt ins Nichts. Der geplünderte Planet vor dem Ende« ist ein tief pessimistisches Werk. Gruhls Analysen gehen davon aus, daß keinerlei Hoffnung auf eine ökologische Politik oder gar ein »zurück zur Natur« besteht. Mit der nun immer schneller einhergehenden Zerstörung unserer Lebensgrundlagen folgt der letzte Akt der Tragödie. Radikale Ökologen haben daraus ihre eigenen Konsequenzen gezogen: In den USA hatte der ehemalige Mathematikprofessor Theodore Kaczynski, bekannt als »Unabomber«, 18 Jahre lang Sprengstoffanschläge auf universitäre Forschungseinrichtungen und Flughäfen gemacht, um den »Fortschritt« aufzuhalten. Wesentlich friedfertiger ist da die ebenfalls aus Nordamerika stammende

»Church of Euthanasia«. Sie verlangt von ihren Mitgliedern lediglich, daß sie sich nicht oder nicht mehr fortpflanzen, um die Erde von dem Vampir Mensch zu befreien.[64] Bereits ein Jahr vor Gruhls Schwanengesang, also 1991, hatte Rigo Baladur »Gründe, warum es uns nicht geben darf« aufgezählt. Sein Werk trägt den Untertitel *Frontbericht von einem sterbenden Stern mit Motiven des Widerstandes.* Zu einer wahrhaftigen Radikallösung hatte allerdings schon 1983 Ulrich Horstmann aufgerufen. In seinem Buch »Das Untier. Konturen einer Menschenflucht« vertritt er die Theorie, daß der Mensch von seinem inneren Wesen her schon immer dem Tod, der »Götterdämmerung« zugestrebt habe. Jetzt, dank der modernen Waffentechnologie, habe das Untier Mensch endlich die Chance, unwiderruflich und erinnerungslos Schluß zu machen, mit dem was ist. Allerdings offenbart die von Horstmann vorgeschlagene Endlösung die ganze Egozentrik des Untiers Mensch: Horstmann will nicht den Menschen ausrotten, um die Welt und die anderen auf ihr lebenden Kreaturen zu retten, sondern er will, daß der Mensch mit seinen ABC Waffen alles mit in den Abgrund reißt, was lebt, so daß die Erde anschließend wie ein veröderter Planet durch den Weltraum treibt. Fürwahr ein erschreckend würdiger Abtritt für einen Vampir!

V. »Blut ist ein ganz besonderer Saft«

Das Blut in der Geschichte

Blut spielt eine eminente Rolle beim Vampir. Ohne Blut, kein Vampir. – Selbst der Marxsche Vampir ist »Blutsauger«. – Doch das Blut nimmt nicht nur eine entscheidende Bedeutung im Dasein eines Vampirs ein, sondern ebenso in dem des Menschen. Wäre dem nicht so, dann gäbe es wahrscheinlich weit weniger blutgierende Vampire. Auch für den Menschen gilt: Ohne Blut kein Leben. Verliert er es im Übermaß, bedeutet das für ihn den Tod. Blut steht in der menschlichen Geschichte für Mythos und Realität, dumpfen Atavismus und nüchterne Wissenschaft, Grauen und Rausch in einem. In allen Kulturen stoßen wir auf die Signifikanz des Blutes, beinahe überall begegnen uns Vorstellungen von der Macht des Blutes, der Blutseele, dem heiligen und edlen Blut, aber ebenso von Blutbefleckung, Blutschuld und verderbtem Blut, sowie von blutdürstigen und blutspendenen Göttern. Blut ist darüber hinaus wichtiger Bestandteil aller Heilkunst und vieler symbolischer Handlungen. Am unmittelbarsten und zugleich geheimnisvollsten hatte der frühe Mensch das Blut aber nicht bei Jagd, Krieg oder Verletzung erfahren, sondern bei der Menstruation der Frau. Die Menstruation galt und gilt auch heute vielfach noch als »monatliche Reinigung« der Frau, die den Körper entgiftet, indem »totes Blut« ausgeschieden wird. Da das Menstruationsblut mit giftigen Substanzen in Verbindung gebracht wurde, erblickte man in ihm auch eine Ansteckungsgefahr. In zahlreichen Religionen und Kulturen hatten die Männer Angst vor der Verunreinigung durch dieses Blut, von dem sie glaubten, es könnte ihre Virilität schwächen, die Ernte verderben oder das Essen ungenießbar machen. Wächst ein Embryo, bzw. Fötus heran, der sich quasi als Vampir in den Mutterleib eingenistet hat, saugt dieser kleine Vampir der werdenden Mutter zwar nicht unmittelbar das Blut ab – so werden kindliches und mütterliches Blut nie miteinander vermischt –, doch bildet das

Blut der Mutter gleichwohl den Grundstoff, aus dem seine Nahrung herausgezogen wird.

Der Mythos vom Blut mag in der Menstruation der Frau seinen ersten Nährboden gehabt haben. Er nährt sich weiter davon, daß das Blut Träger des Lebens und der Vererbung ist, was mit dazu geführt hat, daß das Blut in allen traditionellen Kulturen als Mysterium betrachtet wurde. Seit Jahrtausenden ist der Mythos des Blutes Bestandteil aller Religionen und Magien. Beharrlich, wenn auch mit wechselnder Intensität, lebt er fort bis in unsere Zeit hinein. Verträge wurden mit Blut unterzeichnet, Bündnisse dadurch bekräftigt, daß der eine des anderen Blut trank. Sterbende ließen ihr Blut von ihren Erben trinken, damit ihre Kraft in ihren Nachkommen fortwirke. Odysseus soll, wie wir bereits gehört haben, seine gefallenen Kameraden mit Blut aus dem Totenreich gelockt haben. Nach islamischer Anschauung ist das Blut sogar Ursprung des Lebens schlechthin. Dem Koran zufolge hat Allah den Menschen »aus einem Blutklümpchen« erschaffen. »Das Blut ist die Seele«, verkündet die Bibel (5. Buch Mose 12,23). Gleichzeitig ist das Blut nach biblischer Auffassung aber auch zu meiden. So heißt es im »Heiliggesetz«, im Abschnitt über »Schlachtungen und Blutgenuß«, daß jeder aus dem Hause Israel verdammt sei, der »irgendwie Blut genießt« (3. Buch Mose 17.10). Noch im Neuen Testament findet sich die Aufforderung »Enthaltet Euch von Blut«, die von einigen christlichen Sekten, so etwa den Zeugen Jehovas, dahingehend interpretiert wird, selbst Bluttransfusionen abzulehnen. Und der erste Mord, der nach biblischem Glauben geschah, der Brudermord von Kain an Abel, kündet von seiner Verruchtheit gerade durch das verflossene Blut, dessen Stimme bis zum Himmel schreit (1. Buch Mose 4.10). Ortega y Gasset hat an diesen biblischen Mordfall die Betrachtung angeschlossen, daß der Anblick von Blut vor und neben jeder Reaktion moralischer Art oder auch nur des Mitleids beim Betrachter ein Gefühl der Befleckung auslöse. Und er fährt dann fort: »Wenn sich zwei Männer auf der Straße nach einer Messerstecherei trennen und wir ihre blutüberströmten Gesichter sehen, sind wir immer bestürzt über den Eindruck ... Das Blut hat nicht nur die Gesichter beschmiert, sondern hat sie befleckt, das heißt, hat sie erniedrigt und gleichsam entwürdigt.« Doch einige Sätze weiter schreibt Ortega: »Wenn das Blut nicht aufhört ans Licht zu treten, wenn es überströmt, ruft es schließlich die entgegengesetzte Wirkung hervor: es berauscht, erregt und macht Tier und Mensch rasend.«[1]

Obgleich weder im Alten Testament noch in der übrigen religiösen jüdischen Literatur ein Hinweis besteht, daß für irgendwelche Riten Menschenblut verwendet werden soll, hatte man den Juden über Jahrhunderte vorgeworfen, für bestimmte Riten Blut von getöteten Christen zu gebrauchen. Dieser, von einem religiösen Antijudaismus abgeleitete Vorwurf setzte damit die Juden als »Christusmörder« in einen direkten Gegensatz zum Erlöser; denn während man den Juden nachsagte, Christenblut für ihre rituellen Zwecke zu rauben, lautet eines der bekanntesten Worte Jesu: »Dies ist mein Blut, das ich für euch hingegeben habe« (Matthäus 26.28). Millionen Gläubige essen und trinken auch heute noch von dem Brot und Wein, die in der Vorstellung der Eucharistie zu dem Leib und Blut Christi gewandelt worden sind. Sie werden damit gewissermaßen zum Vampir am Erlöser, der sich als Antivampir bewußt den Menschen geopfert hat. Der Christ wird durch die Kommunion ein Teil von seinem Heiland wie dieser von ihm: »Wer mein Fleisch ißt und mein Blut trinkt, der bleibt in mir und ich bleibe in ihm« (Johannes 6.56).

»Blut und Tod sind nötig, um das Leben zu erzeugen«, heißt es in altprovenzialischen Gesängen.[2] Christus schenkte den Menschen durch das Blut seines Opfertodes das ewige Leben und als Heiland das Heil, d. h. die Gesundheit an Leib und Seele. Mit dieser Christusbezeichnung werden auch die dem Blut zugesprochenen Heilkräfte zum Ausdruck gebracht. Und auch in anderen Kulturen hat man dem Blut nicht nur Lebenskraft, sondern immer auch eine wichtige Rolle in der Heilkunst zugewiesen. Das reicht von der Naturmedizin und dem ausschweifendsten Aberglauben bis hin zur modernen Medizin. So glaubte man z. B. in der Antike, daß Menschenblut gegen Halsentzündungen oder Epilepsie wirke. Im Mittelalter wurde Menschenblut u. a. gegen Gelenk- und Nervenleiden eingesetzt. Besonders verbreitet war die Auffassung, daß Aussatz nur durch Menschenblut geheilt werden könne. Doch Blut war nicht gleich Blut. Wer das noch warme Blut Hingerichteter trank, möglichst nachdem er vorher hundert Schritte gelaufen war, glaubte, damit eine besonders wirksame Tinktur einzunehmen. Aber auch dem Tierblut wurden Heilkräfte zugesprochen: »Katzenblut hilft gegen Fieber. Man muß nämlich einer schwarzen Katze ein Loch ins Ohr schneiden, von dem Blut drei Tropfen auf Brot fallen lassen und dieses essen.«[3] Und 1916, also mitten im Ersten Weltkrieg, ließ die Haarmann-Stadt Hannover einen Aufruf verbreiten, in welchem den Einwohnern das Trinken von Ochsenblut als »Volkskräftigungsmittel« anempfohlen wurde. Der Text begann mit dem bekannten Zitat aus Goethes Faust: »Blut ist ein ganz besonderer Saft« und schloß für damalige Verhältnisse zeitgemäß mit: »Am deutschen Wesen soll die Welt genesen.«[4]

Doch dem Menschen wurde nicht nur Blut zugeführt, sondern auch entnommen. Besonders im 18. Jahrhundert war der Aderlaß eine weit verbreitete Heilmethode. Mit ihm sollten dem Körper schädliche Substanzen entzogen werden. Der Aderlaß, bei dem der Arzt seinen Patienten das Blut abzapft, wurde von medizinischer Seite selbst auch als »Vampirismus« bezeichnet (Abb. 38). Blut abzapfen wird von der Medizin auch heute noch in größerem Umfang betrieben, doch dient es nun kaum mehr dazu, den Körper zu entgiften, als vielmehr genügend Blutreserven anzulegen; denn der Bedarf der modernen Medizin an Blut ist groß. Aus diesem Grund ist der Handel mit Blut bzw. Blutplasma zu einem Millionengeschäft geworden. Nicht nur die großen karitativen Organisationen versorgen die Krankenhäuser mit Blutkonserven, Pharmakonzerne haben den Markt für sich entdeckt und weitgehend unter ihre Kontrolle gebracht. Oft sind es gerade die Ärmsten der Armen aus der Dritten Welt, den Slums der USA oder den Armengebieten Europas, die ihr Blut aus Not an die Konzerne verkaufen müssen, die es dann mit Gewinn weiterleiten. Damit hat die Voltairesche und Marxsche Gruppe der »Blutsauger« aufgehört, nur im übertragenen Sinne Blut zu saugen.

Den Mythos vom Blut hat die Wissenschaft, die Hämatologie, in einem gewissen Sinne bestätigt. Nicht nur, daß sich die lebenspendende Kraft bewahrheitet hat, das Blut ist auch eine sehr sensible, genau registrierende Substanz. So finden etwa nicht nur Krankheiten und Vergiftungen ihren Niederschlag im Blut des Menschen, sondern auch Eßgewohnheiten, Bräuche und Lebensweise haben einen nachhaltigen Einfluß. Es lassen

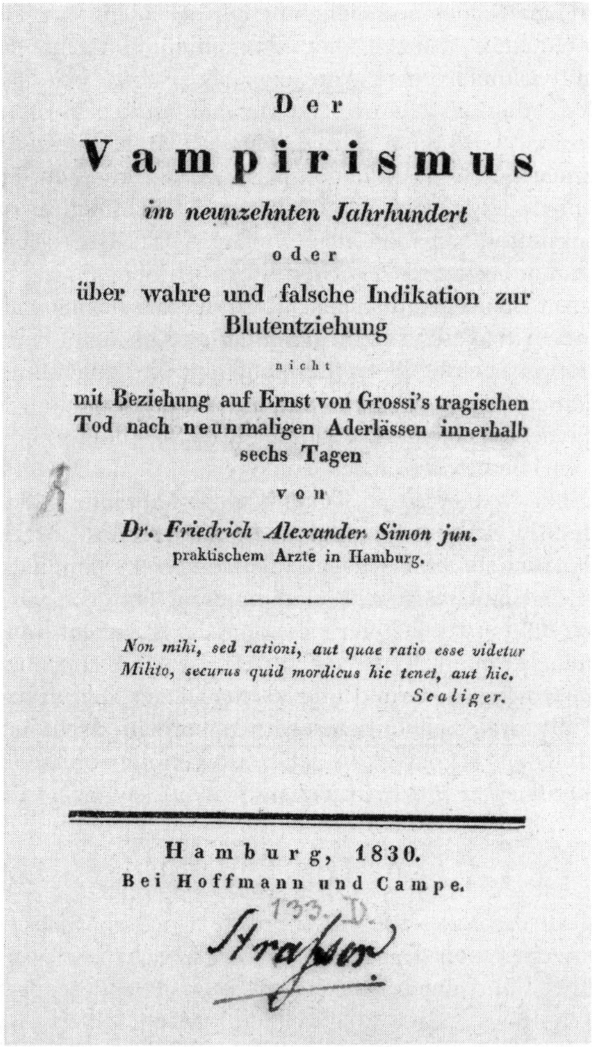

Der

Vampirismus

im neunzehnten Jahrhundert

oder

über wahre und falsche Indikation zur Blutentziehung

nicht

mit Beziehung auf Ernst von Grossi's tragischen Tod nach neunmaligen Aderlässen innerhalb sechs Tagen

von

Dr. Friedrich Alexander Simon jun.

praktischem Arzte in Hamburg.

Non mihi, sed rationi, aut quae ratio esse videtur Milito, securus quid mordicus hic tenet, aut hic.

Scaliger.

Hamburg, 1830.

Bei Hoffmann und Campe.

Abb. 38: *Der Vampirismus in der Medizin. Titelblatt zu der Schrift des Arztes Friedrich Alexander Simon: »Der Vampirismus im neunzehnten Jahrhundert«, 1830*

sich bemerkenswerte Wechselbeziehungen zwischen äußeren Lebensbedingungen und persönlicher Lebensführung eines Menschen und seinen Blutmerkmalen aufzeigen. Aber die Sensibilität des Blutes begegnet uns nicht nur in seiner Substanz, sondern auch in seinem Rhythmus. Schon im Gefühl der Freude geht der Pulsschlag schneller, ebenso in jeder andersgearteten Erregung. Alle Bewegung beschleunigt ihn. In dieser Spiegelfunktion des Blutes enthält auch die biblische Aussage »Das Blut ist die Seele« einen ungeahnten Wahrheitsanspruch. Aber das Blut spiegelt nicht nur das augenblickliche Befinden wider, sondern ist auch Ausdruck unserer individuellen Beständigkeit. Von der Geburt bis zum Tod bleiben Blutgruppe, Hämoglobine und Enzyme eines jeden Menschen dieselben. Das gilt auch für die Zeit nach dem Tod. An ägyptischen Mumien lassen sich noch heute ihre Blutgruppen ablesen. Diese Beständigkeit ist erblich, denn die Bluteigenschaften werden nach den Mendelschen Regeln der Vererbung von Generation zu Generation unverändert weitergegeben. Die Beständigkeit der Blutmerkmale – als Ausdruck der genetischen Beständigkeit – kann auch Aufschlüsse über den Weg, den die verschiedenen Völker im Laufe der Jahrhunderte und Jahrtausende zurückgelegt haben, geben. Es zeigt auf, wann und wo sie unter welchen Bedingungen gelebt oder mit welch anderen Völkern sie sich vermischt haben. Mit dieser ungeheuren Erkenntnismöglichkeit hat die Hämatologie aufgehört, nur Naturwissenschaft zu sein, sie ist auch zu einer Hilfswissenschaft für den Historiker geworden. Damit schreiben nicht mehr nur Bluttyrannen vom Schlage eines Dracula Geschichte, sondern das Blut schreibt nunmehr selbst Geschichte![5]

Die Farbe Rot und die Symbolik des Blutes

Rot ist die Farbe des Blutes. Aber die Bedeutung dieser Farbe erschöpft sich keineswegs darin; denn Rot versinnbildlicht ebenso die Liebe und das Leben, und als Purpurrot ist es die Farbe königlicher Souveränität und weltlicher Macht. Rot ist abgeleitet von althochdeutsch: ruoth = Recht = Gesetz. Daher trugen die Richter ursprünglich Rot. Der Purpur des Herrschers steht für oberstes Richteramt, Recht und Gesetz. Das Hochgefühl der Macht verbindet sich in Rot mit Festlichkeit und Würde. Aber Rot ist auch die Farbe der Revolution, des Aufruhrs und des Rausches. Wegen seiner suggestiven Kraft ist Rot häufig als Sinnbild und Zeichen verwendet worden. Die Wirkung hängt neben der Farbtönung vor allem von dem farblichen Kontext ab, in dem es steht. So suggeriert Rot in Verbindung mit Gold z. B. Glanz und Würde, während Rot und Grün Heiterkeit und Bejahung des Lebens ausdrückt. Damit Rot zu Blut wird, bedarf es noch zwei weiterer Farben: Schwarz und Weiß. Schwarz, dessen Urbedeutung wahrscheinlich schmutzig ist, ist die Farbe, die jede Lichtstrahlung vollkommen absorbiert. Symbolisch ist Schwarz die Farbe des Todes, der Trauer, überhaupt des feierlichen Ernstes, als Farbe der Nacht auch die des Geheimnisvollen, Gesetzwidrigen (Schwarzhandel) und Bösen (Schwarze Magie). Weiß ist die Farbe des Lichtes, des Friedens, der Reinheit und Unberührtheit, aber auch die Farbe der Opfertiere und Unlebendigkeit, der Krankheit und in einigen Regionen der Trauer (z. B. in slawischen Ländern und China). Erscheinen Schwarz, Weiß, Rot gemeinsam, erhalten alle drei Farben eine »dunkle« Bedeutung. Sie suggerieren dann Verbrechen, Nekrophilie, Totenbleiche, masochistisches Opfertum, Aggressivität und Blut. Schwarz, Weiß, Rot begegnen uns im Märchen von »Schneewittchen«, diesem Hohelied auf Eros und Tod. Schneewittchens Haut ist weiß wie Schnee, ihre Haare sind schwarz wie Ebenholz und ihre Lippen rot wie Blut. Schwarz, Weiß, Rot sind die Farben des Großmeisters des Grauens Edgar Allan Poe. In seinen Erzählungen treten uns schwarzgewandte Gestalten entgegen, wir werden mit den schwarzen Schwingen des Todes und der Pest konfrontiert oder blicken in eine tiefschwarze Finsternis. Weiß begegnet uns als »tödliche Blässe«, »vollkommen blutleer« oder »weiß wie Marmor«. Rot leuchtet durch blutrote Scheiben oder in purpurnen Strahlen der untergehenden Sonne. Mit Blut befleckt sind weiße Laken und Gewänder in düsterer Umgebung. Schwarz, Weiß, Rot ist auch die von Hitler geschaffene Hakenkreuzfahne, die durch das Hakenkreuz eine weitere aggressiv-erotische Aufladung erfährt. Hitler selbst berichtet, daß seine Fahne bei ihrer Einführung wie eine »Brandfackel« gewirkt habe.[6] Damit ergänzt diese Farbkombination »sinnvoll« das Braun des »Tausendjährigen Reiches«. Schwarz, Weiß, Rot sind endlich auch die Farben des Vampirs. Schwarz ist seine Kleidung, dunkel seine Gruft, bleich sein Gesicht, schneeweiß das Gewand seines weiblichen Opfers, über das rotes Blut ebenso rinnt, wie es von den Lippen des Vampirs tropft. Mischt man die Farben

V. »Blut ist ein ganz besonderer Saft«

Schwarz, Weiß und Rot, dann entsteht dunkles Violett, die sakral feierliche Farbe der Trauer, der Buße und des Todes.

Blut selbst ist eine Substanz, die mit einer aggressiven und nekrophilen Sexualität verbunden werden kann. Der Vampir ist dafür das beste Beispiel bzw. die Truppe der totmachenden Haarmänner. Blut kann aber auch, neben Milch und Sperma, als erotisches Lebenselixier gelten. Als solches erscheint es auch in Stokers »Dracula«, wenn der von Vampirbissen zu Tode geschwächten Lucy durch das Blut ihres Verlobten und ihrer abgewiesenen Verehrer neue Lebenskräfte zugeführt werden sollen. Die Bluttransfusion wird hier zur Metapher der Vereinigung zweier bzw. mehrerer Menschen. Die Vorstellung, daß Menschen durch Blut vereinigt werden können, deutet schon darauf hin, welche seelische Kraft im Blut vermutet wird. In der Tat ist das Blut in zahlreichen Kulturen und im Volksglauben als Sitz der Seele, oder zumindest der Lebensgeister und damit der Lebenskraft, bezeichnet worden. Blut wird daher auch beschworen, wenn sich die Menschen »gleichen Blutes« – wie z. B. im *jus sanguinis* – zu einer Bluts-Schicksals- und Seelengemeinschaft zusammenschließen sollen. Durch Blut wird die Blutsbrüderschaft, die ja einen Gleichklang der Seelen voraussetzt, vollzogen. Aufgrund dieser seelischen und geistigen Deutung des Blutes spielt das Blut immer eine wichtige Rolle in magischen Praktiken. Das Gebiet des »Blutzaubers« ist ein weites Feld, und zahlreich sind die Rezepturen, die vorgeben, mit welchem Blut, in welcher Kombination, welcher Zauber zu bewirken sei.[7]

»Blutzauber« offenbart sich auch beim Pakt mit dem Teufel, der dann »rechtskräftig« wird, wenn wir ihn mit unserem eigenen Blut unterzeichnen. Der Teufel ist in der okkulten Überlieferung, ebenso wie in der Faustsage, als ein Feind des Blutes bezeichnet, bzw. dargestellt worden. Seine Feindschaft resultiert daraus, daß das Blut Träger der Seele und der Lebensgeister des Menschen ist. Deshalb versucht er, sich des Blutes zu bemächtigen. Nicht umsonst enthalten viele Sagen und Mythen die Aussage: Was Macht hat auf dein Blut, das hat Macht über dich. Mephistopheles bemächtigt sich des Blutes von Faust, weil er dessen Seele haben will. Ähnliches gilt auch für unseren Vampir, der zwar nicht wie der Teufel menschliche Seelen sammelt, aber seinen Opfern mit ihrem Blut doch auch Seelenkräfte entzieht.

Als Untote werden sie nicht nur zu Vampiren, sondern es verdunkelt sich auch ihre Seele.

Die einstige Wertschätzung des Blutes drückt sich auch darin aus, daß es nicht nur als Sitz der Seele, sondern auch als Sitz der Vernunft angesehen wurde. So glaubte Empedokles daran, daß die Denkkraft des Menschen aus dem Blute kommt. Von dieser Vorstellung beeinflußt, stellte auch Platon im »Phaidros« die Hypothese auf, ob der Mensch nicht eigentlich mit dem Blute denke, das – wie der Samen – alle Lebensmöglichkeiten in sich enthält. Durch Blutübertragungen könnten gemäß dieser Gedankenführung auch geistige Merkmale weitergegeben werden. Von hier aus ist es nicht mehr weit zu den okkulten Vorstellungen, daß durch die »Verwandlung des Blutes« ein neuer, höherer Mensch geschaffen werden kann. Für Rudolf Steiner, den Begründer der Anthroposophie, enthält das Blut nicht nur, »was sich aus der materiellen Vergangenheit des Menschen herausgebildet hat. Es wird ... im Blute auch vorgebildet, was sich für die Zukunft des Menschen vorbereitet.«[8] Die Zukunft des Blutes und die damit verbundene Höherentwicklung des Menschen kann für Gläubige verschiedenster Couleur durch die Einnahme des Blutes ihrer Meister beschleunigt werden; denn gibt es auf der einen Seite Berauber wie Teufel und Vampire, so stehen ihnen auf der anderen Seite »Blutspender« gegenüber. Diese Spender können obskure und kriminelle Sektenchefs sein, wie z. B. der Anführer der japanischen Aum-Sekte, Shoko Asahara, der seinen Anhängern einen mit seinem Blut versehenen Sud zu trinken verabreichte, damit ihre Körper gereinigt und ihre Seelen erleuchtet werden. Der Spender kann aber auch Jesus Christus heißen. Der gläubige Christ nimmt mit der Kommunion Christi Blut in sich auf, um damit teilhaftig an seinem Gott zu werden und sich selbst durch diesen Akt zu erhöhen. Aber Christi Blut soll nicht nur durch den magischen Akt der Wandlung in die Welt kommen, sondern das aus den Wunden des sterbenden Erlösers ausgetretene Blut soll noch in dieser Welt sein und Wunder bewirken. Aufbewahrt wird es an einem verborgenen Ort, in einem wundertätigen Gefäß: dem Gral!

V. »Blut ist ein ganz besonderer Saft«

Erwähltes Blut: Vom Gralsblut zum blauen Blut

Der Ursprung des Gralsmythos verliert sich im dunkeln. Neben christlichen Vorstellungen mischen sich antike, jüdische, islamische, orientalische und vor allem keltische Überlieferungen (Artuslegende) mit ein. Im weitesten Sinne kann der Gral aber auch als ein Menschheitsmythos angesehen werden, dessen innerster Kern die Suche des Menschen nach Vollkommenheit und Erlösung darstellt. Der Gral symbolisiert dieses Ziel. Der Weg zu ihm beginnt in dieser Welt, endet aber in einer anderen und schließt die innere Wandlung des Menschen mit ein. Die Beschreibungen, die wir von dem geheimnisvollen Gral finden, sind ebenso zahlreich und mannigfaltig wie die Gralserzählungen selbst. Er wird als eine Schale, ein Kessel, als Becher oder als Kelch des letzten Abendmahls beschrieben, aber auch als Smaragd, der aus Luzifers Krone fiel, als dieser in die Hölle hinabfuhr, als Stein der Weisen oder als beseligende Gottesschau. Das Wort Gral selbst (altfrz. graal/greal, mittelhochdt. grâl) bezeichnet eine Art Schüssel, ein Gefäß, in dem Speisen aufgetragen werden. Der Begriff ist vermutlich eine Ableitung von griech./lat. *cratér* = Mischgefäß. Der erste, der die Legende vom heiligen Gral mit dem Artusstoff kombinierte, war höchstwahrscheinlich Chrétien de Troyes (»Perceval le Gallois ou Le conte du Graal«, um 1180). Ihm folgte wenig später Robert de Boron (»Le Roman de l'Estoire dou Graal«, um 1200). In beiden Fassungen ist der Gral Christi Abendmahlschüssel, in der Joseph von Arimathia Christi Blut bei der Kreuzigung auffing. In Wolfram von Eschenbachs »Parzival« (um 1210), stellt der Gral einen Stein mit wunderbaren Kräften dar, der auf einer einsamen Burg Namens Muntsalvaesche aufbewahrt wird, zu der nur Auserwählte finden. Ein besonderer Ritterorden dient dem Gral und erhält seine Kraft durch ihn. In Richard Wagners Bühnenweihfestspiel »Parsifal« wird dieser Rahmen übernommen, allerdings wird der Gral hier wieder als Kelch mit Christi Blut dargestellt.

Zweifelsohne ist die Vorstellung, der Gral sei ein Gefäß mit Christi Blut, am häufigsten anzutreffen. Die Wunde, von der aus das Blut in den Gral floß, wurde Christus mit einem Lanzenstich beigebracht. Nach psychoanalytischer Interpretation stellt die Lanze ein Phallussymbol dar, während der Kelch die Vagina symbolisiert. Christi Blut floß demnach zurück in den weiblichen Schoß, in das »heilige Gefäß«, im Mittelalter ein gebräuchlicher Name für die Mutter Gottes. Aus der Sicht der analytischen Psychologie C. G. Jungs wird der Gral damit zum Symbol höchster Vereinigung auf spiritueller und göttlicher Ebene. In ihr ist auch der Erlöser erlöst, und die Schlußworte aus Wagners Parsifal »Erlösung dem Erlöser« werden verständlich. Wer zur erwählten Ritterschaft des Grals gehört, nimmt an dieser Vollkommenheit teil und wird von ihr erfüllt. Der Gral darf somit zugleich als ein Symbol der Befreiung vom Vampirprinzip angesehen werden. Die Welt des Fressens und Gefressenwerdens, des Saugens und Ausgesaugtwerdens ist hier überwunden. Die Gralswelt ist auf keine materielle Nahrung mehr angewiesen. Die spirituelle Kommunikation und Kommunion ist die Quelle aller Kraft. In diesem Zustand ist nicht nur der aggressive männliche Vampirismus des modernen Menschen überwunden, sondern auch der sanftere, organisch-weibliche der Natur. Im Reich des Grals herrscht Friede, da jedwedes Töten seine Notwendigkeit verloren hat. Der Anblick des Grals ist den Rittern Speis und Trank genug. Ja – seine geistig-psychische Nahrung stärkt mehr als jedwedes irdische Mahl. Aber zum Gral gelangt nur derjenige, der sich auf eine lange Wanderschaft begeben und sich im Lauf dieser Wanderschaft zu einem höheren Menschsein entwickelt hat. Der Mythos vom Gral enthält eine weltlich-überweltliche Utopie. Die Utopie wird genährt durch das Blut Christi – des Antivampirs. Bemerkenswert ist, daß bei einigen Stigmatisierten, wie z. B. Therese von Konnersreuth, das austretende »Blutwunder« mit der Fähigkeit einhergeht, über Jahre ohne jegliche Nahrungsaufnahme leben zu können. Offenbar beginnen sie sich vom irdischen Vampirprinzip zu lösen, ihre Nahrung scheint also, wie bei den Gralsrittern, geistiger Natur zu sein.

Erwähltheit hat sich in der Menschheitsgeschichte im Regelfall immer über das Blut definiert. Der Adel versteht sich z. T. bis in die Gegenwart hinein als eine besondere »Blutsgemeinschaft«. Irdische Herrschaft hatte sich zunächst von einem göttlichen Ursprung oder wenigstens von einer engeren Kommunikation mit den Göttern abgeleitet. Aus diesem Grund standen am Beginn der Menschheitsgeschichte auch Priesterkönige, Gottkaiser oder zumindest Herrscher, die »Von Gottes Gnaden« inthronisiert wurden. Ihre Abstammung von den Göttern gab ihnen das besondere Blut, aber auch ihre wichtige, soziale Funktion: Sie bildeten nicht nur die Spitze eines Volkes oder einer Gesellschaft und schenkten den Menschen eine emotionale Heimat, sondern wurden als ein Verbindungsglied zwischen Gott und den Menschen gesehen, womit sie als der beste Garant für das Wohlleben aller galten. Doch mit dem Prozeß der Verweltlichung begann sich diese Sicht umzukehren: Aus den Segensspendern wurden die Ausbeuter. Ihr erwähltes Blut, das sichtbar nobelblau durch die Haut schimmerte und in seiner Farbsymbolik noch an die Erhabenheit Gottes und damit den Ursprung ihrer Herrschaft gemahnte, geriet nun zum Ausdruck des sozialen Schmarotzertums: Denn da der Adel nicht körperlich arbeiten mußte wie das Volk, das bei Wind und Wetter, bei Sonnenglut und Sturm auf dem Felde war, blieb seine Haut weiß und fein, und seine Äderchen schimmerten bläulich durch. Der blasse Adlige, der die Sonne mied und den Schatten vorzog und von der Hände Arbeit anderer lebte, bot sich, zumal er seine einstige soziale Rolle immer stärker einbüßte, förmlich als Vampirgestalt an. Sein müdes, kaltes, blaues Blut wirkte düster und jenseitig und schien das saftige, frische, rote Blut des Volkes für sein überlebtes Leben zu benötigen. Damit war der moderne Vampir geboren: Lord Byron, Lord Ruthven oder Graf Dracula! Rund 70 Prozent aller literarischen Vampire, so hat Hans Richard Brittnacher errechnet, sind Aristokraten![9]

Vampire und andere Blutfetischisten

»Der Fetischismus«, erklärt Magnus Hirschfeld in »Sexualität und Kriminalität«, »ist das krankhafte Übermaß einer an und für sich keineswegs abnormalen Empfindung. Der Fetischist überträgt aber nicht die Liebe von solchen Eigenschaften auf die ganze Persönlichkeit, sondern bleibt in den Teilen stecken. Das Nebensächliche wird für ihn zur Hauptsache. Ein bestimmtes Attribut fesselt ihn so, daß er gegen alle sonstigen Eigenschaften blind ist.«[10] Ernest Borneman definiert den Fetischismus ähnlich, nämlich als »die Verlagerung des sexuellen Ziels von einem lebenden Menschen des anderen Geschlechts auf etwas anderes, das den Menschen ersetzt.«[11] Nach Bornemans Auffassung entwickelt jede gesellschaftliche Ordnung eine ihr besonders adäquate Perversion: »die athenische Stadtdemokratie die Pädasterie, der sterbende Feudalismus des 18. Jahrhunderts den Sadismus, das Bürgertum den Fetischismus.« Die Gründe dafür, warum der Fetischismus gerade in unserer Gegenwart so verbreitet ist, vermutet Borneman darin, daß unsere Zeit den toten Dingen (Kapital, Zinsen, Waren, etc.) selbst einen Fetischcharakter beimißt. Die Auswahl dessen, was der Fetischist zu dem Objekt seiner Begierde erheben kann, ist nahezu unbegrenzt: einen Körperteil, eine Eigenschaft, ein Kleidungsstück, einen Gegenstand oder Körperausscheidungen und Körpersäfte, wie z. B. das Blut. Auch für den Vampir hat das Blut ohne Zweifel einen Fetischcharakter. Da die Betrachtung oder die Einverleibung nahezu immer mit Gewalt verbunden ist, erinnert der Fetisch des aristokratischen Vampirs aber auch an den im Spätfeudalismus verbreiteten Sadismus.

Allerdings braucht der totenbleiche Vampir das Blut auch zum Überleben. Es gibt ihm Kraft und seine Einverleibung erinnert an die Bluttransfusion des Kranken, die dieser zu seiner Genesung benötigt. Doch andererseits ist das ganze Trachten und Wohlbefinden des Vampirs derart auf das Blut fixiert, daß man etwas überspitzt sagen könnte: Sein Fetisch hat eine derart dominante Stellung eingenommen, daß er nicht mehr nur Lebensinhalt ist, sondern auch Lebenselixier wurde. Bereits das Jagen, die Blutwitterung macht ihn rasend. Wenn er schließlich die Beute ergattert hat, erschließt sich ihm über den Lebenssaft auch die Lebensbiographie seines Opfers. Auch das erinnert an den Fetischisten; denn für diesen ist der Fetisch ja nicht einfach nur Objekt, sondern beinhaltet einen ganzen Kosmos voller Geheimnisse und dunkler Erinnerungen. Als ein Zeichen der Zuneigung laden sich daher die Vampire bei Anne Rice gegenseitig zum Kosten ihres Fetisches ein; d. h., sie bieten sich einander ihr eigenes Blut zum Trinken an. Clive Leatherdale hat den Blutbiß des Vampirs gar als eine Art zweite Hochzeitszeremonie bezeichnet.[12]

Aber Blut ist nicht gleich Blut. Da gibt es zunächst einmal die Unterscheidung zwischen »totem Blut« wie Anne Rice es bezeichnet, also dem Blut bereits Verstorbener und dem noch Lebender. Das dunkle Blut des Vampirs verschmäht das tote Blut, das für ihn ohne Zauber und stärkende Kraft ist. Er will sich auch nicht mit jedem lebenden Blut paaren, sondern nur mit hochwertigem, frischen Blut. Der Aristokrat betreibt hier selbst Auslese: Seine Opfer müssen jung, schön und gesund sein und nicht selten selbst einen Hauch von Noblesse besitzen. Je mehr Vitalität in ihnen steckt, desto mehr Vitalität saugt sich der Vampir ein, und je mehr Exklusivität sie verkörpern, desto mehr Exklusivität verleibt er sich mit ihnen ein. Der Vampir schlürft also nicht wahllos Blut in sich hinein, sondern betreibt einen Kult mit diesem roten Lebenssaft, ähnlich wie das auch der Fetischist mit den Gegenständen seiner Verehrung tut.

Der Fetischist ist maßlos gegenüber dem Objekt seiner Huldigung. In gemäßigter Form hat allerdings jeder Mensch seinen kleinen Fetisch: Die Haarlocke einer geliebten Person, ein besonderes Reiseandenken oder z. B. ein Erbstück, das mit der eigenen Familiengeschichte verknüpft ist. Auch das Blut besitzt für viele Normalbürger – wenn auch nicht unmittelbar – Fetischcharakter. Spannung und Entspannung in der Unterhaltungsbranche basiert geradezu darauf, daß »Blut fließt«. Doch gibt es im Grad der Blutbegeisterung beachtliche Unterschiede. Es muß auch nicht jeder Blutfetischist zum Vampir bzw. zu einem Haarmann werden. Im Idealfall befriedigt er seinen Blutdurst im Reich der Phantasie, wie das z. B. der Romantiker Clemens Brentano in seinem bereits erwähnten Liebesbrief an Karoline von Günderode tat. Magnus Hirschfeld überliefert den Bericht von einem Doktor Craven, der den Fall einer dreißigjährigen Portugiesin analysiert hat, deren Gedanken und Träume sich immer mit Blut beschäftigten. Für diese Frau war Blut das Symbol für Liebe, Haß, Zorn und Leidenschaft. Wenn es regnete, meinte sie, es regne Blut. Sie liebte Blutorangen und trank nur Rotwein. Jungen Mädchen hätte sie gerne in die Brüste gebissen, das Blut aus ihnen gesaugt oder sie ganz aufgegessen. Ähnliche Gefühle waren auf Vagina, Unterleib und Mastdarm gerichtet. Höhepunkt ihrer Traumvorstellungen aber war schließlich das Bluttrinken aus dem Ohr.

In einer weiteren Steigerungsstufe wird aus solchen Phantasiespielen blutiger Ernst, und uns begegnen dann die »lebenden Vampire«. Die Liebe zum Blut, die Hämatophilie, steigert sich in diesen Fällen zur Hämatodipsie, dem erotischen, unstillbaren

Blutdurst. Blut wird hier zum alleinigen Lebensinhalt, und der Blutgenuß ersetzt jede Art von Geschlechtsverkehr. So schildert Roderick Anscombes lebender Vampir, László Graf Dracula sehr anschaulich seine Blutwonne: »Es war Wahnsinn es zu schmecken ... mein Mund war mit ihrer salzigen, metallischen Essenz gefüllt, und als ich sie herunterschluckte, schwanden mir fast die Sinne.«[13]

Die Sexualwissenschaft hat die Blutfetischisten in fünf Hauptgruppen unterteilt:

Erstens: Die Sadisten, die dem Partner beim Geschlechtsverkehr Wunden beibringen wollen, um Blut fließen zu sehen.
Zweitens: Die Masochisten, die in entsprechender Weise ihr eigenes Blut fließen lassen wollen.
Drittens: Die Menomanen, die ausschließlich an Menstruationsblut interessiert sind.
Viertens: Die Blutsauger bzw. lebenden Vampire, die zweifelsohne sadistisch orientiert sind.
Fünftens: Die Kannibalen, die Menschenfleisch essen und das Blut als Teil dieses Nahrungsmittelfetischismus betrachten.

Ein Fall von Abnormität, der sich in keine dieser fünf Gruppen einordnen läßt, aber dennoch in die Legende von Blutverehrung einging, trug sich an der Wende vom 16. zum 17. Jahrhundert in Ungarn zu. Der »Vampir« war diesmal eine Frau – aber natürlich eine blaublütige!

Die »Blutgräfin« Elisabeth Báthory oder der Traum von der ewigen Jugend

»Dracula war eine Frau« betitelte Raymond T. McNally seine Biographie über die »Blutgräfin« Elisabeth Báthory.[14] Und Michael Farin schreibt über die »comtesse sanglante«, daß es schwerfalle, »das Strahlennetz dieses höllischen Sterns zu durchdringen ... Alle Versuche nämlich, ihrem traurigen Ruhm etwas Vergleichbares an die Seite zu stellen, ihre Taten durch das Vergleichen mit denen anderer zu verstehen, scheitern.«[15] Wir hätten diese, aus dem ungarischen Hochadel stammende Menschenquä-

V. »Blut ist ein ganz besonderer Saft«

lerin auch in den Abschnitten über Irrsinn, Machtmißbrauch oder Verbrechen abhandeln können. Wir taten es nicht, weil sich ihr Name nach ihrem Tod zu einem eigenen Blutmythos verdichtete. Dieser Mythos, der ihr den Namen »Blutgräfin« einbrachte, besagt, daß die Báthory Ströme von Mädchenblut als Jungbrunnen benutzt haben soll. Das entspricht nicht ganz den Fakten, dennoch bleibt ihre Biographie außergewöhnlich genug.

Elisabeth Báthory (Abb. 39) wurde 1560 geboren und gehörte einer der mächtigsten und vornehmsten ungarischen Familien der damaligen Zeit an, die – Ironie der Geschichte – weitläufig mit dem Hause Dracula verwandt war. Der Reichtum der Báthory war gewaltig und überstieg den des ungarischen Königs Matthias II., der sogar ihr Schuldner war. Die ständigen Heiraten innerhalb der ungarischen Adelsfamilien, durch die ihr Besitz zusammengehalten werden sollte, hatten allerdings zu einer genetischen Degeneration geführt. Elisabeth selbst litt an epileptischen Anfällen; einer ihrer Onkel war ein bekannter Satanist; ihre Tante Klara eine sexuelle Abenteuerin, und ihr Bruder Stephan ein Trinker und Wüstling. Elisabeth wurde im Alter von elf Jahren mit Ferenc Nádasdy, dem Sohn einer anderen ungarischen Adelsfamilie verlobt, der später den Beinamen der »Schwarze Ritter« erhielt. Nádasdy war ein grausamer Krieger und bei den Feldzügen gegen die Türken bereitete es ihm Vergnügen, türkische Gefangene zu foltern. Er soll seiner Frau sogar einige Foltertechniken beigebracht haben.

Trotzdem verwirklichte Elisabeth ihre gewalttätigen sexuellen Phantasien erst nach dem Tod ihres Mannes im Jahr 1604 vollkommen ungehemmt. Ihr Sadismus richtete sich dabei ausschließlich gegen Mädchen oder junge Frauen in ihrer näheren Umgebung. So liebte sie es, ihre Dienerinnen zu beißen und ihnen das Fleisch von den Knochen zu reißen. Einer ihrer Spitznamen war »Tigerin von Čachtice«, nach dem Schloß benannt, in dem sie sich überwiegend aufhielt. Außerdem praktizierte sie mit Wonne verschiedene grausame Foltermethoden. Mitunter steckte die grausame Elisabeth ihren Dienerinnen Nadeln in den Körper und unter die Fingernägel oder legte ihnen rotglühende Münzen oder Schlüssel in die Hand. Auch ließ sie im Winter Mädchen in den Schnee werfen und mit kaltem Wasser übergießen, so daß sie erfroren.

Die »Blutgräfin« Elisabeth Báthory oder der Traum von der ewigen Jugend

Abb. 39: *Die »Blutgräfin« Elisabeth Báthory. Zeitgenössisches Gemälde. Ungarisches Nationalmuseum Budapest*

Da die Opfer der Báthory, die möglicherweise in die Hunderte gingen, ausschließlich ihrem eigenen Geschlecht angehörten, liegt es nahe zu vermuten, daß die »Blutgräfin« homosexuell veranlagt war. Dafür spricht auch, daß sie sich als junges Mädchen hauptsächlich männlichen Beschäftigungen wie der Jagd und dem Reiten zugewandt hatte und sogar mit Vorliebe männliche Kleidung getragen haben soll. In den Beziehungen zu ihren Die-

V. »Blut ist ein ganz besonderer Saft«

nerinnen nahm sie die Position einer grausamen Domina ein. Auch wenn sie nicht in Mädchenblut badete, wie die spätere Báthory-Mythe berichtet, muß Blut auf sie doch eine ausgesprochen berauschende Wirkung gehabt haben. József Antall und Károly Kapronczay vermuten in ihrer Untersuchung über die Báthory, daß diese Epileptikerin während ihrer sexuell-sadistischen Rasereien in einen Zustand hysterischer Ekstase geraten ist. Dennoch nehmen sie an, daß die grausame Gräfin bei Verstand war und sich ihrer Neigungen bewußt war.[16]

Trotz der ungeheuren und kaum kaschierbaren Verbrechen, die die »Blutgräfin« beging, blieb sie lange Zeit ungeschoren. Schließlich war sie die Herrin, eine ungarische Aristokratin, ihre Dienerinnen und Opfer hingegen Slowakinnen oder von ihren Häschern aus den umliegenden Dörfern geraubte Mädchen. Mit den zahllosen Leichen ging Elisabeth recht sorglos um. Häufig verstaute sie sie einfach unter den Betten im Schloß, und wenn sie zu sehr zu stinken anfingen, warfen sie ihre Diener auf die umliegenden Felder. Da die Leichname durch die zuvor erlittenen Torturen vollkommen ausgeblutet waren, nährte dies bei den Bauern den Vampirglauben. Zum Verhängnis wurden der Báthory ihre Untaten erst, als ihr die einfachen Dienerinnen als Opfer nicht mehr reichten und sie adlige Jungfrauen zu ihren nächtlichen, sadistischen Spielen zu locken begann. Als 1611 endlich ein Prozeß gegen sie stattfand, wurde die Gräfin jedoch nicht zum Tode verurteilt. Während man ihre Komplizen, nach verschiedenen Folterungen, bei lebendigem Leib auf dem Scheiterhaufen verbrannte, wurde die Báthory glimpflicher behandelt. Sie wurde in ihrem Schlafzimmer auf ihrem Schloß Čachtice bei zugemauerten Fenstern eingesperrt. Hier dämmerte sie als »lebender Leichnam« ihrem Tod im Jahre 1614 entgegen.

Bereits zu Lebzeiten waren Gerüchte über das tolle Treiben der Gräfin im Umlauf gewesen, welche sich um so mehr mit der Phantasie des Volkes vermischten, als die Nennung des Namens Elisabeth Báthory nach Publikwerden ihrer Verbrechen in Ungarn lange Zeit einem Tabubruch gleichkam. Die blutleeren Leichen, welche von den Bauern auf ihren Feldern gefunden worden waren, hatten das ihre dazu beigetragen, daß die grausame Gräfin zur »Blutgräfin« wurde. Allerdings erfuhr ihre Grausamkeit eine ganz eigene Interpretation. Wohl mit auf der erwiesenen Eitelkeit der Gräfin beruhend, entstand die Vermutung, sie habe in dem Blut der von ihr getöteten Mädchen gebadet, um sich dadurch selbst ewige Jugend und Schönheit zu verschaffen. Man wußte sogar zu sagen, wie die Gräfin, die das Welken ihrer Schönheit als bitter empfand, auf dieses ungewöhnliche Schönheitsrezept verfallen war. So soll sie, als ihre Kammerfrau sie einmal beim Frisieren ungeschickt bediente, diese so heftig ins Gesicht geschlagen haben, daß aus der Nase der Bediensteten Blut hervorgestürzt und auf die Hand der Gräfin getropft war. Als die Báthory nun voll Ekel das Blut mit einem Tuch wegwischte, soll sie mit Verwunderung wahrgenommen haben, daß die Haut an dieser Stelle ein rosiges, jugendfrisches und wesentlich von den übrigen Handpartien verschiedenes Aussehen zeigte. Hierdurch sei sie auf den Gedanken gekommen, sich ganze Blutbäder zu verschaffen und zu diesem Zweck seien 650 Jungfrauen von ihr hingeschlachtet worden. Aus purer Eitelkeit also soll die böse Gräfin getötet haben, da ihr das Blut der Jugend als die kostbarste und wirkmächtigste Kosmetika erschien.

Da die historischen Gerichtsakten aus dem Jahre 1611 keinerlei Hinweis darauf geben, daß die Gräfin das Blut ihrer Opfer tatsächlich als Schönheitsbad nutzte, erscheint es interessant zu untersuchen, wie es zur Herausbildung der Báthory-Mythe kam, die übrigens lange Zeit auch in wissenschaftlichen Werken Eingang fand.[17] Wahrscheinlich spielen neben der bereits erwähnten Eitelkeit der Báthory noch zwei allgemeinere Gründe eine Rolle:

Erstens: Sexueller Sadismus ist eine Domäne des Mannes. Hinter solchen Untaten, wie sie die Báthory begangen hat, vermuten wir im Regelfall einen Gilles de Rais, einen Dracula oder einen Haarmann, nicht aber eine Frau. Die Báthory verstieß damit sowohl gegen das Verhalten als Frau wie auch gegen das Rollenverständnis, das der Frau entgegengebracht wird. Das traf für die Zeit der Báthory natürlich noch in einem weit stärkerem Ausmaß zu als für die Gegenwart.

Zweitens: Es darf daher nicht verwundern, daß der »Blutdurst« der Báthory beinahe instinktiv, aus dem Selbstschutz bestehender Vorstellungen heraus, eine dem Frauenbild gemäßere Interpretation erfuhr. Was lag näher, als ihn mit der »typisch weiblichen« Eitelkeit dieser Frau in Verbindung zu setzen. »Blut ist ein ganz besonderer Saft«, Blut ist Leben und Blut spielt in den Mythen der Völker eine entscheidende Rolle. Wenn Blut das Leben schenkt und Unsterblichkeit symbolisiert, weshalb sollte das Blut »blutjunger« Mädchen nicht auch Jugend und Schönheit schenken, zumal Milch, die mit dem Blut ja oft in Verbindung gesetzt wurde, altbekannt ist als Kosmetika und Schönheitsbad. Der Traum von der ewigen Jugend ist ebenso alt wie der vom ewigen Leben. Das Blut unschuldiger Jungfrauen schien dafür die geeignete Essenz zu sein. Die »Blutgräfin« geriet somit in gewisser Hinsicht auch zur Projektion allgemein menschlicher Wünsche.

1812 hat der Freiherr von Mednyansky in der Zeitschrift »Hesperus« die Blutbäder der Báthory in das Reich der Legende verwiesen. Andere Historiker folgten ihm. An dem Blutmythos der Báthory vermochte das aber nur wenig zu ändern. Besonders Schriftsteller und später auch Filmemacher waren von der Blutbädersage fasziniert. Darauf aufbauend schrieb z. B. Leopold von Sacher-Masoch seine Novelle »Ewige Jugend«.[18] Selbst Stoker ließ sich von der Báthory-Mythe beeinflussen. Seine Beschreibung Draculas, daß dieser sich verjünge, sobald er Blut getrunken hat, ist wahrscheinlich direkt darauf zurückzuführen.[19] Der Film hat sich in zweifacher Weise von der Báthory inspirieren lassen: Zum einen spann er die Geschichte vom Blut als Schönheitselixier weiter, zum anderen bot die Gestalt der Báthory auch einen wichtigen Anstoß zum lesbischen Vampirfilm. Natürlich überschnitten sich die beiden Themen zum Teil auch. Die wahrscheinlich gelungenste Darstellung der Báthory als Blutgräfin ist in dem Episodenfilm »Unmoralische Geschichten« (1973) von Walerin Borowczyk enthalten. Kunsthistorische Raffinesse, schwarze Poesie und deliziöse Bilder geben dem Film seinen Reiz. Die Tatsache, daß die Picasso-Tochter Paloma als Blutgräfin lustvoll-eitel im Blut suhlte (Abb. 40), sorgte damals für erhebliches Aufsehen. Wie weit die seinerzeit am Beginn ihrer Karriere stehende Paloma Picasso sich von ihrer Rolle als Báthory inspirieren ließ, ist unbekannt. Immerhin ist sie dem Thema Kosmetik, Jugend, Schönheit treu geblieben, auch wenn sie heute dafür andere Essenzen verwendet als Mädchenblut!

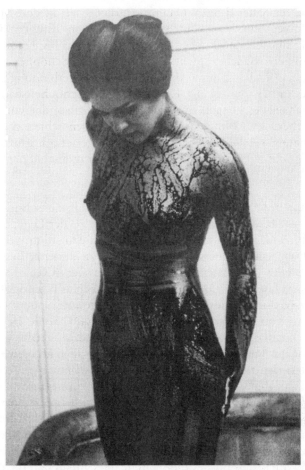

Abb. 40: *Paloma Picasso beim Schönheitsbad in Blut. Szene aus dem Episodenfilm »Unmoralische Geschichten«, 1973*

»Der (Blut)Mythus des 20. Jahrhunderts«

Dracula saugt nicht nur Blut, er ist auch stolz auf das Blut, das in seinen Adern kreist. Voll wildem Hochmut enthüllt er dem verschreckten Jonathan Harker seine Blutherkunft:

»Wir Szekler haben ein Recht, stolz zu sein, denn in unseren Adern fließt das Blut so mancher tapferen Völker, die wie Löwen um die Herr-

V. »Blut ist ein ganz besonderer Saft«

schaft stritten. Hier in den Wirbel europäischer Rassen trug der ugrische Stamm von Island den wilden Kampfgeist herunter, den Wodan und Thor ihm eingepflanzt hatten. Sie überschwemmten als gefürchtete Berserker die Küsten Europas und die von Asien und Afrika dazu, so daß die Völker dachten, ein Heer von Werwölfen sei eingebrochen. Als sie in dieses Land kamen, trafen sie mit den Hunnen zusammen, deren grausame Kriegslust wie eine lodernde Fackel über die Erde hingefegt hatte, so daß die sterbenden Nationen sich erzählten, sie seien Nachkommen jener Hexen, die einst, aus dem Skythenland vertrieben, sich in der Steppe mit Teufeln paarten. Narren! Narren! Welche Teufel, welche Hexen waren so mächtig wie Attila, dessen Blut in diesen Adern kreist?‹ Er reckte seine Arme aus. ... ›Ja, junger Herr, die Szekler und die Draculas – ihr Herzblut, ihr Gehirn, ihr Schwert – können sich einer Vergangenheit rühmen, wie keines der Emporkömmlingsgeschlechter der Romanows oder Habsburger. ... Blut ist ein zu kostbar Ding in diesen Tagen jämmerlichen Friedens.‹«   Stoker: Dracula, S. 41–43.

Dieser aggressive Blutstolz Draculas taucht auch in den »wissenschaftlichen« Blutmythen des 20. Jahrhunderts – und natürlich besonders im Nationalsozialismus – wieder auf. Der Nationalsozialismus stellt von seinem innersten Wesen her eine Religion des Blutes dar. Als solche wird er auch von Alfred Rosenberg, dem Chefideologen der NSDAP, bezeichnet. In seinem Hauptwerk »Der Mythus des 20. Jahrhunderts« – der für Rosenberg natürlich ein Blutmythos ist – schreibt er, daß nur eine Religion des Blutes die Völker, und mit ihnen jede höhere Kultur, vor dem Untergang erretten kann. Blut bestimmt daher in jeder Hinsicht die Ära des Dritten Reiches. Da gibt es die »Blutfahne« der Bewegung, jene Reliquie aus dem Hitlerputsch von 1923, die mit dem Blut der gefallenen »Blutzeugen« getränkt war, die ihr Blut für Deutschland gegeben hatten und nun aus ihren Särgen heraus, die am Münchner Königsplatz in zwei offenen Tempeln aufgebahrt waren, »Ewige Wache« für Deutschland halten sollten. Den überlebenden Putschteilnehmern wurde der »Blutorden« verliehen. Einen eigenen Blutorden bildete die SS. Die Nürnberger Rassengesetze galten als »Blutschutzgesetze«. Ständig wurde in Reden, Parolen und Publikationen der dunkle Zauber des Blutes beschworen. Es ging um »Blut und Ehre«, oder um die Schaffung von »Neuadel aus Blut und Boden«, es wurde vor der »Sünde wider das Blut« gewarnt oder vom »Geheimnis des Blutes« geraunt.[20] Blut war Mythos, Blut war Religion, denn: »Die

Lebensgesetze unseres Blutes mißachten wollen, heißt die Ordnung Gottes auf dieser Welt verneinen und seinem Gebot entgegensetzen.«[21] Da es nach nationalsozialistischem Verständnis ».... nichts Kostbareres auf dieser Erde als Keime edlen Blutes (gab)«, bildete auch die Gralssuche einen wichtigen Eckstein innerhalb der nationalsozialistischen Esoterik. Der Gral gilt als ein Gefäß mit dem kostbarsten Blut überhaupt: Dem Blut des Erlösers Jesu Christi. Allerdings wandelten die antichristlich eingestellten Nationalsozialisten diese Gralsidee ins Dunkelmagische ab. Wer den Gral erkannt hatte, besaß den Schlüssel zur Weltherrschaft. Er befreite nun nicht mehr vom Vampirprinzip, sondern in seinem Anspruch auf Weltherrschaft verkörperte er das Vampirprinzip!

Allein durch die herausragende Stellung, welche das Werk Richard Wagners im Dritten Reich einnahm, mußte auch die Gralsidee über den »Parsifal« an Bedeutung gewinnen. Wagner, Antisemit und Wiedererwecker germanischer Mythen, war Hitlers einziges und wirkliches Idol. Der »Endsieg« und die im Anschluß daran geplante Umbenennung Berlins in die Welthauptstadt »Germania« sollte mit einer Aufführung des »Parsifal« ihren krönenden und sakralen Abschluß erhalten. Trotz der nationalsozialistischen Einverleibung Wagners wäre es aber verfehlt, dessen Gralsidee mit der des »Dritten Reiches« gleichzusetzen. Dazu ist auch sein *Parsifal* zu christlich, zu human, zu sehr auf eine tiefe spirituelle Erlösung ausgerichtet. Wagners Gralsritter bilden keinen der Macht verfallenen schwarzen Orden wie die SS. Das nationalsozialistische Interesse für den Gralsmythos läßt sich daher nicht allein auf Wagner zurückführen, sondern hängt einfach damit zusammen, daß der Gral geeignet erschien, die Blutreligion der braunen Ideologie mystisch zu erhöhen. Die Nationalsozialisten haben jedoch nicht die tiefere Bedeutung, die im Gral enthalten ist, übernommen, sondern aus der Idee der Weltüberwindung eine der Weltbeherrschung gemacht. Trotz dieser Ausrichtung hat die Gralsidee im »Dritten Reich« nie eine klare gedankliche Festlegung erfahren, sondern durchwabert in einer für die Nationalsozialisten typischen und taktisch gewiß nicht unklugen »mystischen Unschärfe« ihre Herrschaftszeit. Der Gral, das konnte zum Beispiel die vom Blut der NS-Märtyrer getränkte Blutfahne sein. Ähnlich wie der Gral nur zu besonderen Anlässen enthüllt wurde, um seine wundertätigen Kräfte zu entfalten, so wanderte auch die Blutfahne nur zweimal im Jahr aus ihrem heiligen Schrein. Mit ihr, in der ein besonderes Fluidum enthalten sein sollte, wurden dann die neuen Fahnen und Standarten der Bewegung geweiht. Hitler, der diese Prozedur persönlich durchführte, übernahm dabei quasi die Rolle des Gralskönig Parsival.[22] Der Gral konnte aber ebensogut als Symbol für das »edle nordische Blut« dienen, dessen Reinheit zu hüten und zu mehren war. Die SS, selbsternannter Träger des guten Blutes, bildete gleichsam den Gral selbst. Diesem Blutorden war es daher nach Himmlers Sicht vorherbestimmt, die Welt in seinem Sinne umzuwandeln.[23] Trotz dieser Interpretation begab sich aber die SS auch selbst auf Gralssuche. Der Gralsforscher Otto Rahn wurde auf Himmlers persönlichen Wunsch hin in den schwarzen Orden der SS aufgenommen. Rahn ortete den Gral im französischen Languedoc und verband ihn mit der Ketzerbewegung der Katharer.[24]

Bisher war immer von Blut die Rede, wenn Rasse gemeint war. Instinktiv hatten die Nationalsozialisten ihre Rassenideologie mit dem Blutglauben verbunden; denn das Wort Blut besitzt weit mehr Bannkraft und mythische Schwere als das abstraktere Wort Rasse. Dabei sind Blut und Rasse keineswegs kongruent. Auch trennt Blut die Menschen weniger nach Rassen als vielmehr nach Blutgruppen. Ob eine Bluttransfusion gelingt, hängt nicht davon ab, ob Spender und Empfänger der gleichen Rasse angehören, sondern davon, ob sie die gleiche Blutgruppe haben.

Um ihre Rassenideologie im Volke zu verankern und emotional aufzuladen, mußten die Nationalsozialisten sie mit dem Mythos vom Blut verbinden, um sie gleichzeitig vor der gelehrten Welt rechtfertigen zu können, versuchten sie, ihr ein wissenschaftliches Gepräge zu geben. Zu diesem Zweck wurden entsprechende Forschungsinstitute gegründet, bzw. eigene Lehrstühle errichtet. Der Rassengedanke sollte sowohl durch die Geistes- als auch durch die Naturwissenschaften gestützt werden. Es galt, in ihm den roten Faden und Motor der Menschheitsgeschichte auszumachen, aber ebenso, ihn durch die Forschungen in Biologie und Anthropologie zu bestätigen. Besonders der Darwinismus mit seiner Aussage vom »Überleben des Stärkeren« und dem »Kampf ums Dasein«, besaß Attraktivität und wurde mit der »Herrenmoral« vom Recht des Stärkeren ergänzt.[25]

Auch unser Vampirgraf – um auf ihn zurückzukommen – vertritt neben dem Blutstolz unverkennbar jene Herrenmoral, die vom Recht des Stärkeren ausgeht. Allerdings befindet er sich in einem Punkt doch im Gegensatz zur nationalsozialistischen Rassenideologie: Dracula vereint nach eigener Aussage in sich das beste Blut der besten Rassen, mit anderen Worten, er ist ein »Mischling«. Die nationalsozialistische Lehre hingegen hatte verkündet, menschliche Hochzucht setze die Reinheit der Rasse voraus. – Die moderne Gentechnik tendiert heute mehr zu Draculas Auffassung!

VI. »Sex, Crime and Drugs«

Viktorianismus und die Dämonie der Liebe

Obgleich die menschliche Sexualität eine biologisch festgelegte und arterhaltende Funktion hat, ist sie durch gesellschaftliche Rahmenbedingungen mitbestimmt. Zeitalter einer romantischen Verklärung der Liebe wechselten mit denen eines nüchternen Pragmatismus. Das Geschlechtliche wurde in Fruchtbarkeitsriten verehrt, aber ebenso konnte es als etwas »Unanständiges« tabuisiert werden. Libertins und Puritaner errangen abwechselnd die Oberhand. Für die einen war die Sexualität Symbol der Befreiung und ein Weg zum Glück, für die anderen die Versklavung durch einen Trieb und eine Quelle des Leidens. Die Sexualität konnte sowohl als etwas Natürlich-Unschuldiges als auch als etwas Dunkles, Triebhaftes, ja dämonisch Beunruhigendes angesehen werden.

Die Verbindung von Dämonie und Sexus ist alt. Ihr Gedeihen ist aber zumeist an eine prinzipielle Trennung von Hell und Dunkel, Licht und Finsternis gebunden, die sich in vielen Hochkulturen findet. Doch gibt es Ausnahmen: Im klassischen Griechenland dominierte das Licht vielleicht gerade deshalb, weil auch das triebhaft Archaische angenommen wurde. Obgleich das klassische Altertum das Edle im Menschen betonte und dazu neigte, den Menschen zu idealisieren, hat es doch niemals versucht, die eigene Triebhaftigkeit gleich einem Dämon auszutreiben. So folgte etwa der Trilogie der klassischen Tragödie mit ihren Göttern, Halbgöttern und Heroen regelmäßig das Satyrspiel, das den Naturdämonen die Bühne überließ. Die Sublimierung behinderte jedoch nicht die Triebbefriedigung. Problematischer verhielt es sich dagegen im Christentum: Der Teufel wurde zum großen Verführer und das gerade auch im Bereich des Sexus. Es darf daher nicht verwundern, daß im christlichen Schlafgemach über Jahrhunderte die Teufel und Dämonen ein- und ausgingen. Alp oder Nachtmahr haben wir bereits erwähnt (vgl. Abb. 2). Als

Incubi (männlicher Dämon) paarten sie sich mit Frauen, als *Succubi* (weiblicher Dämon) mit Männern. Im mittelalterlichen Hexenwesen spielte der Glaube an eine sexuelle Vereinigung mit dem Teufel eine große Rolle und nahm medizinisch sehr interessante Formen an: Frauen fielen in hysterische Zustände, in denen sie die gewagtesten Koitusstellungen einnahmen und die obszönsten Bewegungen ausführten. Im 19. Jahrhundert, als der elementare Dämonenglaube bereits entschieden rückläufig war, tummelten sich die lüsternen Verführer in sublimierter Form im Bereich der Kunst herum, und hier gewann vor allem ein Unhold an Relevanz: der Vampir.

Der dämonische Liebhaber muß nicht unbedingt jenseitigen Welten entspringen. Er kann auch als sehr irdischer Don Juan in die Kunst oder in das Leben treten und ist – ähnlich wie die Femme fatale – im Grunde ein Hasser des anderen Geschlechtes. Er verführt, um zu vernichten. Der moderne Vampir hat unverkennbar auch von hier, vom dämonisch-attraktiven Don Juan-Typus, eine Mitprägung erfahren und keineswegs nur von den häßlichen Alpwesen und Nachtmahrgestalten. Es mag daher auch nicht überraschen, daß der »Demon-Lover« und der Vampir ab 1800 in etwa zeitgleich die literarische Welt eroberten. Folgerichtig hat Peter D. Grudin in seiner Studie über den dämonischen Liebhaber dem Vampir ebensoviel Aufmerksamkeit gewidmet wie dem irdischen Verführer.[1] So wird bei ihm z. B. Polidoris Lord Ruthven genauso behandelt wie der dämonische Heathcliff in Emily Brontës »Stürmische Höhen«, der, obgleich kein Untoter, Zähne scharf wie ein Menschenfresser, besitzt. Daß der dämonische Liebhaber seinen becirzten Geschöpfen nicht gut will, schmälert seine Attraktivität keineswegs. Die Nähe des Abgrundes betört das »Opfer«, und der mögliche Sturz in denselben vermag die nächtlichen Wonneschauer sehr wohl zu erhöhen. Angst und Lust schließen einander nicht aus, sondern stimulieren sich nicht selten gegenseitig.

Die Gestalt des dämonischen Liebhabers erinnert uns daran, daß unsere Leidenschaften mit Leiden verbunden sind. Leiden tut dabei nicht nur das Opfer, sondern auch der Täter. Er schafft nicht nur Verdammnis, auf ihm selbst liegt Verdammnis. Für Georges Bataille ist selbst die glücklichste Leidenschaft mit einer Verwirrung der Gefühle und dauerndem Bangen verbunden. Den paradiesischen Urzustand, den Rousseau im 18. Jahrhundert erspähte, konterkarierte bereits der Marquis de Sade. Dem edlen Wilden rousseauscher Prägung setzte der Marquis unsere wilden, unedlen Leidenschaften entgegen.[2] De Sade schlägt dabei den Bogen vom geistigen zum physischen Leiden und von der Dämonisierung der Sexualität zur Sexualisierung von Gewalt und Opferung. Auch der Sadismus gemahnt uns daran, daß der Sexus nicht nur mit Lebensbejahung und Lebenserschaffung verbunden ist, sondern ebenso in sein Gegenteil umschlagen kann: in Vernichtung und Tod. Lebensgier und Todessehnsucht, beides ist Bestandteil unserer Geschlechtlichkeit. In dieser Ambivalenz verweist sie wieder auf den Vampir, der beides exemplarisch verkörpert. Die Verbindung von Liebe und Tod ist alt und in ihr ist die Vorstellung enthalten, daß gerade die größte Leidenschaft nicht ins traute Familienidyll, sondern ins frühe Grab führt. Georges Bataille bemerkt dazu lapidar: »Was die Leidenschaft kennzeichnet, ist die Aura des Todes.«[3] Und der »göttliche Marquis« erkannte: »Es gibt kein besseres Mittel, sich mit dem Tod vertraut zu machen, als ihn mit der Vorstellung einer Ausschweifung zu verbinden.«

Im Grunde hatten die Viktorianer vor dieser dunklen Seite der Sexualität Angst. Sie verdrängten sie daher aus ihrer offiziellen Tagwelt. Aber gerade dadurch zog der im Sexus lauernde Dämon alle Dunkelheiten und Ungewißheiten des Lebens auf sich. Durch die Verdrängung verschwand er nicht, sondern schwoll zu schrecklicher Lüsternheit an. Das hatte die für diese Zeit so kennzeichnende Verbindung von phantastischer und erotischer Kunst und Literatur zur Folge, und daraus resultierte auch der Siegeszug des Vampirs in der viktorianischen Ära. Als komplementäre Reaktion bewirkte der viktorianische Puritanismus beinahe zwangsläufig eine dämonische Aufwertung des Sexus, ähnlich wie Masochismus und Sadismus einander bedingen. Lust und Angst steigerten sich auch bei den Viktorianern gegenseitig. Der populäre Schauerroman, der sich in Verwesung, Sadismus und Blut suhlt, spiegelt diesen Seelenzustand wider. Georges Bataille hat darauf verwiesen, daß »die Erotik der Körper ... auf alle Fälle etwas Schweres, Düsteres an sich (hat).« Der sexuelle Gourmet des 19. Jahrhunderts war bei seinen verbotenen Abenteuern gerade erpicht auf Typen, die ein Höchstmaß an Dämonie ausstrahlten. So schreibt etwa der verderbte Feinschmecker Sainte-Beuve:

»Ich lernte im Laufe meiner wollüstigen Erlebnisse zuerst jene Art von Schönheit unterscheiden, verfolgen, fürchten und begehren, die ich dämonisch nennen möchte, jene Schönheit, die stets eine tödliche Schlinge, niemals aber das Bild eines Engels ist.«[4]

Es wäre vollkommen falsch, das viktorianische Zeitalter als eine Epoche der Askese zu betrachten. Diese Zeitspanne, in der Europa seine bis dahin größte Bevölkerungsexplosion erfuhr, war nicht durch Enthaltsamkeit, sondern durch eine Doppelmoral geprägt. Was tagsüber die gesellschaftliche Etikette verbot auszusprechen, nistete sich in die Phantasie ein und suchte im Dunkel der Nacht nach Befriedigung. Diese Heuchelei war allerdings nicht ganz ohne Reiz. Sie entwickelte eine eigene Art viktorianische Untergrundgesellschaft: verruchte Stadtviertel mit noch verruchteren Seemannskneipen, Bars und Bordellen, angefüllt mit Prostituierten, Arbeiterinnen, gefallenen Mädchen, Zuhältern, Seeleuten, Sträflingen und jungen Lebemännern. Und obwohl alle davon wußten, kam es nur selten zur Sprache. Eines der wenigen Zeugnisse dieser verschwiegenen Sexual- und Sozialgeschichte ist das private, in kleiner Auflage pseudonym gedruckte Buch »My Secret Life«, das aus der Feder eines unbekannt gebliebenen viktorianischen »Gentleman« stammt.[5] Gleich einem Dorian Gray wahrt dieser Gentleman nach außen die Fassade, um es dafür insgeheim um so toller zu treiben. Unzählbar die Vergnügungen und Ausschweifungen, die er mit Prostituierten, Dienstmädchen, Arbeiterinnen und Landmädchen begeht. Ausführlich schildert er auch das lockere, alkoholgetränkte, anzügliche Leben an den »verruchten« Orten.

Die viktorianische Welt bildete keinen geschlossenen Kosmos. Weit mehr als unsere gegenwärtige Welt war sie von der »Multikulturalität« der einzelnen Stände geprägt. Die offizielle Moral wurde von der herrschenden, meinungsbildenden Schicht definiert. Diese veröffentlichte Meinung war ein Gutteil Propaganda und widersprach nicht nur vielfach der Lebensart ihrer Propagandisten, sondern stand auch im krassen Gegensatz zu der Lebensweise der unteren Gesellschaftsschichten. Das Elend befreite von der viktorianischen Doppelmoral. Zudem gab es auch größere Unterschiede zwischen den einzelnen europäischen Staaten. England, ausgestattet mit einem riesigen Empire und von den immer stärker werdenden USA moralisch unterstützt, war zweifelsohne die tonangebende Macht. Dennoch griff die puritanische Moral keineswegs überall. Insbesondere die romanischen Länder erwiesen sich in ihrer »sichtbaren« Lebensart als wesentlich laxer. Das hatte zur Folge, daß bereits im 19. Jahrhundert der Sextourismus blühte. Nur mußten die den verbotenen Liebesfrüchten nachjagenden Viktorianer nicht eigens nach Bangkok reisen. Ein Sprung über den Kanal reichte aus. Das Paris der *Belle Epoque* muß einigen verqueren Viktorianern wie ein riesiges Großbordell vorgekommen sein. Hier konnten auch sie weit entspannter leben. Armand Lanoux schreibt in seinem Buch über die Liebe jener Tage in Paris: »Die Epoche, die uns hier beschäftigt, steht im Zeichen des Bordells.«[6] In diesem Großbordell »relaxte« auch gern Eduard Prinz von Wales, der spätere Eduard VII., und Sohn eben jener Queen Viktoria, die dieser bigotten Epoche ihren Namen lieh. Undenkbar, daß sich heute, nach dem Verschwinden viktorianischer Diskretion, ein britischer Thronfolger – umkreist von Yellow-Press und Paparazzi – derartige Eskapaden leisten könnte.

Das geschlechtliche Leben des echten Viktorianers teilte sich nicht selten zwischen einem vorbildlich dargestellten Familienleben auf der einen Seite und Bordellbesuch auf der anderen Seite auf. Hure und Familienmutter, das waren häufig die beiden Pole, auf die sich die Rollen der Frau konzentrierten. Daher konnte für die Frau bereits ein geringes Abweichen von der Tugend den Sturz in den Abgrund bedeuten. Diese Bipolarität begegnet uns natürlich auch beim Viktorianer Bram Stoker. Stoker wahrte nach außen die Fassade eines tugendhaften Ehemannes an der Seite einer frigiden Frau, Vergnügen fand er eher mit Prostituierten. Die Folge davon war allerdings, daß ihn die Lustseuche des 19. Jahrhunderts, die Syphilis, dahinraffte. Diese zweigeteilte Welt prägt auch die Frauengestalten in seinem »Dracula«. Die drei Vampirinnen auf Draculas Schloß sind nichts weiter als drei lüsterne Vampirhuren. Sie erfüllen damit die nächtlichen Wünsche des Viktorianers. Auch die frivole Lucy gleitet ab vom Pfad viktorianischer Tugend und wird damit zur Befriedigung der damaligen Leser mit der Umwandlung in eine verderbte Vampirin bestraft. Einzig Mina zeigt sich – freilich nur mit Unterstützung ihrer männlichen Beschützer – charakterlich stark genug, dem Werben Draculas zu widerstehen. Mina erweist sich damit als die Tagfrau des Viktorianers.

Zwischen der offiziellen Moral und dem viktorianischen Untergrund existierte ein Bindeglied: die Kunst. Insbesondere im Spätviktorianismus blühte eine dekadente, erotisch aufgeladene Kunst auf. Sie konnte die eigenen Gelüste und Wünsche hinter Masken von Kentauren, Sphinxen, Sirenen oder Vampiren verbergen, sie konnte die menschliche Lust gelegentlich aber auch recht offen darstellen, da ja immer noch der Deckmantel der »Kunst« übrigblieb. Ein solches Beispiel stellt etwas Henri Gervex' Gemälde »Rolla« (1878, Abb. 41) dar. Im Mittelpunkt des Bildes sehen wir eine nackte, junge Frau, wollüstig ausgestreckt. Sie ist bereit »sich fallenzulassen«. Die Halspartie ist ausgestreckt, zum Liebesbiß einladend. Die leicht verdeckte Vagina bildet genau den Bildmittelpunkt. Im Bildhintergrund ist ein attraktiver, aber dunkel-dämonisch wirkender Mann, am offenen

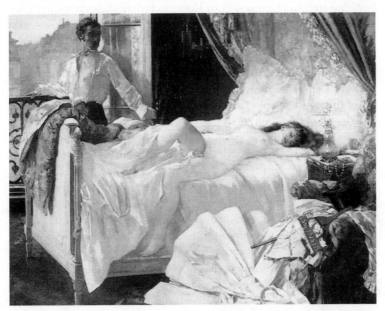

Abb. 41: *Der dämonische Liebhaber und sein williges Opfer. Henri Gervex: »Rolla«, 1878*

Fenster stehend, zu sehen. Mit den Augen umfaßt er seine willige Beute. Eine Szenerie, die auch an den nächtlichen Auftritt eines Vampirs denken läßt.

Am Ende der viktorianischen Ära war die Luft derart von Erotik und sexuellem Begehren durchtränkt, daß auch die Männer der Wissenschaft vor diesem Phänomen nicht länger die Augen verschließen konnten. Innerhalb von nur neun Jahren entstanden die drei Standardwerke der neuen Sexualwissenschaft. Den Anfang machte 1896 die »Psychopathia sexualis« von Richard von Krafft-Ebing. 1897 folgten die »Studies in the Psychology of Sex« des Amerikaners Havelock Ellis und schließlich 1905 die »Drei Abhandlungen von der Sexualtheorie« von Sigmund Freud, das revolutionärste Werk. Daß die umstürzlerischen Sexualwissenschaftler gelegentlich über das Ziel hinausschossen und beinahe jedes und alles auf unsere verborgenen oder verbogenen Triebe zurückführen wollten – wer darf ihnen das verübeln? Entsprangen sie doch dem Schoß des Viktorianismus.

Während der hier skizzierten Ära gab es vor allem eine Gruppe, die von der vergnüglichen Seite dieser doppelten Moral ausgeschlossen blieb. Das war die »anständige« Frau aus »gutem« Hause. Immerhin ein Trost blieb ihr: Des Nachts beugten sich die Vampire mit Vorliebe über diese benachteiligte Gesellschaftsklasse und ließen somit auch sie an Wollust und tödlicher Ausschweifung partizipieren!

Der Vampir als Sexsymbol

Der Vampir kann für vieles Sinnbild sein: für Macht, Ausbeutung, Sucht, Krankheit, Verbrechen, Atavismus und für Sex. Besonders in seiner letztgenannten Symbolfunktion fächert sich die Bedeutung des Vampirs noch einmal zu einer erstaunlichen Vielfalt auf – und das, obgleich seine sexuelle Aktivität einzig und allein auf den Biß in den Hals des Opfers ausgerichtet ist, was geradewegs auf ein Paradoxon zuläuft: Denn wie kann ein Geschöpf zum Sexsymbol werden, wenn es überhaupt nicht daran interessiert ist, das zu tun, was die meisten Menschen unter Sex verstehen, nämlich den koitalen Geschlechtsverkehr zu vollziehen?

Die sexuelle Bedeutung des Vampirs reicht weit zurück und resultiert aus zahlreichen Erscheinungen und Glaubensvorstellungen: So auf den Kannibalismus als einem sinnlichen Verschlingungsakt, der wiederum eng mit einem Verwandten des Vampirs verbunden wird, nämlich dem Werwolf. Dann gehören die nächtlich-lebenszehrenden Besuche von Incubi und Succubi in das weitreichende Kräftefeld des Vampirs, aber auch die sexuellen Ausschweifungen mit Teufel und Teufelsdienern während des Hexensabbats und der Schwarzen Messe. Auch sadomasochistische Exzesse im Krieg, aber ebenso im täglichen Kampf ums Dasein, sind nicht nur alte Begleiter der Menschheit, sondern erinnern uns auch an die Rollenverteilung von Vampirtäter und Vampiropfer. Die Erotik des Todes ist aus Überlieferungen und Dichtungen seit Jahrtausenden bekannt. Besonders seit dem Spätmittelalter ist sie in der bildenden Kunst verbreitet: Die symbolische, offensichtlich männliche, Skelett-Gestalt des Todes tauchte erstmals in dieser Zeit auf und wurde bald immer häufiger in Kontrast zu dem höchsten Ausdruck irdischer Schönheit und fruchtbereiter Lebensfülle gesetzt, nämlich der einer jungen Frau. Zu Beginn des 16. Jahrhunderts hatte sich die in diesem Gegensatzpaar implizierte Konfrontation in ein morbides sexuelles Bild verwandelt. Auf einigen Gemälden Hans Baldung Griens umgarnt der Tod schöne, nackte Frauen und beißt sie, ganz nach Art der Vampire, in den Hals. Aus den Sagen von Wiedergängern, auch aus Berichten von der Vampirpanik des 18. Jahrhunderts, geht immer wieder hervor, daß die männlichen Auferstandenen ihren einstigen, nun einsamen Frauen, nächtliche Besuche zwecks sexueller Vergnügungen abstatteten. Seitdem der literarische Vampir Furore macht, ist das Thema »Sex über den Tod hinaus« fast ein Muß: Sei es in Goethes »Braut von Korinth«, Polidoris »Vampyr«, Sheridan Le Fanus »Carmilla« oder in der unübersehbaren Schar der literarischen Trivialvampire.

Besonders Stokers spätviktorianischer Gruselklassiker »Dracula« ist nach seinem sexuellen Gehalt und seinen zahlreichen erotischen Anspielungen durchleuchtet worden.[7] Dracula – der Drache und Teufel, Dragula – der Geliebte; für einen Großteil der Interpreten, die sich mit diesem Geschöpf beschäftigt haben, steht außer Frage, daß eine sexualpsychologische Auseinandersetzung mit ihm bzw. mit Stokers Roman die wichtigste, wenn

VI. »Sex, Crime and Drugs«

nicht gar die einzig sinnvolle Annäherung an das Werk darstellt. So gelangte bereits die erste entsprechende Untersuchung des Textes aus dem Jahre 1959 zu dem Ergebnis: »Allein vom Freudschen Standpunkt aus gibt die Geschichte einen wirklichen Sinn; man kann sie als einen inzestuösen, nekrophilen, oral-analsadistischen Ringkampf ohne Regeln betrachten. Daraus bezieht die Geschichte ihre Kraft. Der jahrhundertealte Vampirgraf ist eine Vatergestalt von gewaltiger Potenz.«[8] Diese Sichtweise, die weniger die literarische Gestaltung der Blutsauger als vielmehr die Biographie des Autors und die sexuellen Wünsche, Verdrängungen und Neurosen seiner Epoche ins Zentrum einer eingehenden Betrachtung stellt, sollte für die Untersuchungen der nachfolgenden Jahrzehnte richtungsweisend sein.

Dracula, die dunkle Vaterfigur, die Züge von Stokers langjährigem Brotgeber Irving aufweist, wird unter der Anleitung der lichten Vaterfigur, Abraham van Helsing, die den Vornamen Stokers trägt, vernichtet. Doch Stoker hegt gegen den Übervater »Henry Irving Dracula« nicht nur Aggressionen, sondern er ist zugleich gebannt von dessen suggestiver Persönlichkeit. Und gewiß hat er eigene Wünsche in die Herrennatur des Grafen Dracula projiziert, der sich dank seiner Kraft nehmen kann, wonach ihm gelüstet, so z.B. junge, begehrenswerte Frauen. Dieser weltläufige Vampirgraf, in dessen Gesicht sich Züge von Härte, Macht, Grausamkeit und Sinnlichkeit mischen, versteht sein Handwerk: Seine Opfer durchlaufen alle Stadien des Verführtwerdens, der Hingabe und Unterwerfung bis zur Aufgabe der menschlichen Existenz; sie werden dafür aber mit einem Erlebnis belohnt, das alles übersteigt, was Sterblichen jemals beschieden wird. Selbst Mina, erst Verlobte, dann Gattin des gepeinigten Jonathan Harker und mit Draculas schrecklichem Geheimnis vertraut, kann sich nicht der seltsamen, narkotischen Ekstase entziehen, die der Vampirgraf seinen Opfern schenkt. Und über die Verführungskünste, die Dracula an Minas Freundin Lucy vollzogen hat, die ihm ins dunkle Vampirreich folgen muß, schreibt der »Horrorkönig« Stephen King drastisch: »Um es auf eine völlig vulgäre Weise auszudrücken, Stoker deutet an, daß Lucy einen Orgasmus hat, der ihr das Gehirn wegpustet.«[9]

Diese Leistung vollbringen Graf Dracula und seine übrigen Vampirkollegen, die von der Taille abwärts offenbar vollkommen tot sind, nicht mit ihrem Penis, sondern mit ihrer Suggestionskraft, ihrem Mund, ihren Zähnen. Nach King ist es folgendes, was der Vampir seinen Opfern suggeriert: »Ich werde dich mit dem Mund vergewaltigen, und es wird dir gefallen; anstatt deinem Körper lebenspendende Flüssigkeit zu geben, werde ich sie ihm nehmen.« Erica Jong benennt diesen Vorgang knapp als »den endgültigen Fick ohne Reißverschluß«. Mund und Zähne, die der Vampir für diese Aktion einsetzt, erinnern bei ihm bereits *per se* an den Koitus: Seine kräftigen, scharfen, langen Zähne, die er im Augenblick der Begierde exhibitionistisch aufblitzen läßt, sind unschwer als Phallussymbol zu erkennen, während seine üppigen, wollüstigen, roten Lippen an das verschlingende weibliche Genital denken lassen. Das Blut des Opfers, das ihm bei seiner Lustbefriedigung aus dem Mund über das Kinn läuft, ist schließlich mit Deflorations- oder auch Menstruationsblut zu assoziieren, so daß diese ganze Gesichtspartie von obszöner Dreistigkeit sein kann. Der Biß des Vampirs weist zudem auf altes, phylogenetisches Erbe in uns zurück: Unsere tierischen Vorfahren haben die Angewohnheit des Sich-ineinander-Verbeißens während des Koitus. Dieses Beißen in der höchsten Wollustekstase, das in abgeschwächter Form auch Teil des normalen menschlichen Geschlechtsverkehrs ist, kann sowohl bei der aktiv den Bißkuß ausführenden als auch bei der passiv empfangenden Person, lebhafte erotische Gefühle hervorrufen. Nicht uninteressant für die Entwicklung des Vampirmythos ist die Tatsache, daß es besonders bei den Südslawen verbreitet war, sich während des Geschlechtsaktes förmlich ineinander zu verbeißen. Man nennt es »se grishat«. Mit den durch den Liebesbiß hervorgerufenen Hautinsulten prunkte nach altem Brauchtum die jung verheiratete Frau förmlich. Der Bißkuß findet in bosnischen Liedern häufig Erwähnung. Eines berichtet, daß ein Mädchen so heftig gebissen worden sei, daß es daran starb. Auch sonst ist der Bißkuß nicht ganz ohne Gefahr; denn es sind z. B. viele Fälle bekannt, in denen durch erotische Bisse syphilitische Infektionen verursacht wurden. Hierin mag mit eine Ursache liegen, daß der beißende Vampir auch als Personifikation ansteckender Krankheiten und Seuchen dargestellt werden kann, wie etwa von der Pest oder in neuerer Zeit von Aids. In einigen Fällen wird der Höhepunkt des »Vampirkoitus« dadurch erreicht, daß der Vampir sein Opfer sein eigenes Blut trinken läßt. So hat Dracula seine Brust aufgeschnitten und zwingt Mina, nachdem er ihr das Blut ausgesaugt hat, nun sein eigenes Blut zu trinken. In Coppolas Dracula-Verfilmung wird diese Szene zum obersten Akt einer unheiligen Kommunion. »Blut von meinem Blut... Trink und begleite mich ins ewige Leben« spricht Coppolas Vampirgraf zu Mina. Doch eine solche Aufforderung zu einer dunkel-erotischen partnerschaftlichen Vereinigung bleibt die Ausnahme, im Regelfall ist der Vampir ein Egoist. Dieser Egoismus drückt sich bereits in der oralen Ausrichtung seiner sexuellen Gelüste aus. Wir erinnern uns an die Oralerotik. Sie stellt die erste Phase des menschlichen Geschlechtslebens, unmittelbar nach der Geburt dar. Der Vampir ist zu einem wesentlichen Teil auf dieser infantil-egoistischen Lebensstufe stehengeblieben, die davon ausgeht, daß die anderen bzw. die Mutter, einem das geben, was man zur eigenen Bedürfnisbefriedigung benötigt, ohne selbst einen Gegenwert dafür zu leisten. Dadurch übernimmt das Vampiropfer für den Sauger auch eine potentielle Mutterrolle, und ähnlich wie die Mutter an der Aufopferung für ihr Kind Freude und Befriedigung gewinnen kann, können auch die Vampiropfer in ihrer Hingabe und ihrem Verschlungenwerden Befriedigung, bzw. sexuelle Wollust erleben. In dieser Konstellation kündigt sich bereits eine weitere Komponente an, die für den Vampirsex so kennzeichnend ist: der Sadomasochismus. Der Vampir übernimmt dabei die Rolle des Sadisten. Der Sadismus gründet sich bei ihm auf seine physische und psychische Kraft und auf seine scharfen Zähne, die seine Opfer phallusartig penetrieren. An den Zähnen wird auch deutlich, daß der Vampir das Raubtier ist (vgl. Abb. 4), das seine Opfer erjagt und als Beute erlegt.

Der Umstand, daß Vampirsex für das Opfer tödlich endet, verleiht dem Akt zwangsläufig eine nekrophile Komponente. Dieser nekrophile Zug bedeutet insofern eine Umkehrung des natürlichen Geschlechtsaktes, als der Vampir, dieser lüsterne Vernichter des Lebens, nicht die lebensschaffenden Spermen im Akt der Liebe »verschenkt«, sondern sich das lebensnotwendige Blut seines Liebesopfers einverleibt. Sein Geschenk ist der Tod, allenfalls die »Fortpflanzung durch den Biß«, d. h. die Aufnahme seiner »Geliebten« in das Reich der Untoten. Allerdings hat gerade

»die Liebe bis in den Tod hinein« eine romantische Aufwertung erfahren, da sie sich über alle gesellschaftlichen Schranken und Notwendigkeiten hinwegsetzt und nur sich selbst erlebt und den Höhepunkt des Lebens gerade in seiner Verlöschung in der Liebesekstase erfaßt. Aber dieser Liebestod wird vom Opfer weit stärker durchlebt als vom Vampir, der sich nach dessen Tod zugleich einem neuen Objekt seiner Begierde zuwendet.

Der Vampir ist jedoch nicht nur Stellvertreter unserer nekrophilen, oralen, sadistischen bzw. masochistischen Wünsche, sondern überhaupt Auskoster vieler perverser Gelüste. So ist der Vampir »Aus dem ersten Gesang Maldorors« vom Comte de Lautréamont ein widerwärtiger Kinderschänder. Auch Stokers Lucy zeigt nach ihrer Mutation in eine Vampirin eine pädophile Vorliebe: Ihre Opfer, denen sie das Blut entsaugt, sind ausschließlich Kinder. Ebenso kann der Vampir als Grenzgänger zwischen den Geschlechtern fungieren: Anne Rices Vampir Lestat saugt mit derselben Selbstverständlichkeit hübschen Jünglingen wie schönen Mädchen das Blut aus, nachdem sich bereits Graf Dracula am Blut vom Jungmann Jonathan Harker delektiert hatte. Vor allem ist der Vampir aber ein Nimmersatt, ein *Sexaholic*. Die Wollust, die ihn peinigt, wird im Regelfall nur vorübergehend durch flüchtige Eroberungen gestillt, und jede Nacht beginnt die Jagd aufs neue. Aber wie auf so viele Don Juans und Süchtige lauert auch auf die meisten Vampire ein bitteres Ende: Ihnen wird, wenn sie wehrlos in ihrem Grab liegen, ein Pflock in das Herz gerammt. Doch selbst dieser Vampirtod ist noch voll sexueller Anspielungen: Im Pflock ist unschwer ein Phallussymbol wiederzuerkennen, das an einer bestimmten Stelle – dem Herzen – in den Vampirleib hineingestoßen wird. Die Sexualwissenschaft ordnet eine derartige Einfügung von Substanzen dem Fetischismus zu und spricht hier von einer Verschiebung des sexuellen Verkehrs; denn dem Einverleibungsfetischisten dient sein Tun als Symbol und Ersatz des Koitus. Folgerichtig stöhnt der Vampir bei der Pflockung laut auf, und die Beschreibung seines Todeskampfes zeigt nicht übersehbare Parallelen zum Orgasmus auf. Besonders deutlich wird dieser Zusammenhang wieder einmal bei Stoker: Die zur Vampirin gewordene Lucy wird von ihrem Verlobten, Lord Arthur Holmwood, getötet, und zwar genau einen Tag nach ihrer geplanten Hochzeit. Der pflockende Arthur

VI. »Sex, Crime and Drugs«

holt also die Vergnügungen der Hochzeitsnacht nach, das dabei austretende Blut aus Lucys Mund läßt die Defloration der Braut anklingen. Die Vampirpflockung enthält allerdings eine Umkehrung des üblichen Vampirsex: Der sadistische Vampir taucht nun in die masochistische Opferrolle ein, während die potentiellen Opfer als Vampirjäger nunmehr mit gutem Gewissen ihren eigenen Sadismus auskosten dürfen.

In der klassischen Vampirgeschichte ist das Sexuelle das Unheilige, das Heilige und Ehrbare das Asexuelle. So spielt auch die Leidenschaft in der Beziehung zwischen Mina und Jonathan nur eine untergeordnete Rolle. Beide werden von Stoker als »unschuldige« Geschöpfe geschildert. Sie führen eine viktorianische Tagehe. Ihre Leidenschaften und Abgründe durchleben sie in dunkler Nacht an der Seite von Vampiren. Ihresgleichen bildet die bevorzugte Opfergruppe von Vampiren: nach Liebe schmachtende Mädchen, noch junge, aber sexuell frustrierte Frauen, unerfahrene Jünglinge. Kurtisanen und Lebemänner hingegen werden weit seltener gebissen. Der Vampir ist nicht nur ein Geschöpf des Schreckens, sondern auch der Sehnsucht, und er beißt mit Vorliebe die, welche am sehnsüchtigsten auf ihn, bzw. auf die Erfüllung ihrer sexuellen Wünsche warten. Abgesehen davon ist stets die sexuelle Beziehung besonders prickelnd, in der das Laster auf die Unschuld trifft und nicht eine, in welcher sich Laster mit Laster paart.

Der Vampir erscheint oft als Aristokrat und als eine Gestalt, die sich gut anzuziehen weiß und bei Bedarf über die gepflegtesten Umgangsmanieren verfügt. Trotz alledem lauert in seinen tieferen Schichten das Tier. »The Monster in the Bedroom« nennt ihn Christopher Bentley. Hinter Frack oder Smoking verbirgt sich die reine Animalität, die ohne Abschweifungen zu dem Ziel ihrer Begierde vorstößt. Vampirsex wird nicht vorher »ausdiskutiert«. Von der animalischen Kraft des Vampirs kann sich aber auch das Opfer mitreißen lassen, es kann sich fallen lassen in die eigene Animalität. Und hierin liegt auch der Grund, warum die sexuelle Anziehungskraft des Vampirs seit dem Untergang des Viktorianismus keineswegs erloschen ist. Über Sex können wir heute zwar weit offener sprechen, aber die Annahme der eigenen Animalität und biologischen Bestimmtheit ist heute mit Gewißheit nicht verbreiteter als vor hundert Jahren – im Gegenteil: Wenn heute zwei gleichberechtigte, verkopfte Menschen aufeinandertreffen, sprühen die Funken der Leidenschaft meist nicht sonderlich hoch. Christopher Lee, der bekannteste und häufigste Draculadarsteller, äußerte über die geschlechtliche Macht des Vampirs: »Männer finden ihn unwiderstehlich, weil sie ihm nicht Einhalt gebieten können, und für Frauen repräsentiert er die totale Hingabe an die Macht des Mannes.«[10] Für die Frau klingt beim Vampir auch das Beziehungsmotiv aus dem Märchen von »Das schöne Mädchen und das Tier« an, das heißt, sie soll lernen, ihre Weiblichkeit kennenzulernen und anzunehmen und auch, sich in ihr verlieren zu können.[11] So betrachtet ist der Vampir auch Entwicklungshelfer bei der Offenlegung der eigenen Geschlechtlichkeit, sowohl der weiblichen als auch der männlichen. Es wird also auch in Zukunft noch das beißende Monster im Schlafzimmer erscheinen!

Von Blutsaugerinnen, Vamps und Feministinnen

»Einmal kommt ja die Frau«, schrieb der Dichter Klabund an seinen Freund Hermann Hesse, »die uns unbewußt an allen anderen Frauen rächt und die uns radikal frißt. Mit Haut und Haaren, Leib und Seele. Auch nicht ein Seelenzipfelchen bleibt unverspeist.«[12] Die Vorstellung von ebenso schönen und verführerischen wie bösen und zerstörerischen Frauen ist alt. Sie reicht von Lilith, Adams erster Frau, bis zum auf Zelluloid gebannten Hollywoodvamp jüngster Tage. Sie können als Circe, Medusa, Sirene, Sphinx und Vampir erscheinen. Ihre Namen sind Helena, Judith, Salome oder Lorelei. Sie können den Typus der unschuldig grausamen Kindfrau annehmen, die, oft ahnungslos, da sie seelischer Regungen nicht fähig ist, Verderben stiftet und Unglück über die Männer und die Menschheit hereinbrechen läßt, aber ebenso können sie bewußte Planerinnen des Bösen sein. So wie z. B. Lilith, der folgende Worte in den Mund gelegt wurden: »Ich werde den Mann seinem Weibe entfremden und mit meinen Zaubereien werde ich sie zurückstoßen und ihr Böses antun ... Den Mann werde ich mit Eifer und Leidenschaft töten.«[13] Ihre Lebensfeindschaft offenbart Lilith auch in ihrem Haß auf kleine Kinder, die sie tötet, indem sie ihr Blut trinkt und ihnen das Mark aus den Knochen saugt. Oft sind diese zerstörerischen Frauen von dunkler Herkunft, und ihre Physiognomien umspielt ein geheimnisvoller Zauber.

Obwohl die verführerisch-zerstörerischen Frauen und die zu dieser Gruppe zählenden Vampirinnen keine Schöpfungen der Romantik und des Viktorianismus sind, haben sie in dieser Ära die Vorstellungswelt der Bürger und Künstler besonders gefesselt. Unter dem Oberbegriff der *Femme fatale* werden alle diese anziehend-bösen Frauen vereinigt. Die Femme fatale verkörpert sowohl ein wichtiges Motiv der Literatur als auch der bildenden Kunst des 19. Jahrhunderts. Ihre männerzerstörerische Verführungskraft offenbart sich in einer kalten, idolgleichen Schönheit, die aber mit allen Attributen der Weiblichkeit ausgestattet ist. Sie kann sich in einer lasziven, sinnlich anziehenden Passivität präsentieren, aber ebenso in einem aufreizenden Gebaren. Ihre Lockmittel sind ein üppig geschwungener Körper, nachlässig eingehüllt in glitzernde Stoffe, Schuppen und Schlangenhäute, endlos langes Haar und begehrlich verderbte Lippen. Diesen Frauentypus, der alles will, alles zerstört, nichts gibt als Verderben, hat der Romantiker John Keats in einem Gedicht treffend als »La Belle Dame sans Merci« umschrieben. Sie zieht die Phantasie der Männer magnetisch an und erfüllt sie gleichzeitig mit Entsetzen. Sie ist der Gegenpol zur Tagfrau, zur Mutter, zur lebenspendenden und lebenserhaltenden Ehegattin, die gut, reinlich und treu ihre Aufgaben erfüllt. Diese Tugendheroine ist gelegentlich auch als »Femme fragile« bezeichnet worden. Die Femme fatale hingegen ist asozial, sadistisch, nekrophil, vollkommen selbstbezogen. Sie ist Kurtisane, die Hure Babylon, sie ist eine Blut, Geld und Leben einsaugende Vampirin.

Gerade weil die Femme fatale eine Vernichterin des Lebens ist, die sich vollkommen rücksichtslos alles einverleibt, was sie begehrt, hat sie sich am adäquatesten in der Gestalt der Vampirin verkörpert. Besonders in der Ära der Spätromantik und der Hochblüte des Viktorianismus macht die Vampirin von sich reden und stellt nicht selten den männlichen Blutsauger in den Schatten, ähnlich wie in dieser Zeit der dämonische Liebhaber an Faszination und Schrecken verliert. Dennoch tauchten die ersten der Phantasie entsprungenen Vampirinnen bereits mit dem Beginn der literarischen Vampirmode auf: So in Goethes »Braut von Korinth«, Coleridge' »Christabel«; Keats »Lamia«; in Gautiers Meisternovelle »Die liebende Tote« oder in der Gestalt der Aurelie aus E. T. A. Hoffmanns Erzählung »Vampirismus«. Diese Vampirfrauen sind keineswegs von einem der zahlreichen männlichen Blutsauger »angesteckt« worden, wie etwa die Vampirinnen in Stokers »Dracula«, sondern sie sind vollkommen aus sich selbst, aus ihrer innersten Wesenhaftigkeit heraus weibliche Vampire. Sie sind Ursprungstäterinnen.

Die bekannteste weibliche Vampirin des 19. Jahrhunderts wurde »Carmilla«, ein Geschöpf des irischen Schriftstellers Joseph Sheridan Le Fanu. »Carmilla« (1872) erschien erstmals in einem Erzählungsband mit dem Titel »In a Glass Darkly«. Le Fanu behandelt in dieser Novelle in dezenter, damals jedoch von vielen als kühn empfundener Weise das Thema der weiblichen Homosexualität. Die Geschichte beginnt mit einer Kindheitserinnerung der Ich-Erzählerin Laura, die mit ihrem Vater in einem Schloß in der Steiermark lebt: Einst wurde sie nachts von einer Frau besucht; am folgenden Morgen entdeckte sie ein merkwürdiges Mal an ihrem Hals. Jahre später kommen Laura und ihr Vater einer jungen Frau zu Hilfe, die mit der Reisekutsche verunglückt ist, und nehmen sie bei sich auf. Carmilla, so nennt sie sich, sieht einem Porträt der Gräfin Mircalla von Karnstein, einer Vorfahrin Lauras, frappant ähnlich. Außerdem erkennt Laura in ihr die einstige nächtliche Besucherin ihrer Kindheit, deren Zärtlichkeiten in ihrer Erinnerung einen faszinierenden Schauder hinterlassen hatten. Zwischen ihr und Laura entspinnt sich eine Freundschaft, doch bald wird Laura von einem unerklärlichen Leiden befallen und welkt dahin. Nur die Ankunft eines Freundes der Familie bewahrt sie vor dem Tod: Dieser nämlich berichtet, er habe seine eigene Tochter durch eine mysteriöse Frau namens Millarca verloren. Mircalla, Millarca, Carmilla – hinter diesen Namen, die alle mit den gleichen Buchstaben gebildet werden, steckt ein und dieselbe Person bzw. Unperson – eine Vampirin. In den Ruinen der nahe gelegenen Burg Karnstein findet man den vollkommen erhaltenen Leichnam der Ende des 17. Jahrhunderts verstorbenen Gräfin Mircalla. Sie wird daraufhin gepfählt, geköpft und verbrannt.

Sheridan Le Fanu, der sich höchstwahrscheinlich von Coleridge' Ballade »Christabel«, in der bereits das Motiv des lesbischen Vampirs auftaucht, hat beeinflussen lassen, erzählt seine

Vampirgeschichte aus der Perspektive des Opfers. Es ist die passive Laura, die bis zuletzt nicht versteht, wodurch sie bedroht wird, aber mit fiebriger Unruhe auf jede Wendung reagiert und akribisch das Geschehene und Erlebte notiert. So mit Informationen ausgestattet, weiß der Leser lange vor der Erzählerin, von welcher Seite die Gefahr droht, nämlich von der Vampirin Carmilla, deren Zerstörungspotential sich aber bei ihr nicht gegen das andere Geschlecht richtet, sondern gegen das eigene. Allerdings verkörpern Opfer und Täter, Laura und Carmilla, die beiden Frauentypen, die sich in der Ära des Viktorianismus schroff gegenüberstanden: Femme fatale und Femme fragile, Nachtfrau und Tagfrau. Stellt Carmilla die reinste Verkörperung der genießenden Sadistin dar, so ist Laura die reinste Verkörperung des Opfers: Sie ist übersensibel, schreckhaft und zu kindlich unschuldig, um jemals die Gefahr zu durchschauen und sich wehren zu können. Carmilla hingegen ist mit allen Wassern gewaschen. Die junge, unschuldige Laura wird von ihr auf zärtlich-raffinierte Weise umgarnt, wobei Carmillas äußere Reize das ihre dazu beitragen: Sie wird als wunderschön, wohlgebaut, anmutig, mit trägen, schmachtenden Gesten und großen, dunklen, glänzenden Augen geschildert. Doch ist das alles nur Blendwerk, trügerischer Zauber, hinter dem ein Vernichtungswille tobt. Mitunter verliert die heuchlerische Carmilla ihre Maske, so wenn sie einen vorbeiziehenden Händler voll Ingrimm anschnaubt und ihn auspeitschen lassen will. Auch bei ihren nächtlichen Raubzügen unter der weiblichen Dorfbevölkerung spielt sie nicht die sanfte Verführerin, sondern ihre Attacken sind von schneller Zielgerichtetheit. Sicher hat sich Le Fanu in solchen Szenen von einer anderen großen Sadistin inspirieren lassen: Elisabeth Báthory. Le Fanu hat mit seiner adeligen Untoten viele spätere Vampirfiguren geprägt. Nach Dracula ist Carmilla die meist verfilmte Vampirgestalt. Bereits 1932 wurde sie zum ersten Mal auf Zelluloid gebannt und gemeinsam mit der Blutgräfin Báthory bildet sie die Hauptikone des lesbischen Vampirfilms.

Einer der zahlreichen Bewunderer der »Carmilla« hieß Bram Stoker. Obgleich er sich von der Stimmung und der düsteren Szenerie hat beeinflussen lassen, nehmen die bösen Frauen in seinem gut ein Vierteljahrhundert später erschienenen »Dracula« nur eine gehobene Assistentenrolle ein. Die Hauptgefahr geht hier noch einmal vom dämonischen männlichen Liebhaber aus, die fatalen Vampirfrauen bilden nur dessen Hofstaat. Und anders als die lesbisch veranlagte Carmilla verlustieren sich Stokers Vampirinnen nicht an der Femme fragile, sondern wählen das klassische Opfer der Femme fatale: den Mann. Allerdings gibt es Ausnahmen. Um ihre Nekrophilität und tiefe Lebensfeindlichkeit zu unterstreichen, läßt Stoker seine dunklen Frauen sich auch – gleich Adams erster Frau Lilith – an Kindern und Säuglingen verköstigen. Gleichwohl verbreiten die nächtlichen Besucherinnen nicht nur Schrecken, sondern sind mit jener lüsternen Schönheit ausgestattet, die kennzeichnend für die Femme fatale ist. Zahlreiche Passagen, die im »Dracula« Bezug auf die schönen Vampirinnen nehmen, dürften auf den männlichen Leser – und gewiß auch auf den männlichen Autor Stoker – sexuell stimulierend gewirkt haben. So notierte der gepeinigte Jonathan Harker in sein Notizbuch:

»Ich lag still und blinzelte nur unter meinen Lidern hervor, halb in Todesangst, halb in wonniger Erwartung. Das schöne Weib kam heran und beugte sich über mich; ... indem sie sich auf die Knie niederließ und mir starr in die Augen sah. Es war eine wohlberechnete Wollüstigkeit, die anziehend und abstoßend zugleich wirkte; als sie ihren Nacken beugte, leckte sie ihre Lippen wie ein Tier, so daß ich im Licht des Mondes den Speichel auf ihren Scharlachlippen, ihrer roten Zunge auf ihren weißen Zähnen erglänzen sah. Immer tiefer beugte sie sich herab, streifte mir an Mund und Kinn vorbei und näherte sich meiner Kehle, an der ich ihren heißen Hauch verspürte. Ich hörte saugende Laute, als sie einen Augenblick einhielt und sich Zähne und Lippe leckte.«
Stoker: Dracula, S. 54

Selbst die Stütze der viktorianischen Moral, Dr. van Helsing, kann sich nur mit Mühe der Verführungskraft einer Vampirin entziehen, sogar dann, wenn sie in ihrem Sarg liegt und schläft:

»Da lag eines der Weiber in seinem Vampyrschlaf, so voll Leben und wollüstiger Schönheit, daß es mich kalt überlief, als sei ich gekommen, um zu morden. Ich begreife nun, daß, wenn in vergangenen Zeiten jemand eine solche Aufgabe zu erfüllen sich vornahm, er schließlich nicht den Mut dazu fand oder daß ihm die Nerven versagten. So zögerte er und zögerte, bis die Schönheit und der Zauber der arglistigen Nicht-Toten ihn gebannt hatte; und er bleibt, bis die Sonne untergegangen und der Vampyrschlaf vorüber ist. Dann öffnen sich die herr-

VI. »Sex, Crime and Drugs«

lichen Augen des Weibes und erstrahlen in heißer Liebe, der wollüstige Mund bietet sich zum Küssen dar – und der Mensch ist schwach. Und wieder ist ein Opfer dem Vampyrtum verfallen. ... Ja, ich war erregt – ich van Helsing, mit allen meinen Vorsätzen und all dem grimmen Haß.« Stoker: *Dracula*, S. 510

Obgleich Stokers Dracula den großen Vampirpatriarchen verkörpert, sind einige Feministinnen dem Vampirgrafen durchaus wohlgesonnen. Sie erkennen in ihm nicht nur den skrupellosen Macho, sondern denjenigen, der das schwache Geschlecht mit seinem Biß erst wachküßt. Durch ihn werden sie zu Frauen mit einer selbstbewußten Sexualität, sie hören auf, nur Femme fragile zu sein und werden sich ihrer nächtlich-animalischen Kraft bewußt. Man könnte nach ihrer Verwandlung sogar eine Verwandtschaft mit den »New Women« sehen, wie sich die Frauen bezeichneten, die Ende des 19. Jahrhunderts in England die Emanzipationsbewegung einleiteten. Aber mit dem Aufkommen der neuen Frau wandelte sich auch das Frauenbild, und die sirenenhaft schöne Femme fatale, verlor jetzt ihren Zauber und zeigte ein Gesicht, in welchem das Monströse ihrer Seele ungeschminkt zum Ausdruck kam. Als Ursache dafür mögen gesellschaftliche Gründe mit ausschlaggebend gewesen sein. War es für die Femme fatale in der Ära des Viktorianismus, wo die Sexualität dämonisiert wurde, eine unbedingte Notwendigkeit als »Sünde« in einer verführerischen Gestalt zu erscheinen, so zeigte sich am Ende des Viktorianismus, im *Fin de siècle*, folgende Situation: Das Bedrohliche verlagerte sich vom Geschlechtlichen als solchem verstärkt auf das Geschlecht der Frau als Ganzes. Dazu hatten sicherlich die »New Women« und die Emanzipationsbewegung der Frau beigetragen, stellte sie doch die tradierte Rolle der Frau in Familie und als Mutter in Frage. Sah der natürliche Vampirismus zwischen den Geschlechtern bisher so aus, daß die Frau durch ihre Anlockungskraft dem Mann die Spermen entzog, die werdende Mutter hingegen die Nährstoffe ihres Blutes vom Fötus bzw. später vom Säugling die Milch entsogen bekam, und der Mann wiederum durch seine Berufstätigkeit die Mutter ernährte, schien dieser tradierte Kreislauf durch die Verweigerung der »New Women« in Gefahr zu geraten; denn im Mittelpunkt ihres Lebens steht nicht mehr selbstverständlich ihr Dasein für Mann und Familie, sondern die Befriedigung persönlicher

Wünsche und Bedürfnisse. Das mochte einigen Männern wie eine Revolte des Bösen und Zerstörerischen gegen das Gute und Lebenserhaltende erscheinen: Dem bisherigen Inbegriff des Lebens, das an den Werten von Vernunft und Ordnung, der Fortpflanzung und der Wahrung orientiert war. Die Femme fatale wandelte sich damit von der verbotenen Frucht sexueller Gelüste zu einer Gestalt des Entsetzens vor der Weiblichkeit selbst. Besonders in der bildenden Kunst schlägt am Ende des Jahrhunderts das Faszinierend-Bedrohliche in reine Morbidität um. Einer der großen Künstler, die sich mit dieser neuen Femme fatale auseinandersetzten, in der so deutlich die Angst des Mannes vor den erwachenden Kräften der Frau mitschwang, war Edvard Munch. Munch hat sich in mehreren Bildern auch mit der Vampirin als eine wichtige Darstellungsform der Femme fatale beschäftigt. Auf einer Lithographie sehen wir eine Vampirin wie einen geierartigen Totenvogel, ausgestattet mit mörderisch langen Krallen, über dem Leichnam eines noch jungen Mannes schweben, dem sie offenbar alle Kräfte entzogen hat: Blut, Spermen, Lebenswillen. Selbst seine knöchernen Überreste fixiert sie noch mit geil-bösem Blick (Abb. 42).

Doch kein Schrecken währet ewiglich – er kann zumindest durch einen neuen abgelöst werden. Spätestens nach dem Ersten Weltkrieg verlor die Gestalt der Frau ein Gutteil ihrer todesschwangeren Düsternis, als nämlich die Femme fatale des Fin de siècle durch den Vamp *made in Hollywood* abgelöst wurde. Auch beim Vamp, der von Vampir, bzw. englisch *vampire*, abgeleitet worden ist, taucht die dämonisch-erotische Anziehungskraft der Femme fatale zwar wieder auf, doch trägt er auch deutlich Züge aus der Neuen Welt: Denn nicht mehr metaphysisch dunkle Triebe veranlassen sie zu verruchter Tat, sondern ihr kühl-berechnender Geist denkt sehr diesseitig, wenn sie einen Mann in den Ruin treibt: Nicht sein Leben, nicht seine Seele will sie, sondern nur sein Geld. Daher sind ihre Opfer auch weit seltener schmachtende Jünglinge oder melancholische Dichter, sondern vorzugsweise Bankiers oder Industrielle. Haftete dem Begriff des Vamp ursprünglich noch etwas Dämonisches an – immerhin wurde er erstmals reklametechnisch für die Schauspielerin Theda Bara verwandt, deren Name ein Anagramm von »Arab Death« ist verlor er nach dem Zweiten Weltkrieg weitgehend diese

VI. »Sex, Crime and Drugs«

Abb. 42: *Der weibliche Vampir als männermordendes Ungetüm.* Edvard Munch: »Vampir«. Lithografie, 1900

düstere Note. Der Vamp wurde in den fünfziger und sechziger Jahren zum Symbol des attraktiven weiblichen Filmstars oder der schönen und anspruchsvollen Frau, als teures Spielzeug an der Seite reicher und prestigebedachter Männer.

Derartige »teure Spielzeuge« brachte Elfriede Jelinek aus feministischer Sicht wieder ganz neu in den Vampirkreislauf ein. Jelinek hat sich in ihrem 1987 uraufgeführten Schauspiel »Krankheit und moderne Frauen« mit dem Rollenverständnis von Mann und Frau auseinandergesetzt. Dabei griff sie auf Le Fanus »Carmilla«, Stokers »Dracula« und auf die Gestalt des dämonischen Liebhabers Heathcliff aus Emily Brontës »Stürmische Höhen« zurück. Tenor ihres Schauspiels ist, daß die Frau einem patriarchalischen System unterworfen ist, das ihre Selbstbestimmung und eigenständige Entfaltung weitgehend untersagt. So gewährt etwa der Zahnarzt und Gynäkologe Dr. Heidkliff seiner Geliebten Emily, einer Vampirin – die allerdings ohne rechten Biß scheint – gerade mal die Erlaubnis, »zwei Worte« sagen zu dürfen. Auch Benno Hundekoffer, der zweite männliche Protagonist, hat nach eigenem Bekunden seiner Gattin Carmilla – sie verwandelt sich im Laufe des Geschehens durch Emilys Zutun ebenfalls in eine Wiedergängerin – gerade mal erlaubt, etwas anzudeuten. Beide Männer reduzieren ihr weibliches Gegenüber auf die Bedeutung eines »Fortpflanzungsapparats«, den es vornehmlich zu »verwalten« und auf diese Weise zu beherrschen gilt. Als Folge dieser Unterdrückung stellen die beiden weiblichen Hauptpersonen nur Geschöpfe von »liebenswürdiger Geringfügigkeit« dar, die »restlos gar nichts« bedeuten. Wegen dieser Bedeutungslosigkeit innerhalb einer patriarchalischen Welt kann die Frau nur ein schattenhaftes Leben führen, sie wird zur Untoten. Emily klärt daher Carmilla auf: »Wir sind die Untoten, Carmilla! ... Wir sind nur Pseudo-Tote. ... Wir sind nicht Tod nicht Leben! ... Carmilla, versteh doch, wir sind und sind nicht.«[14] Als dann die beiden Vampirinnen beschließen, Rache an ihren Unterdrückern zu nehmen, indem sie versuchen, ihnen das Blut und damit die Lebenskraft zu entziehen, müssen beide feststellen, daß die attackierten Männer vollkommen blutleere Geschöpfe sind. Ihre Macht ist nur Popanz und entbehrt jeglicher Legitimation. Gleichwohl rächen sich die Herausgeforderten fürchterlich: Den aufmüpfigen Vampirinnen wird nach klassischer Art und Weise der Kopf abgetrennt und ein Pfahl ins Herz gebohrt.

Jelineks Vampirinnen sind eigenartige Zwittergeschöpfe: »Femme fragiles« in der Maske der »Femme fatale«. Maximal etwas kostspieligere, aber ohnmächtige kleine Vamps. Hatte der Mann an Ende des Fin de siècle seine Angst vor der Natur der Frau in die nur noch todbringende Gestalt der Femme fatale projiziert, so verzerrt Jelinek männliche Macht- und Unterdrückungsgelüste ins Karikaturhafte. Sie teilt dabei dem Publikum keine neuen Einsichten mit, sondern übersteigert nur gängige Klischees ins Absurde. Die Angst der Männer vor der Frau wird in ihrem Vampirstück ausgetauscht durch das Ressentiment der Frau gegen den Mann. Ihre Frauen sind nicht Vampirinnen, weil sie lüstern und verderbt den Mann aussaugen wollen, sondern weil sie von diesem in ein Schattenreich, eine Nichtexistenz gedrängt wurden. Die eigentlichen Vampire in dem Stück sind die Männer. Sie verkörpern den soziologischen Typus des Vampirs, der nach Macht und Besitz giert. Das wird um so deutlicher, als die getöteten Vampirfrauen den männlichen Protagonisten am Ende des Stückes als Blutbank dienen müssen!

»Der Graf ist ein Verbrecher«

»Der Graf ist ein Verbrecher«, lautet Minas Aussage über Dracula.[15] Doch dieses Urteil trifft nicht nur den Vampirgrafen. Die Aura des Widerrechtlichen scheint sich auf alle Geschöpfe zu erstrecken, die irgendwie mit einer vampirischen Daseinsform in Verbindung gebracht werden können. Das beginnt bereits mit der soziologischen Gruppe der »Blutsauger«, deren ausbeuterisches und parasitäres Handeln oft auch dann als kriminell empfunden wird, wenn es den offiziellen Boden der Legalität nicht verlassen sollte. Um das vampirhafte Element im Verbrecher zu illustrieren, der andere kaltblütig ausraubt, um sich persönlich zu bereichern, gab G. E. Smith in seiner Kriminalromanserie »Inspektor Douglas« einem diabolischen Oberschurken den Namen »Vampir«. Dieser Vampir hinterläßt, ähnlich wie Graf Dracula, wo immer er in London auftaucht, Spuren des Unheils. »Sein Weg ist gesäumt mit Verbrechen, Laster und Mord.«[16] Um wiederum die Nähe des Vampirs zum kriminellen Milieu aufzuzeigen, trinkt der Sauger Negromorte aus John P. Vandas Erzählung »Der Vampir aus den Bleikellern« nur Verbrecherblut: »Er brauchte das Blut von Verbrechern. Denn mit ihrem Blut trank er zugleich das Böse, das in ihnen steckte. Um selbst noch gemeiner und noch gefährlicher zu werden. Bösartiger als ein reißendes Raubtier.«[17]

Aber der Vampir ist nicht irgendein Verbrecher, sondern er ist es in seiner gefährlichsten Form – er ist Mörder. Selbst in seiner soziologischen Ausprägung kann er »über Leichen gehen«. Der fiktive Vampir mordet ohnehin und auch der in der Sexualwissenschaft als lebender Vampir bezeichnete, pathologische Lustmörder frönt einem tödlichen Handwerk. Der Vampir als Machtmensch, beispielhaft verkörpert in der Gestalt des historischen Dracula, Vlad Tepes, pflegt ebenfalls nicht vor Blut zurückzuschrecken. Raymond T. McNally und Radu Florescu schreiben über ihn: »In einem historischen Verbrecheralbum würde Dracula wegen der Zahl seiner Opfer und der Raffinesse seiner Grausamkeiten Cesare Borgia, Katharina de Medici und Jack the Ripper den ersten Platz streitig machen.«[18]

Mörder verfügen häufig über ein erhöhtes Aggressionspotential, und nicht selten mischt sich in ihre Taten der blutige Stachel des Sadismus. Die psychoanalytisch ausgerichtete Kriminologie geht davon aus, daß insbesondere bei Mehrfachmördern eine Regression ins »Urmenschentum« stattgefunden hat.[19] In extremer Weise ist das natürlich bei »lebenden Vampiren« der Fall. Aber auch beim »normalen Mörder« darf davon ausgegangen werden, daß Triebpotentiale von Aggression und Sexualität zum Durchbruch kommen, die als archaisches Erbe in ihm, aber auch in jedem anderen Menschen enthalten sind. Kaum ein Tötungsdelikt ist ohne Elemente von Aggression, Aggressionsabbau, Sadismus und Sexualität.

Gewalttaten, oder gar Mord, lassen den Täter schnell mit dem Gesetz in Konflikt geraten. Bereits die frühesten Verbote innerhalb menschlicher Gemeinschaften richten sich hauptsächlich gegen die Gewalttätigkeit. Besonders der Mord glich im Regelfall einem Tabubruch. »Du sollst nicht töten«, lautet nicht von ungefähr das fünfte Gebot Mose. Um ein geregeltes und erträgliches Leben innerhalb einer Gemeinschaft – wobei die menschliche Gemeinschaft mittlerweile zum »globalen Dorf« zusammenwächst – zu ermöglichen, ist ein kontrollierter Umgang mit unserer Aggression notwendig. Aber nicht jeder vermag sich an diese Spielregeln zu halten. Einer der naturgemäß dagegen verstößt ist der Vampir, und das sowohl in seiner fiktiven, pathologischen als häufig auch soziologischen Ausprägung. Als Triebtäter muß der Vampir per se mit der menschlichen Gesellschaft in Konflikt geraten. Bereits zu Beginn des 19. Jahrhunderts urteilte der Strafrechtler Paul Johann Anselm von

VI. »Sex, Crime and Drugs«

Feuerbach in seinem Werk »Aktenmäßige Darstellung merkwürdiger Verbrechen«:

»Der Mensch in seiner höchsten Leidenschaft verliert an diese immer seine ganze Person; er denkt, fühlt, begehrt nur in ihr, durch sie; alles, was in ihm und außer ihm ist, und nicht mit ihr in unmittelbarer Beziehung steht, verschwindet aus seinen Sinnen, wie aus seinem Bewußtsein, und nun ist er insofern allerdings außer sich (und außer der Welt), als er in der höchsten Ekstase in seiner Persönlichkeit nur noch in dem kleinen Punkte, auf welchen die Leidenschaft seine ganze Seelentätigkeit zusammengezogen hat, nämlich in dem Gegenstand der Leidenschaft und der leidenschaftlichen Handlung selbst, bewußt wird. Er sieht nichts, hört nichts, fühlt nichts als nur sie und sich in ihr.«[20]

Leidenschaft ist nun nie ganz vom Sexus zu trennen, und die Leidenschaft des Geschlechtlichen wandelt nicht selten auf den Pfaden des Verbrechens. Nicht grundlos nannte Hippolyte Taine den Marquis de Sade einen »Professor des Verbrechens«. »Das krankhafte Sexualleben vor dem Kriminalforum«[21] ist äußerst facettenreich und reicht von eher harmlosen Delikten wie Exhibitionismus oder Statuenschändung über Sodomie, Notzucht bis hin zum Lustmord. Die eigentlichen Lustmörder, welche ihre sexuelle Befriedigung nur im Töten erlangen, und deren Morde im Regelfall ohne jeden weiteren »praktischen« Sinn durchgeführt werden, unterteilen sich in vier Hauptgruppen:
In die Aufschlitzer, die Pfähler, die Zerstückler und in die Hämomanen oder Blutliebhaber, denen es gleichgültig ist, auf welche Weise die Wunden beigebracht werden, solange sie nur stark bluten.

Der Vampir ist in fast jeder dieser Gruppe enthalten: Er schlitzt auf, ergötzt sich am auslaufenden Blut und dringt mit seinen Zähnen in die Wunde ein. Gleichwohl ist er nicht eigentlich ein Lustmörder zu nennen; denn der Leichnam selbst erweckt nicht seine Erregung. Er liebt nur derart ekstatisch, daß am Ende der Tod des Opfers eintritt. Freilich sind hier die Übergänge häufig fließend, wie die Verwandtschaft des Vampirs mit dem Werwolf aufzeigt, der seine Opfer erst zerreißt, um sie anschließend auch noch zu verschlingen. Auch ein Haarmann hat nach dem Todesbiß seine Opfer noch zerstückelt.

Kriminelles Verhalten kann als Symptom verschiedenartiger Störungen auftreten, wie z. B. von Neurosen, Psychosen,

Schwachsinn oder postenzephalitischen Zuständen, die nach einer Gehirnhautentzündung eintreten. Dann gibt es noch die Gruppe der Armutskriminalität und das auf eine Drogensucht zurückzuführende kriminelle Vergehen. Vor allem gibt es aber noch die Kriminalität an sich, oder wie man sagen könnte, das ganz »normale« Verbrechen. Interessant ist, daß sich innerhalb dieser großen und so unterschiedlichen Tätergruppen eine psychische Grundkonstante herausschälen läßt. Der Psychoanalytiker Robert Waelder bemerkt dazu:

»Von der mildesten bis zur schwersten Form des Verbrechertums, vom Autofahrer, der die Stoßstange eines geparkten Wagens verbiegt und keine Adresse hinterläßt, bis zum Mörder und Kidnapper findet sich immer das gemeinsame Element, daß die Handlung nicht durch Rücksicht auf die Rechte und Interessen anderer gehemmt wurde, sei es, weil derartige Überlegungen sich als zu schwach im Vergleich mit dem Tatmotiv erwiesen, sei es, weil sie überhaupt fehlten. Rücksicht auf die Interessen anderer beruht letztlich auf Objektbeziehungen, d. h. auf dem Maß an Freundlichkeit, die man anderen gegenüber fühlt. Beim Verbrecher fehlt solch ein Gefühl der Freundlichkeit gegenüber oder der Identifizierung mit dem Opfer seiner Handlung entweder völlig oder ist von der treibenden Kraft der verbrecherischen Handlung überwältigt worden. Tatsächlich ist die Haltung, die den anderen nur als Mittel zu eigenen Zwecken oder als Hindernis auf den eigenen Wegen sieht, unser aller frühester Zustand. Das Kind kümmert sich zuerst nur um die Befriedigung seiner selbsterhaltenden Bedürfnisse ... Die Fähigkeit, andere zu lieben und sie zu lieben, wie sie sind, und nicht nur als Spender, entwickelt sich erst später.«[22]

Diesen Aspekt der Infantilität des Kriminellen sowie die Regression bei Mehrfachmördern vor Augen, können wir uns wieder dem verbrecherischen Vampirgrafen nähern. Lauschen wir, was der Allroundwissenschaftler Prof. Dr. Abraham van Helsing zu diesem Verbrecher bzw. über das Verbrechen im allgemeinen zu sagen hat:

»Das Verbrechen ist ziemlich einseitig. Es ist dies eine so konstante Eigenschaft des Verbrechers in allen Ländern und zu allen Zeiten, daß sogar die Polizei, der doch die Philosophie ein Buch mit sieben Siegeln ist, erfahrungsmäßig darauf kommt, daß es überall so ist. Der Verbrecher geht nur auf eine Art des Verbrechens aus – das ist der wahre kriminalistische Typus, der zum Verbrechen prädestiniert erscheint – und will von keiner anderen etwas wissen. Der Verbrecher hat keinen vollkommenen Verstand. Er ist klug, schlau und erfinderisch, aber sein Gehirn ist doch nicht ausgereift. Er hat mehr ein Kindergehirn und arbeitet wie ein Kind.«[23]

Diese Feststellung bezieht van Helsing auch auf Dracula, den er als verbrecherisch, selbstsüchtig und skrupellos beschreibt. So geht es auch Mina: »Der Graf ist ein Verbrecher, und zwar ein Verbrechertypus. Nordau sowohl als Lombroso würden ihn so klassifizieren, und weil er ein Verbrecher ist, ist er auch von unvollkommen ausgebildetem Verstand.«

Stoker konnte bei der Abfassung seines »Dracula« natürlich noch keine detaillierten Kenntnisse von der gerade im Entstehen begriffenen Psychoanalyse haben.[24] Aber er hat sich bei der Erschaffung seines Vampirgrafen von zwei für die damalige Kriminologie maßgebenden Namen beeinflussen lassen, die auch Mina erwähnt hat: Max Nordau und Cesare Lombroso. Nordau war eigentlich Schriftsteller und Kulturphilosoph, hatte aber mit seinem zweibändigen Werk »Entartung« breite Wellen geschlagen. Er geht dort von der These aus, daß die gesamte moderne Kultur in einem Stadium der Degeneration ist, in welchem sich einst alles höher geartete in einer krankhaften Rückbildung befindet. Vor allem war es aber der italienische Gerichtsmediziner und Psychiater Cesare Lombroso, der das Bild vom Verbrecher nachhaltig prägte. Lombroso geht von der Auffassung des »delinquento nato« aus, des geborenen Verbrechers. Für ihn ist der Kriminelle ein atavistischer Rückfall ins »Urmenschentum«, ein biologischer Sonderfall, der auch an physiognomischen Eigenheiten offenbar wird. Seine Thesen versuchte er durch Reihenuntersuchungen an Verbrechern, deren Körpermerkmale er detailliert unter die Lupe nahm, zu belegen.[25] Lombroso war gewissermaßen auf der Suche nach der typischen, urmenschenhaften »Verbrechervisage«. Interessant ist, daß Stoker bei der Beschreibung von Draculas Physiognomie auf angeblich typische Merkmale einer solchen »Verbrechervisage« zurückgreift. So besitzt Dracula, nach Lombroso, wie viele Kriminelle, ein raubvogelartiges Gesicht, einen gebogenen Nasenrücken, einen harten, grausamen Mund, dichte, über der Nase fast zusammengewachsene Augenbrauen, ein breites, schweres Kinn und oben spitz zulaufende Ohren.

Vergleicht man Lombrosos Theorien mit den späteren Ausführungen Freuds, wird man in einem entscheidenden Punkt auf eine Übereinstimmung stoßen, nämlich darin, daß sie beim Kriminellen ein Durchbrechen atavistischer Kräfte und Infantilität vermuten. Allerdings ist Lombrosos Ansatz simpler, da er im Verbrecher lediglich einen derben biologischen Rückfall sieht, eine Art infantilen Neandertaler, der eine entsprechende bilderbuchartige primitive Physiognomie aufzuweisen hat. Für Freud und die Psychoanalyse liegt der Fall differenzierter. Sie sehen vor allem ein Aufbrechen ererbter alter Triebstrukturen, besonders des aggressiven, auf Zerstörung gerichteten Todestriebes, der zwar jedem Menschen zu eigen ist, aber beim Verbrecher aus einem vielfältigen Kanon von Gründen einer geringeren Kontrolle unterliegt. Eine zusätzliche Erklärung für kriminelles Handeln vermuten sie darin, daß der Kriminelle in seiner seelischen Entwicklung auf der kindhaften Stufe des Habenwollens stehengeblieben ist und seine Fähigkeiten, zu geben und andere Menschen zu lieben, nur begrenzt ausgebildet sind. Genau diese Kombination einer infantil-atavistischen Gier begegnet uns auch beim verbrecherischen Vampirgrafen und bei all den anderen Blutsaugern, seien sie nun von Dracula infiziert worden – oder unabhängig von ihm – aus irgendwelchen dunklen Schlupflöchern und Gräbern entstiegen.

Doch vermutlich dürfte Graf Dracula selbst über derartige Erklärungsmodelle nur verächtlich lächeln, da er sich – einer anderen Spezies zugehörig fühlend – der Norm der Menschen entbunden glaubt. Immerhin, auf die gattungsbedingte moralische Haltung verweist indirekt auch Anne Rice, da bei ihr die Vampire ungeniert Menschen töten dürfen, es ihnen aber streng untersagt ist, einander das Leben zu nehmen. Im Grunde ist das die Moral, die auch wir Menschen pflegen. Unsere Moral ist auf den Menschen zentriert und enthält einen kräftigen Schuß Gattungsegoismus. Was unter uns zu stehen scheint, wie die Tiere, rotten wir bedenkenlos aus, quälen es oder sperren es in Käfige. Das Mitgefühl für das Leid anderer Kreaturen ist nur sehr bedingt ausgebildet. Ähnlich handelt auch der Vampir mit uns; denn wer sich nicht einer bestimmten Gattung angehörig fühlt, fühlt sich im Regelfall auch ihrer Moral enthoben. Nach Lombroso sind es beim Menschen übrigens nicht nur Verbrecher, Kinder, »Neandertaler« oder Geisteskranke, sondern auch Genies, Titanen und Übermenschen, die die Grenzen der normalen, menschlichen Moral sprengen und daher ebenfalls eine kriminelle Veranlagung besitzen. Zweifelsohne würde sich Graf Dracula der letztgenannten Gruppe zuzählen – was ihn für viele Leser und Kinozuschauer denn auch so überaus attraktiv macht.

Lombroso hat seine Thesen übrigens revidiert und sah in späteren Jahren im Kriminellen nicht mehr nur eine quasi eigene biologische Gattung.[26] Die heutige Kriminologie geht davon aus, daß eine kriminelle Handlung sowohl durch die persönliche Veranlagung des Täters als auch durch ein entsprechendes Milieu ausgelöst werden kann, bzw. daß diese beiden Faktoren zusammenwirken und sich gegenseitig zu steigern vermögen. Eine feste Trennungslinie zwischen kriminell und normal gibt es dabei nicht. Der »Verbrecher in uns« ist genauso wie der »Vampir in uns« virulent – wenngleich in graduellen Unterschieden. Mitunter kann sich das kriminelle Potential des »Normalen« gerade darin entladen, daß es sich gegen einen vermuteten Verbrecher wendet, wie z. B. in der Lynchjustiz, die bis in unser Jahrhundert hinein auch gegen vermutete Vampire belegt ist. Man schändete Gräber und nahm rituelle Hinrichtungen vor. Freilich blieben derartige Aktionen in einer nüchtern-materialistisch gewordenen Welt für die Akteure nicht mehr so folgenlos wie ehedem. Wenn sie erwischt wurden, mußten sie sich vor dem Kriminalforum verantworten. Es hieß dann nicht mehr: »Der Graf ist ein Verbrecher«, sondern »Dr. van Helsing ist ein Verbrecher!«

Der »Blutjunkie« und die Wonnen und Qualen der Sucht

Das Verbrechen ist etwas Menschliches. Das Tier steht jenseits von Gut und Böse und kann für seine Taten und Untaten nicht zur Rechenschaft gezogen werden. Es handelt nach seinem Instinkt, die Möglichkeit freier Entscheidung ist ihm verwehrt. Ähnlich verhält es sich mit der Sucht: Zwar gibt es vereinzelt Tiere, die psychoaktive Drogenpflanzen in ihrer natürlichen Umgebung fressen, doch bleibt das nicht nur Ausnahme, es bilden sich auch keine Symptome heraus, die mit schwerer menschlicher Sucht vergleichbar wären. Auch hier hat das Tier keine Wahl zwischen »Gut« und »Böse«. Die Entscheidung zwischen diesen beiden Polen entwickelte sich erst mit der Emanzipation des Menschen aus der Natur. Deshalb wächst seine Suchtgefährdung tendenziell auch mit dem Grad der Künstlichkeit seiner Umwelt und der Entfremdung von seinem Ursprung. Dies erklärt auch, weshalb die Sucht innerhalb der intakten Naturgesellschaft unbekannt ist, obgleich die Menschen dort regelmäßig Drogen konsumieren. Aber ihr Gebrauch ist mit rituellen Festen verknüpft, sie werden nicht maßlos und enthemmt konsumiert, wie das gerade für den Süchtigen innerhalb der modernen Industrienationen kennzeichnend ist; denn dieser hat zumeist jegliche Kontrolle verloren und erliegt einem überwältigenden Verlangen nach seinem Suchtmittel, für dessen Erhalt er bereit ist, nahezu alles zu tun, egal ob es ihm oder der Gesellschaft schadet. Ruhe und Befriedigung findet er nur in dem Augenblick, da er den Stoff, der ihm das Glück verheißt, konsumieren kann. Im Mittelpunkt seiner Welt steht ausschließlich seine Droge.

Dieses Verhalten können wir ohne weiteres auf den Vampir übertragen, und zwar sowohl auf den fiktiven Vampir als auch auf den pathologischen Vampirverbrecher und bedingt sogar auf die soziologische Gruppe der Blutsauger. Raymond T. McNally schreibt in seiner Studie über die Báthory nicht ohne Grund, daß Vampire genauso wie Drogensüchtige und Alkoholiker ihren »fix« haben wollen, um den Zustand eines »get a high« zu erzielen.[27] Roderick Anscombes lebender Vampir László Graf Dracula gesteht unumwunden:

»Ich habe mich selbst immer tiefer und tiefer in diese Perversion begeben, durch scheinbar harmlose Schritte. Ich bin tollkühn am Rand des Mahlstroms einhergepaddelt, habe die Augen von dem strudelnden Sog abgewandt, bis es zu spät war. Nun bin ich hilflos meiner abstoßenden Leidenschaft ausgeliefert. Wie der Trunkenbold, der nach einer Flasche Wein greift und sich einbildet, seine Sucht zu beherrschen, wie der Päderast, der sein Interesse an jungen Burschen für reine Sympathie hält, wollte ich der Wahrheit nicht ins Auge blicken.«
Anscombe: Das geheime Leben, S. 301

Die Figur László Graf Draculas steht prototypisch für die bereits zitierte Aussage, daß der Mensch in höchster Leidenschaft sich ganz an diese verliert und die Welt nur noch durch den Blickwinkel seiner Leidenschaft betrachtet. Der Süchtige befindet sich fortwährend in einem Zustand höchster, aber quälender Leidenschaft. Süchtigsein kann so betrachtet nicht nur eine Abhängigkeit von Narkotika bedeuten, sondern ebensogut das sich Verlieren in eine sexuelle Perversion – oder im Vampirismus. Wie der Rauschgiftsüchtige nur deshalb zur Sucht getrieben wird, weil die Droge nicht wirklich befriedigt, sondern nur aufstacheln und ablenken kann, so ist es auch ein Kennzeichen der sexuellen Perversion, daß sie befriedigungsunfähig ist. Während der Geschlechtstrieb normalerweise mit zunehmendem Alter zurückgeht, weist die sexuelle Süchtigkeit, genau wie die durch Drogen produzierte Sucht, eine fortlaufende Verstärkung der dranghaften Unruhe auf, eine immer weitere Reduzierung der Wahrnehmung auf das Objekt der Begierde, bei gleichzeitig abnehmender Befriedigung durch den »fix«. Theodor Lessing hat über den Werwolf und lebenden Vampir Haarmann die Äußerung gemacht, daß dieser außer seinem nackten Triebleben überhaupt keine persönlichen Sehnsüchte mehr besaß: »Von den Bergen der Schweiz, die er in empfänglicher Jugend sah, hat er so gut wie gar keinen Eindruck erhalten. Er hatte nicht das mindeste ›Naturgefühl‹. Ein Busch oder Baum war ihm nichts anderes, als das günstigste Versteck für Sittlichkeitsdelikte. So wie in der Tiefe der See ein gefräßiger Krake alles andere holde Leben ringsum langsam auffrißt, so hatte die unpersönliche ›Sinnlichkeit‹ allmählich alle persönlichen Inhalte verschlungen. Er besuchte wohl gelegentlich ein Theater, einen Zirkus oder ein Kino; aber ausschließlich zu dem Zwecke, um ›hübsche Jungen‹ zu sehen und wenn möglich, mit ihnen in Berührung zu kommen. Er hat nie ein Buch angerührt, nie Musik gehört. Politiker und öffentliches Leben waren ihm vollkommen gleichgültig. Er besuchte Sportplätze oder Bäder nur darum, weil man dort nackte junge Leiber zu Gesicht bekommt.«[28] Die Sucht höhlt das Leben aus, macht es leer und unpersönlich. Folgerichtig notiert László Graf Dracula: »Das Dasein eines Monsters ist trist. Es gibt nur diese eine Besessenheit, alles andere wird ihr bedingungslos untergeordnet. Unmerklich entsickert uns alles menschliche Mitgefühl...«[29]

Hinter »Hunger nach Fleisch«, »Hunger nach Blut«, »Hunger nach Rauschdrogen«, verbirgt sich nicht selten ein »Hunger nach

Liebe«. Dieser unstillbare Hunger erinnert uns wieder daran, daß beim Säugling Sex, Nahrung, Zuneigung und Sadismus noch identisch waren. Die Sucht, bzw. die Droge scheint die Triebe wieder zu bündeln und uns in die Geborgenheit der Kindheit zurückzuführen: Die Droge wird nicht selten gierig eingesogen wie ein nährendes Mittel, stimuliert den Sexus oder tritt an seine Stelle, und der Süchtige betrachtet sein destruktives Heilmittel häufig voller Zuneigung. Rauschdrogen werden von Psychoanalytikern daher nicht ohne Grund auch als »vergiftete Muttermilch« bezeichnet.[30] Eine Rückbezogenheit in die frühe Kindheit, ja in die Traumzeit des noch unerwachten Menschentums ist unverkennbar. Ähnlich wie das Kind, der frühe Mensch oder das Tier lebt auch der Drogenkonsument bzw. Süchtige verstärkt in einer Welt der Bilder, während sich sein Zeitbewußtsein zurückentwickelt. Genauso wie das Zeitempfinden schwindet auch das Ichbewußtsein, der Süchtige verliert seine individuelle Persönlichkeit und wird nur noch Trieb, Leidenschaft, Gier nach der entsprechenden Droge. Auch das ist wieder Regression in einen Urzustand. Gerade dieses Eintauchen und sich-Fallenlassen in eine frühere Daseinsform scheint Glück zu verheißen und von der Komplexität und Disharmonie des modernen Ich zu befreien. Anfällig für die Sucht sind Menschen, welche die Alltagsrealität unbefriedigend finden und daraus resultierend ein Rauschverlangen entwickeln. Dazu zählen verstärkt Personengruppen mit erhöhtem Narzißmus, psychischer Unreife, infantilen Neigungen, verdrängter Aggressivität, einer engen Beziehung zur latenten Homosexualität und – was für den Bezug zum Vampirismus besonders interessant ist – gesteigerter Oralität. Ferner kommen milieubedingte Einflüsse dazu: negatives Umfeld, gestörte Familienverhältnisse, berufliche Perspektivlosigkeit, aber auch mangelnde Intelligenz des Konsumenten. Die Rauschsehnsucht wächst, je weniger Alltagsrealität und Traumwelt übereinstimmen, je mehr Tagesbewußtsein und unbewußte Triebe kollidieren, je weniger die isolierte und verödete Seele ihren Erlebnishunger auf normale Weise befriedigen kann. Doch vor der wirklichen Verzweiflung steht zunächst die Lebensgier. Der Rauschkonsument will anfänglich weniger seine Sorgen verscheuchen als seine Langeweile vertreiben und an einem gesteigerten Leben teilhaftig werden. Das trifft nicht nur auf den Suchtgefährdeten zu, sondern selbstverständlich auch auf den Normalbürger, der bei geselligem Zusammensein, um besser in »Stimmung« zu kommen, Alkohol konsumiert, aber ebenso auf Naturvölker, die bei kultischen Festen halluzinogene Drogen einnehmen. Erst wenn die Gier nach gesteigertem Leben den alleinigen Inhalt des Daseins bestimmt, wie beim Krieger, beim Vampir oder enthemmten Drogenkonsumenten, beginnt die Sucht. Die unkontrollierte Lebensgier erweist ihr destruktives Potential und schlägt in den Todestrieb um; denn die Flucht aus dem Alltag in die Regression erweist sich als trügerische Illusion, aus der ihre Hörigen nur um so brutaler ins nüchterne Dasein zurückgeschleudert werden.

Zu Drogen fühlen sich allerdings keineswegs bloß infantile, einfältige oder unreflektierte Menschen hingezogen. Sie können ebenso den Künstler und Intellektuellen zum Experiment, zur Reise nach innen und zur Reise zurück in den Uterus einladen. Interessant für unser Thema ist nun, daß der fiktive Vampir genau zu dem Zeitpunkt erschaffen wurde, als die Künstler der Romantik begannen, bewußt mit Drogen zu experimentieren. Beinahe alle Vampirautoren der Romantik waren auch Drogenkonsumenten, ja z. T. schwer süchtig: Novalis, E. T. A. Hoffmann, Lord Byron, John Polidori, Samuel Taylor Coleridge, John Keats, E. A. Poe, Prosper Mérimée, Comte de Lautréamont oder Charles Baudelaire. Erst sie haben den Vampir zum festen Bestandteil der Literatur gemacht und ihm all die dunklen Ingredienzen eingegeben und die faszinierende Aura verliehen, von der nicht nur Stoker später zehrte, sondern auch die millionenfach verbreiteten »Billigvampire« der einschlägigen Horrorpresse. Dabei darf es uns nicht überraschen, daß es gerade die Romantiker waren, die Drogen und Vampire ins Spiel brachten: Die Romantiker verehrten den Traum, das Kindliche, den Blick zurück, den geheimnisvollen Uranfang, das Bilderdenken, das mythische Dunkel, das Geheimnis und die Verklärung des Todes. Der Alltag, die Nüchternheit wurden von ihnen verabscheut, die Welt sollte wieder Traum werden. Es sind damit in der Sehnsucht der Romantiker unverkennbar Züge einer Regression auszumachen, die als solches noch keineswegs negativ besetzt sein muß, wenn sie verschüttete Fähigkeiten wieder beleben möchte und einen Ausgleich zu der weitgehend nur auf Rationalität begründeten neuzeitlichen Erziehung und Lebensgestaltung herstellen möchte. Allerdings haben sich zahlreiche Romantiker in ihrem atavistischen Heimweh forttreiben lassen, und es darf vielleicht nicht ganz verwundern, daß der Künstler – und wer verkörpert den Künstlertypus stärker als der Romantiker? – von psychoanalytischer Seite nicht nur in die Nähe der Verbrecher, sondern auch der Süchtigen beordert wurde, nachdem Lombroso ihn bereits mit den Wahnsinnigen in Verbindung gebracht hatte.[31] Allerdings kann der Künstler seine unbewußt destruktiven Triebe im Kunstwerk in sozial verträglicher Form ausleben. Der Vampir, so wie wir ihn heute kennen, entstand also im »geeigneten« Milieu, zu dem auch die Sucht gehörte, und mit seinem unstillbaren Blutdurst geriet er dabei selbst zum Sinnbild der Sucht. Die Vampirliteratur stellt daher beim Blutsauger meist deutlich dessen Suchtcharakter heraus, mitunter spielt sie auch ironisch mit dem Thema Sucht; so z. B. wenn bei Ronald Chetwynd Hayes der Vampir eine mit Whisky gefüllte Badewanne als Sarg benutzt[32] oder überzeugender bei Kevin J. Anderson, in dessen Erzählung »Much a Stake« (1991), der legendäre Bela Lugosi im Drogenrausch dem ebenfalls berauschten Vlad Tepes begegnet. Bela Lugosi, der erste Kultvampir der Leinwand, starb übrigens an den Folgen seiner Morphiumsucht.

Beim Vampir sind alle Triebe gebündelt. Das gibt seiner Jagd nach dem Blut den besonderen »fix«. Während selbst der süchtigste Junkie neben seiner Rauschdroge noch andere Dinge zum Leben braucht, kann der Vampir auf alles andere verzichten. Insofern stellt der Vampir die radikalste und ausschließlichste Verkörperung des Süchtigen überhaupt dar. Nun ließe sich natürlich einwenden, daß für den Vampir die Droge Blut gesund, ja lebensnotwendig sei, sie ihn also anders als die Sucht des Junkies nicht in das Verderben reißt. Doch erscheint ein solcher Gedankengang zu kurz gefaßt: Der Vampir befindet sich ja bereits im Stadium der Verderbnis, sein ganzes Dasein ist pervertiert, entartet, im Schattenreich zwischen Leben und Tod angesiedelt. Er ist im tiefsten Sinne ein krankhaftes und ungesundes Geschöpf. Sein Denken ist wie bei allen Süchtigen reduziert auf die Beschaffung seines Stoffes. Um ihn zu bekommen, schreckt er vor nichts zurück. Beschaffungskriminalität ist für ihn Selbstverständlichkeit. Wie alle Drogenkonsumenten leidet er unter

»Innenweltverschmutzung«, »positives Denken« ist ihm vollkommen fremd. Ähnlich wie der Süchtige an Ich-Schwäche leidet und die Reste seines Ichs der »Seele der Droge« ausliefert, so verliert auch das Geschöpf, das zum Vampir mutiert, seine Identität – die Seele der Untoten heißt Sucht. Daß der Vampir bei seiner »Nahrungsaufnahme« kein gewöhnliches Lebensmittel zu sich nimmt, sondern ein in seiner Wirkung hochdosiertes Suchtmittel, nach dem er brennend verlangt, wird in der fiktiven Literatur auch an dem allabendlichen Erwachen des Vampirs geschildert: Sobald der Vampir seine Augen öffnet, quält ihn ein leidenschaftlicher Hunger nach Blut, der kaum mit dem Verlangen des Normalbürgers nach einem Frühstück gleichgesetzt werden kann, sondern nur mit dem wilden und panischen Verlangen des Süchtigen nach seinem Stoff. Ohne seine nächtliche Ration steht der Vampir bald auf Entzug und sein »Cold Turkey« ist ihm deutlich anzusehen; denn ohne Blut schaut er leichenblaß und eingefallen aus wie ein Junkie – nach seiner »Mahlzeit« besitzt er hingegen das rötlich-aufgedunsene Gesicht eines Alkoholikers. Aber nicht nur der Vampir ähnelt dem Junkie, sondern auch der Junkie ähnelt in seinem Erscheinungsbild einem lebenden Toten. Darüber hinaus werden Junkies und Vampire beide mit Aids assoziiert, und wenn der fiktive Vampir im Gegensatz zum verarmten Süchtigen auch häufig in Palästen wohnt, so haust er dort im Grunde doch nicht anders als ein Drogensüchtiger im übelsten Kellerloch: Alles ist in Verfall und Auflösung begriffen, verdreckt und verödet – es herrscht hier wie dort eine Aura des Todes. Ein Unterschied existiert allerdings: Besteht selbst für den abhängigsten Junkie noch eine Hoffnung auf Heilung, so gibt es für den Vampir keinerlei Therapie. Die einzige, die ihm übrigbleibt, ist der zweite endgültige Tod mit Pflock, Kopf-Abtrennen und Verbrennen.

Obgleich die Romantiker als Schöpfer des modernen Vampirs – ähnlich wie später die Surrealisten und der Drogenguru Timothy Leary – Rauschmittel konsumierten, um ihr Bewußtsein zu erweitern, ist von dieser Intention wenig im Vampir zu finden. Der Vampir will für sich weniger neue »Pforten der Wahrnehmung« eröffnen als vielmehr genießen.[33] Zwar besitzt er als Kind der Nacht eine veränderte Wahrnehmung und auch erweiterte Fähigkeiten – trotzdem ist er keineswegs ein Mystiker, nicht einmal ein Suchender, sondern weit eher ein enthemmter Hedonist. In den Vampir hat sich damit die Maßlosigkeit und Genußsucht des Menschen derart radikal hineinprojiziert, daß ihm ohne die Sucht nur die Auflösung ins Nichts übrigbleibt!

VII. Der Vampir als Medienstar

Der Vampir in Kunst und Karikatur

»Der Künstler als Vampir« heißt ein Kapitel in James B. Twitchells Studie über den Vampir in der romantischen Literatur.[1] In den Reigen der Blutsauger ordnet Twitchell den Künstler – und hier insbesondere in seiner romantischen Ausprägung – deshalb ein, weil dieser bereit ist, seine Frau verhungern zu lassen, die eigenen Kinder barfuß auf die Straße zu schicken oder die leibliche Mutter bis ins hohe Alter für ihn arbeiten zu lassen, so lange dies von Nutzen für sein eigenes Werk ist.[2] In seiner Besessenheit saugt er seine Umgebung schamlos aus. Aber der Künstler ist nicht nur Vampir, er ist auch Vampirschöpfer *par excellence*. Bereits lange bevor Literaten und Dichter den Vampir entdeckten, haben bildende Künstler einen ganzen Pantheon von Unholden erschaffen, zu dem natürlich auch vampirartige Wesen zählten. Diese frühen Nachtgesichter wurden aber keineswegs als »fiction« aufgefaßt, sondern besaßen eine eindeutig kultische Funktion. Die ganze Welt der Fratzen und Wasserspeier, Grotesken und Fabelwesen, die uns in allen Kulturen an den Tempeln und Kirchen, an heiligen und unheiligen Orten, an sakralen und profanen Bauten begegnen, die als Talisman getragen oder als Maske aufgesetzt wurden, sollten ursprünglich dazu dienen, in ihrer Häßlichkeit die Dämonen abzuschrecken und die bösen Geister zu vertreiben. Die Kunst beweist hier ihren *apotropäischen* Charakter, d. h. sie lieferte Gegenstände oder Bilder, die Unheil abwehren sollten. Was uns an vielen dieser apotropäischen Fratzen oder Masken auffällt, ist, daß wo sie Zähne zeigen, diese eine ausgeprägte Raubzahn- und Reißzahnbetonung aufweisen (Abb. 43). Doch diese in zahlreichen Kulturen anzutreffenden vampirartigen Dämonenabwehrer haben wahrscheinlich nicht nur böse Geister vertrieben, sondern zahlreichen Ängsten erst eine klare Gestalt verliehen und dafür gesorgt, daß sie sich als Angstbilder tief in uns einsenkten. Es wäre nicht das einzige Mal, daß der

Mensch – hier mit seiner Kunst – ungewollt die Büchse der Pandora öffnete; denn ohne die Kunst wären wahrscheinlich alle Teufel, Dämonen und Vampire weitaus bläßlicher geblieben!

Der Künstler arbeitet mit Bildern oder schafft neue Bilder, die unter seiner Hand zu Symbolen werden können. Symbole enthalten nach C. G. Jung etwas Vages, Unbekanntes, in uns Verborgenes, das durch die Hand des Künstlers an Ausdruck und Form gewinnt. Auch die Gestalt des Vampirs ist Symbol. Wie wir wissen, ist der Vampir ein äußerst facettenreiches Symbol,

Abb. 43: *Ein ausgeprägtes Raubzahnschema begegnet uns häufig an Figuren mit apotropäischem Charakter. Keramik der Vicuskultur aus Piura (Peru), 4. Jahrhundert v. Chr.*

und das dahinter verborgene Vampirprinzip kann sich in der Kunst äußerst vielgestaltig verkörpern und ist keineswegs auf die klassische Physiognomie Draculas angewiesen. Wir finden es als apotropäischen Abwehrzauber (vgl. Abb. 43) ebenso wie als Darstellung des organischen Lebensprinzips (vgl. Abb. 10), oder als Angst vor dem Verschlungenwerden (vgl. Abb. 3).

Mit dem Ende der mittelalterlichen Welt und dem Aufstieg der Renaissance, verlor das Kultische und Magische an Bedeutung, und einige Jahrhunderte lang stand nun das Sichtbare und Weltliche im Mittelpunkt der Kunst. Erst die Romantiker entdeckten eine neue Vorliebe für das Geheimnisvolle und Verborgene. Davon profitierte auch die Symbolgestalt des Vampirs. Vampirisches begegnet uns etwa in dem verbreiteten Thema der nächtlichen Heimsuchung durch Alpwesen (vgl. Abb. 2) oder Verstorbene, in der Darstellung von Tod und Scheintod (vgl. Abb. 18) und in der Wiedergabe bedrohlicher Fledermäuse. Besonders Goya hatte sich gerne dieses Vampirsymbols bedient. Wir finden die Fledermaus bei ihm als Geschöpf, das den Opfern des Krieges das letzte Blut aussaugt, oder als geheimnisvolles

VII. Der Vampir als Medienstar

Zwitterwesen mit menschlichen Zügen. Auch seine berühmte Radierung »Der Schlaf der Vernunft gebiert Ungeheuer« zeigt neben dem menschlichen Schläfer, einer wachenden Katze und einer Gruppe von Eulen, einen aus der Finsternis aufsteigenden, beunruhigenden Schwarm von Fledermäusen (Abb. 44). Doch so sehr das Vampirmotiv auch die Kunst der Romantik durchzieht, »wirkliche« Vampire tauchen darin kaum auf. Sie werden erst am Ende des Jahrhunderts in der dekadenten Kunst des Fin

Abb. 44: *Franscicso de Goya; »Der Schlaf der Vernunft gebiert Ungeheuer«. Radierung, 1797/98*

de siècle regsam, und dort auch kaum in männlicher Ausprägung, sondern zumeist in weiblicher Gestalt. Diese weiblichen Vampire in der Kunst sind natürlich untrennbar mit dem Phänomen der Femme fatale verbunden. Ihre Darstellung, ob sie nun eindeutig als Vampirin erkennbar ist oder nicht, hat immer etwas stark Vampirhaftes. Ihre langen, offenen Haare scheinen die Männer einfangen zu wollen, und ihre üppigen roten Lippen – wie sie uns besonders bei den Frauenfiguren von Dante Gabriel Rossetti begegnen – sind wie dazu geschaffen, ihre männlichen Opfer zum sinnlich-aussaugenden Todeskuß einzuladen. Eindeutige Vampirinnen erscheinen in den Werken von Albert Pénot, Gustav Adolf Mossa, Félicien Rops oder Etienne Csok. Regelrecht spezialisiert auf den weiblichen Blutsauger hatte sich Boleslas Biegas. Auch Edvard Munch hat sich dieser Thematik häufiger angenommen. Munchs Interpretation der Blutsaugerin reicht dabei von der verschlingenden Vampirgeliebten mit strömenden blutroten Haaren bis zum Entsetzen auslösenden, grausamen weiblichen Todesengel (vgl. Abb. 42). All diese weiblichen Vampirwesen symbolisieren nicht nur die Angst des Mannes vor der Frau, sondern greifen in ihrer Bedeutung weiter: Die weibliche Blutsaugerin steht hier auch für die ungebändigten Kräfte der Natur, die sich am Manne rächen, da dieser sich mit seiner Technik und Zivilisation so weit von seinem natürlichen Ursprung entfernt hat, daß er mittlerweile selbst zum Ausbeuter und Vampir an der »Mutter Erde« wurde.

Mit dem Verblassen der Femme fatale verschwand auch die Vampirin weitgehend aus dem Reich der bildenden Kunst. Doch keineswegs das Vampirmotiv zur Gänze. So zeigt beispielsweise René Magritte auf dem Bild »Das vogelessende Mädchen« (1924) ein scheinbar »unschuldiges« Geschöpf, wie es gierig einen noch lebenden Singvogel verspeist, dessen Blut ihr dabei über Zunge, Lippen, Hände auf ihren weißen Kleidkragen tropft. Auf einem anderen Werk »Die Ewigkeit« (1935) stellte Magritte symbolhaft den organischen Vampirismus der Natur dar: Es zeigt den Dulder Christus und den Tatmenschen der Renaissance, der Dantes Züge trägt. Der Täter nährt sich vom Dulder und hält gerade so den Weltprozeß in Gang. Nach dem Zweiten Weltkrieg nahmen sich in skurrilen Außenseiterpositionen Philippe Druillet oder Jean Benoit des Vampirs an, indem Druillet etwa den *Monsieur le Comte* darstellte oder Benoit einen blasphemischen Heiligenschrein schnitzte, dessen Türen von bösartigen Vampirfledermäusen geziert werden.[3] Besonders das Morbide der Vampirthematik lockte einige Künstler an (vgl. Abb. 55). Aber wirklich heimisch wurde der Vampir in der Fantasy-Art. Fast alle bekannten Fantasy-Künstler haben mit dem Thema kokettiert, so Boris Vallejo, Luis Royo oder Linda & Roger Garland. Bei ihnen taucht auch die Vampirin als Femme fatale wieder auf – freilich arg trivialisiert, was aber belegt, wie populär dieses Thema noch immer ist.

Während in der Tafelmalerei und in der »ernsten« Kunst der männliche Vampir im Gegensatz zum weiblichen kaum anzutreffen ist, erscheint das in der Karikatur eher umgekehrt, vermutlich da hier das Thema Macht und Machtmißbrauch im Mittelpunkt steht. (Vgl. Abb. 22–24, 27). Der männliche Vampir wird meist dazu eingesetzt, satirehaft Ausbeuter darzustellen. Weniger komisch, aber inhaltlich mit ähnlicher Tendenz, ist die Rolle des Vampirs in der sozial-kritischen oder in der politischen Grafik, um das Treiben der soziologischen Blutsauger anzuprangern (vgl. Abb. 25, 26). Im Zuge der literarischen Vampirwelle kam auch die illustrierte Vampirgeschichte auf (vgl. Abb. 14–16). In ihr geht es weit weniger darum, den Betrachter, bzw. Leser gegen soziologische Blutsauger einzustimmen, als ihm beim Anblick der klassischen Blutsauger einen angenehmen Schauer zu vermitteln. Zu der Vampir*illustration* gesellte sich im 20. Jahrhundert noch der Vampir*comic*. Gerade hier treffen wir alle möglichen Gattungen von Vampiren an: Von Graf Dracula über die verführerische Femme fatale-Vampirin bis hin zum Homosexuellen- oder Nazivampir (vgl. Abb. 36). Die illustrierte Vampirgeschichte und der frühe Vampircomic können bereits als Vorläufer des Vampir*films* zählen; denn in beiden werden Bilder dazu eingesetzt, Geschichten zu erzählen. Aber noch eine andere Gattung hat den Filmvampir mit vorbereitet: der Bühnenvampir!

Der Bühnenvampir

Es ist heutzutage weitgehend in Vergessenheit geraten, daß der Vampir im vergangenen Jahrhundert auf der Bühne genauso ein Star war, wie er es im 20. Jahrhundert auf der Leinwand ist. Montague Summers hatte als erster auf diesen Tatbestand verwiesen. Bereits 1820 war Lord Ruthven, der *Vampyr* aus Polidoris ein Jahr zuvor erschienener gleichnamiger Erzählung, in Paris als »Le Vampire« auf der Bühne zu sehen. Die Uraufführung im Théâtre de la Porte-Saint-Martin von Charles Nodier, unter Mitarbeit von T. F. A. Carmouche und Achille de Jouffray, war ein großer Publikumserfolg. Für die musikalische Untermalung sorgte M. Alexandre Piccini. Alexandre Dumas berichtet in seinen Memoiren über die Inszenierung dieses effektvollen, literarisch aber eher unbedeutenden Stückes, in dem die Polidorische Fabel um eine Reihe von Momenten bereichert ist, die teils der Oper, teils dem burlesken Volksstück entstammten. Wie Dumas feststellte, wurde das alles mit den gängigsten Theaterklischees jener Zeit angereichert. Obgleich die Kritik sich eher bedeckt hielt, war das Theater Abend für Abend ausverkauft. Manche der Lieder aus »Le Vampire« wurden auf den Pariser Gassen nachgesungen. Als der Darsteller des Ruthven, ein seinerzeit populärer Schauspieler, wenige Jahre später starb, ordnete die Geistlichkeit an, daß er nicht christlich bestattet werden dürfe, weil er eine derart gottlose Rolle gespielt habe. Wie wir ebenfalls von Alexandre Dumas wissen, folgten damals aus Protest etwa 3000 Personen dem Leichenzug, um Gerechtigkeit für ihren beliebten Bühnenvampir zu fordern.

Doch der Verschiedene war keineswegs der einzige Pariser Bühnenvampir. Montague Summers zitiert den Ausruf eines zeitgenössischen Kritikers: »Kein Theater in Paris ist ohne seinen Vampir! Im Porte-Saint-Martin gibt es ›Le Vampire‹; im Vaudeville gibt es auch ›Le Vampire‹; und in den Variétés ›Die drei Vampire oder die Strahlen des Mondes.‹«[4] Die Zahl der Vampirdramen und -vaudevilles wurde unübersehbar. Dabei tummelten sich die Vampire natürlich nicht nur auf Pariser Bühnen herum, sondern eroberten bald auch an vielen anderen Orten die Theater. In London gab es bereits einige Monate nach der Premiere von »Le Vampire« eine englische Adaption mit dem Titel »The Vampire, or The Bride of the Isles«, unter der Bearbeitung von James Robinson Planché. Andere Vampirstücke folgten, wie z. B. »The Vampire« von Hugo John Belfour. Auch in Deutschland gab es an zahlreichen Theatern Vampire zu sehen. Die meisten davon hießen Lord Ruthven, waren also im Regelfall Polidoris Vampirnovelle entsprungen. Die Popularität dieses Lords hat sicher dazu beigetragen, daß im Theater des 19. Jahrhunderts beinahe ausschließlich männliche Vampire anzutreffen sind, während am Ende des Jahrhunderts dem weiblichen Vampir in der Literatur, vor allem aber in der Malerei, eine wichtige Stellung eingeräumt wurde. Doch wahrscheinlich lag das nicht nur an der starken Präsenz des Lords, sondern auch daran, daß das viktorianische Publikum eine so unmittelbare Konfrontation mit weiblich-vampirischer Lüsternheit, wie es das Theater zu bieten vermag, als zu »anstößig« empfunden hätte.

Daß Polidoris sinistrer Lord Ruthven selbst heute noch gelegentlich im Rampenlicht der Bühne anzutreffen ist, haben wir vor allem einem Musiker zu verdanken: dem Komponisten Heinrich Marschner. Bereits vor Marschner war die Pariser Theaterfassung von Polidoris Vampir musikalisch untermalt worden, und 1826 war »Le Vampire« von dem Komponisten Martin Joseph Mengals sogar als Vorlage zu einer »comic operetta« genommen worden – doch nichts davon überdauerte. Erst Marschners »Vampyr« klang so überzeugend, daß er den Wechsel der Zeiten seit seiner Uraufführung 1828 überlebte (Abb. 45). Das Libretto zur Oper stammt von Wilhelm August Wohlbrück und basiert auf der 1822 erschienenen deutschen Übersetzung von Nodiers »Le Vampire«. Allerdings ging Wohlbrück einen Schritt über die Vorlage hinaus, indem er auch Byronsche Vampirmotive in die Oper einarbeitete, wodurch Ruthven noch stärker mit der Gestalt und der Melancholie Byrons verwoben wurde. Obgleich Wohlbrücks Libretto literarischer und eingängiger ist als die französische Vorlage und deren deutsche Übersetzung, bleiben viele Passagen unbeholfen, was auch durch die Neufassung von Hans Pfitzner nicht ganz behoben wurde. Doch überdeckt die Musik, deren Anfang Marschner auf einem Magdeburger Friedhof komponiert haben soll, diese Mängel weitgehend. In ihrer z. T. grandiosen Düsternis soll sie auch, wie Stefan Hock wohl zu Recht vermutet, einen Einfluß auf Richard Wagners »Fliegenden Holländer« gehabt haben.[5] Eine zweite große Oper namens »Vampyr« mit der Musik von Peter Joseph Lindpaintner und einem Libretto von Cäsar Max Heigl, hatte 1829 in Stuttgart Premiere. Das Werk, dessen Libretto überzeugender wirkt als das von Wohlbrück, stand über Jahrzehnte in Konkurrenz zur Marschnerschen Oper, doch setzte sich in der Folge die

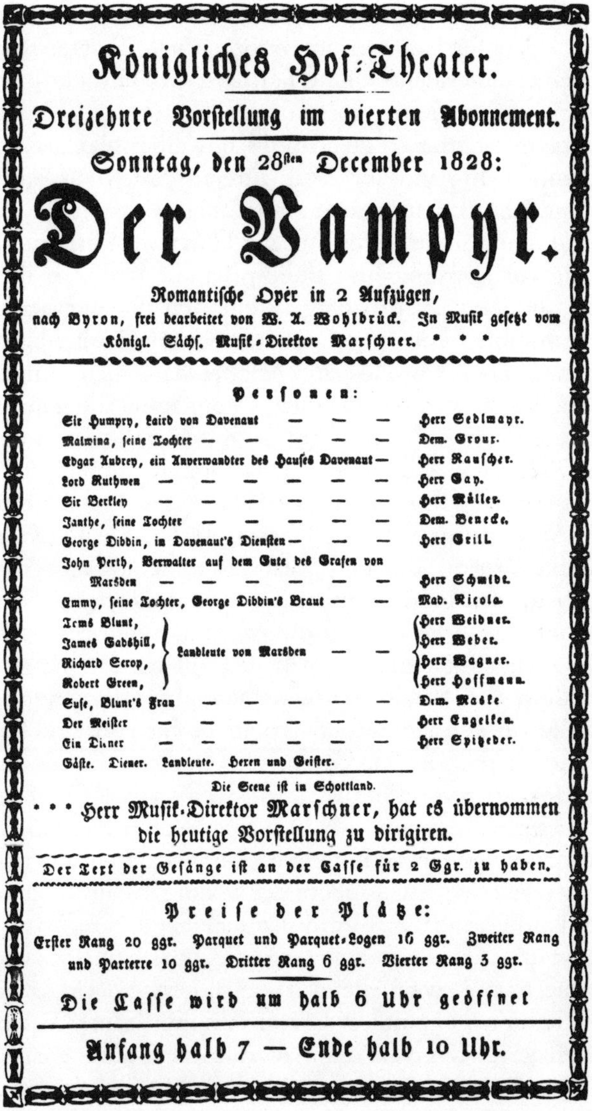

Königliches Hof-Theater.

Dreizehnte Vorstellung im vierten Abonnement.

Sonntag, den 28ften December 1828:

Der Vampyr.

Romantische Oper in 2 Aufzügen,
nach Byron, frei bearbeitet von W. A. Wohlbrück. In Musik gesetzt vom
Königl. Sächs. Musik-Direktor Marschner. * * *

Personen:

Sir Humpry, Laird von Davenaut — — —	Herr Sedlmayr.
Malwina, seine Tochter — — — —	Dem. Grour.
Edgar Aubrey, ein Anverwandter des Hauses Davenaut —	Herr Rauscher.
Lord Ruthwen — — — — —	Herr Gay.
Sir Berkley — — — — —	Herr Müller.
Janthe, seine Tochter — — — —	Dem. Benecke.
George Dibdin, in Davenaut's Diensten — — —	Herr Grill.
John Perth, Verwalter auf dem Gute des Grafen von Marsden — — — — —	Herr Schmidt.
Emmy, seine Tochter, George Dibdin's Braut —	Mad. Nicola.
Toms Blunt,	Herr Weidner.
James Gadshill, } Landleute von Marsden	Herr Weber.
Richard Scrop,	Herr Wagner.
Robert Green,	Herr Hoffmann.
Suse, Blunt's Frau — — — —	Dem. Maske.
Der Meister — — — — —	Herr Engelken.
Ein Diener — — — — —	Herr Spitzeder.
Gäste. Diener. Landleute. Hexen und Geister.	

Die Scene ist in Schottland.

* * * Herr Musik-Direktor Marschner, hat es übernommen
die heutige Vorstellung zu dirigiren.

Der Text der Gesänge ist an der Casse für 2 Sgr. zu haben.

Preise der Plätze:

Erster Rang 20 ggr. Parquet und Parquet-Logen 16 ggr. Zweiter Rang
und Parterre 10 ggr. Dritter Rang 6 ggr. Vierter Rang 3 ggr.

Die Casse wird um halb 6 Uhr geöffnet

Anfang halb 7 — Ende halb 10 Uhr.

Abb. 45: *Plakat zu Heinrich Marschners Romantischer Oper »Der Vampyr«, 1828*

originellere Musik Marschners durch. Beide Opern tragen im Untertitel den Vermerk »nach Byron«, doch basieren sie beide weitgehend auf der deutschen Übertragung des Polidori-Nodier-Melodrams. Ein weiterer, anspruchsvoller Versuch, den Vampirstoff für das Musiktheater zu adaptieren, war wohl das »Komische Zauberballett Morgano« aus dem Jahre 1857, das von dem Berliner königlichen Ballettdirektor Paul Taglioni entworfen und von dem Hofkomponisten Peter Ludwig Hertel vertont wurde. Die Handlung hat allerdings mit Polidoris Lord Ruthven nichts zu schaffen, sondern spielt in Ungarn zur Zeit des Dreißigjährigen Krieges, in einem von Vampiren bewohnten Zauberschloß, das von dem Obervampir Morgano geleitet wird. Seit einigen Jahren gelingt es den Vampiren auch, in der modernsten Form des Musiktheaters, dem Musical, Fuß zu fassen. 1995 ist in Prag mit großem Erfolg das Musical »Dracula« uraufgeführt worden. Die Handlung verknüpft geschickt das Leben Vlad Tepes mit Stokers großem Vampirroman. Zwei Jahre später wurde in Wien eine Musicalfassung von Roman Polanskis Filmklassiker »Tanz der Vampire« aus der Taufe gehoben, die Musik lieferte der bekannte, Wagnerbegeisterte Rockkomponist Jim Steinman. 1998 kam Dracula auch als Open-Air-Spektakel auf die Bühne, und ein Jahr darauf gab es bereits ein neues Vampirmusical: »Dracula ... bis das Blut in den Adern gefriert« heißt das von Sina Selensky verfertigte Werk, das eine Mixtur aus Stokers Vorlage und der Rocky Horror Picture Show bietet.

Es bleibt ein Verdienst von Montague Summers, daß er nicht nur auf den vergessenen, populären Bühnenvampir des 19. Jahrhunderts verwiesen hat, sondern auch Vampire aus dem 16., 17. und 18. Jahrhundert ausgrub, die anscheinend bereits zu diesem Zeitpunkt die Theaterbesucher erschreckt haben. Obgleich der literarische Vampir weitgehend eine Schöpfung der Romantik ist und in Prosaform erst mit Polidoris »Vampyr« seine Weltkarriere begann, hatte er offenbar schon vorher die Bühne erobert, obgleich sein Wirken dort nicht mit seiner Theaterkarriere des 19. Jahrhunderts gleichgesetzt werden darf. Als Beispiele für den frühen Theatervampir führt Summers u. a. an: »Imorti vivi« von Sforza d'Oddi (1576); Pagninis »Imorti vivi« (1600); Douville's »Les morts vivans« (1654); Sedaines »Der Tote ein Freyer« (1778). Im Jahre 1800 waren die Untoten bereits zum ersten Mal auf der

Opernbühne zu sehen gewesen; denn in diesem Jahr wurde in Neapel Silvestro di Palmas »I vampiri« uraufgeführt.[6]

Zweifelsohne konnte es aber keiner dieser frühen Bühnenvampire mit Lord Ruthven aufnehmen. Vielleicht wäre unser Lord der konkurrenzlose Fürst aus der Finsternis geblieben, wenn ihm nicht »der Graf« in die Quere gekommen wäre – nämlich Stokers Dracula. Es darf nicht überraschen, daß der Theatermann Stoker – immerhin war er der Sekretär des seinerzeit berühmtesten Shakespeare-Darstellers Henry Irving – sofort auch an eine Bühnenfassung seines transsilvanischen Grafen gedacht hat. Bereits wenige Tage vor der Auslieferung seines Vampirromans erschien das von Stoker verfaßte Stück »Dracula or The Un-Dead« auf der Bühne. Die Bühnenfassung geriet jedoch, u. a. wegen Überlänge, zu einem Flop. Stokers Brotgeber und Dracula-Vorbild Henry Irving bezeichnete das Stück als »gräßlich«. Danach kehrte der Graf für längere Zeit von der Bühne zurück in seine Gruft. Erst Hamilton Deane, Ire und Schauspielmanager wie Stoker, sorgte ab 1924, zwölf Jahre nach Stokers Tod, für eine glänzende Bühnenkarriere Draculas. Er führte einige notwendige Kürzungen durch und machte in dieser gestrafften Form aus »Dracula« eines der am längsten gespielten Stücke der englischen Theatergeschichte. Ab 1927 war der Vampirgraf auch in der Neuen Welt zu bewundern. Das Stück lief in einer Bearbeitung von John L. Balderston ein Jahr am Broadway, bevor es für zwei Jahre auf eine alle Rekorde brechende Tournee kreuz und quer durch die Vereinigten Staaten ging (Abb. 46). Hamilton Deane war es auch, der Dracula das »klassische« Vampir-outfit verpaßte – nämlich einen eleganten Abendanzug und ein Cape mit hochstehendem Kragen. Das Tragen dieses berühmten Flatterumhanges hatte dabei durchaus praktische Gründe: Der hohe Kragen des Capes erleichterte das Verschwinden des Grafen von der Bühne; er verdeckte seinen Kopf, wenn er sich vom Publikum abwandte und durch eine Falltür abging, so daß der Eindruck entstand, er habe sich in Luft aufgelöst, wenn das Cape auf den Bühnenboden fiel.

Selbst nach dem Zweiten Weltkrieg gab es auch jenseits des Musiktheaters Vampirpremieren, obgleich die Attraktivität der Bühnenblutsauger seit den dreißiger Jahren durch den spektakulären Aufstieg des Filmvampirs deutlich zu leiden hatte.

VII. Der Vampir als Medienstar

Anfang der siebziger Jahre wurde »The Passion of Dracula« von Bob Hall und David Richmond am Broadway uraufgeführt. Das erfolgreiche Stück erwies sich als eine erotisch äußerst freizügige Interpretation des Draculastoffes. 1984 eroberte Limbo Lounges Schauspiel »Vampire Lesbians of Sodom« den Broadway. Im Mittelpunkt des Stückes, dessen Handlung ebenso bizarr ist wie die Figuren und Dialoge, steht eine zweitausend Jahre alte lesbische

Abb. 46: *Plakat zum Theaterstück »Dracula«, das von Hamilton Deane und John L. Balderston nach Stokers Roman dramatisiert wurde, 1927*

Vampirin, die als Filmstarkolumnistin in Hollywood lebt. Ebenfalls 1984 kam Dracula zu den Schulkindern: Carey Blyton schrieb und vertonte »Dracula! oder Der besiegte Vampir. Ein viktorianisches Melodram für die Schule«. Drei Jahre später verfaßte Elfriede Jelinek ihr emanzipatorisches Vampirdrama »Krankheit oder Moderne Frauen«. 1994 kam in Saarbrücken das Schauspiel »Carmilla ... und es gibt sie doch!« frei nach Sheridan Le Fanu, von Friedhelm und Ulrike Schneidewind heraus. Hamilton Deanes Dracula Adaption bzw. John L. Balderstons überarbeitete Fassung davon, geriet auch in der Nachkriegszeit nicht in Vergessenheit. 1977 wurde das Stück erneut am Broadway aufgeführt. Die Inszenierung mit den wundervoll schaurigen Bühnenbildern von Edward Gorey und mit Frank Langella als komisch komödiantischem Dracula, wurde ein großer Erfolg. Langella ist nebenbei bemerkt nicht nur Bühnenvampir, sondern auch Filmvampir. 1979 drehte John Badham mit ihm in der Titelrolle »Dracula«. Der Streifen orientiert sich dabei an der Bühnenfassung von Deane und Balderston. Übrigens war auch der erste amerikanische Bühnendracula von 1927 bald von Hollywood entdeckt worden. Und dort avancierte er schnell zum ersten Filmkultvampir der Geschichte. Sein Name: Bela Lugosi![7]

Der Filmvampir als Kassenmagnet

Seine größte Massenwirkung erzielte der fiktive Vampir weder durch das Theater noch durch die Literatur, sondern durch den Film. Die Gattung des Horrorfilms »nährt« sich vortrefflich vom Vampirmythos, und die Figur, die am häufigsten in diesem Genre dargestellt wurde, ist die des Grafen Dracula. Der britische Filmpublizist David Pirie sieht den Grund dafür, daß dem Leinwandvampir ein so glänzender Erfolg beschieden ist, in folgenden Ursachen:

»Wohl kaum eine andere übernatürliche und religiöse Konzeption entspricht mehr der zweiten Hälfte des zwanzigsten Jahrhunderts als der Vampir. Im Zusammenhang mit dem Schwinden religiöser Überzeugungen ist der Vampirismus weiterhin die sinnlichste, am wenigsten vergeistigte aller überwirklichen Offenbarungen. Er stellt den Triumph des Geschlechtlichen über den Tod, des Fleisches über den Geist und der Materie über das Unsichtbare dar. Er negiert fast alles außer der rein physischen Sinnesbefriedigung. Von allen denkbaren Kosmologien ist er

VII. Der Vampir als Medienstar

die materialistischste. ... Gerade wegen dieser sinnlich wahrnehmbaren, dreidimensionalen Beschaffenheit wurde er zu einem derart vielversprechenden, finanziell ergiebigen Filmgegenstand. Gespenster, Werwölfe, Poltergeister und sonstige überwirkliche Erscheinungen sind auf der Leinwand häufig unbefriedigend und zuweilen lächerlich. Sie lassen sich viel leichter literarisch behandeln. Der Vampir lebt jedoch geradezu von dem Stoff, aus dem sich Wunschdenken und Träume, die Urbestandteile des Filmerlebnisses, zusammensetzen. Er oder sie wird zum Brennpunkt all unserer lebhaftesten, tiefverdrängten Phantasien. In dieser Beziehung ist der Vampir den gigantischen Phantasiegestalten, die uns die Filmgesellschaften als ›Stars‹ darbieten, nicht ganz unähnlich.«[8]

Der Vampir als Filmstar ist dabei natürlich nicht nur eine Projektion unserer Wunschträume, sondern ebenso unserer Ängste. Nicht ohne Grund hat der Vampir gerade im Horrorfilm Karriere gemacht. Seine beängstigende Wirkung resultiert aus der Fertigkeit, das Geheimnisvolle, Bedrohliche und Unheilbringende in unsere vertraute Umgebung zu schicken. Er greift damit auf ein altbewährtes Stilmittel der Phantastik zurück, nämlich die »glaubhafte« Darstellung vom Eindringen »unmöglicher« Kräfte in ein »mögliches« Ambiente. Für diesen Einbruch des Unbekannten in das Bekannte ist der Vampir vorzüglich prädestiniert; hat er doch mit Vorliebe seinen Auftritt dort, wo beide Elemente besonders wirkungsvoll aufeinandertreffen können: an heimelig-unheimlichen Orten, wie dem behaglichen Platz am prasselnden Kamin, oder im vom Mondlicht beschienenen Dämmerlicht eines luxuriösen Schlafzimmers. Ideale Orte an denen sich Ängste und Wünsche paaren können. Und der Vampir selbst ist ebenfalls ein Zwitterwesen, in dem sich Bekanntes und Unbekanntes miteinander verbunden haben. Er verfügt auf der einen Seite über einen vertraut anmutenden menschlichen Körper – in dem sehr menschliche Begierden lodern –, auf der anderen Seite ist er dem dunklen Totenreich entstiegen, womit zugleich eine geheimnisvolle, übermächtig erscheinende Vergangenheit mit der Gegenwart verknüpft wird.

Die Qualität der meisten Horrorfilme – und das trifft auch auf die Mehrzahl der Vampirfilme zu – ist bekannterweise ziemlich fragwürdig. Häufig handelt es sich um billige »Quickies« – rasch gedrehte Filme ohne künstlerischen Anspruch, mit nur einem minimalen Budget ausgestattet. Eine Ursache für die lieblose Produktionsweise im Horrorsektor liegt vermutlich darin, daß dieser

Abb. 47: *Ein französisches Plakat zu dem Film »The Scars of Dracula« (Dracula – Nächte des Entsetzens), 1970*

ganze Bereich mit dem Odium des »Unanständigen« und »Schmuddeligen« behaftet ist, wobei die derart produzierten Filme im Regelfall eine Bestätigung dieses Vorurteils abliefern. Ähnlich wie bei der billigen Horrorgeschichte und dem literarischen Trivialvampir werden hier Massenbedürfnisse gern »unterm Ladentisch« befriedigt. Trotz dieser verschämten und verlogenen Auseinandersetzung mit dem Hunger nach Horror, hat es immer Ausnahmen gegeben. Ebenso wie der literarische Horror Geister wie E.T.A. Hoffmann oder E.A. Poe vorweisen kann, besitzt auch der Horror- bzw. Vampirfilm eine erlesene Kollektion von Meisterwerken.

VII. Der Vampir als Medienstar

Dazu zählt der erste erhaltene abendfüllende Vampirfilm, der 1921 von Friedrich Wilhelm Murnau gedreht wurde: »Nosferatu. Eine Symphonie des Grauens«. Der Film basiert auf Stokers »Dracula«. Da Murnau es jedoch versäumt hatte, sich die Rechte am Dracula-Stoff zu sichern, mußten von dem dänischen Drehbuchautor Henrik Galeen einige Änderungen angebracht werden. Dracula mutiert in Graf Orlok bzw. zu Nosferatu, Harker heißt Hutter, Mina trägt den Namen Ellen. Die Handlung spielt neben Transsilvanien nicht mehr in England, sondern in Deutschland, in der Hafenstadt Wisborg bzw. Bremen, das als Drehort diente. Darüber hinaus ist die Handlung tunlichst vereinfacht: Dr. van Helsing taucht nur in einer Nebenrolle als Professor Bulwer auf. Lucy, einschließlich ihres Verehrerschwarms, fallen ganz weg. Die größte Änderung erfolgt am Schluß des Filmes: Der Vampirgraf stirbt nicht in pathetischer Pose angesichts seines transsilvanischen Schlosses, wohin ihn seine Rächer verfolgt haben, sondern haucht sein Leben an Minas, bzw. Ellens Hals aus. Diese hatte nämlich zuvor in einem »Buch der Vampire« gelesen, daß ein Vampir nur zerstört werden kann, wenn eine tugendhafte Frau ihm gestattet, ihr bis zum Hahnenschrei beizuwohnen. Sie beschließt, dieses Opfer auf sich zu nehmen, um ihren Mann und ihre Mitmenschen von der Plage des Vampirismus – der bei Murnau auch die Pest verbreitet – zu befreien. Der »verführte« Orlok bleibt bis zum Hahnenschrei, und der mit diesem gleichzeitig in Ellens Schlafzimmer einbrechende morgendliche Sonnenschein löst seine Gestalt in nichts auf. Kurz darauf betritt Ellens Mann das Zimmer, und erschöpft und blutentleert stirbt Ellen in seinen Armen. Trotz der Änderungen klagte Stokers Witwe, als der Film 1922 in die Kinos kam, gegen Murnau und erreichte einen Vergleich, der die Produktionsfirma Prana in den Bankrott trieb. Darüber hinaus war gerichtlich verfügt worden, sämtliche Kopien des Films zu zerstören, was glücklicherweise nicht geschah.

Obgleich »Nosferatu« mit Nachlässigkeit, Eile und minimalem Budget gedreht worden ist, gelang Murnau mit ihm ein großartiges Meisterwerk des deutschen Stummfilms. Wie kein Regisseur vor ihm hat Murnau mit einem inspirierten und subtilen Einsatz von Licht und Schatten, einer geschickten Kameraführung und raffinierten Montagen, der spukhaft-gespenstischen

Gestalt Max Schrecks in der Rolle des Vampirgrafen Orlok, und mittels pittoresker Dekors und zitternder Beleuchtungseffekte eine ebenso düstere wie unheilschwangere Szenerie des Grauens geschaffen, in der sich Realität und Imagination immer wieder vermischen (Abb. 48). Diese Qualitäten veranlaßten Werner Herzog 1979 zu einer besonderen Hommage an Murnau: Er ließ Graf Orlok noch einmal in Ton und Farbe wieder auferstehen und schickte ihn mit dem Titel »Nosferatu – Phantom der Nacht« erneut in die Kinos.

Der Tonfilm setzte dem phantastischen deutschen Film weitgehend ein Ende. Die vereinzelten Versuche, die danach noch kamen, haben seine Poesie, seine Atmosphäre und seine Originalität nicht mehr erreichen können, während paradoxerweise die Amerikaner, deren stumme Horrorfilme meist dürftige Imitationen der großen deutschen Urbilder darstellten, die besten Tonfilme dieses Genres hervorbrachten. Hierzu zählt auch Tod Brownings »Dracula«, der 1931, fast zeitgleich mit »Frankenstein« in die Kinos kam. Diese erneute, synchrone Begegnung der beiden Gruselmythen, war wahrscheinlich dem kommerziellen

Abb. 48: *Ein Vampir mit Schatten – Max Schreck als Nosferatu in Friedrich Wilhelm Murnaus gleichnamigem Stummfilmklassiker, 1921*

Erfolg beider Filme förderlich. Jedenfalls erfreute sich »Dracula« eines immensen Zulaufs, nicht nur in Amerika und England, sondern überall. Grundlage der Handlung bildete das auf Stokers Roman basierende Theaterstück von Deane und Balderston. Seinen Erfolg und seinen Stimmungsgehalt verdankt der Film vor allem zwei Personen: dem aus Ungarn stammenden Draculadarsteller Bela Lugosi und dem namhaften Kameramann Karl Freund, der zuvor in Deutschland solche Maßstäbe setzenden Stummfilme wie »Der Golem, wie er in die Welt kam« (1920) oder »Metropolis« (1925/27) aufgenommen hatte. Bei ihm schwebt die Kamera, fast selbst wie ein Gespenst, gemächlich und ohne Hast durch die Gruft von Draculas Schloß. Die stimmungsvollen Bauten, die Beweglichkeit der Kamera, die Kunstfertigkeit der Spiegeltrick-Aufnahmen – besonders an der Stelle, als die Kutsche mit Jonathan Harker in den Borgo-Paß einfährt – und die Gestaltung einzelner Einstellungen geben dem Film eine ganz eigene, dichte Atmosphäre. Die Aufnahmen besitzen hier etwas Undefinierbares, Magisches. Dieser Film, dessen Qualität in der zweiten Hälfte leider abfällt, war nicht nur ein großer finanzieller Erfolg, sondern formte das Vampirbild im Kino. Nicht Murnaus seltsamer Schloßherr Nosferatu, sondern Brownings Gentleman-Vampir prägte sich dem Kinopublikum ein. Bela Lugosi schuf das Dracula-Image (vgl. Abb. 49). Der Erfolg des Films verschaffte dem Vampirgrafen bleibendes Asyl in Hollywood und Bela Lugosi noch zahlreiche Leinwandauftritte als Vampir oder geheimnisvoll zwielichtige Gestalt.

Obgleich der Leinwandvampir der dreißiger und vierziger Jahre fast ausschließlich aus Hollywood stammte, entstand der dritte große Vampirfilm in der Geschichte der Kinematographie wieder in Europa, genauer in Frankreich, unter der Regie des großen Dänen Carl Theodor Dreyer. Der 1932 gedrehte Film mit dem Titel »Vampyr, ou L'Etrange Aventure de David Gray«, basiert offiziell auf der Erzählung »Carmilla« von Sheridan Le Fanu, hat in Wirklichkeit aber wenig mit ihr zu tun. Die einzige Gemeinsamkeit zwischen Film und Vorlage ist, daß der Vampir eine Frau ist. Doch selbst in diesem Punkt ist die Ähnlichkeit nur gering, denn der Vampir bei Dreyer ist eine alte Frau, die nichts von Carmillas verführerischer Sinnlichkeit hat, sondern Boshaftigkeit und Macht ausstrahlt, zugleich aber auch so etwas

Der Filmvampir als Kassenmagnet

Abb. 49: *Bela Lugosi, der erste Kultvampir der Leinwand. Standfotos aus »Dracula«, 1931*

wie Mitleid aufkommen läßt. Sie bedroht die Dorfbewohner ihrer Region, vor allem die schöne Gisèle, in die sich der Reisende David Gray verliebt. Das besondere an dem Film ist, daß handlungsmäßig eigentlich nichts Außergewöhnliches passiert. Was Dreyer vorschwebte und was ihm auch umzusetzen gelang, war, die Handlung aufzuzeigen, die in uns abläuft, wenn wir uns bedroht fühlen. Während der Arbeit an dem Film erläuterte Dreyer seine Intention:

»Stellen Sie sich vor, wir sitzen in einem normalen Zimmer. Plötzlich erfahren wir, daß eine Leiche vor der Tür liegt. Im selben Augenblick hat sich das Zimmer, in dem wir sitzen, völlig verändert; jeder Gegenstand darin sieht plötzlich anders aus; das Licht und die Atmosphäre haben sich verändert, obwohl sie in Wirklichkeit so sind wie zuvor. Wir sind es, die sich verändert haben, und die Gegenstände sind so, wie wir sie sehen. Genau diese Wirkung möchte ich mit meinem Film erreichen.«[9]

Es war Dreyers »Vampyr« nicht beschieden, unmittelbar auf die Geschichte des Horrorfilms einzuwirken. Das Publikum blieb für seine düstere, verwirrende Schönheit unempfänglich, und der Film wurde niemals von den Großverleihern übernommen.

Der kommerzielle Leinwandvampir ist seit Tod Brownings »Dracula« ein fester Bestandteil des Kinos. Allerdings weist seine Karriere Schwankungen auf. So machte er nach dem Zweiten Weltkrieg eine Talfahrt durch, um aber spätestens ab 1958 wieder in aller Munde zu sein. Der erneute Boom ging diesmal nicht von Hollywood, sondern von England aus. Die Firma »Hammer Films«, ein vergleichsweise bescheidenes Studio, traf Ende der fünfziger Jahre, von kommerzieller Warte aus, genau ins Schwarze, als sie mit ihrer Produktion von Horrorfilmen begann, die sie zur größten und ertragreichsten Gesellschaft innerhalb der britischen Filmindustrie machte. Den Anfang zu dieser Glücksreihe bildeten wieder synchron die beiden großen Horrormythen: »Frankenstein« (1957) und »Dracula« (1957/58). Der Vampirgraf erschien diesmal in Technicolor und unter der Regie von Terence Fisher, der Drehbuchautor hielt sich frei an Stoker und verlieh dem Schluß eine neue Variante: Dracula wird, als er im Morgengrauen zu seinem Sarg zurückhastet, von Dr. van Helsing gestellt. Dieser reißt die Vorhänge von den Fenstern, damit der Tag hereinkommt, und zwingt Dracula mit zwei gekreuzten Kandelabern ins Sonnenlicht, wo er zu Staub zerfällt. Der Vampirgraf wird in diesem Film erstmals von dem neben Bela Lugosi bekanntesten Kultsauger der Leinwand gespielt: von dem 1,93 Meter großen, schmalen und aristokratischen Christopher Lee (vgl. Abb. 50). Lee avancierte in der Folge zum häufigsten Leinwanddracula der Filmgeschichte.[10] Verglichen mit den Vorkriegsvampiren zeichnen sich die Hammerproduktionen nicht gerade durch Feinfühligkeit aus. Anders als bei Dreyer wird hier der Horror gänzlich veräußerlicht und jeder Schockeffekt grell in das Kameralicht gerückt: das Aussaugen eines Menschen an der Halsschlagader, das »Pfählen« von Vampirinnen, die wollüstige Hingabe verlobter bzw. verheirateter Frauen an einen zu allem entschlossenen Vampirgrafen. Die Farbe spielt hierbei auch eine entscheidende Rolle. Das Rot des Blutes kommt dank Technicolor voll zur Geltung, an Draculas Zähnen und Lippen ebenso wie an den Wundmalen der Hälse oder beim Pfähleinhämmern. Sex und Gewalt sind es, die in »Dracula« und auch in den nachfolgenden Vampirfilmen der Hammermannschaft, dem willigen Publikum in drastischer Bildhaftigkeit vorgesetzt werden. Von dieser trivialen Verkürzung des Vampirmotivs zeugen auch die Filmplakate der Hammerfilme, die nahezu rund um den Globus zu begutachten waren (vgl. Abb. 47). Feine Zwischentöne, Vages, nur Angedeutetes, fehlt fast zur Gänze. Trotz alledem sind die Hammerfilme von ihren Bildern her nicht ganz ohne Stimmung. Vor allem können sie in Christopher Lee einen Filmvampir mit Charisma und in dem Darsteller seines Widersachers van Helsing, Peter Cushing, ausgezeichnete Schauspieler vorweisen. Letzterer spielte übrigens auch den Dr. Frankenstein, während Lee dort sein Geschöpf mimte.

Der Vampirfilm – obgleich er von den englischsprachigen Ländern dominiert wird – hat nicht nur überall auf der Welt sein

Abb. 50: *Christopher Lee – der zweite Kultvampir der Leinwand. Der rauchende Schornstein zu seiner Linken als übergroßes Phallussymbol verdeutlicht Draculas Machtanspruch. Aus: »Dracula has Risen from the Grave« (Draculas Rückkehr), 1968*

VII. Der Vampir als Medienstar

Publikum gefunden, sondern hat in zahlreichen Ländern eigene Wurzeln: so in Deutschland, Frankreich, Belgien, Italien, Spanien, Südamerika oder Japan. Generell läßt sich der Vampirfilm in sechs Hauptgruppen einteilen:

Erstens: In solche, die auf Stoker zurückgehen und in denen Dracula eine wichtige Rolle spielt.
Zweitens: In diejenigen, die nicht auf Stoker zurückzuführen sind und in denen auch »der« Vampirgraf nicht erscheint.
Drittens: In solche mit weiblichen oder lesbischen Vampiren in der Hauptrolle.
Viertens: In Sexvampirfilme, die häufiger mit Gruppe drei verflochten sind.
Fünftens: In die Vampirparodien und -komödien.
Sechstens: In den Vampirfilm mit gesellschaftlichem oder politischem Anspruch.

Gruppe zwei und drei überschneiden sich in dem 1960 gedrehten italienischen Film »La maschera del demonio«, unter der Regie des ehemaligen Kameramannes Mario Bava, der in Deutschland unter dem irrigen Titel »Die Stunde, wenn Dracula kommt...« gezeigt wurde. Während die Hammerfilme in Blutrot schwelgten, legte Bava einen ungeheuer stilvollen Schwarzweißfilm vor, der sehr frei auf Nikolai Gogols Erzählung »Der Wij« basiert. Die Handlung führt zunächst zurück in das Jahr 1700. Die schöne Hexe Asa wird von ihrem Bruder und dessen Gefolgschaft gemeinsam mit ihrem Vetter Javutic qualvoll hingerichtet, weil sie sich in verbrecherischer Liebe vereint haben. Dieser Vetter, der verdächtig ist, ein Hexenmeister, Dämon und Vampir zu sein, wird auf ungeweihtem Boden begraben, die Hexe in der Familiengruft. Ungefähr anderthalb Jahrhunderte später, um 1830, reisen der Arzt Prof. Dr. Churaian und sein Assistent Dr. Gorobec nach Moskau zu einem Kongreß. Sie entdecken unterwegs das Grab Asas und entfernen die Stachelmaske, die ihr ihre Peiniger einst auf das Gesicht gedrückt hatten. Dabei tropft Blut in den Mund der hingerichteten Hexe, die sich jetzt überdies als Vampirin entpuppt; denn das Blut belebt sie neu, sie erhebt sich aus ihrem Sarkophag und ruft ihren Vetter, den Prinzen Javutic, der mit ihr verurteilt wurde. Dieser entsteigt daraufhin ebenfalls seinem Grab. Während Javutic den herrschenden Prinzen vernichten will, plant die rachehungrige Asa, den Platz von dessen Tochter Katja, ihrem Ebenbild, einzunehmen. Dem jungen Arzt Gorobec gelingt es, den übermächtigen Hexenfürsten zu besiegen. Auch kann er Katja vor Asa retten, wobei das »Doppelgängermotiv« zunächst für Verwirrung sorgt, da die Untote Asa sich dem jungen Arzt gegenüber als Katja ausgibt. Aber der Reiz des Films liegt weniger in seiner Handlung oder in seiner Neigung zur Morbidität, indem einzelne Grausamkeiten über Gebühr geschildert werden, als vielmehr in seinen phantastischen Bildern. Von Anfang bis Ende ist der Film superb inszenierter barocker Horror, düster und beklemmend, und trotz der ausufernden Dekoration gelingt es seinem Regisseur, ein Land zu beschwören, in dem Phantome als selbstverständlich akzeptiert werden.

Zur Gruppe zwei können wir z. B. Tom Hollands »Fright Night – Die rabenschwarze Nacht« (USA 1985) zählen oder Neil Jordans Verfilmung von »Interview mit einem Vampir« (USA, 1994). Für Gruppe drei steht natürlich Dreyers »Vampyr«, frei nach Le Fanu. »Carmilla«, die weibliche Vampirin, bot immer wieder – wenn auch nicht so häufig wie ihr männlicher Rivale Dracula – Stoff für die Leinwand, so z. B. in Roger Vadims »Et Mourir de Plaisir« (... und vor Lust zu sterben. Frankreich 1960) oder in der gröberen Hammerversion davon »Twins of Evil« (Draculas Hexenjagd GB 1971). Bei der Gruppe der Sexfilmvampire handelt es sich meist um schnell heruntergedrehte, reißerische Filme, wie z. B. Jesus Franco Maneras »Vampyros Lesbos – Erbin des Dracula« (BRD/Spanien 1970), oder Richard Wenks »Vamp« (USA 1986). Die Vampirkomödie nimmt sich gern abgegriffener Vampirrequisiten und – Verhaltensweisen an und führt sie durch Übersteigerung ins Lächerliche. Zugleich zeigt sie das Menschlich-Allzumenschliche der vampirischen Begierden auf. Herausragendes Beispiel davon ist immer noch Roman Polanskis »Tanz der Vampire« (USA 1967). Ein großer kommerzieller Erfolg war Stan Dragotis »Liebe auf den ersten Biß« (USA 1979), mit George Hamilton als Lugosi-Imitation in der Hauptrolle. Der gesellschaftskritische Vampirfilm wird z. B. vertreten durch den bereits erwähnten Film »Jonathan« (BRD 1969/70) von Hans W. Geissendörfer, in dem Dracula Züge Hitlers trägt. Weit mehr Beachtung fand aber George Romeros Film

VII. Der Vampir als Medienstar

»Night of the Living Dead« (Die Nacht der lebenden Toten, USA 1967/68). In dem Film werden in einer Region der USA alle Toten von den verstreuten radioaktiven Strahlen einer heimkehrenden Venussonde zum Leben erweckt. Der aus Kostengründen in Schwarzweiß gedrehte Film ist von düsterer Beschaffenheit und mit einem »Unhappy End« versehen, weshalb die »American International Pictures« seinerzeit den Vertrieb des Films ablehnte. Romeros Film ist politisch, obgleich er sich vordergründiger Eindeutigkeit entzieht. Seine Gesellschaftskritik kann auf mehreren Ebenen gelesen werden: Die lebenden Toten, damit kann der amerikanische Normalbürger in seiner erstarrten Lebensform gemeint sein, gleichzeitig wird aber die Art und Weise, wie die Polizei diese – im Gegensatz zu Dracula – leicht zu erledigenden Vampire abknallt, angeprangert. Diese Vorgehensweise kann für den Betrachter in Bezug zum damaligen Vietnamkrieg gesetzt werden, in dem die amerikanischen Militärs nicht immer zimperlich mit ihrem politischen Gegner umgingen. Auch die Thematik des Rassenkonfliktes wird von Romero angedeutet, als nämlich der letzte Überlebende einer Gruppe von Menschen – ein Schwarzer – von der heranrückenden Polizei und Bürgerwehr »aus Versehen« erschossen wird, womit der Film zugleich seinen düsteren Abschluß findet.[11]

Der Vampirmythos hat dem Horrorfilm wahrscheinlich mehr Stoff geliefert als irgendein anderes spezifisches Genre. Trotzdem ist der Filmvampir immer wieder für tot erklärt worden, sobald eine Flaute eintrat. Doch der Vampir hatte diese relative Ruhe immer nur dazu genutzt, um gestärkt wieder aufzuerstehen. Und es bedarf eigentlich keiner Prophetie, um sein Überleben auf der Leinwand auch für die Zukunft vorherzusagen. Neu erstand der Leinwandvampir z. B. in dem 1994 von Neil Jordan verfilmten »Interview mit einem Vampir«, dem ersten Band der »Chronik« von Anne Rice. Hier finden sich kaum noch Dracula-Klischees, der Zuschauer kann sich auf ganz ungewohnte Weise mit dem Vampir als Ich-Erzähler identifizieren. Er ist berauscht vom Treiben zweier schöner junger Vampire, wobei der eine den Part des »Gutvampirs« übernimmt und der andere in die Rolle des diabolischen Freidenkers schlüpft. Das alles wird bravourös gespielt und in samtig-schönen Bildern präsentiert. Das Publikum hatte denn auch gleich bei der Premiere des Filmes »angebissen«. Als der Film in die amerikanischen Kinos kam, drängten sich in den ersten drei Tagen über drei Millionen Zuschauer, um ihn zu sehen; nach zehn Tagen hatte er die gut 60 Millionen Dollar eingespielt, die seine Herstellung kostete. Aber daß selbst Dracula immer wieder Interesse auslöst und seiner Person neue Aspekte abzugewinnen sind, hatte zwei Jahre zuvor Francis Ford Coppola mit seinem »Bram Stokers Dracula« (USA 1992) bewiesen. Mit grandiosem Pomp servierte er einen Film, der schnell zum Kultspektakel geriet und der nicht nur selbst ein großer Kinoerfolg wurde, sondern auch Stokers Buch in Amerika wieder auf die Bestsellerliste katapultierte. Obgleich Coppola den authentischsten Dracula der Filmgeschichte vorlegen wollte – daher der Titel –, hat er die Deutung der Geschichte sehr eigenschöpferisch fortgesponnen, weshalb der Film ebensogut »Francis Ford Coppolas Dracula« heißen könnte. So setzt der Vorspann im Jahre 1462 ein, beim historischen Dracula – Vlad Tepes –, der nach der Rückkehr aus einem siegreichen Feldzug gegen die Türken erfährt, daß sich seine geliebte Frau in den Fluß gestürzt hat, nachdem ihr eine Falschmeldung über seinen Tod zugespielt worden war. Dracula ist außer sich; er entsagt Gott und schwört, sich mit Hilfe der Mächte der Finsternis zu rächen. Dann stößt er sein Schwert ins Kruzifix seiner Burgkapelle und trinkt das auf wundersame Weise aus ihm herabströmende Blut. Der eigentliche Film folgt im großen und ganzen Stokers Vorlage, aber Mina wird jetzt als eine Reinkarnation von Draculas Frau gedeutet, wodurch sich eine ganze neue, tiefe Liebesgeschichte zwischen einem Vampir und seinem Opfer entspinnt. Ken Gelder nannte den Film deswegen nicht ganz zu Unrecht eine »›New Age‹ Love Story«.[12] Coppola gibt Dracula daher auch die bisher weitgehend unbekannte Gestalt des jungen, romantischen Liebhabers, der sich allerdings jederzeit in ein reißendes Monstrum verwandeln kann – doch davon mehr im nächsten Kapitel!

Gesichter des Schreckens: Die Filmphysiognomien Draculas

Jeder Mensch verbindet das, was er sieht oder sinnlich wahrnimmt, mit bestimmten Emotionen und Inhalten. Wenn wir z. B. ein anderes menschliches Gesicht sehen, so wird es uns sofort zu einer Charakterdeutung animieren, oder wir werden versuchen, aus seiner Mimik auf die momentanen Seelenzustände des Beobachteten zu schließen. Es ist dabei sekundär, ob uns dieser Vorgang bewußt oder unbewußt, genehm oder weniger genehm ist. Aus dieser Neigung zum »Zwangsphysiognomieren« schöpft gerade die Kunst ein Gutteil ihrer Suggestionskraft – will doch der Künstler im Regelfall mit seinen Formen und Farben beim Betrachter bestimmte Empfindungen und Gedanken auslösen. Das Gesagte trifft natürlich nicht nur auf die bildenden Künste, sondern ebenso auf die darstellende Kunst zu. So basiert auch gerade die Schauspielkunst darin, daß geistige Eigenschaften und Seelenzustände des Menschen sich äußerlich wahrnehmbar artikulieren. Ihre Aufgabe besteht darin, durch Simulation eine täuschend echte Wirklichkeit zu evozieren. Das vollkommene Zusammenspiel von Wort, Ton, Bewegung, Mimik und Maske kennzeichnet den guten Schauspieler. Besonders der Film, der die Massen ansprechen will, verlangt nach einer physiognomischen Verständlichkeit. Der gute Regisseur wird daher nicht nur gute Schauspieler auswählen, sondern für jede Rolle den Typus finden wollen, der den physiognomischen Eigenheiten der Rolle am meisten entspricht. Eine besondere Aufmerksamkeit und Liebe der Darstellung hat dabei die Physiognomie des Bösen erfahren, womit wir uns wieder unserem Thema genähert haben – nämlich dem Vampir.

Die Darstellung des Vampirs ist keineswegs auf die Stereotype eines aristokratischen Bösewichts mit langen weißen Fangzähnen und einem schwarzen Cape angewiesen, sondern kann sehr variationsreich sein. Das liegt zum einen daran, daß der Vampir eine Gestalt mit einem äußerst komplexen Bedeutungsgehalt ist und zum anderen, daß das »Böse« in seiner Erscheinung weit ungebundener ist als das »Gute«. Nicht ohne Grund schauen in der Kunst die »lieben« Engel alle ziemlich gleich aus, während der gefallene Engel, sprich der Teufel, in fast jeder Gestalt erscheinen kann – angefangen vom attraktiven Verführer bis zur Ausgeburt an Häßlichkeit, wobei das Häßliche wieder weit variationsreicher erscheint als das Schöne. Davon zehrt auch der Vampir, der überdies, ähnlich wie der Teufel, bis zu einem gewissen Grad seine Gestalt wechseln kann.

Bemerkenswert ist nun, wie der Leinwandvampir – oder genauer, der Leinwanddracula, denn auf ihn wollen wir uns hier beschränken mit dem Wandel seiner Physiognomie im Laufe seiner Karriere auch stets sein inneres Wesen mitgewandelt hat. Eine neue Physiognomie, ein neuer Darsteller, brachten auch immer eine neue Facette des Vampirgrafen zum Vorschein. Bram Stoker hatte ihn ursprünglich folgendermaßen beschrieben:

»Sein Gesicht war ziemlich – eigentlich sogar sehr – raubvogelartig; ein schmaler, scharf gebogener Nasenrücken und auffallend geformte Nüstern. Die Stirn war hoch und gewölbt, das Haar an den Schläfen dünn, im übrigen aber voll. Die Augenbrauen waren dicht, wuchsen über der Nase fast zusammen und waren sehr buschig und in merkwürdiger Weise gekräuselt. Sein Mund, so weit ich ihn unter dem starken Schnurrbart sehen konnte, sah hart und ziemlich grausam aus; die Zähne waren scharf und weiß und ragten über die Lippen vor, deren auffallende Röte eine erstaunliche Lebenskraft für einen Mann in seinen Jahren bekundeten. Die Ohren waren farblos und oben ungewöhnlich spitz, das Kinn breit und fest, die Wangen schmal, aber noch straff. Der allgemeine Eindruck war der einer außerordentlichen Blässe.«

Stoker: Dracula, S. 26

Um es gleich vorweg zu sagen, ein solcher Dracula, mit genau dieser oder zumindest einer sehr ähnlichen Physiognomie, ist bisher nie auf die Leinwand gekommen. Der erste Leinwanddracula sah – obgleich einige Details, wie blasser Teint und spitzen Ohren, stimmten – sogar ziemlich anders aus.

Friedrich Wilhelm Murnau stellte seinen Dracula, den er, da ihm die Filmrechte zu Stokers Buch fehlten, Graf Orlok nannte, als groteske Alptraum-Figur mit kahlem Schädel, spitzen Rattenzähnen und enorm gebeugter Gestalt dar. Gespielt wurde dieses Monstrum von Max Schreck (1879–1936), ein begabter Schauspieler mit passendem Namen für die Rolle, der leider nie wieder in einem Film von ähnlich beängstigendem Reiz mitgewirkt hat. Nichts könnte nun stärker vom Bild des Grafen, wie es Stoker beschrieb, abweichen als dieser Orlok. Hier wird der Vampirgraf in ein skelettartiges und verwachsenes Ungeheuer verwandelt, das mit seniler Zielstrebigkeit über die Leinwand schlurft. Er besitzt eine viel schlagendere Ähnlichkeit mit einer lebendiggewordenen Leiche als die ganze Schar späterer Hollywood-Zombies. Seine langen Finger verdünnen sich zu Stöckchen aus Knochen und Nägeln, aus seinem gewölbten, kahlen und breiten Schädel mit der grotesk gespannten, bleichen Kopfhaut glotzen unheimliche, weiße Augen hervor. Das Make-up von Max Schreck ändert sich im Verlaufe des Films unmerklich, so daß sein Aussehen zunehmend abstoßender wird. In vielen Szenen, in denen Orlok-Dracula auf Beutefang geht, wandert ihm sein grotesker, in die Länge gezogener Schatten wie ein böses Omen voraus (vgl. Abb. 48). Dieser Vampir wirft also, entgegen seinem literarischen Vorbild, große, überdeutliche Schatten – ein Merkmal des deutschen expressionistischen Films, in dem gerade die Verbrecher und Nachtgestalten mit einem übergroßen, spukhaften Schatten ausgestattet wurden. Wo Orlok-Dracula auftaucht, umgeben ihn – quasi als seine erweiterte Physiognomie – die Wahrzeichen des Todes: Beerdigungen, Krankheit, Pest und Ratten. Seine Bewegungen sind voll dunkler Andeutungen. Durch seine »Klappmessertechnik« kann er schlagartig aus der Rückenlage in seinem Sarg in den Stand emporschießen, ohne auch nur einen Wirbel zu krümmen. Danach bewegt er sich wieder schleppend langsam, aber gierend unerbittlich auf seine Opfer zu. Dabei ist nichts Erotisches oder sexuell Vitales an diesem Vampir. Orlok jedoch fehlt die Virilität, er ist ein nur abstoßendes Geschöpf mit penetrantem Altersgeruch. Das sexuelle Moment, das heute beim Vampir so betont wird, daß er sich häufig darauf zu reduzieren scheint, ist bei Murnaus Orlok soweit als möglich zurückgenommen. Wenn Mina bzw. Ellen sich diesem Vampir ergibt, dann nicht aus heißer Lust, sondern maximal in der stillen Lust des Opferganges, um die Menschheit von diesem Vampirungetüm zu erlösen; denn Orlok-Dracula umgibt nicht die Aura des attraktiven Vampirverführers, sondern nur die Ausdünstung des Schmarotzers, der altes, eigentlich längst totes Leben pervertiert weiter existieren läßt, indem er junges Blut in seinen Kadaverkörper saugt. Trotz dieser Abweichung von Stoker mit der physiognomischen und inhaltlichen Betonung des senilen Schmarotzervampirs urteilt David Pirie über diese Gestalt: »Fast alle, die ›Nosferatu‹ gesehen haben, stimmen anscheinend ungeachtet ihrer Meinung über den Film darin überein, daß seine Stärke in der Figur des Vampirs selbst liegt.«[13] Werner Herzog hat in seinem Murnau-Remake versucht, an diesen Vampir wieder anzuknüpfen. Klaus Kinski bekam in seiner Rolle als Orlok weitgehend die Maske und das Make-up von Max Schreck verpaßt – doch erwies sich der abstoßende Zauber des Stummfilm-Orlok als nur begrenzt wiederbelebbar. William K. Everson bemerkte dazu: »Klaus Kinski ... ist im Gegensatz zu dem eher rätselumwobenen Max Schreck ... einfach zu populär für diese Gestalt, die ohne das Anonyme, Unfaßbare und Überirdische, das von ihr in Murnaus Film ausgeht, den größten Teil ihrer potentiellen Wirkung einbüßt«[14] – und wahrscheinlich – so muß hinzugefügt werden – auch zu potent.

Ein ganz anderer Dracula begegnet uns in Tod Brownings Verfilmung aus dem Jahre 1930. Aber auch Brownings Dracula ist keine einfache Umsetzung des Stokerschen Vampirs. Bela Lugosi spielt hier den mittlerweile »klassischen« Leinwandvampir: elegant, einschmeichelnd, verführerisch – nur, derart aalglatt hat Stoker seinen Nobelvampir gar nicht geschildert. Aber selbst dieser »klassische Vampir« hat sich als äußerst facettenreich erwiesen; denn beinahe jeder seiner Darsteller konnte mit seiner Physiognomie und seiner Interpretation der Rolle einen neuen Aspekt des vielschichtigen Vampirgeschöpfes zum Vorschein bringen. Der ungarische Emigrant Bela Lugosi, der zuvor schon auf der Bühne Dracula gespielt hatte, erhielt die Rolle des Vampirgrafen aus einem Grund, der einem Schauspieler normalerweise leicht zum Verhängnis hätte werden können: Er beherrschte die englische Sprache nur mangelhaft und sprach sie mit einem schweren, dunklen Akzent – was sich in diesem Fall als genau richtig erwies, um ihn den Amerikanern als einen exotischen transsilvanischen Grafen schmackhaft zu machen. Mit seiner weißen Haut, den pechschwarzen Haaren, dem genüßlichen Lächeln, seinen kräftigen Augenbrauen und dem stechendem Blick darunter, der im Film durch sogenannte »Augenlichter« – das sind kleine Scheinwerfer, die ausschließlich auf die Augen des Schauspielers gerichtet sind – zusätzlich verstärkt wurde, erhöhte sich seine fremdartig dämonische Wirkung. Obgleich Lugosi den Vampirgrafen mit übertriebener Theatralik und einem bereits 1930 angestaubtem Theaterdonner spielte, steckte er in seine Darstellung soviel Energie, daß er in dieser Rolle auch heute noch auf der Leinwand eine unvergeßlich finstere Kraft ausstrahlt, die verständlich macht, daß die damalige Generation von Kinobesuchern ihn geradezu für eine Inkarnation des Grafen Dracula hielt (vgl. Abb. 49). Dabei ist der Film für heutige Verhältnisse ungemein zurückhaltend in Szene gesetzt worden, man sieht weder Blut fließen, noch bleckt Lugosi mit den für einen Vampir obligatorischen Fangzähnen. Auch bei dem Thema Sex mußte Rücksicht genommen werden, damit der Film nicht Opfer der Zensur wurde. Gleichwohl klingt das Thema immer an, wenn auch nie zu direkt, sondern immer auf eine pervers verbogene Art. Passend dazu wurde der Film in der Werbung als »Die seltsamste aller Liebesgeschichten« angekündigt. Lugosis Spiel mit seiner ganz eigentümlichen Aura aus Bedrohung, Verderbtheit und Eleganz bietet dem Zuschauer genügend Möglichkeit »Verbotenes« zu denken bzw. zu erahnen. Raymond Durgnat schreibt in seinem Buch »Sexus Eros Kino« über Lugosi als Dracula: »Er wirkt verführerisch in seinen schwarzen Gewändern und seinem bleichen Gesicht, weil er von allen höllischen Dämpfen umwallt scheint.«[15] Gleichwohl ist Lugosis Sex-Appeal nicht der eines Sexakrobaten, sondern seine Verführungskraft scheint mehr in der Aufforderung zu einer gänzlichen Verderbnis zu liegen. Diese Verderbtheit hat ihren Kern in einer uneingeschränkten Genußsucht, die nicht unbedingt nur etwas mit Sex zu tun haben muß. Der Reiz von Lugosis Draculadarstellung liegt vielleicht gerade darin, daß seine Undurchsichtigkeit und pervertierte Feinschmeckerei für den Zuschauer weniger greifbar und daher von einer diffuseren Bedrohlichkeit bleibt, als wenn er einen Dracula präsentieren würde, der eindeutig nach Sex oder Macht giert. Diese morbide Amoralität kommt vorzüglich in Lugosis Mimik und weichen Physiognomie zum Ausdruck, mit denen alle Nuancen eines durchtriebenen Genießers durchgespielt werden können.

Lugosi hatte sich als Schauspieler auf die Darstellung des Dunklen und Makabren spezialisiert, und im Laufe der Jahre scheint die Dunkelheit von ihm selbst Besitz ergriffen zu haben. Alkohol und Drogen zerstörten seine Gesundheit und prägten seine Physiognomie, so daß David J. Skal – angesichts eines Fotos, das einen erschreckend mitgenommenen, auf einem Sanatoriumsbett kauernden Lugosi zeigt – die Frage stellte: »The bat or the bitten?«[16] Gleichwohl scheint Graf Dracula doch die Rolle seines Lebens gewesen zu sein; denn als Lugosi 1956 starb, ließ er sich in seiner vollen Draculamontur begraben. Unter den Trauergästen befanden sich auch die bekannten Horrorkollegen Peter Lorre und Boris Karloff. Als beide an Lugosis offenem Sarg standen, soll Lorre Karloff zugeraunt haben: »Boris, was denkst du, müßten wir einen Pfahl durch sein Herz bohren?«[17] Doch war das offenbar nicht mehr nötig. Kurz vor seinem Tod nämlich hatte Bela Lugosi – laut Legende – seinen magischen Fingerring einem jüngeren Kollegen geschenkt. Dieser Ring war anscheinend von mächtiger Wirkung: Denn 1958, zwei Jahre nach Lugosis Tod, entstieg nun für diesen besagter jüngerer Schauspielerkollege aus Draculas Gruft – und natürlich handelte es sich hierbei um Christopher Lee!

Christopher Lee wurde nach Bela Lugosi der zweite Kultvampir, und beide blieben ihrem individuell verkörperten Draculatypus treu: Lugosi prägte sich dem Publikum als elegant-dämonischer Genießer ein, während Lee in der Folge die Verkörperung des einsamen aristokratischen Machtmenschen übernahm. Der 1922 als Sohn einer italienischen Gräfin und eines britischen Berufssoldaten in London geborene Lee schien mit seiner schlanken Gestalt, seiner beachtlichen Größe von 1,93 Meter und seinen markanten Gesichtszügen prädestiniert dazu, die Rolle eines aristokratischen Supervampirs zu spielen.[18] Und so mimte Lee auch einen zwar attraktiven, aber ebenso herrischen Vampirgrafen. Von dieser herrischen Note ist auch sein Sex-Appeal bestimmt. Obgleich das Thema Lust und Lüsternheit bei den Hammerfilmen viel deutlicher behandelt werden konnte als jemals im Vampirfilm zuvor, ist Lee nicht der Typus von Vampir, der sich von derartigen Trieben beherrschen ließ. Sex ist für ihn ein Mittel, um Herrschaft über andere Menschen auszuüben. Die Erotik steht bei ihm hinter der Besessenheit zurück, den Vampirismus auszubreiten und die Weltherrschaft zu übernehmen. Auch das Bühnenbild hat als »erweiterte Physiognomie« diese Funktion zu verdeutlichen: Wenn Dracula zugeknöpft auf den Zinnen seines Daches steht und neben ihm ein Schornstein als überdeutliches Phallussymbol bedrohlich aufragt, symbolisiert es Macht und männliche Herrschaftslust – die freilich bei seinen weiblichen Opfern bzw. Zuschauern trotz alledem den wonnigen Wunsch nach Unterwerfung hervorrufen kann (Abb. 50)! Lee hat sich selbst einmal wie folgt über dem Vampirgrafen geäußert: »Er bietet die Illusion der Unsterblichkeit, den unterbewußten Wunsch nach unbegrenzter Macht, den wir alle haben. Er erscheint als ein Mann von ungeheurer intellektueller und physischer Kraft und steht für ein seltsam düsteres Heldentum.«[19] In diesem Zusammenhang hat Lee bedauert, daß er Dracula nie so darstellen konnte, wie ihn Bram Stoker beschrieben hat, da die Drehbücher zu dürftig waren und er es mit Leuten zu tun hatte, die nicht das ganze Potential der Geschichte und der Gestalt des Vampirs begriffen hatten. War es Lee auch nie vergönnt, Dracula »pur« zu spielen, so konnte er in dem französischen Film »Dracula Père et Fils« (1975) wenigstens sein schreckenerregendes Image als Hammer-Dracula karikieren.

Nach Christopher Lee gab es zwar noch viele Vampire, aber keine Kultvampire mehr auf der Leinwand. Das liegt neben dem persönlichen Format daran, daß kein anderer Darsteller mehr so häufig in die Rolle eines Vampirs geschlüpft ist und bei Horrordarstellern heutzutage die Gefahr besteht, daß sie mit ihrer persönlichen Physiognomie ganz unter den Händen des Maskenbildners oder filmischen Tricks verschwinden, so daß für den Zuschauer wenig persönlich einprägsame Züge übrigbleiben. Dabei hat es noch einmal einen Filmdracula gegeben, der mit relativ wenig Maske und sogar ohne die obligatorischen Fangzähne auskam: Frank Langella. In John Badhams »Dracula« von 1979 spielt er einen Vampirgrafen, der weder perverser Genießer noch gewaltsamer Unterwerfer ist, sondern einen veritablen Verführer abgibt, dem die Freude an der Lust auch ein persönliches Anliegen zu sein scheint. Mit viel Schmelz, einer Byron-Note, nicht ganz ohne Dämonie und vor allem viel Sinnlichkeit, spielt Langella einen Dracula, dem sich die Schlafzimmertüren wohl en masse öffnen dürften (Abb. 51). Derart attraktiv konnte Langella aber niemals zur Schreckensgestalt werden.

Einen sehr vielschichtigen Dracula legte Francis Coppola mit seiner Verfilmung des Stoker Buches vor. Sein Draculadarsteller Gray Oldham vollzieht jedoch derart viele physiognomische Wandlungen, daß er dem Zuschauer als Individuum kaum in Erinnerung haften bleibt. Allerdings erweist sich ein von Haus

Abb. 51: *Ein Blutsauger mit viel Schmelz – Frank Langella in John Badhams »Dracula«, 1979*

aus eher unscheinbarer, aber sensibler Darsteller wie Oldham für die vielen Rollenwechsel von Coppolas Dracula als sehr geeignet. Obgleich er in vielerlei Gestalt auftritt, hat Coppola darauf verzichtet, ihn in der mittlerweile arg strapazierten klassischen Vampirkostümierung mit schwarzen Cape zu zeigen. Dafür erleben wir ihn als unerschrockenen Kriegsmann Vlad Tepes, als alten, schmarotzerhaften Dracula, der an Murnaus Orlok erinnert (Abb. 52a), aber ebenso als lüstern-barbarische Werwolfsgestalt, als ekliges Fledermausgeschöpf oder als jugendlich romantischen Liebhaber, der im Grunde nur einer einzigen Frau verfallen ist (Abb. 52b). Dieser letzte Dracula scheint Coppola der wichtigste zu sein. Er ist der sehnsüchtig einsame Vampir, den nach der immerwährenden Vereinigung dürstet. Ein verliebtes Ungeheuer also, das – beinahe ganz bürgerliche Tugend – nur die eigene Ehefrau anbetet, deren Seele sich nach Jahrhunderten in Mina neu verkörpert hat. Aber selbst ein verliebtes Ungeheuer bleibt, was es ist, und für seine Liebe ist es immer bereit, über Leichen zu gehen – doch gerade diese radikal-rücksichtslose Art der Liebe macht ihn gleichzeitig wieder faszinierend!

VII. Der Vampir als Medienstar

Abb. 52a + 52b: *Zweimal Gary Oldman in Francis Ford Coppolas Draculaverfilmung. Oben als alter Schmarotzervampir (Keanu Reeves als Jonathan Harker), unten als jugendlich verliebter Dracula (Wynona Rider als Mina), 1992*

Ein Sonderfall: Batman – die Edelfledermaus

Die dreißiger Jahre sind das Jahrzehnt der dunklen Helden. Zu Beginn war erstmals der Kultvampir Bela Lugosi zu sehen, am Ende des Jahrzehnts, am Abend vor dem Zweiten Weltkrieg, erstand Batman, der Fledermausmann. Aber anders als Dracula will Batman die Menschheit nicht zum Vampirismus bekehren, sondern sie vom Verbrechen befreien. Allerdings sind die nächtlichen Auszüge dieses Fledermausmannes gegen die Unterwelt mit soviel Düsternis gepaart, daß er dadurch selbst auf ewig mit der Dunkelheit verbunden scheint. Batman war zunächst Comic-Held. Als er 1939 auf den Markt kam, befand sich der amerikanische Comic Strip in seinem goldenen Zeitalter. Eine erfolgreiche Comicserie, zu der Batman schnell avancierte, erreichte ein Millionenpublikum. Besonders für die damalige Jugend bildeten die »komischen Streifen« das wichtigste Medium. Der Schöpfer von Batman, Bob Kane, ließ sich bei der Erschaffung seines dunklen Helden von den Fabelgestalten »Zorro« und von »The Shadow«, einem vermummten Wächter, der nachts durch die Großstadt zu schleichen pflegte, inspirieren. Als Vorbilder für das Outfit von Batman kamen noch der einige Jahre vor ihm ins Leben getretene »Superman« und die Negativfigur aus dem 1926 gedrehten Film »The Bat« hinzu. Bei dieser Fledermaus handelt es sich um einen Schurken, der in einem Fledermauskostüm herumlief. Wegen des Riesenerfolges der Batman-Comics und der vielen Gastspiele, die der dunkle Ritter bald noch in anderen Serien und Zeitungsbeilagen gab, konnte Kane sein Geschöpf unmöglich mehr allein betreuen, so daß ihm schließlich zahlreiche andere Cartoonisten assistieren mußten.

Der Lebensweg Batmans sieht folgendermaßen aus: Unter dem Namen Bruce Wayne – der wohl nicht ganz unbeabsichtigt an Bob Kane erinnert – erblickt er als Millionärssohn die Welt. Als das Einzelkind miterleben muß, wie seine Eltern auf dem Heimweg vom Kino erschossen werden, markiert dieses Trauma zugleich die Geburt seines Alter Ego – Batman. Er beschließt innerlich, zum Rächer der Opfer zu werden und die Verbrecher unbarmherzig zu richten. Alte amerikanische Vorstellungen von *Lynch-* und *Do-it-yourself-Justiz* werden in ihm wach. Er trainiert fortan Körper und Geist und nimmt einen Fledermaus-Look an, um bei seinen Rachezügen nächtliche Schrecken in die Herzen der abergläubischen Verbrecher zu senken. Batman besitzt übrigens – im Gegensatz zu Dracula oder auch zu Superman – keine übernatürlichen Hilfsmittel. Er ist ganz auf sich gestellt. Aber dank seiner Fähigkeiten, die ihn als eine Synthese aus amerikanischem Pionier und nietzscheanischem Übermenschen erscheinen lassen, kann er die ungewöhnlichsten Dinge leisten. Neben seinem gestählten Körper machen ihn vor allen Dingen die verblüffendsten technischen Erfindungen, die sein Genie ausgeheckt hat, unschlagbar gegenüber der Verbrecherwelt.

Batman ist ein moderner Held aus dem Comicreich. Schon bei einem oberflächlichen Vergleich der verschiedenen Comic-Serien fällt auf, wie ähnlich, ja wie gleichförmig ihre Heldengestalten sind. Sie verfügen über einen kräftigen Knochenbau und wohl ausgebildete Muskeln, haben ein längliches Gesicht mit einer geraden Nase und einem zur Eckigkeit neigenden Kinn sowie natürlich volles Haupthaar. Aber diese Uniformität zeigt sich nicht nur am Äußeren der meisten Comic-Helden, sondern auch an ihrem Handeln und den Motiven ihres Handelns. Dabei ist das Tun des Comic-Helden nie Selbstzweck oder persönlichen, eigensüchtigen Motiven entsprungen. Wiederum allen Comic-Helden ist gemein, daß sie das Gute verwirklichen, oder wahrscheinlich richtiger, das Schlechte vernichten wollen. Ähnlich austauschbar wie der Körper und die Taten der Comic-Helden sind auch ihre geistig-seelischen Eigenschaften. Ihrer stets gleichen, massiven Körperlichkeit entsprechend, haben sie alle dasselbe Durchsetzungsvermögen, dieselbe Energie, Tatkraft und Ausdauer. Diesen Gestalten ist nichts unmöglich: Sie durchschwimmen unterirdische Flüsse, durchschreiten Waldbrände, Sand- und Schneestürme, befreien sich von jeder Fessel und aus jedem Kerker, besiegen mit Kraft und List auch waffenlos jeden Feind, ja ganze Banden, Stämme und Heere und erlegen Tiere von der Gefährlichkeit eines Löwen und eines Krokodils und von der Größe eines Sauriers allein mit der Faust.

Natürlich greift der Comic-Held in trivialisierter Form auf die mythologische Figur des Helden zurück, die sich in den Überlieferungen aller Völker findet. Die Figur des Helden taucht als ein archetypisches Symbolbild besonders dann auf, wenn dem Kollektiv – ganz gleich in welchem Kulturbereich – eine Gefahr droht, die es aus sich heraus nicht bewältigen kann. Im Helden verkörpert sich der noch große einzelne, der mit seiner Heldentat die Problemlösung stellvertretend für die Sozietät seiner Gruppe oder seines Volkes unternimmt. Tiefenpsychologisch bedeutet die Leistung des Helden einen Akt der Bewußtwerdung, ohne die eine Bewältigung der unbewußten Konflikte und Probleme nicht möglich ist. So fällt ihm die Aufgabe einer Bewußtseinserweiterung zu, die für das Kollektiv auch eine Erhöhung des Selbstbewußtseins und Selbstgefühls mit sich bringt. Als mythologische Figur ist der Held ein Leitbild psychischer Ordnungstrukturen, nach denen sich die Mitglieder des Kollektivs in ihren Verhaltensweisen richten und für die Gestaltung der zwischenmenschlichen Beziehungen untereinander orientieren.

Erst vor diesem Hintergrund wird die suggestive Kraft des modernen Comic- oder auch Leinwandhelden verständlich, reichen seine Wurzeln doch weit zurück in das Feld archetypischer Mythen. Allerdings hat der Comic die Gestalt des Helden nicht nur trivialisiert, sondern auch verschoben. Er ist jetzt weniger Leitfaden kollektiver Bedürfnisse, sondern vorrangig eine Wunschprojektion des einzelnen, zumeist naiven Lesers, der sich mit dem Comic-Helden identifiziert und dadurch seine Minderwertigkeitsgefühle und Aggressivität kompensieren kann. Der Comic-Held überragt in seiner geistig-seelischen Potenz nicht mehr die Masse, sondern wird zum Brennpunkt kollektiver Triebstrebungen.

All die genannten Eigenschaften des Comic-Helden treffen natürlich auch auf Batman zu. Aber die besondere Faszination seiner Figur liegt wohl darin, daß er noch etwas anderes beinhaltet als die meisten Streifen-Helden. Held ist Batman nur nachts, tagsüber bleibt er der Müßiggänger Bruce Wayne. Zweifelsohne macht ihn gerade diese Gespaltenheit für zahlreiche Leser noch attraktiver, da ja auch sie nur nachts bzw. im Zustand einer träumerischen Projektion, Held sein können, während sie in der grauen Tageswelt und vor den Augen ihrer Mitmenschen doch wohl weit bangloser erscheinen dürften. Aber Batman taucht nicht nur ausschließlich in der Dunkelheit auf, er wirkt auch selbst wie eine Figur aus dem dunklen Reich (Abb. 53). Bei ihm bekommt das Gute den Beigeschmack des Bedrohlichen. Batman ist kein unbeschwerter Strahlemann wie Superman oder die Sagengestalt eines Siegfried. Der dunkle Ritter Batman hat unver-

VII. Der Vampir als Medienstar

Abb. 53: *Batman, der Fledermausmann, verkörpert den Typos des nächtlichen Helden und unerbittlichen Rächers*

kennbar eine schwarze, melancholische Beimischung. Sein Fledermauskostüm, mit dem er die Verbrecher in Angst und Schrecken versetzen will, läßt auch beim normalen Betrachter Beklemmung aufkommen; denn das Image der Fledermaus ist – nicht zuletzt dank Graf Dracula – eindeutig negativ besetzt. Die dunkle Aura Batmans wird nicht nur durch sein Kostüm bewirkt, sie liegt auch in seiner Seele begraben: Er verkörpert weit ausschließlicher die Gestalt des Rächers als seine übrigen Heldenkollegen. Daher zieht er nicht zu fröhlichen Abenteuern aus wie diese, sondern will – bedingt durch sein traumatisches Kindheitserlebnis – Rache nehmen und töten. Batman ist ein psychisch kranker Held, der nur dann Befriedigung findet, wenn er »Ungeziefer ausrotten« kann. Die Gerechtigkeit, für die Batman eintritt, ist eine grausame Gerechtigkeit, eine der Furcht, Einschüchterung und dunklen Rache. Tod, Vernichtung und die Nacht sind die Ingredienzien, die Batmans Welt bilden.

Dies läßt die Edelfledermaus Batman mit Graf Dracula verwandt erscheinen. Es deutet aber auch auf eine Nähe zu dem Typus des Kriegers und faschistischen Helden, denn auch letzterer sah sich selbst vorrangig als Retter und Rächer. Faschistischer Held und dunkler Ritter, beide Figuren erheben sich über das Gesetz, lieben den Kampf um seiner selbst willen, genießen mit Inbrunst die Schönheit und den Schrecken der Macht, schätzen die Nacht, eine dunkel-bedrohliche Kostümierung und die heroische Kulisse. Beide Figuren appellieren an das Atavistische in uns, und in beiden Fällen handelt es sich wohl um eine Form von »Männerphantasien«.[20] Batman ist das Wunschbild zahlreicher, zumeist männlicher Leser, und die männliche Jugenderziehung im »Dritten Reich« – die bei den meisten der Betroffenen überaus populär war – zelebrierte das Heldische und dunkel Heroische. Klaus Theweleit hat in seiner Studie über besagte »Männerphantasien« nachgewiesen, wie die Figur des faschistischen Helden ganz von den großen Männeraufgaben absorbiert wird: arbeiten, forschen, erobern, unter Ausklammerung seiner Emotionen und sexuellen Triebe. Auch das begegnet uns beim Comic-Helden und insonderheit bei Batman wieder: Er ist zwar Hüter von Heim und Herd, doch er selbst verweigert sich der Familienidylle und trauten Zweisamkeit. Er bleibt der einsame Held, und wenn er doch einmal in Gesellschaft ist, dann meist in männlicher – was ihm, wie auch zahlreichen anderen Heldengestalten, einen homosexuellen Beigeschmack gibt. Liebe darf für ihn nur Episode bleiben. Gleichwohl scheint diese maskulin-heldische Verweigerungshaltung von Batman und anderen faschistischen Helden nicht nur einer »Männerphantasie« zu entspringen, sondern auch die Leidenschaft des weiblichen Geschlechtes anzustacheln – bekannterweise hat die Figur des faschistischen Helden auf viele Frauen stark erotisch gewirkt. Wohl nicht ganz ohne Grund wird Batman daher in einer neueren Comic-Folge von einer überspannten Verehrerin als der »sexyeste Mann« und »arischer Gott« bezeichnet, mit dem sie die gemeinsame Erzeugung einer »neuen Herrenrasse« erträumt.[21]

Während die Batman-Comics von Anfang an einen düsteren Beigeschmack hatten, ging diese Note in den frühen Verfilmungen und vor allem in der in den sechziger Jahren produzierten Fernsehserie verloren.[22] Hier geriet der düstere Rächer bloß zu einem wackeren Helfer einer etwas trotteligen Polizei, der sich – unterstützt von seinem jugendlichen Assistenten Robin – damit begnügte, seine Gegner mit ein paar flotten Sprüchen und kurzen Kopftreffern außer Gefecht zu setzen. Danach wartete der Fernseh-Kreuzritter darauf, daß Polizei und Justiz den weiteren Teil der Arbeit übernahmen. Der frühe Batman hingegen fungierte stets als Fahnder, Staatsanwalt und Richter in einer Person und räumte so die Straßen binnen kurzer Zeit auf. Erst die sehr erfolgreichen Neuverfilmungen – »Batman« (1989); »Batmans Rückkehr« (1992); »Batman forever« (1995) und »Batman & Robin« (1997) – greifen die Gestalt des dunklen Rächers wieder auf und spinnen sie zugleich fort. Besonders die beiden erstgenannten Verfilmungen, in denen Tim Burton die Regie führte und Michael Keaton eindrucksvoll als Batman agiert, zeigen nicht nur einen dunklen Helden, sondern betonen auch Batmans Gebrochenheit, ja Gespaltenheit, sein Kindheitstrauma, seinen pathologisch-psychopathenhaften Charaktereinschlag und seinen Zwang zur Rache – und das heißt eben auch zum Töten. Ausleben darf Batman seine Psychose vor der düster-heroischen Kulisse von Gotham City, einem modernen Babylon übelster und zugleich faszinierendster Art. Ihre Architektur und ihre Bewohner geraten dabei in ihrem »Design« zu einer Überschneidung der »faschistischen« dreißiger Jahre und der Jetztzeit. Gotham City, dieser mörderische Moloch, beinhaltet aber nicht nur Vergangenheit und Gegenwart, sondern auch ein Stück Zukunftsangst, nämlich davor, daß unsere Großstädte immer mehr in Unübersichtlichkeit und Kriminalität versinken werden – was gleichzeitig ein Stück der neuen Attraktivität des Rächers und Retters Batman ausmacht.

Die neuen, düsteren Batman-Filme haben auch auf den Comic-Strip zurückgewirkt, der mittlerweile an Schwärze seinen Fledermausahn von 1939 überrundet hat. Batman taxiert sich nun selbst als »König der Hölle« und in seiner Liebe zur Nacht zeigt er gar Verständnis für solch einen Nachtschwärmer wie Graf Dracula. Gleichwohl muß er in einem seiner Rachezüge auch gegen den transsilvanischen Vampirgrafen ins Gefecht ziehen.[23] Nach zahlreichen Kämpfen schafft es Batman schließlich, Dracula endgültig zu vernichten – nur, dem bösen Grafen gelang es vorher noch, der Edelfledermaus kräftig in ihren Hals zu beißen. Sie muß nun sterben und mit ihr Bruce Wayne, aber dafür ersteht Batman, der Vampir, zu einem neuen und ewigen Leben – eine Tötungslizenz hatte dieser Flattermann ja schon vorher gehabt – nur ändert sich jetzt wohl sein Opferkreis!

Der Vampir in der Werbung und der Vampirismus der modernen Medien

Die Bedeutung des Vampirs für die Gegenwart können wir allein daran erkennen, daß es kaum einen Sektor innerhalb unserer Populärkultur gibt, in dem er nicht anzutreffen wäre. Vampire sind in Comics, Film und Fernsehen, ja selbst im Internet zu Hause, und auch im Rundfunk und auf Tonträgern kann man Vampiristisches anhören. Es werden Vampirspiele, Vampirkochbücher, ganze Vampirkostüme oder Einzelteile wie Vampir-T-Shirts und Vampirzähne angeboten. Die Tourismusbranche vermarktet den Vampir und verhökert die absurdesten Vampirsouveniers. Zu Fasching gibt es vielerorts den »Ball der Vampire« und gelegentlich wird auch einmal zu einer »Nacht der Vampire« eingeladen. Und als ob das nicht genug wäre, finden sich rund um den Globus Vampirclubs. Zweifelsohne – der Vampir ist wer und hat es weit gebracht. Kein Wunder also, daß eine derart populäre Figur auch bald von der Werbeindustrie beschlagnahmt wurde. Den Anfang dürften wohl zu Beginn unseres Jahrhunderts einige Staubsaugerproduzenten gemacht haben, indem sie ihren »Saugern« den Namen »Vampyr« oder »Vampirette« gaben. Aber vor allem die Spirituosenbranche eröffnet dem Vampir ein vielfältiges Einsatzgebiet: Da wird etwa auf der einen Seite dafür geworben, daß ein bestimmter Kräuterlikör vor Vampiren schützen soll, während auf der anderen Seite einige Alkoholproduzenten ihre Produkte gerade als ideale Getränke für Möchtegern-Vampire offerieren, indem sie sie als »Vampir Bier«, »Vampir Wein« oder einen feurigen Likör als »Dracula Blut« vermarkten. Ein dänischer Akvavithersteller wiederum wirbt damit, daß nach einer üppigen Blutmahlzeit ein Verdauungstrunk seiner Firma erst den krönenden Abschluß bilde (Abb. 54). Aber auch sonst erfreut sich der Vampir in der Werbung großer Beliebtheit. Da verzehrt z. B. ein zufriedener Vampir »Nudeln mit Biß«, und in Amerika gibt es Spezialitäten

VII. Der Vampir als Medienstar

Abb. 54: *Der Vampir ist äußerst beliebt in der Werbebranche. Reklame für Akvavit, unter Verwendung einer Filmszene aus »Dracula«, (1958) mit Christopher Lee, 1995*

für den Kindergaumen mit Namen wie »Vampbite« oder »Count Crunch«. Vertreiber von Alarmanlagen versprechen ihrer Kundschaft Schutz vor unerwünschtem Besuch, indem sie in ihrer Anzeige einen verstimmten Dracula abbilden, der vergeblich vor einem fest verschlossenen Fenster herumflattert. Autohersteller werben für ein kraftstoffarmes Fahrzeug mit dem Motto »Bloß keinen Tropfen verschwenden« und zeigen neben ihrem neuen, natürlich blutrotem Automodell, das vor düsterer Kulisse steht, einen bißfreudigen Vampir im klassischen Graf Dracula-Look. Selbst die AOK setzte den bedrohlichen Blutsauger als Werbeträger ein. Es darf daher nicht verwundern, daß in Rumänien mittlerweile auch die Militärs – um die Schlagkraft ihrer Waffen zu preisen – den Vampir entdeckt haben. So wurde ihr neuester Kampfhubschrauber »Dracula« getauft.

Es ist augenscheinlich: Der Vampir ist ein Star innerhalb der modernen Populärkultur und als Folge davon in allen Medien präsent. Doch ist er nur ein Medienstar, der über die Medien transponiert wird, oder ist er vielleicht auch auf eine geheimnisvolle Weise mit den Medien verwandt? – Oder, um die Frage einfacher zu formulieren: Sind die Medien selbst vampiristisch?

Von dem renommierten amerikanischen Medienforscher Herbert Marshall McLuhan stammt die bekannte Formel »Das Medium ist die Botschaft.«[24] McLuhan vertrat die Auffassung, daß das Medium bzw. die Medien nicht einfach nur Informationen übermitteln, sondern die Informationen gleichzeitig durch ihren Übermittler eine Prägung erfahren. Demnach würden wir eine Nachricht unterschiedlich aufnehmen, je nachdem, ob wir sie z.B. über die Tageszeitung, das Radio oder das Fernsehen vermittelt bekommen haben. Ebenso wahrscheinlich dürfte es sein, daß jedes Medium durch seine technische und sonstige Eigenheit nicht nur die von ihm mitgeteilten Informationen prägt, sondern auch den Konsumenten selbst, indem es eine manipulative und suggestive Wirkung auf ihn ausübt. Insbesondere der Grad der Suggestion wird von der Art des Mediums bestimmt und dürfte etwa bei den Bildmedien weit stärker sein als bei der Tageszeitung. Mit dem Begriff der Suggestion, der ja das Gebiet der Verführung miteinschließt, nähert man sich zum einen dem Thema Vampirismus, zum anderen dem der Drogen. Der anthroposophisch ausgerichtete Drogenexperte L.F.C. Mees äußert über die Medien, daß sie – ähnlich wie seiner Ansicht nach auch die Rauschdrogen – nicht nur vom Konsumenten begehrt werden, sondern umgekehrt, auch von sich aus, den Kontakt zum Konsumenten suchen.[25] Mees schreibt damit den Medien eine quasi eigenständige Aktivität zu, hinter der er geistige Kräfte vermutet, die durch die Medien am Wirken sind. Derartige Auffassungen gründen auf dem anthroposophischen Glauben, daß es geistige Wesenheiten gibt, die sich der Ich-Kräfte des Menschen bemächtigen wollen und sich dazu auch der modernen Medien bedienen. Aus einer solchen Perspektive betrachtet, strahlt z.B. das Fernsehen nicht nur Sendungen aus, sondern saugt in einer

VII. Der Vampir als Medienstar

Gegenaktion gleichzeitig vampirmäßig die Seelen der Zuschauer ein.

Auch wenn wir derartige Vorstellungen als zu spekulativ beiseite schieben, können wir doch die hypnotische Kraft zahlreicher Medien konstatieren. Der Zuschauer sitzt mit denselben aufgerissenen Augen und erstarrtem Blick vor den Bildmedien, wie der Hypnotisierte im Angesicht des Hypnotiseurs. Vernachlässigte Kinder, die vor der »Glotze« aufwachsen, verlernen, bzw. erlernen erst gar nicht die Fähigkeit zur normalen menschlichen Mimik. Der Glotzeffekt, der sich beim Fernsehkonsum einstellt, hängt u. a. damit zusammen, daß unser Auge physiologisch von der Geschwindigkeit überfordert ist, mit der sich die Fernsehbilder aufbauen.[26] Zahlreiche Glotzer wirken nicht nur hypnotisiert, sie sind es auch tatsächlich. Das Medium – und hier natürlich insbesondere das Fernsehen, übt auf viele Konsumenten eine derartige Sogwirkung aus, daß tatsächlich von einer Suchthaltung gesprochen werden kann. Physiognomisch ist dabei besonders ein Phänomen bemerkenswert: Der Vielglotzer sieht, obgleich er sich ja vorrangig zu entspannen scheint, keineswegs erfrischt und erholt aus. Im Gegenteil: Neben einer gewissen Abgestumpftheit und Gleichgültigkeit als Folge seines »Drogenkonsums« und einer damit einhergehenden »Innenweltverschmutzung«[27], wirkt er seltsam entkernt und ausgelutscht. Ist er also doch das Opfer einer Vampirattacke?

Das Thema Vampirismus und Medien bzw. Vampirismus und Fernsehen wird auch im Leinwandopus »Batman for ever« aufgegriffen und um eine interessante Variante bereichert. Dort hat der genial-bösartige Riddler ein Gerät konstruiert, mit dem der Fernsehzuschauer plastisch, 3 D, in die Röhre schauen kann. Was der gebannt vor dem Glotzkasten starrende, virtuelle Realitäten vernaschende Zuschauer aber nicht ahnt, ist, daß er auf eine unfreiwillige Art selbst in das Spektakel involviert ist. Über seine 3 D-Maschine gelingt es dem perfiden Riddler nämlich, sich gleichzeitig in die Hirnströme seiner Hörigen einzukoppeln und so deren Saft, bzw. deren Kraft und Wissen abzuzapfen. – Zumindest eines lernen wir daraus: Vampirismus ist beileibe nichts, was sich in alten Schlössern und zugigen Ruinen abspielen muß. Er kann ebensogut in High-Tech-Welten stattfinden!

VIII. Der Vampirismus oder die Sehnsucht nach dem Tode

Nekrophilie und die Ästhetik der Verwesung

Der Vampir ist ein Geschöpf der Gegensätze. Er giert nach Lust und Leben und sät doch Trübsal und Tod. Aber alle Gegensätze sind miteinander verbunden, so auch die beiden Pole von Schöpfung und Vernichtung. Das Leben ist genauso ein Geschenk des Todes wie der Tod ein Ergebnis des Lebens ist. Alle irdische Existenz ist diesem barbarischen Wechselspiel unterworfen. Das Wachstum der Pflanzen setzt eine unaufhörliche Anhäufung zerlegter, vom Tod zersetzter Stoffe voraus. Die Pflanzenfresser verschlingen Massen an lebendiger Pflanzensubstanz, bevor sie selbst in den Rachen der unerbittlichen Fleischfresser wandern. Aber auch diesen wilden Räubern geht es am Ende nicht besser, ihre Kadaver dienen den Hyänen und Würmern als Lebenselixier. Ein schönes Sinnbild dieser Verschränkung von Leben und Tod bietet der Anblick eines Gräberfeldes: Während unter der Erde der körperliche Verfallsprozeß voranschreitet, wächst über der Erde das Gras so üppig und saftig wie kaum irgendwo.

Gerade weil Leben und Tod so eng miteinander verschlungen sind, enthält auch alle Sexualität den Stachel des Todes. Wir pflanzen uns fort, weil wir sterblich sind, und wir sind sterblich, weil wir einem neuen Geschlecht Platz machen müssen. In seinem großen Werk »Metaphysik des Sexus« schreibt Julius Evola:

»So wäre es zum Beispiel banal, die bekannten Analogien anzuführen, welche die Phänomenologie der körperlichen Vereinigung mit der Phänomenologie des Leidens bis in das Stöhnen, in bestimmte Bewegungen, in Schreie usw. gemeinsam hat. Es ist auch bekannt, daß insbesondere in bezug auf die Frau im Intimjargon mehrerer Sprachen der Terminus ›Sterben!‹ gebraucht wird für den Augenblick, in welchem der Spasmus vollständig erreicht ist. ... Es ist etwas Wahres an der Behauptung: ›Die Wollust ist eine *Agonie* im strengsten Sinne des Wortes‹ (C. Mauclair).«[1]

VIII. Der Vampirismus oder die Sehnsucht nach dem Tode

Sowohl in der klassischen Literatur wie auch in der modernen Umgangssprache Persiens werden die Worte »getötet« und »Getöteter«, »gestorben« und »Gestorbener« auch im Sinne von »verliebt« und »Verliebter« verwendet. »Töte mich!«, während des Liebesspiels geäußert, bedeutet im Orient noch heute eine unzweideutige Aufforderung, den Orgasmus herbeizuführen; »ich sterbe« sagt dort die Frau und oft auch der Mann auf dem Höhepunkt der Lust, und »ich bin gestorben« oder »er hat mich getötet« danach.[2]

Das Odium des Todes und die Neigung zur Nekrophilie haften jeder großen Liebe an, die »über das Grab« hinausgeht. Das Bild für eine solche hingebungsvolle und todessehnsüchtige Liebe liefert die griechische Mythologie mit der Gestalt des Sängers Orpheus, der um seiner geliebten Eurydike willen den Weg in die Unterwelt antritt, um diese daraus zu befreien. Beim Vampir handelt es sich um eine Variante davon, oder genauer gesagt um eine Umkehrung: Nicht der Lebende holt den Toten aus dem Schattenreich zurück, sondern der Tote holt die Lebenden nach. Besonders deutlich wird das beim Typus des Nachzehrers, der seine nahestehenden Angehörigen – Gatten, Ehefrauen, Kinder – zu sich ins Grab herabzieht, weil er ohne diese nicht sein kann. Eine Verbindung beider Vorstellungen bietet Villier de l'Isle Adam in seiner »Vera« (1883). Mit dem Tod seiner geliebten Frau, der »Herrin seiner Lust«, will sich Graf d'Athol um keinen Preis abfinden. Er simuliert mit solcher Intensität ihr Weiterleben, daß sie am ersten Jahrestag ihres Todes, allein durch die Kraft seiner Liebe, ihrer Gruft entsteigen kann und sich ihm hingibt. Als sich das nur aus Erinnerung, Wunsch und Willen entstandene Phantom wieder auflöst, fragt d'Athol: »Auf welchem Wege kann ich jetzt zu dir gelangen?« Als Antwort auf seine Frage fällt ein schimmernder Gegenstand auf das Lager der Lust: ein Dolch. Den Schlüssel zur erneuten Vereinigung bietet das gemeinsame Grab.[3]

Der morbide Hauch ewiger Liebe umweht uns auch bei dem verklärten Blick auf den Leichnam des Geliebten, der nach langer, aber vornehmer Krankheit dahingeschieden ist. Dieser romantische Tod, der so gerne junge und schöne Menschen ereilt, macht sie in der Stunde des Dahinscheidens noch bleicher, noch schöner und noch anbetungswürdiger. Das Bild der schönen Leiche ist ein begehrter Topos romantischer und phantastischer Literatur.[4] Edgar Allan Poe kleidete sein Bekenntnis zur schönen Leiche in folgende Worte: »Der Tod einer schönen Frau ist ohne Zweifel das poetischste Thema der Welt.« Die schöne Leiche ist nun keineswegs nur eine Phantasmagorie todesschwangerer Poeten, sondern enthält ein Stück Wirklichkeit; denn kurz nach dem Tode, bevor der körperliche Verfall einsetzt, entspannen sich die Gesichtszüge, das Gesicht erscheint schöner und nicht selten liegt ein überirdisch wirkender Glanz auf ihm. Allerdings erfährt die Gestalt der schönen Leiche manchmal eine derartige Bewunderung, daß sich ein nekrophiler Zwang einstellt. So will z. B. der Lebemann Lovelace in Samuel Richardsons Briefroman »Clarissa« (1749) den Leichnam Clarissas stehlen, ihn öffnen, das Herz herausnehmen und ihn danach mumifizieren, um damit seinen Verfall aufzuhalten, wodurch er gleichzeitig auch hofft, seine besitzergreifenden Ansprüche an diesen Körper erhalten zu können. Lovelace ist allerdings kein zartfühlender Liebhaber, sondern ein Eroberer und Vergewaltiger, der überhaupt erst den Tod über die tugendhafte Clarissa brachte. Er erinnert uns damit bereits an den Typus des dämonischen Liebhabers und des Vampirs als Liebhaber, ebenso wie uns der aufgebahrte Leichnam der noch blutjungen Clarissa in seiner Bleichheit und Schönheit an das Opfer einer Vampirattacke denken läßt. Die Gestalt der schönen Leiche erfreute sich besonders im 19. Jahrhundert großer Beliebtheit und erwies sich als vielfältig einsatzfähig. Sie kommt ebenso im schlichten Volksmärchen wie z. B. in dem von den Brüdern Grimm aufgezeichneten »Schneewittchen« vor als auch in den raffiniert morbiden Liebesgeschichten der Romantiker.[5] Der schöne Leichnam animierte aber auch zur Koketterie. So pflegte z. B. die große Schauspielerin und Femme fatale des 19. Jahrhunderts, Sarah Bernard, sich in einem offenen Sarg zur Ruhe zu begeben. Sie schlüpfte damit in die Rolle einer »Untoten« und mag ihren zahlreichen Verehrern darin vielleicht ähnlich verführerisch erschienen sein wie das die schönen Vampirinnen auf Schloß Dracula waren, vor deren Särgen sich sogar der wackere Dr. van Helsing einer Versuchung ausgesetzt fühlte.

Der Vampirglaube basiert auf der Vorstellung, daß die Toten noch nicht richtig tot sind. Erst dieser seltsame Zwischenzustand gibt den Vampiren ihren besonderen »Kick«; denn er sorgt dafür, daß der Vampir nicht nur der geleckte Verführer, sondern auch das von Ekel und der Ausdünstung der Verwesung umgebene Geschöpf ist. Gerade diese Kombination scheint eine nekrophil grausame Wollust erwecken zu können. So läßt Richard Matheson in seiner Erzählung »Trink mein Blut« (1951) ein Kind seinen Wunsch, warum es Vampir werden will, vollkommen unzensiert formulieren:

»Wenn ich erwachsen bin, möchte ich ein Vampir werden. Ich möchte ewig leben und mit allen abrechnen und alle Mädchen zu Vampiren machen. Ich möchte nach Tod riechen. Ich möchte faulen Atem haben, der nach toter Erde und Grüften und süßen Särgen stinkt. Ich möchte ganz kalt sein und verwestes Fleisch mit gestohlenem Blut in den Adern haben. Ich möchte meine schrecklichen weißen Zähne in den Hals meiner Opfer schlagen. Ich möchte, daß sie wie Rasiermesser in das Fleisch und in die Adern schneiden. Dann möchte ich meine Zähne herausziehen und mir das Blut schnell in den Mund fließen und herunterrinnen lassen und meine Zunge darin baden und in die Kehle meiner Opfer stecken. Ich möchte Mädchenblut trinken! Das will ich werden! Das will ich werden! Das will ich werden!«[6]

Von solchen »Kinderträumen« ist der Weg zu den lebenden Vampiren und Haarmännern nicht mehr weit. Der Lustmörder tötet nicht zuletzt deshalb, weil seine Gier nach der geliebten Person jegliche Norm sprengt und nur mit ihrem Tod enden kann, oder weil er sich ganz aneignen will, was er bewundert. Bemerkenswert ist, daß für den Nekrophilen der Leichnam noch etwas Lebendiges besitzt. So berichtete Victor Ardisson, der »Vampir von Muy«, daß die Frauenleichen, die er auf dem Friedhof ausgrub und an denen er sich geschlechtlich verging, im Moment seines Orgasmus für ihn kurzfristig ins Leben zurückzukehren schienen.[7] Erst im Akt der vollkommenen Zerstörung des Leichnams wird für den Nekrophilen der Tote tatsächlich tot – und verliert seinen Reiz für ihn. In dieser Raserei am Leichnam offenbart sich eine gespaltene Haltung, eine Haßliebe gegen den Körper, der auf der einen Seite begehrt wird, dem man auf der anderen Seite aber nur Tod und Zerstörung bringt.

Der Begriff »Nekrophilie« – die Liebe zum Toten – wurde ursprünglich auf zwei Phänomene begrenzt. Erstens auf die sexuelle Nekrophilie als die Begierde, mit einer zumeist weiblichen

Leiche sexuellen Kontakt zu haben, und zweitens auf die Begierde, Leichen anzufassen, sich in ihrer Nähe aufzuhalten und sie zu betrachten, und speziell auf den Drang, sie zu zerstückeln. Doch heute wird der Begriff auch weiter gefaßt als eine allgemeine im menschlichen Charakter verwurzelte Veranlagung, die erst den Boden für augenfälligere und gröbere Manifestationen bildet. Nach Erich Fromm kann die Nekrophilie im charakterologischen Sinn wie folgt definiert werden: »Als das leidenschaftliche Angezogenwerden von allem, was tot ist, vermodert, verwest und krank ist, ... (die Nekrophilie) ist die Leidenschaft, das, was lebendig ist, in etwas Unlebendiges zu verwandeln; zu zerstören um der Zerstörung willen; das ausschließliche Interesse an allem, was rein mechanisch ist. Es ist eine Leidenschaft, lebendige Zusammenhänge zu zerstückeln.«[8]

Der nekrophile Charakter ist häufig ein aggressiver Charakter, der oft erst eine endgültige Befriedigung findet, wenn sich der Tod auch gegen ihn selbst richtet – zumindest steuert sein enthemmtes Wüten zwangsläufig auf den eigenen Tod als logische Konsequenz zu. Nicht ohne Grund stirbt der Vampir im Regelfall am Ende einer Geschichte, und auch den Haarmännern und anderen Unholden ergeht es selten besser. Aggressionstrieb und Todestrieb ist in allen Vampiren innewohnend.[9]

Aber noch etwas anderes zeichnet den nekrophilen Charakter aus: die Freude am Verwesenden, Ekelhaften und Kranken. Zumeist handelt es sich bei den Objekten, die seine Emotionen auslösen, um etwas, das nicht mehr richtig lebt, aber auch noch nicht ganz tot ist. Es ist nicht der gebleichte und vertrocknete Knochen, der ihn anzieht, sondern all die schlüpfrigen, übelriechenden und lauen Stoffe, in denen noch der organische Zerfallsprozeß gärt, deren Anblick ekelhaft ist. Karl Rosenkranz hat das Ekelhafte als ein »Entwerden des schon Toten« bezeichnet und weiter vermerkt: »Der Schein des Lebens im an sich Toten ist das unendlich Widrige im Ekelhaften.«[10] In der Natur bevölkern solche Ekelzonen vor allem die Aasfresser, die sich an verwesendem Fleisch delektieren, und deren Erscheinung selbst etwas Ekelhaftes, an Moder und Gestank Erinnerndes, anhaftet. Diese Zwischenzone von Leben und Tod, das Reich der Verwesung, ist ein Bereich, ohne den kaum ein wirklicher Horror auskommt. Genau in dieses Reich gehört auch der Untote, der

Vampir. Daher wirkt Murnaus »Nosferatu« so überzeugend, weil er ein so untotes Ding zeigt. Aber auch beim elegantesten Leinwandvampir besteht immer die Möglichkeit, daß er sich in irgendein ekelhaftes Geschöpf zurückverwandelt. Zumindest seine erweiterte Physiognomie muß in eine Welt des Verfalls, der Auflösung, der Ruinen und Altertümer eingebettet sein, in der die Ästhetik der Verwesung herrscht.

Georges Bataille hat darauf hingewiesen, wie sehr das Geschlechtliche mit dem Bereich des Todes und des Ekels verwandt ist:

»Der Schrecken, den wir vor Leichen haben, ist nahe verwandt mit dem, was wir vor Absonderungen menschlicher Genitalien empfinden. Dieser Vergleich ist sinnvoll, da wir einen analogen Schrecken empfinden vor jenen Aspekten der Sinnlichkeit, die wir obszön nennen. Die Sexual-Kanäle haben Ausscheidungen; wir bezeichnen sie als ›Schamteile‹ und wir verbinden sie mit dem Anus. Der heilige Augustinus legte in peinlicher Weise Nachdruck auf die Obszönität der Fortpflanzungsorgane und ihrer Funktion. ›Inter faeces et urinam nascimur‹, sagte er: ›Zwischen Kot und Urin werden wir geboren.‹«[11]

Für Bataille mußte sich daraus zwangsläufig ein gleitender Übergang der Bereiche des Unrates und der Verwesung zur Sexualität herausbilden. Durch die Analogie, die sich in der menschlichen Vorstellung zwischen Fäulnis und den obszönen Aspekten sexueller Aktivität bilden, vermischen sich beide Arten von Ekel. In der Geschlechtlichkeit und in der Zone der Genitalien vereinigen sich damit wieder Leben und Tod, Zeugung und Verwesung. Die sexuelle Anziehung zweier Menschen kann im Grunde damit definiert werden, genau das miteinander treiben zu wollen, wovor man sich ekeln würde, müßte man das gleiche mit einem anderen Menschen tun. So wird es auch verständlich, daß für Bataille die Rolle der körperlichen Schönheit vor allem darin besteht, das Häßliche und Ekelhafte des sexuellen Aktes zu unterstreichen: »Nichts ist für einen Mann deprimierender als die Häßlichkeit einer Frau, neben der die Häßlichkeit der Organe und des Geschlechtsaktes nicht mehr hervortreten. Die Schönheit ist in erster Linie deshalb wichtig, weil die Häßlichkeit nicht beschmutzt werden kann und weil das Wesen der Erotik die Beschmutzung ist.«

Das macht auch verständlich, warum die Vampirin häufig so schön ist und ihr männliches Pendant so attraktiv. Das Obszöne und Ekelhafte, das Verderbt-Verdorbene, Unappetitliche, das die »Untoten« per se haben, kann durch diese Gegensätzlichkeit betont werden. Zwar verzichtet der Vampir auf die Obszönität des Genitalsex, aber dafür wird sein Mundbereich zu einer neuen, verderbten Geschlechtszone, mit üppigen, bluttriefenden und blutverschmierten Lippen, scharfen, gewaltbereiten Zähnen und einem üblen Atem, der jeden, der ihn wahrnimmt, mit dem Hauch der Verwesung konfrontiert.

Das Schöne wird durch die Konfrontation mit dem Häßlichen schöner, wie das Häßliche mit der Begegnung des Schönen häßlicher wird. Mit dieser Spannung wird ein lüsterner Ekel oder eine ekelhafte Lüsternheit erzeugt. Dieser Gegensatz kann aber auch zum reinen Horror geraten, wenn er zu unmittelbar und zu überraschend erlebt wird. Es ist ein wirkungsvolles Stilmittel des Horrorfilms, daß die Schönheit, die wir von hinten bewundern, plötzlich, wenn sie sich zu uns umwendet, zu einer von Würmern zerfressenen Alten wird, oder sich in dem Augenblick, da sie geküßt wird, in eine runzlig-verwesende Kreatur verwandelt. Mit diesem Kadaversex konfrontiert uns auch Michel Desimon in seiner Radierung »La Belle Endormie« (Abb. 55). Auf einen

Abb. 55: *Michel Desimon: »La Belle Endormie«, um 1965*

schönen, geschmeidigen, aber in einem gruftartigen Gewölbe liegenden Frauenkörper ist ein grinsender Totenschädel gesetzt. Bei der Betrachtung dieser untoten Schönheit werden wir beinahe zwangsläufig in eine Handlung involviert und mit der Frage konfrontiert, ob die Holde liegenbleiben wird und die Beine spreizt, oder ob sie aufsteht und mit verführerischen Gang und Totengrinsen auf uns zukommt!

Orte des Schreckens

Umwelt und Bewohner spiegeln einander wider: kein Tier, das nicht auf das engste mit der es umgebenden Natur verbunden wäre. Dieselbe Beobachtung läßt sich auch auf den Menschen übertragen, wenngleich dieser, anders als das Tier, nicht nur Produkt der ihn umgebenden Natur, sondern auch der von ihm selbst geschaffenen Kultur ist. Sogar die unterirdischen und überirdischen Geschöpfe, wie Teufel und Engel, werden in der allgemeinen Vorstellung gern mit ihrer Wohnstatt, »ihrem« Milieu verknüpft, das möglichst einen passenden Rahmen für die ihnen zugesprochenen Eigenschaften bilden soll. Nicht grundlos thronen die Engel hoch droben im strahlenden Licht, während ihre Widersacher, die Teufel, tief drunten im Reich der Finsternis hocken. Selbstverständlich ist auch unser Vampir von »seinem« Ambiente umgeben. Da sein Charakter stark nekrophile Züge trägt, umgibt ihn auch vorrangig eine Topographie des Todes.

Mit der Aufklärung, die den Teufel und die christlichen Jenseitsgarantien abschaffte, verschwanden auch die Hölle und jene Orte des Schreckens, die zwar nicht von dieser Welt waren, aber dem Sünder drohten, sobald er über die Schwelle des Todes trat. Aber auch wenn der aufklärerische Verlust an Glauben den Menschen von der Höllenangst befreit hat, konnte er ihn doch nicht von der Todesangst erlösen. Im Gegenteil: Gerade weil der Tod nun vielen als das endgültige Aus erscheint und keine Hoffnung mehr auf Weiterleben und Erlösung besteht, stieg die Angst vor ihm. Die Folge davon ist, daß er zu einem »geheimen Tod« geworden ist, der sich aus der Gesellschaft zurückzieht, und mit dem der verschreckte einzelne sich in der Stunde seines Abschiednehmens in bedrohlicher Einsamkeit auseinandersetzen muß. Es ist sicherlich ein Verdienst der Phantastik, daß sie den verdrängten Tod zurück in das Leben holte. Als oberster Statthalter des Todes tritt hier ziemlich unumstritten der Vampir auf, der den Teufel in vielerlei Funktionen abgelöst hat, jedoch eine weit diesseitigere Erscheinung darstellt. Dementsprechend ist die Hölle, die ihn umgibt, durchaus von dieser Welt und auch auf ihr zu finden.

Obgleich die Vampirmythe überall verbreitet ist, gibt es doch bestimmte Regionen, in denen die Vampirdichte deutlich höher liegt. Hier ist natürlich zuerst an Ost- und Südosteuropa zu denken und ganz besonders an das Gebiet von Transsilvanien, dessen Nennung allein ausreicht, um in uns eine Assoziation an Vampire zu erreichen. Stoker selbst läßt Dr. van Helsing folgendes über die Heimat Draculas sagen:

»Schon das Land, in dem dieser Nicht-Tote seit Jahrhunderten gelebt hat, ist voll von geologischen und chemischen Wundern. Es gibt tiefe Höhlen und Risse, die sich unendlich weit in das Innere der Erde erstrecken. Es gibt dort Vulkane, deren Krater noch heute Wasser von besonderer Beschaffenheit ausspeien, und Gase, die töten oder heilen. Zweifellos sind einige dieser Kombinationen geheimer Kräfte magnetischer oder elektrischer Natur und wirken eigenartig auf das animalische Leben ein, und auch in ihm (Dracula) scheinen Kräfte solcher Art zu wirken.« Stoker: Dracula, S. 441.

Nicht weit von Draculas Heimat entfernt, nämlich nordwestlich von Belgrad, hat Paul Féval – und das noch vor Erscheinen von Stokers Roman – in seinem Buch »La Ville Vampire« (1874), eine komplette imaginäre Vampirstadt errichtet. Sie trägt den Namen Selene und liegt unweit davon entfernt, wo im 18. Jahrhundert die Vampirpanik tobte. Féval schildert Selene als eine Stadt mit düsteren Palästen und Mausoleen, in denen ein übler, stechender Geruch herrscht. In der Mitte von Selene befindet sich ein großer Rundbau, der an den Turmbau von Babel erinnert. Am Fuß des Bauwerks stehen auf Marmorsockeln vierundzwanzig Standbilder schöner junger Frauen, aus deren Mienen die Angst vor einem unsichtbaren Feind spricht. Am Ende einer jeden Straße von Selene sind sechs steinerne Tiere auf hohen Säulen zu sehen: eine Schlange, eine Fledermaus, eine Spinne, ein Aasgeier, ein Falke und ein Blutegel. In der Dunkelheit der Nacht, wenn blutrotes Licht auf Selene liegt, beginnen diese Säulen – gemeinsam mit den Vampiren – zum Leben zu erwachen. Tagsüber verdeckt

VIII. Der Vampirismus oder die Sehnsucht nach dem Tode

eine dunkle Wolke die Sonne und den Himmel über der Stadt, und durch die Straßen schleichen fette, bleiche Nebelschwaden. Das Umland von Selene ist unfruchtbar und in graue und trübe Farben gehüllt – gleichsam ein Vorspiel des Todes.

Rumänien hat den Vampir mittlerweile als Tourismusattraktion entdeckt, aber auch in England kann man sich mit Unterstützung des Reisebüros auf Vampirsuche begeben. Insbesondere seit Stoker werden die britischen Inseln – in der Gespenster und Spukgeister sich ja seit jeher zuhause fühlen – auch von Vampiren gut frequentiert. Vor allem das ehedem nebelverhangene London wirkte auf die Blutsauger besonders attraktiv. Mit der Millionenstadt wird uns zugleich vor Augen geführt, daß das nekrophile Ambiente keineswegs nur in abseitigen Regionen und speziellen Vampirmetropolen zu suchen ist. So bietet der Großstadtdschungel mit seinen geballten Menschenmassen nicht nur reichliche Blutreserven, sondern seine Slums und düsteren Straßenschluchten beherbergen auch genügend Unrat und allgegenwärtige Spuren des Verfalls, die Vampire zu schätzen wissen. Auch in Gotham City, wo sich die Edelfledermaus Batman herumschlägt, gibt es diese dunklen Viertel. Die Ästhetik der Verwesung und die Orte des Schreckens, sind also keineswegs auf ein nostalgisches Outfit, wie mittelalterliche Friedhöfe angewiesen, sondern können sich ebenso in der Ödnis und Schäbigkeit eines neuzeitlichen Betonbunkers finden. Nekrophile Architektur muß nicht unbedingt etwas mit Verfall zu tun haben. Sie kann uns auch in der gänzlichen Umkehrung, in einer aseptischen Reinlichkeit begegnen. Gerade moderne Architektur, mit ihren weißen Flächen, scharfen Linien und künstlichen »tieftoten« Materialien, kann – wie jede extreme Ordnung – einen stark nekrophilen Einschlag haben.

Bisher hatten wir als präzis lokalisierbare Vampirstätten Südosteuropa und England genannt. Unabhängig von derlei regionalen Zuweisungen treiben sich Vampire gern an verborgenen und geheimen Orten herum. Solch verborgene Orte können in der Lichtlosigkeit eines Großstadtghettos liegen, doch werden noch lieber einsame und wilde Randregionen, dunkle Wälder und stürmische Höhen, oder umkämpftes Land – was alles auf Transsilvanien zutraf – heimgesucht. Derartige Lokalitäten taugen aber auch zu anderen Missetaten als nur Blutsaugereien: So läßt an ihnen mit Vorliebe der »göttliche Marquis« seine nekrosadistischen Orgien stattfinden. Meist sind solche Orte des Schreckens nicht nur öd und leer, sondern zeigen auch deutliche Insignien des Todes: Schloßruinen, entweihte Kirchen und Kapellen, Grabgewölbe, Totenacker, Friedhof, Mausoleum, Grab und Gruft. Bereits in Lord Byrons Fragment einer Vampirerzählung taucht der seit der Aufklärung verdrängte und mit Schrecken betrachtete Tod geballt auf: Durch eine wilde, öde und mit Morästen durchzogene Landschaft, angefüllt mit Ruinen und verrotteten Denkmälern antiker, christlicher und mohammedanischer Kulturen, führt die Handlung zu einem verlassenen türkischen Friedhof, auf dem Grabsteine das einzige Zeugnis davon abgeben, daß in dieser wüsten Gegend jemals Menschen gehaust haben. Auf ihm endlich stirbt der geheimnisvolle Augustus Darvell unter seltsamen Zeichen. Dieter Sturm bemerkte zu dieser düsteren byronschen Szenerie: »Ein wahrer Totenacker, eine wahrhaft endzeitliche Landschaft.«[12]

Ruinenfaszination ist keine Entdeckung der Romantik. Bereits während der Renaissance wurden die Überreste der Antike mit historischem Interesse betrachtet und untersucht. Im 18. Jahrhundert hatte vor allem Giovanni Battista Piranesi mit seinen Radierungen von den Überresten des imperialen Roms den ästhetischen Reiz ruinöser Zeugen der Vergangenheit eingefangen. Mit der Romantik entstand aber ein Ruinenkult mit quasi religiöser Ausprägung. Die Ruinen werden nun Mahnmal des Verfalls von einstiger Pracht und vergegenwärtigen das brüchige und totgeweihte Sein aller Irdischkeit. Sie verbanden Traum und Trauer, Rückwärtsgewandtheit und sublime Schauer der Erinnerung an gelebtes Leben zu Stätten des noch nicht ganz Toten, des Untoten und damit auch zu einem beliebten Aufenthaltsort von Vampiren. Die mehr oder weniger erhaltenen Gemäuer sind häufig unterhöhlt von Gruftgewölben, geheimen Kammern und Labyrinthen und in ihrer Nähe befinden sich vereinzelte Grabsteine oder verlassene Friedhöfe. Die gesamte gotische Literatur ist von diesen Stätten des Todes durchzogen.

Neben diesen Stätten des Verfalls galten traditonellerweise auch Wegkreuzungen als nicht ganz geheuer. Sie stiegen nicht ganz grundlos zu Orten des Schreckens auf, da es vorkam, daß an ihnen exkommunizierte Sünder bestattet oder Verbrecher gehenkt wurden.

VIII. Der Vampirismus oder die Sehnsucht nach dem Tode

All diese Brennpunkte des Bedrohlichen werden in der phantastischen Literatur und besonders im Film noch mit zusätzlichen Requisiten des Grauens ausstaffiert: An den Wegkreuzungen steht noch ein alter Galgen, die einsamen und verfallenen Schlösser sind voll mit zerbrochenen Standbildern, in den Kellern liegen verstaubte Särge, alles ist mit Spinnengewebe überzogen, ekelhafte Tiere wie Ratten und Fledermäuse hausen in den dunkelsten Schlupfwinkeln. Aber nicht nur der Ort und seine Ausstattung lassen eine Atmosphäre von Vergänglichkeit und Abschied aufkommen: Immer herrscht die tote Nacht, mitunter durchzuckt von Unwettern. Es ist eine allgemeine Vorstellung, daß in der Tiefe der Nacht nicht nur Vampire an Plätzen des Todes herumlauern, sondern auch viele verstorbene Seelen zu den Orten zurückkehren, an denen ihre Leichen bestattet sind.[13] Wo sich soviel Untotes zusammenbraut, geht es freilich nicht immer friedfertig zu – Nigel Jackson spricht in diesem Zusammenhang von einem »War at midnight«.[14] Oft werden auch bestimmte Tage, an denen Unheil geschah oder an denen man ohnehin der Toten gedenkt, für die Inszenierung des mitternächtlichen Spukes gewählt. Ein gleiches gilt für die Jahreszeiten, von denen Herbst oder Winter, wenn die Natur stirbt oder im Totenschlummer ruht, bevorzugt werden. Stimmt endlich alles: Spiritus Loci, Requisite, Zeitpunkt, dann bleibt den Toten gar keine andere Wahl als aufzuerstehen und Schrecken zu verbreiten, zumindest geben uns dann unsere Ängste, die aus der Tiefe der in uns liegenden Grabkammern hervorquellen, den unmißverständlichen Befehl, an ihr Gegenwärtigsein zu glauben!

Masken und Metamorphosen des Vampirs

»Die Maske, unter der das Übersinnliche in die Erscheinung tritt, ist jedesmal anders; niemals ist sie die gleiche. Nur wer Maskenkenner ist, dem wird es möglich sein, die irreführende Hülle zu durchschauen und sich in das ganze Wesen jener Kraft einzufühlen, die sich dahinter verbirgt.«[15] Diese Fähigkeit zur Metamorphose, die Gustav Meyrink hier der Geisterwelt zuschreibt, begegnet uns im Glauben aller Völker und Zeiten wieder. Götter, Geister, Dämonen und Mischwesen können andere Gestalt annehmen, sei es in uneingeschränkter Zahl wie beim Teufel oder in begrenzter wie beim Vampir. Der Gestaltwandel ist dabei kein Selbstzweck, sondern verfolgt stets ein bestimmtes Ziel, etwa das der Täuschung oder der Verführung. Das Motiv der Verwandlung spielt selbstverständlich auch in der phantastischen Literatur eine wichtige Rolle. Es sind aber keineswegs nur übersinnliche Geschöpfe, die sich verwandeln können. Auch dem Menschen wird in einigen Fällen die Fähigkeit dazu nachgesagt, wobei dies meist – wie z. B. beim Werwolfmotiv – eine negative Bedeutung hat. Die Annahme, daß solche Metamorphosen möglich seien, dürfte wohl auf der Vorstellung einer vielgestaltigen Identität des Menschen beruhen, die er mit seinen Göttern und Dämonen teilt. Danach ist auch der Mensch kein einziges festgefügtes Ich, sondern besteht aus einer Reihe einander oft entgegengesetzter Persönlichkeitselemente, von denen manchmal das eine, manchmal das andere die Oberhand gewinnt. Und da selbst in den Schlünden des bürgerlichsten Bürgers die Bestie lauert, kann sich auch an ihm eine Wandlung oder Spaltung vollziehen, wie wir das etwa im berühmten Fall von Dr. Jekyll und Mr. Hyde nachlesen können. Sinn macht der Gedanke eines Gestaltwandels erst, wenn man davon ausgeht, daß zwischen Äußerem und Innerem ein Wechselspiel vorliegt. Sollte also irgendwer eines Morgens als Werwolf erwachen, dann darf er davon ausgehen, daß er nicht nur äußerlich, sondern auch innerlich ein anderer geworden ist, und daß schon immer etwas in ihm war, das diese Metamorphose ermöglicht hat. Selbst bei einer Gestaltwandlung aus Täuschungsgründen geht die Überlieferung davon aus, daß diese nicht ganz folgenlos bleibt. Wenn z. B. der Teufel auf verliebter Jüngling mimt, kann es durchaus sein, daß ein Teil von ihm auch tatsächlich so empfindet.[16]

Die Fähigkeit zum raschen Gestaltwandel wird in der mythischen und okkulten Überlieferung besonders den feinstofflichen Wesen zugesprochen. Sie sollen sich von einem Augenblick auf den anderen, ganz passend nach Laune und Situation, verwandeln können. Doch gibt es auf der astralen Ebene auch entgegengesetzte Beispiele von einem Gefangensein oder doch Beharren in alten Formen: So teilen die meisten Berichte von Totenerscheinungen mit, daß die Verstorbenen normalerweise menschliche Gestalt und das gleiche Aussehen und Alter wie zum Zeitpunkt ihres Verscheidens aufweisen. Die Funktion der Wiedererkennbarkeit spielt hier natürlich eine Rolle. Aber es gibt zahlreiche Überlieferungen, nach denen Tote auch noch nach langer Zeit, mit gänzlich unveränderter Gestalt und Kleidung und immer die gleichen Handlungen verrichtend, als stünden sie unter einem Zwang, erschienen sind. Nach okkulter Deutung handelt es sich hier um Erlebnisrückstände, um »Untotes«, das nicht vergehen kann und nur noch in Schemen weiterlebt. Helena Petrowna Blavatsky sieht das gleiche Phänomen auch in den Totenbeschwörungen der Spiritisten am Wirken. Ihrer Auffassung nach werden durch die Gedanken der Geisterbeschwörer die zur Auflösung bestimmten Reste vom Astralkörper der Verstorbenen, die im Laufe der nachtodlichen Phase von den Seelen abgestoßen wurden, angesogen und festgehalten. Nach der Teilnahme an einer Séance schreibt sie:

»Ich sah und beobachtete diese seelenlosen Geschöpfe, die Schatten irdischer Körper, denen Seele und Geist meistens schon entflohen waren, die aber ihre semi-materiellen Schatten bewahrten, [indem sie sie aus den Lebensenergien] von Hunderten von Besuchern speisten, die kamen und gingen, wie auch aus den Energien der Medien ... Wenn sie (die Spiritisten) nur wüßten, daß diese Schattenbilder von Männern und Frauen allein aus den irdischen Leidenschaften, Lastern und weltlichen Gedanken, aus den Rückständen der Persönlichkeit bestehen, die einmal gelebt hatte; es ist nur wertloser Abschaum, der der befreiten Seele und dem befreiten Geist nicht folgen konnte und für ein zweites Sterben in der irdischen Sphäre zurückgelassen wurde.«[17]

Man beachte, daß Blavatsky in diesem Zusammenhang auch auf das vampiristische Sich-»Nähren« dieser Schemen eingeht.

Das Gesicht dieser Toten bzw. ihrer Überreste gerinnt hier zur bloßen Maske. Hinter der Maske können allerdings mehrere Bedeutungen stecken: Ursprünglich war die Maske vor allem mit dem rituellen Zauber, wie wir ihn aus den Naturgesellschaften kennen, verbunden. Bei Festen wurden, zumeist während des Tanzes, Masken eines Gottes, Dämons oder Tieres angelegt. Im Rausch der Feier glaubte der Tänzer tatsächlich, sich in das Wesen, das seine Maske darstellt, zu verwandeln oder zumindest zu einem Teil von ihm zu werden. Die Maske steht hier für Wahrheit und Metamorphose. Umgekehrt kann sich der Mensch, heute meist im übertragenen Sinne, hinter einer Maske verbergen und sich z. B. durch gestellte Freundlichkeit als ein ganz anderer ausgeben, als er tatsächlich ist. Derartige Täuschungsmanöver werden nach überliefertem Glauben besonders in der übersinnlichen Welt oder von einigen den Menschen feindlichen Geistern vollzogen, wie dies das Eingangszitat von Meyrink veranschaulicht hat. Die Maske steht hier für Lüge und äußere Metamorphose. Sie kann aber auch auf Erstarrung und Überlebtes aus dem Diesseits und Jenseits hinweisen. In diesem Fall steht sie für Untotes und Tod.

Der Mythos vom Vampir ist meistens verknüpft mit den verschiedenen Gestalten, die er einnehmen kann. So tritt er als Mensch, Fledermaus, Wolf, aber auch als Pferd, Ziege, Frosch, Henne, Katze, Hund, Esel, Schwein, Schlange, Schmetterling und – man staune – sogar als Heuschober in Erscheinung. Gelegentlich kann er auch als Nebel unangemeldet durch die Türritzen anderer Leute schlüpfen, oder sich, wenn es ihm zu brenzlig wird, auf dieselbe Weise wieder verdünnisieren. Aber auch in Menschengestalt besitzt der Vampir eine erstaunliche physiognomische Flexibilität: Er ist greisenhaft, doch es ist ihm möglich, sich zu verjüngen; vor seiner »Mahlzeit« ist er dürr und totenbleich, danach aufgeschwemmt und von rosigem Teint; seine Augen sind kalt, aber bei wachsender Verstimmung flammen sie rotglühend auf. Der Vampir ist ordinär und nobel, abstoßend und attraktiv zugleich. Besonders die weibliche Vampirin kann wunderschön sein, mitunter jedoch auch die Gestalt einer ekelhaften und furchteinflößenden Hexe annehmen. Doch trotz dieser vitalen Verwandlungsfähigkeit trägt der Vampir auch die Maske des Todes. Seine Gesichtszüge sind oft hart wie in Stein gemeißelt oder von abweisender, marmorner Schönheit. Die Farben des Todes, Schwarz, Weiß, Rot umgeben ihn. In ihm pulst nicht nur Leidenschaft, sondern gähnt auch Empfindungslosigkeit und Leere. Daher schwankt seine Mimik häufig zwischen Übersteigerung und Unbeweglichkeit. In seinem Sarg ruht er vollkommen erstarrt, zumeist mit erloschenen, offenen Augen, wie ein Toter, bei dem vergessen wurde, sie zuzudrücken. Der Vampir erweist sich damit wieder einmal als ein Mischwesen. Auf der einen Seite hat er die Energie zur schnellen und überraschenden Wandlung, auf der anderen Seite zeigt sein »Hauptgesicht« die Züge einer erstarrten, toten Maske.

Auch die vielfältigen Seinsebenen des Vampirs als Mythos, pathologische Erscheinung oder gesellschaftlicher Ausbeuter belegen seine Wandlungsfähigkeit. Sein körperlicher Gestaltwandel wird in der fiktiven Literatur phantasievoll beschrieben, und im Film – wie wir im Kapitel über die Filmphysiognomien Draculas gehört haben – mit aufwendigen Tricks inszeniert. In dem Hineinschlüpfen in immer neue Lebensbereiche zeigt der Vampir wohl seine größte Vitalität, und was Meyrink in seinem Eingangszitat über die zahlreichen Masken der übersinnlichen Wesen gesagt hat, trifft auch auf den Vampir zu: Es verlangt Übung, durch seine verschiedenen Hüllen und Ebenen sein dahinterliegendes Wesen und das in ihm wirkende Prinzip zu erkennen: den Vampirismus!

Das Wissen der Vampire

In Anne Rices »Chronik« schildert Louis de Pointe du Lac, wie sich mit seiner Verwandlung in einen Vampir auch seine Wahrnehmung veränderte.[18] Seine neue Existenzform erschließt ihm eine andere Welt – er sieht jetzt alles mit anderen Augen. Seine sinnliche Aufnahmefähigkeit steigert sich rapide, Farben und Formen intensivieren sich, wie unter dem Einfluß einiger Drogen, z. T. auch wie bei einer Regression in ein früheres, elementares Raubtierdasein. Er wittert nun das Leben um sich und spürt, wie das Blut in den Adern der Sterblichen pulsiert. Mit einer derart veränderten Weltwahrnehmung wandelt sich natürlich die Beurteilung des Daseins und damit auch das Wissen, das von der Welt gewonnen wird.

Nun gibt es freilich sehr verschiedene Vampirgattungen – die mythischen, die fiktiven, die pathologischen oder die soziologischen Vampire, so daß sich angesichts dieser Fülle die Frage stellt, ob sich zwischen diesen einzelnen Gattungen überhaupt ein gemeinsamer Nenner an Erfahrungen herausfiltern läßt. Zweifellos wird jede Gruppierung ihr eigenes »Fachwissen« vorzuweisen haben. Aber andererseits können wir davon ausgehen, daß die psychische Grundstruktur aller Vampire Gemeinsamkeiten hat, die wiederum auf eine gewisse Verwandtschaft in der Weltwahrnehmung schließen lassen. So scheint der Vampircharakter u. a. geprägt durch Regression, Egoismus, Sucht, Nekrophilie und dem brennenden Wunsch, seine Begierden rücksichtslos zu befriedigen, gleichgültig ob es sich dabei nun um Macht, Geld oder Blut handelt. Da das Denken und Tun des Vampirs derart zweckbestimmt auf seine Triebbefriedigung ausgerichtet ist, zielt auch das Wissen, das er sich aneignet, vornehmlich darauf, diesen Vorgaben zu dienen. Der Vampir strebt also nicht nach Erkenntnis um der Erkenntnis willen, er will auch nicht wie Faust – obgleich dieser in seiner Maßlosigkeit durchaus einige Vampirzüge in sich trägt – erkennen, was die Welt im Innersten zusammenhält, sondern er will in erster Linie Fähigkeiten und Kenntnisse erwerben, die seinem primitiven Begehren nützlich sind. Er besitzt daher weit mehr die Cleverneß des Verbrechers als die Weisheit des Philosophen. Schlau, verschlagen, anpassungsfähig und schauspielernd, setzt er seine Fähigkeiten und Kenntnisse ein. So konnte selbst ein derart ungebildeter »Vampir« wie Fritz Haarmann seine Mitwelt über Jahre hinters Licht führen, indem er sich als Ordnungskraft innerhalb des Bahnhofmilieus von Hannover ausgab. Andere, noch gewitztere Vampire, wie z. B. Graf Dracula, mimten den transsilvanischen Nobelmann oder spielten, wie Hitler, den verantwortungsbewußten Staatsmann. Obgleich der Vampir also nicht der große Wahrheitssucher ist, handelt es sich bei ihm auf jeden Fall um einen ziemlich abgebrühten Burschen, der allerdings, trotz aller Schläue, irgendwann einmal an seiner Maßlosigkeit scheitern wird.

Da nun die Begierden des Vampirs ganz von dieser Welt sind, ist auch sein Wissen ganz von dieser und nicht von einer anderen, gar höheren Welt. Das gilt selbst für die »übersinnlichen« Vampire, also diejenigen Blutsauger, die den Mythen, Sagen oder den Phantasien der Künstler entsprungen sind. Weiß der Alp, der Wiedergänger oder etwa Graf Dracula etwas von den letzten Dingen? – Nein, im Regelfall wissen alle nur das, was sie wissen wollen – nämlich, wie sie ihren Trieb befriedigen können. Dracula etwa ist schlau und durchaus lernwillig, sogar Besitzer einer größeren Bibliothek. Aber er liest nur das, was ihm unmittelbar von Nutzen ist. So erlernt er z. B. die englische Sprache und die Bräuche und Sitten der Viktorianer, aber nur, damit er sich dort um so besser auf Blutfang begeben kann.

Es gibt allerdings eine Form von Wissen und Erfahrung jenseits reiner Zwecke, die dem »übersinnlichen« Vampir allein auf-

VIII. Der Vampirismus oder die Sehnsucht nach dem Tode

grund seiner Unsterblichkeit zuwächst. Es ist das Wissen von der Vergänglichkeit aller menschlichen Bestrebungen und der Blick über die enge Zeitmauer hinweg. So berichtet der Vampir Louis: »Ich hatte nun schon in zwei Jahrhunderten gelebt und gesehen, wie die Illusionen des einen von dem nächsten zerschlagen wurden, war ewig jung und ewig alt gewesen und hatte keine Illusionen mehr, lebte von Augenblick zu Augenblick.«[19] Dieses illusionslose Wissen, herangereift in Jahrhunderten der Einsamkeit und vollkommen unberührt von den Fesseln des herrschenden Zeitgeistes, kommt der Erfahrung, der Gerissenheit und der Menschenkenntnis des Vampirs zugute. Er durchschaut die Sterblichen und weiß ihre Triebe und Begehrlichkeiten auch hinter den wechselnden Moden und Phrasen auszumachen. Nicht ohne Grund wird dem Vampir die Fähigkeit zugesprochen, Gedanken lesen zu können.[20] Allerdings bringen dem Vampir seine Unsterblichkeit und seine Emanzipation von der Zeit auch einige Nachteile ein: Er vereinsamt, die Welt, in die er einst hineingeboren wurde, stirbt nach und nach ab. Seine Unsterblichkeit erweist sich zunehmend als Verdammnis. Die Teilnahme am naiven, aber lebensvollen Treiben der Sterblichen entgleitet ihm mehr und mehr. Er sitzt wie hinter einer Glasscheibe, hinter der er wohl beobachten kann, sich aber gleichzeitig immer mehr isoliert. Folgerichtig ist in Anne Rices »Chronik der Vampire« der alte, ausgekochte, aber auch ausgebrannte Vampir Armand verzweifelt auf der Suche nach einem jüngeren, empfindsamen Vampirfreund, der dazu befähigt wäre, ihm die neue, veränderte Welt auch innerlich näher zu bringen; denn die Teilnahmslosigkeit und Verlassenheit der Vampire hat in ihm ein Gefühl der Öde und Langeweile erzeugt. Hier rächt sich das ganz auf Zweckerfüllung eines Triebes ausgerichtete Denken und Tun des Vampirs: Wie unter einem Fluch stehend, muß er jede Nacht wieder ausziehen und das gleiche tun, unfähig Neues, Ungewohntes zu erleben. Zur Muße fehlt diesen Triebtätern die innere Ruhe, und auch echte Spiritualität ist ihnen verwehrt – der Vampir neigt zum Atheismus. So muß auch der Ausnahmevampir Louis verzweifeln: Keiner seiner älteren Kollegen weiß etwas über Gott, nicht einmal etwas vom Teufel, keiner erlebt wirklich außergewöhnliche Visionen – und im Grunde ist auch keiner daran interessiert. Alle sind im Kreislauf ihrer Begierden gefangen. Was sie kennen, ist *diese* Welt und das »Böse« in ihr. Das »Gute« halten sie ohnehin nur für Schwindel, womit sie im Regelfall vielleicht nicht ganz unrecht haben. Begegnet ihnen aber doch einmal das uneigennützig Gute, dann sind sie meist verloren!

Der Tod der Untoten und ihre Erlösung

Der Umstand, daß jedem Sterblichen einmal der Tod droht, dürfte eine uralte Menschheitserfahrung sein. Nicht ohne Grund nimmt der Tod in zahlreichen Mythen und Religionen eine zentrale Stellung ein. Allerdings scheint er darin weit weniger Schrecken zu beinhalten, als er das für den westlichen Menschen der Gegenwart tut; denn hier ist er überhaupt kein richtiger Tod, sondern stellt vielmehr eine zweite Geburt und den Beginn eines neuen, geistigen Daseins dar. Was stirbt, ist nur der irdische Körper, während die unsterbliche Seele überlebt. Sie kann nach alter Vorstellung in himmlische Urgründe heimkehren, aber auch in Erdnähe verweilen und die Nähe oder den Kontakt zu den noch sterblichen Anverwandten suchen. Um nun sicherzustellen, daß sowohl die Seele ihren Flug in die Freiheit antritt als auch der Körper den Weg alles Irdischen geht, sind Bestattungsriten notwendig. Der Eintritt des körperlichen Todes gilt vielfach nur als Zeichen, daß nun eine Reihe ritueller Handlungen vollzogen werden muß, um mitzuhelfen, die neue Identität des Verstorbenen zu »erschaffen«. Wichtig war in diesem Zusammenhang, die Seele durch Gebete in ihr neues Dasein zu begleiten, aber ebenso, Sorge dafür zu tragen, daß der Körper nicht durch Magie wiederbeseelt oder wiederbelebt werden kann und somit Werkzeug böser Machenschaften wird; denn dies könnte zur Folge haben, daß er eines Tages als Untoter wiederaufersteht. In genau einem solchen Spannungsverhältnis zwischen nicht mehr richtig leben können, aber auch nicht richtig tot sein können liegt die Existenz des Vampirs. Die Bewertung dieser Existenzform hat allerdings einen Wandel erfahren: Während sie einst, für den Menschen, der in traditionellen Glaubensvorstellungen eingebunden war, einer Verdammnis gleichkam, hat die Vorstellung, Vampir zu sein, für den glaubensarmen Menschen der Gegenwart durchaus einen gewissen Reiz – erscheint ihm der Zustand

VIII. Der Vampirismus oder die Sehnsucht nach dem Tode

des Untot-seins doch immer noch als erstrebenswerter als der des ganz Tot-seins.

Doch untot-sein heißt noch keineswegs unsterblich sein. Zum einen gibt es die Überlieferung, daß auch eine Vampirlaufbahn per se befristet ist: So vertraten z. B. in Serbien die moslemischen Zigeuner die Auffassung, daß der Vampir seinen »ersten Tod« nur um drei Monate überlebt, während ihre orthodoxen Volksgenossen ihm gar nur vierzig Tage zubilligten. Aber die Unsterblichkeit des Vampirs ist auch dann sehr unsicher, wenn man davon ausgeht, daß seinem Dasein keine zeitliche Frist gesetzt ist. Das liegt natürlich an seinen Peinigern, den Dr. van Helsings, die ihm nach dem Leben trachten, aber auch an ihm selbst, genauer gesagt an seiner Seele, die ihm einige ganz absprechen oder die seinen Tod als Sterblicher zumindest nur mit Blessuren überlebt haben dürfte. Der Gedanke, daß der Vampir ein seelenloses Wesen ist, äußert sich u. a. darin, daß man ihm weder ein Spiegelbild noch einen Schatten zuspricht, die beide seit altersher als Symbole der Seele gelten. Wäre der Vampir aber vollkommen seelenlos, dann könnte er als Individuum auch nicht seinen eigenen Tod überlebt haben; denn dann wäre er im Grunde genommen nichts weiter als eine Marionette, ein Zombie, hinter dem und durch den verborgene, dunkle Kräfte am Wirken sind. Sollten sich aber im Vampir Seelenrückstände erhalten haben, lastet auf ihnen ein schwerer Schatten, der sich in der Unfreiheit des Vampirs äußert. Suchtartig ist der Vampir an die immer gleichen irdischen Verrichtungen gebunden. Sein gefesseltes Ich ist zum Wiederholungszwang im Reich der Ewigkeit verdammt. Kein Wunder, daß einige Vampire von dieser Art Unsterblichkeit bald die Nase voll haben; denn das unentrinnbar ewig Gleiche ist die Hölle, selbst wenn es zuvor die große Lust versprach. So erzählt in der »Chronik der Vampire« der Altvampir Armand dem überraschten Louis, daß die wenigsten Vampire die Kraft zur Unsterblichkeit aufbringen. Die meisten würden sich über kurz oder lang zum Freitod entschließen, wozu ihnen ja durchaus Mittel zur Verfügung stehen. Die simpelste Methode dürfte wohl die sein, sich einfach nicht wieder in die eigene Gruft zu begeben und auf die ersten morgendlichen Strahlen der Sonne zu warten.

Aber selbst wenn der Vampir nicht diesen Weg wählt, oder ihm seine Sucht keine Möglichkeit offenläßt, nüchtern über sein gehetztes, immer gleiches Junkiedasein zu reflektieren, steuert er in seiner Maßlosigkeit doch unweigerlich auf die eigene Vernichtung zu. Außerdem – so übermächtig der Vampir auf der einen Seite auch erscheinen mag, so offen treten auf der anderen Seite seine Grenzen und Schwachpunkte hervor. Dem Herrn der Nacht, der über Teile der Natur und der Tierwelt befehlen kann, der alterslos und von überwältigender Körperkraft ist, der über einen bezwingenden erotischen Charme verfügt und sogar zur Metamorphose befähigt ist, schwindet die Macht, sobald der Tag graut oder er von seiner Heimaterde getrennt wird. Hinzu kommt, daß der Vampir ein geplagter Allergiker ist, dem vieles zu schaffen macht, angefangen von christlichen Symbolen über gewisse Nahrungsmittel, z. B. Knoblauch, bis hin zum Sonnenschein. Darüber hinaus verfügen seine Feinde über mehrere Methoden, ihm den Garaus zu machen. Die bekanntesten davon sind: Pflock ins Herz, Kopf ab und verbrennen. Auch Dracula kann diesem Schicksal nicht entrinnen. Nachdem Dr. van Helsing und seine Crew ihn vor der grandiosen Kulisse von Schloß Dracula gestellt haben, jagt man ihm ein Messer in sein Herz und trennt ihm mit einem im britischen Kolonialdienst bewährten »Gurkamesser« den Kopf ab, während die letzten Strahlen der untergehenden Sonne ihr übriges zur Vernichtung des Vampirgrafen beitragen. Aber dann geschieht plötzlich ein Wunder:

»Vor unser aller Augen und ehe wir es noch recht fassen konnten, zerfiel der ganze Körper in Staub und entschwand unseren Blicken. – Ich werde mein ganzes Leben lang mit Freude daran denken, wie im Augenblick der endlichen Auflösung ein Schimmer von Glück über des Grafen Antlitz huschte, das ich eines solchen Ausdrucks gar nicht für fähig gehalten hätte.« Stoker: Dracula, S. 519

Dracula ist endlich befreit von seiner Sucht, ein Zustand, der für *alle* Vampire einer Erlösung gleichkommen muß, selbst wenn der Preis dafür eine vollständige leibliche Zerstörung ist. Überdies ist der Vampirgraf jetzt endgültig seine moralingetränkten und humorlosen Verfolger los, und die letzten milden Strahlen der Sonne, Symbol des Göttlichen, helfen seine gefangene Seele aus seinem verruchten Körper herauszubrennen. Fürwahr, ein Grund zur Freude!

Nachspiel: Der Vampir, das Böse und wir

»Die Haupt- und Grundtriebfeder im Menschen wie im Tiere«, so Arthur Schopenhauer,

»ist der *Egoismus*, d. h. der Drang zum Dasein und Wohlsein. ... Dieser Egoismus ist im Tiere wie im Menschen mit dem innersten Kern und Wesen desselben aufs genaueste verknüpft, ja, eigentlich identisch. Daher entspringen in der Regel alle seine Handlungen aus dem Egoismus. ... Der Egoismus ist seiner Natur nach grenzenlos: der Mensch will unbedingt sein Dasein erhalten, will es von Schmerzen, zu denen auch aller Mangel und Entbehrung gehört, unbedingt frei, will die größtmögliche Summe von Wohlsein und will jeden Genuß, zu dem er fähig ist, ja, sucht womöglich noch neue Fähigkeiten zum Genusse in sich zu entwickeln. Alles was sich dem Streben seines Egoismus entgegenstellt, erregt seinen Unwillen, Zorn, Haß: er wird es als einen Feind zu vernichten suchen. Er will womöglich alles genießen, alles haben; da aber dies unmöglich ist, wenigstens alles beherrschen: ›Alles für mich, und nichts für die anderen‹, ist sein Wahlspruch. Der Egoismus ist kolossal: er überragt die Welt. Denn, wenn jedem einzelnen die Wahl gegeben würde zwischen seiner eigenen und der übrigen Welt Vernichtung, so brauche ich nicht zu sagen, wohin sie, bei den allermeisten, ausschlagen würde.«[1]

Das Bild, das Schopenhauer hier vom menschlichen und tierischen Egoismus zeichnet, deutet zugleich auf den Vampir, den Egoisten par excellence, ist unser Vampir doch das Geschöpf, das vollkommen rücksichtslos alles in sich einsaugt. Der Drang, seine Begierden zu befriedigen ist dabei so stark ausgebildet, daß er vor kaum einer Untat zurückschreckt. Dadurch wird der Vampir – der selbst kein Spiegelbild besitzt – zum Spiegel des Menschen. Es ist unser eigener Egoismus und unsere Maßlosigkeit, unser eigener Materialismus und Hedonismus, unser Leben auf Kosten anderer und auf Kosten der Nachgeborenen, das uns im »Spiegel« Vampir entgegengrinst. Das Dunkle im Vampir deutet auf das Dunkle im Menschen, und dieses schattenlose Geschöpf entpuppt sich als unser eigener Schatten, der zunehmend an Größe und Schwärze gewinnt; denn je mehr Werkzeuge der Mensch für das Ausleben seines Egoismus und seiner maßlosen Begierden entwickelt, desto mehr entblößt sich sein eigener Vampircharakter. Folgerichtig hatte der britische Filmpublizist David Pirie bemerkt, daß kein Monster mehr unserer Gegenwart entspricht als der Vampir. Zweifelsohne – wir sind der »Bruder Mensch« des Vampirs. Und da der Mensch mittlerweile so sehr dem todbringenden Sauger ähnelt, produziert er auch immer mehr eine Kultur des Todes: Pflanzen- und Tierwelt werden ausgerottet, Städte- und Landschaftsbilder veröden und verfallen einer tödlichen Monotonie. Die überlieferten Strukturen des Zusammenlebens lösen sich auf und machen einer hedonistischen Singlegesellschaft Platz, deren letzte Konsequenz die schrecklichste aller Mehrheiten, die Massengesellschaft der Greise, heraufbeschwört. Deren Mitgliedern kommt immer mehr die Würde des Altwerdenkönnens sowie die Akzeptanz des Todes abhanden, um statt dessen einem ewigen Hinterherturnen der verlorenen Jugend zu weichen. Man könnte also sagen, was droht, ist eine »Gesellschaft der Untoten«.

Seinem Egoismus entsprechend empfindet der Mensch vorrangig das als »gut«, was ihm nützt. Treffend notierte der aus dem George-Kreis stammende Ernst Glöckner in sein Tagebuch: »Es scheint, daß alles nur Wert hat für uns, was uns irgendwie als Nahrung dient.«[2] Jesus Christus ist »gut«, da er sich den Menschen geopfert hat, und wir in der Eucharistiefeier sein Fleisch und Blut zu uns nehmen können. Der gute Gott ist gut, da er die Welt erschaffen hat und uns das Leben gab. Der Teufel hingegen ist »böse«, denn er trachtet nach unserer Seele, und böse ist selbstverständlich auch der Vampir, will er doch unser Blut.

Es wäre jedoch falsch, das Gute nur als Futter für unseren unersättlichen Egoismus zu definieren und den Kern des Menschen darauf zu reduzieren. Menschlicher Altruismus ist ebenso evident wie der Egoismus, da ohne ihn keine Gesellschaft und kein Gemeinwesen existieren könnte. Es ist ein Merkmal des Guten, daß es aus freien Stücken dazu bereit ist, »Nahrung« zu geben. Gut sein – nicht gut tun – heißt also, geben zu können. Wobei unter geben nicht unbedingt an eine lüstern masochistische Hingabe zu denken ist, da hier im Grunde genommen überhaupt kein *Geben* vorliegt, sondern der eigene Genuß, bzw. unmittelbare Lustgewinn im Vordergrund steht. Das Geben sollte vielmehr ein freier und bewußter Akt sein, der sich unterschiedlich verwirklichen kann: So z.B. in der *Hingabe* an eine Arbeit, die man um ihrer selbst und nicht des Profites willen tut oder in einer Hilfsbereitschaft für andere. Sicher nicht grundlos

VIII. Der Vampirismus oder die Sehnsucht nach dem Tode

begegnet uns diese Bereitschaft des Sichverschenkens als Botschaft in vielen Religionen und hat sich vielleicht am deutlichsten in der Gestalt Jesu Christi verkörpert. Gut sein heißt auch immer, loslassen zu können. Es war daher auch stets eine wichtige Aussage aller großen Religionen – und im Buddhismus ist es der Dreh- und Angelpunkt –, Abschied von dieser Welt nehmen zu können und den eigenen Tod anzunehmen; nicht von ungefähr sind es in sämtlichen Mythen und Überlieferungen zumeist die »Bösen«, oder die mit irgendeinem Fluch Beladenen, die nicht sterben können und wiederkommen müssen, sei es nun als Vampir oder als ruheloser Geist. Dem leidenden Wolf, nämlich Hermann Hesses »Steppenwolf«, wird dazu passend in einem an ihn gerichteten »Tractat« folgendes mitgeteilt:

»Obwohl ihm (dem Steppenwolf) vom Ziel der Menschwerdung mehr bewußt ist als den Bürgern, macht er doch die Augen zu und will nicht wissen, daß das verzweifelte Hängen am Ich, das verzweifelte Nichtsterbenwollen der sicherste Weg zum ewigen Tod ist, während Sterbenkönnen, Hüllen abstreifen, ewige Hingabe des Ichs an die Wandlung zur Unsterblichkeit führt.«[3]

Stellt man den Vampir nun dem so definierten Guten gegenüber, scheint es um ihn in der Tat sehr schlecht bestellt zu sein. Doch kein Geschöpf dieser Erde – und welches könnte im Grunde genommen irdischer sein als der Vampir? – ist nur schlecht. Das »Gute« am Vampir liegt u. a. in seiner Wahrhaftigkeit begründet, die sich gerade in seiner Spiegelfunktion offenbart. Gerade weil wir uns im Vampir so gut wiedererkennen können, empfinden wir ihn nicht nur als Negativfigur, sondern zugleich als anziehend. Als Haßliebe bezeichnet der amerikanische Vampirologe Martin V. Riccardo unser Verhältnis zu ihm.[4] Aber der Vampir ist mehr als nur ein vordergründiger Spiegel, in dem uns unser Egoismus und unsere Maßlosigkeit entgegenblicken. Er ist zugleich Repräsentant verborgener und verbotener Wünsche, womit ihm eine weitere wichtige Funktion zuwächst. Und dadurch, daß er Verbotenes auslebt, erscheint er auch als ein Rebell gegen jegliche gesellschaftliche Ordnung. Er verstößt immer gegen den herrschenden Grundkonsens, vollkommen unabhängig davon, wie dieser gerade lauten mag. Der Vampir rebellierte ebenso gegen ein dogmatisch ausgerichtetes Christentum wie gegen die Bigotterie des Viktorianismus, und in unserer Gegenwart, die in der Egalität ihren obersten Wert erblickt, kehrt er sein stolzes Herrentum besonders hervor. Gerade im Zeitalter der Einschaltquote bleibt der Vampir Aristokrat. Als Rebell verkörpert er eine Mischung aus Verbrecher und Freiheitshelden und schafft ein Ventil gegen gesellschaftliche Zwänge. Er offeriert die Lust, Ketzer, Antichrist, Verbrecher, Lüstling, Süchtiger, Machtmensch und Sadist zu sein, aber er offenbart auch die Lust des Opfers, die Süße der Sklaverei und den Rausch der gänzlichen Hingabe. Der Vampir vollzieht hier als der Antibourgeois und Verächter aller herrschenden Werte eine Korrektur, indem er das gesellschaftliche Verdrängte und Verbotene überkompensiert auf sich zieht und widerspiegelt.

Gerade weil die Gestalt des Vampirs so tief ehrlich in seinen Trieben und Leidenschaften ist, und in ihrem Handeln unabhängig von gesellschaftlichen Tabus bleibt, konnte er zur globalen Mythe aufsteigen. Mythen sind Symbole elementarer Vorgänge, die sich in ihnen sichtbar entäußern. Die Mythen offenbaren die Strukturen der Wirklichkeit und die vielfältigen Seinsweisen in der Welt. »Darum«, so schreibt Mircea Eliade, »sind sie das vorbildliche Modell menschlichen Verhaltens: Sie offenbaren *wahre* Geschichten, beziehen sich auf *Wirklichkeiten*.«[5] Der Mythos wendet sich dabei an den *ganzen* Menschen, sowohl an seinen Verstand und Geist, als auch an seine Gefühle und Phantasie. Das macht seine Wirkmächtigkeit aus. Da der Vampir eine Mythe ist, dürfte er kaum so ohne weiteres aus dieser, *seiner* Welt zu befördern sein, selbst wenn die Dr. van Helsings in Heerscharen auftreten sollten. Als Werner Herzog seinen Film »Nosferatu« damit enden ließ, daß nunmehr der biedere Jonathan Harker in die Rolle des vernichteten Graf Dracula schlüpft, war das kein bloßer Gag, sondern Herzog wollte ein Stück Wahrheit zeigen: Das Böse bleibt in dieser Welt und kann nicht aus ihr hinauskatapultiert werden. Weder mit Pflock noch mit Tabus, noch mit schönen Worten. Der Vampir wird also auch in Zukunft unser Wegbegleiter bleiben. Nicht der vergebliche Versuch seiner Ausmerzung, sondern nur das Arrangement mit ihm kann das Ziel für diese Welt sein. Damit nähern wir uns aber zugleich einem alten Weisheitssymbol des organischen, mehr weiblichen Vampirismus – es ist das Bild der Schlange, die sich in den eigenen Schwanz beißt!

Anhang

Anmerkungen

ZUR EINSTIMMUNG: DAS VAMPIRPRINZIP

1 Ewers, Hanns Heinz: *Vampir. Ein verwildeter Roman in Farben und Fetzen.* München 1921, S. 466.
2 Vgl. Sennewald, Michael: *Hanns Heinz Ewers. Phantastik und Jugendstil.* Meisenheim am Glan 1973, S. 5–6, 84–92.
3 Domotor, Tekla: *Volksglaube und Aberglaube in Ungarn.* Budapest 1982, S. 121; Maupassant, Guy de: Der Horla.(Endgültige Fassung, E.A. Paris 1887). In: Ders.: *Weitere fünfzig Novellen.* Zürich 1967, S. 531–574. Der afrikanische Nomadenstamm der Massai ernährt sich übrigens aus einer Mischung von Milch und Blut. Beides entnehmen sie den Watussi-Rindern, die sie auf ihren Wanderungen mit sich führen. Den Rindern werden dabei aber nur soviel Lebenssäfte abgezapft, daß sie daran nicht zugrundegehen. Die Massai huldigen also, gleich dem Säugling, einem »sanften Vampirismus«.
4 Wilson, Colin: *The Space Vampires.* London 1977, S. 70.
5 Vgl. *Handwörterbuch des deutschen Aberglaubens* (1927–1942), Bd. 6, S. 816; vgl. *Wörterbuch der Mythologie* (1965), Bd. II, S. 199–201.
6 Schroeder, Aribert: *Vampirismus. Seine Entwicklung vom Thema zum Motiv* (Studien zur Anglistik) Frankfurt/M. 1973, S. 15–16; vgl. ebenda, S. 15, S. 18–24.
7 Vgl. Summers, Montague: *The Vampire. His Kith and Kin.* London 1928; ders.: *The Vampire in Europe.* London 1929. In der fiktiven Vampirliteratur kommt es allerdings sehr häufig vor, daß die Ursachen für das Vampirschicksal im dunkeln bleiben, oder es auf entschuldbare Sünden zurückzuführen ist. Folgendes Zitat ins Deutsche übertragen von Jürgen Abel. In: Haining, Peter (Hrsg.): *Stunde der Vampire.* Eine Anthologie. Frankfurt a. M. 1976. S. 7.
8 Den ersten populären Überblick zum Thema gab Wright, Dudley: *The Book of Vampires.* London 1914. Weitere Titel siehe Literatur.
9 Zit. in Goethe, Johann Wolfgang: *Faust.* Berlin, Weimar 1990, Klappentext.
10 Sharkley, Jack: *Die Dämonin.* In: Kluge, Manfred (Hrsg.): *Nosferatu und andere Vampirgeschichten.* München 1971, S. 121.
11 Stoker, Bram: *Dracula.* München 1967, S. 195 (E.A. Westminster 1897).
12 Maupassant, *Der Horla.* S. 559. Hier zitiert nach der Übersetzung bei Jänsch, Erwin: *Vampirlexikon.* Augsburg o.J. (1996), S. 174.
13 Vgl. Jones, Ernest: *Der Alptraum in seiner Beziehung zu gewissen Formen*

des mittelalterlichen Aberglaubens. Leipzig, Wien 1912 (erschienen in der Reihe: Schriften zur angewandten Seelenkunde. Hrsg. v. Sigmund Freud. 14. Heft). Jones' Erklärungsmodell vermag aber nur bedingt zu befriedigen. So erklärt es kaum, warum der Alpglaube besonders zwischen 1450–1750 verbreitet war.

14 Vgl. Freud, Sigmund: *Totem und Tabu*. Leipzig, Wien 1913. James Twitchell hat darauf hingewiesen, daß in Stokers Dracula Dr. van Helsing die Rolle des »guten Vaters« einnimmt, während Dracula den »bösen Vater« darstellt. Vgl. Twitchell, James: The Vampire Myth. In: *American Imago*. 37. Bd. (1980) No 1, S. 85–86.

I. Vampirismus oder die Gier nach Leben
FLEDERMÄUSE UND ANDERE VAMPIRE

1 Vgl. Francis Ford Coppola: *Bram Stokers Dracula*, Hollywood 1992; Schneidewind, Friedhelm u. Ulrike: *Carmilla ... Und es gibt sie doch!* Saarbrücken 1994, S. 170.
2 Vgl. Copper, Basil: *Der Vampir in Legende, Kunst und Wirklichkeit*. München 1974 (E.A. London 1973), S. 40–41.
3 Das Standardwerk über die Vampirfledermaus stammt von: Greenhall, Arthur M.; Schmidt, Uwe (Hrsg.): *Natural History of Vampire Bats*. Boca Raton, Florida 1988.
4 Vgl. Mainardi, Danilo: *Fledermäuse küssen nicht*. München 1995 (E.A. Mailand 1993); Day, David: *Tolkien. Eine illustrierte Enzyklopädie* o.O., 1996 (E.A. London 1991), S. 202.

KANNIBALEN, BLUTSAUGER UND WERWÖLFE

5 Vgl. Kannibalismus in fiktiver Literatur: Thomson, Christian W.: *Menschenfresser in der Kunst und Literatur, in fernen Ländern, Mythen, Märchen und Satiren, in Dramen, Liedern, Epen und Romanen*. Wien 1983; vgl. ebenda: S. 8.
6 Vgl. Rind, Michael M.: *Menschenopfer. Vom Kult der Grausamkeit*. Regensburg 1996, S. 31–32.
7 Vgl. Peter-Röcher, Heidi: *Kannibalismus in der prähistorischen Forschung*. Bonn 1994; Striegl, Sonja: Der Menschenfressermythos. In: *Die Zeit* Nr. 51 v. 15. 12. 1995, S. 42.
8 Vgl. Rind: *Menschenopfer*, S. 29–31; mitunter kam es auch vor, daß Eingeborene ihre Gegner bei den Kolonisatoren als Kannibalen denunzierten; vgl. MacCormack, Carol, P.: Human Leopards and Crocodiles: Political Meanings of Categorical Anomalies. In: Brown, Paula; Tuzin, Donald: *The Ethnography of Cannibalism*. Washington 1983, S. 51–52; vgl. S. 32–33. Über die kaum zu leugnende Existenz des Kannibalismus; vgl. auch: »Freibank der Natur.« In: *Der Spiegel* Nr. 13 v. 22. 3. 1998, S. 214–215.
9 Vgl. Eliade, Mircea: *Mythen, Träume, Mysterien*. Salzburg 1961, S. 46–52.
10 Maerth, Oscar Kiss: *Der Anfang war das Ende. Der Mensch entstand durch Kannibalismus – Intelligenz ist eßbar*. Düsseldorf, Wien 1971.

11 Vgl. Fischer, Wilhelm: *Dämonische Mittelwesen, Vampire und Werwölfe.* Stuttgart o.J. (um 1910), S. 82–94; Görres, Joseph von: *Hinter der Welt ist Magie.* München 1990 (ungekürzte Ausgabe 4 Bde E.A. 1836–1842), S. 233–239.
12 Zum Werwolf allgemein: Hertz, Wilhelm: *Der Werwolf. Beitrag zur Sagengeschichte.* Stuttgart 1862; Völker, Klaus (Hrsg.): *Von Werwölfen und anderen Tiermenschen. Dichtungen und Dokumente.* München, Wien 1972 (Reprint Augsburg 1997).
13 Vgl. Helman, Cecil: *Körper Mythen. Werwolf, Medusa und das radiologische Auge.* München 1991 (E.A. London 1991), S. 107.
14 Vgl. Golowin, Sergius: *Das Geheimnis der Tiermenschen. Von Vampiren, Nixen, Werwölfen und ähnlichen Geschöpfen.* Basel 1993, S. 118.
15 Vgl. Eisler, Robert: *Man into Wolf. An Anthropological Interpretation of Sadism, Masochism, and Lycanthropy.* New York 1969 (E.A. 1951).
16 Bozzano, Ernesto: *Übersinnliche Erscheinungen bei Naturvölkern.* 3. erw. Aufl. 1989 (E.A. Verona 1941), S. 183. Bozzano vermutete unter Einfluß theosophischer Theorien, daß Tiere eine Kollektivseele haben, die sich bei der Ausbildung des Menschen in Einzelseelen aufgelöst hat. Der Werwolf markiert für ihn eine Zwischenzone von Wesenheiten, die noch das Bestreben haben, zeitweilig zu den niederen Entwicklungsgraden zurückzukehren.
17 Vgl. Wilson, Colin: *Das Okkulte.* Berlin, Schlechtenhagen 1982 (E.A. 1971), S. 658.
18 Oft wurden diese Haarmenschen auch als »Löwenmenschen« angepriesen. Vgl. Scheugl, Hans: *Show Freaks & Monster.* Köln 1974, S. 32–47.
19 Vgl. Zimmer, Dieter E.: *Experimente des Lebens. Wissenschaftsreporte über wilde Kinder, Zwillinge, Kibbucniks und andere aufschlußreiche Wesen.* Zürich 1989, S. 19–47; vgl. Bernheimer, Richard: *Wild Men in the Middle Ages. A Study in Art, Sentiment, and Demonology.* Cambridge 1952.
20 Zum vorhergenannten vgl. Senn, Harry A.: *Were-Wolf and Vampire in Romania.* New York 1982; vgl. Jones: *Alptraum*, S. 65–67; vgl. Schroeder: *Vampirismus*, S. 9.

FERNE LÄNDER, HUNGRIGE GÖTTER, DURSTENDE VAMPIRE

21 Zit. nach Sturm, Dieter; Völker, Klaus (Hrsg.): *Von denen Vampiren oder Menschensaugern.* Bd. 2, München 1968, S. 234.
22 Die Erzählungen wurden von Richard F. Burton ins Englische übertragen und erschienen erstmals 1870 unter dem Titel: *Vikram and the Vampire or Tales of Hindu Devilry.*

VAMPIRE IN ANTIKE UND ABENDLAND

23 Vgl. Sturm, Völker: *Von denen Vampiren*, Bd. 2 S. 232–235.
24 Zit. nach Fischer, Wilhelm: *Dämonische Mittelwesen, Vampire und Mittelwesen.* Stuttgart o.J. (um 1910), S. 37.

Anhang

25 Vgl. ebenda, S. 32.
26 Vgl. Sturm; Völker: *Von denen Vampiren*, Bd. 2 S. 240–244.
27 Vgl. Schroeder: *Vampirismus*, S. 6.

DIE VAMPIRPANIK IM 18. JAHRHUNDERT

28 Zit. nach Farson, Daniel: *Vampire und andere Monster*. Frankfurt/M, Berlin, Wien 1978 (E. A. London 1975), S. 17–18.
29 Die Berichte von Glaser und Flückinger sind abgedruckt bei Hamberger, Klaus (Hrsg.): *Mortuus non mordet. Dokumente zum Vampirismus 1689–1791*. Wien 1992, S. 46–55.
30 Rousseau, Jean-Jacques: *Lettre à l'Archevêque de Paris*. Zit. nach Farson: *Vampire*, S. 17.
31 Zitat nach Farson: *Vampire*, S. 17.
32 Bei Hamberger sind zahlreiche dieser Dokumente abgedruckt, vgl. Hamberger: *Mortuus*, S. 43–96
33 Vgl. Schroeder: *Vampirismus*, S. 37; vgl. ebenda: S. 70–114.
34 Folgende Werke, von denen mehrere anonym erschienen sind, seien genannt: *Christliche Betrachtungen über die wunderbarliche Begebenheit mit den Blutsaugenden Todten in Servien*, Leipzig 1732; Demel(ius), Christoph Friedrich: *Philosophischer Versuch, ob nicht die merckwuerdige Begebenheit derer Blut-sauger...* Vinariensi 1732; Frisch(ius), Johann Christian: *Eines Weimarischen Medici Muthmaßliche Gedancken. Von denen Vampyren*, Leipzig 1732; Grabenstein, Otto: *Unverlohrenes Licht und Recht der Toten unter den Lebendigen*. Wittenberg 1732. *Visum et Repertum. Über die so genannten Vampirs*. Nürnberg 1732; *Schreiben eines guten Freundes an einen anderen guten Freund, die Vampyren betreffend*. Frankfurt 1732. Grundsätzlich sei hier noch einmal auf das Werk von Hamberger verwiesen, in dem längere Passagen aus zahlreichen Vampirschriften des 18. Jahrhunderts wiedergegeben werden.
35 Vgl. Klaniczay, Gábor: *Heilige, Hexen, Vampire. Vom Nutzen des Übernatürlichen*. Berlin 1991, S. 73–97.

II. Der Vampir als literarische Fiktion
URSPRÜNGE DES VAMPIRGENRES

1 Vgl. Summers: *The Vampire. His Kith and Kin*. London 1928, S. 271.
2 Zit. nach Zondergeld: *Lexikon der phantastischen Literatur*. Frankfurt/M. 1983, S. 11.
3 Vgl. Hock, Stefan: *Die Vampyrsagen und ihre Verwertung in der deutschen Literatur*. Berlin 1900, S. 2.
4 Vgl. zum Vampirismus in antiker Literatur auch Sturm; Völker: *Von denen Vampiren*, Bd. 1, S. 7–13; Bd. 2, S. 232–233, 260–263.
5 Vgl. die *Erzählungen aus Tausendundeiner Nacht*. Vollständige Ausgabe in 6 Bänden. Übertragen von Enno Littmann. Frankfurt/M. 1953, Bd. 1, S. 66.
6 Vgl. Havekost, Ernst: *Die Vampirsage in England*. Diss. Halle A.S. 1914, S. 29.

7 Vgl. Sturm; Völker: *Von denen Vampiren.* Bd. 2, S. 263–266. Die Erzählungen von Mérimée und Gogol sind abgedruckt ebenda, Bd. 1, S. 70–86; S. 144–194; vgl. ebenda Bd. 2, S. 236–240.
8 Ossenfelders Gedicht ist bei Sturm, Völker: *Von denen Vampiren,* Bd. 1, S. 14 unter dem Titel »Mein liebes Mägdchen glaubet« abgedruckt.
9 Vgl. *The Collected Works of Oliver Goldsmith:* Hrsg. von Arthur Friedman. Oxford 1966, Bd. 2, S. 206. In einem anderen »Chinese Letter« zieht Goldsmith einen Vergleich zwischen einem käuflichen Magistrat, einer »Hyäne in Menschengestalt« und einem Vampir. Vgl. ebenda, S. 329. Goldsmith hatte seine »Chinese Letters« für die Zeitschrift »Craftsman« verfaßt. Dort hatte bereits vor ihm ein anderer Autor einen Artikel damit begonnen, daß er politische und gesellschaftliche Verhältnisse mit Hilfe des Vampirmotivs verdeutlichte. Wahrscheinlich hatte Goldsmith sich davon inspirieren lassen. Als erster hatte allerdings Voltaire das Wort Vampir gesellschaftlich interpretiert. Vgl. Schroeder: *Vampirismus,* S. 151–152.
10 Phlegons Erzählung »Die Braut von Amphipolis, sowie Goethes Gedicht »Die Braut von Korinth« sind abgedruckt bei Sturm; Völker: *Von denen Vampiren,* Bd. 1, S. 7–11, S. 15–20. Auch die entsprechende Passage aus Novalis' »Hymnen an die Nacht« ist dort unter dem Titel »Hinüber wall ich«, S. 21, wiedergegeben.

VAMPIRISMUS UND ROMANTISCHE GATTUNG

11 Twitchell: *The Living Dead. A Study of the Vampire in Romantic Literature.* Durham, N.C. 1981, S. IX.
12 Maturin, Charles Robert: *Melmoth der Wanderer.* Aus dem Englischen von Friedrich Polakovics. München 1969. Es handelt sich hier um die erste vollständige Übertragung des fast 1000seitigen Werkes ins Deutsche, das durch ein lesenswertes Nachwort von Dieter Sturm abgerundet wird. Übrigens nannte sich Oscar Wilde, áls er nach verbüßter Zuchthausstrafe als Verbannter durch Europa irrte, Sebastian Melmoth.
13 Nodier, Charles: Vampirismus und romantische Gattung (E.A. Paris 1820) In: Sturm; Völker: *Von denen Vampiren,* S. 219. Nodiers Text ist die Rezension der französischen Ausgabe des »Vampyr« von Polidori.
14 Vgl. Brittnacher, Hans Richard: *Ästhetik des Horrors. Gespenster, Vampire, Monster, Teufel und künstliche Menschen in der phantastischen Literatur.* Frankfurt/M. 1994, S. 124–125.
15 Volckmann, Silvia: »Gierig saugt sie seines Mundes Flammen«. In: Berger, Renate; Stephan, Inge (Hrsg.): *Weiblichkeit und Tod in der Literatur.* Köln 1987, S. 164.
16 Vgl. Wilson, Colin: *Das Okkulte.* Berlin, Schlechtenwegen 1982 (E.A. 1971), S. 118–162.
17 Nodier: *Vampirismus,* S. 220.
18 Auf der Grundlage dieser Ereignisse, die 1816 in der Villa Diodati stattfanden, drehte Ken Russell 1986 seinen Film »Gothic«.
19 Sowohl Polidoris »Vampyr« als auch Byrons »Fragment« sind abgedruckt

Anhang

bei Sturm; Völker: *Von denen Vampiren*, Bd. 1, S. 39–69. Polidori ließ sich bei der Niederschrift von seinem »Vampyr« auch von Byrons Ballade »Giaur« beeinflussen, in der auch das Thema Vampirismus angesprochen wird.
20 »Die liebende Tote« und »Aus dem ersten Gesang Maldorors« sind abgedruckt bei Sturm, Völker: *Von denen Vampiren*, Bd. 1, S. 87–125 und S. 128-139.
21 Seeßlen, Georg; Weil, Claudius: *Der Horror-Film*. München 1973, S. 32.
22 Zit. nach Geiger, Ludwig: *Karoline von Günderode und ihre Freunde*. Leipzig 1895, S. 108.

BRAM STOKERS DRACULA

23 Als wichtigste Literatur zu Stoker, bzw. zu »Dracula« seien genannt: Ludlam, Harry: *A Biography of Dracula. The Life Story of Bram Stoker*. London 1962; Farson, Daniel: *The man who wrote Dracula: A Biography of Bram Stoker*. London 1975 (Farson ist ein Großneffe Stokers); Roth, Phyllis: *Bram Stoker*. Boston 1982; Leatherdale, Clive: *Dracula. The Novel and the Legend. A Study of Bram Stoker's Gothic Masterpiece*. Brighton 1985; Carter, Margaret L. (Hrsg.): *Dracula. The Vampire and the Critics*. Ann Arbor (Michigan), London 1988 (in insgesamt zwanzig Aufsätzen beschäftigen sich die einzelnen Autoren mit verschiedenen Aspekten des »Dracula«); Pütz, Susanne: *Vampire und ihre Opfer. Der Blutsauger als literarische Figur*. Bielefeld 1992 (im Mittelpunkt der Untersuchung steht Stokers »Dracula«).
24 McNally, Raymond T.; Florescu, Radu: *Auf Draculas Spuren. Die Geschichte des Fürsten der Vampire*. Berlin, Frankfurt/M. 1996 (E.A. Boston, New York, 1994), S. 137.
25 Stoker, Bram: *Dracula. Ein Vampirroman*. München 1979, S. 187.
26 Von Bedeutung sind vor allem »The Land Beyond the Forest. Facts, Figures and Fancies of Transylvania« von Emily de Laszowska Gerard aus dem Jahre 1888 sowie »An Account of the Principalities of Wallachia and Moldavia« (1820) von William Wilkenson.
27 Aus der Fülle von Vampirschriften, die sich direkt auf Dracula beziehen, seien genannt: Aldiss, Brian W.: *Dracula Unbound*. New York 1991; Newman, Kim: *Dracula A.D. 1888*. New York 1992. Mittlerweile liegt auch eine Fortsetzung zu Stokers Vampirklassiker vor: Warrington, Freda: *Dracula. Der Untote kehrt zurück*. Köln 1998 (E.A. London 1997).
28 Pirie, David: *Vampir – Filmkult*. Gütersloh 1977, S. 26.
29 Prüßmann, Karsten: *Die Dracula-Filme. Von Friedrich Wilhelm Murnau bis Francis Ford Coppola*. München 1993, S. 39.
30 Die drei genannten Romane erschienen erstmals 1981 bzw. 1982 (Bergisch-Gladbach) in deutscher Übersetzung. »Das Schloß der Schlange« wurde 1988 von Ken Russell – der sich ja bereits das Geschehen in der Villa Diodati zum Filmstoff gemacht hatte (Gothic) – verfilmt. Russell machte aus dem mißlungenem viktorianischen Schauerroman ein neuzeitliches Pop-Spektakel erster Klasse. Der Film lief in Deutschland

unter dem Titel »Der Biß der Schlangenfrau«.
Die Erzählung »Draculas Gast« ist abgedruckt bei Sturm; Völker: *Von denen Vampiren*, Bd. 2 S. 140–156. Die Geschichte ist auch abgedruckt in dem Erzählband *»Im Hause des Grafen Dracula«*. München 1974. Bereits 1881, also 16 Jahre vor seinem »Dracula«, hatte Stoker einen Band mit düsterphantastischen Kindergeschichten unter dem Titel »Under the Sunset« vorgelegt.

DRACULA UND FRANKENSTEIN: EIN VERGLEICH

31 Vgl. zu den genannten Werken Völker, Klaus: *Künstliche Menschen*. 2 Bde München 1971, vgl. ferner das Nachwort von Hermann Ebeling zu Shelley, Mary Wollstonecraft: *Frankenstein*. München 1970, S. 317–339.
32 Vgl. Massari, Roberto: Mary Shelleys Frankenstein. Vom romantischen Mythos zu den Anfängen der Science-fiction. Hamburg 1989, S. 59–99.
33 Vgl. Shelley: *Frankenstein*, S. 101.
34 Vgl. Shelley: *Frankenstein*, S. 235. Auf die Verbundenheit von Schöpfer und Schöpfung verweist auch die Aussage des »Monstrums«, daß, ähnlich wie Gott den Menschen nach seinem Bilde schuf, Frankenstein auch sein Geschöpf nach ihm gebildet habe, allerdings nur als eine abstoßende Karikatur: »Ich aber bin ein schmutziges Zerrbild nur, und daß ich dennoch meinem Schöpfer gleiche, macht meine Häßlichkeit bei weitem ärger!« ebenda, S. 180.
35 Vgl. Glut, Donald, F.: *Frankenstein trifft Dracula*. München 1976; Demicheli, Tulio (Regie): *Dracula jagt Frankenstein* (1970).
36 Vgl. Gustafsson, Lars: Über das Phantastische in der Literatur. In: *Kursbuch* 15. Frankfurt/M. 1968, S. 17–40; Baier, Lothar: Ist phantastische Literatur reaktionär? In: *Akzente* 16. Jg. (1969), S. 276–288. Der Unterschied zwischen phantastischer Literatur und Science fiction ist nicht immer eindeutig zu ziehen. Generell läßt sich aber sagen, die »Phantastik« der Science fiction ist meistens darauf zurückzuführen, daß sie den Leser mit der Zukunft oder mit kühnen technischen Errungenschaften konfrontiert, nicht aber, daß sie ihn, wie das die eigentliche Phantastik tut, mit dem Übersinnlichen und ganz Andersartigen zusammenführt. Vgl. auch Zondergeld, Lexikon, S. 293–294.

DER VAMPIR ALS TRIVIALFIGUR UND KINDERSCHRECK

37 Als Verfasser des anonym erschienenem »Varney« gilt heute allgemein Rymer (1824–1884) und nicht, wie man lange Zeit annahm, Thomas Packett Prest (1810–1859), ein anderer seinerzeit sehr beliebter Autor von Schauergeschichten.
38 Jänsch, Erwin: *Vampir-Lexikon. Die Autoren des Schreckens und ihre blutsaugenden Kreaturen. 200 Jahre Vampire in der Literatur*. Augsburg o.J. (1995), S. 236.
39 Zit. nach Jänsch: Ebenda, S. 239.
40 Zit. nach Sturm; Völker: *Von denen Vampiren*, Bd. 2, S. 230–231.
41 Aickman, Robert: Pages from a young Girl's Journal (E.A. 1975). In:

Anhang

The Penguin Book of Vampire Stories. Edited by Alan Ryan, London 1988, S. 382–414; Matheson, Richard: Drink my blood (E.A. 1951). In: The Penguin Book, S. 62–370. In Deutschland nimmt sich der Geisterjäger »John Sinclair« in der gleichnamigen Serie häufiger des Vampirstoffes an, wie Titel wie: »Angst vor dem Blutbiß«, »Vampirexpreß«, »Dracula II« oder der »Stasi-Vampir« belegen. Daneben gibt es auch die Serie »Vampira«, die sich als »Gefährlich, Geheimnisvoll, Erotisch« anpreist.

42 Sommer-Bodenburg, Angela: *Der kleine Vampir*. Reinbek bei Hamburg 1979; dies.: *Der kleine Vampir zieht um* (1980); *Der kleine Vampir verreist* (1982); *Der kleine Vampir auf dem Bauernhof* (1983); *Der kleine Vampir und die große Liebe* (1985); *Der kleine Vampir im Jammertal* (1986); *Der kleine Vampir liest vor* (1988).

DIE WIEDERKEHR DER UNTOTEN UND DIE CHRONIK DER VAMPIRE

43 Bachmann, Ingeborg: Heimweg. In: Sturm; Völker: *Von denen Vampiren*, Bd. 2, S. 162–163; Artmann, H.C.: *Dracula, Dracula. Ein transsylvanisches Abenteuer*. o.O. 1988.
44 Zur Biographie Anne Rices vgl. Roberts, Bette B.: *Anne Rice*. New York 1994. Ihre irische Abstammung macht Anne Rice also zu einer »Landsmännin« von zwei anderen führenden Vampirautoren: Sheridan Le Fanu und Bram Stoker.
45 Vgl. *Der Spiegel* Nr. 49 v. 5. 12. 94: Vampire. Hollywoods neue Lust am Grauen. S. 184–205.
46 Nach einer Aussage von Rice soll mit »Memnoch« die »Chronik« nun endgültig abgeschlossen sein. Vgl. The Sunday Times Magazine v. 10. 9. 1995, S. 34. Die englischen Titel der »Chronik«, von denen die deutsche Übersetzung zum Teil deutlich abweicht, lauten: »Interview with the Vampire«; »The Vampire Lestat«; »The Queen of the Damned«; »The Tale of the Body Thief«; »Memnoch the Devil«

III. Der Vampir als pathologische Gestalt
TOTE, UNTOTE UND SCHEINTOTE

1 Vgl. Summers: *The Vampire*, S. 6.
2 Zit. nach Koch, Tankred: *Lebendig begraben. Geschichte und Geschichten vom Scheintod*. Augsburg 1995 (E.A. Leipzig 1990), S. 81.
3 Die Ängste vor dem Scheintod und die vielerlei Vorrichtungen, die man dagegen unternehmen kann, lebendig begraben zu werden, schildert E.A. Poe in seiner Erzählung »Die Scheintoten« (The Premature Burial). Weitere Hinweise zum Scheintod in der Belletristik bei Koch: *Lebendig begraben,* S. 200–210.
4 Bataille, Georges: *Der heilige Eros*. Frankfurt/M., Berlin, Wien 1974 (E.A. Paris 1957), S. 51–58.

VAMPIRISMUS IN MEDIZINISCHER SICHT

5 Tallar, Georg: *Visum repertum anatomico-chirurgicum von dem sogenannten Vampier; oder Moroi in der Wallachei, Siebenbürgen und Banat, welche eine eigens dahin abgeordnete Untersuchungskommission der löbl. K.K. Administration im Jahre 1756 erstattet hat.* Wien, Leipzig 1784.
6 Der Passus über Vampire aus der »Christliche(n) Mystik« ist in seinen wesentlichen Teilen auch abgedruckt bei Sturm/Völker: *Von denen Vampiren,* Bd. 2, S. 221–227.
    Sowohl gemäß Aristoteles als auch gemäß der scholastischen Tradition ist die Seele in drei Substanzen aufgespalten: die organisch wachstümliche (anima vegetativa), die sinnliche (anima sensitiva) und die vernünftige Seele (anima rationalis). Die Dreiteilung der Seele findet sich unter anderem Namen auch weitgehend in der Anthroposophie Rudolf Steiners wieder. Neben dem physischen Leib, also unserem Körper, attestiert Steiner dem Menschen einen Ätherleib, der sich in seiner Funktion weitgehend mit der anima vegetativa deckt, einen Astralleib (anima sensitiva) und endlich das Ich, das mit der anima rationalis korrespondiert.
7 Sturm; Völker: *Von denen Vampiren,* Bd. 2, S. 224.
8 Perty, Maximilian: *Die mystischen Erscheinungen der menschlichen Natur.* Leipzig, Heidelberg 1861.
9 Barber, Paul: Forensic Pathology and the European Vampire. In: *Journal of Folklore Research.* Bd. 24 (1987), S. 1–32; vgl. auch Papirowski, Martin; Wagner, Louise: Draculas Schatten. In: Kirchner, Gottfried (Hrsg.); *Terra-X. Expeditionen ins Unbekannte.* 3. Aufl. München 1995, S. 131–146.
10 Gespräch abgedruckt in: Papirowski; Wagner: S. 143; vgl. ebenda S. 139–143.
11 Vgl. z. B. den Bericht vom Regimentsfeldscher Flückinger, abgedruckt in: Hamberger, Klaus: *Mortuus non mordet,* S. 49–54.
12 Vgl. Nodier, Charles: Vampirismus und romantische Gattung. In: Sturm; Völker: *Von denen Vampiren,* Bd. 2, S. 218–219.

WER WIRD VAMPIR?

13 Vgl. Bonin, Werner F.: *Lexikon der Parapsychologie und ihrer Grenzgebiete.* Frankfurt/M. 1981 (E.A. Bern, München 1976), S. 513; vgl. zum Astralvampir auch Frost: *The Monster with a Thousand Faces.* Ohio 1989, S. 11–15.
14 Fest, Joachim C.: *Hitler.* Frankfurt/M., Berlin 1973. Für Fest hängt der rapide körperliche Verfall Hitlers während der Kriegsjahre sogar damit zusammen, daß kaum noch Massenkundgebungen stattfanden, bei denen Hitler sich »auftanken« konnte, vgl. ebenda S. 922–923.
15 Vgl. Frost: *The Monster,* S. 17.
16 Hambly, Barbara: *Jagd der Vampire.* Bergisch Gladbach 1992 (E.A. Those who hunt the Night. London 1988).
17 Vgl. Frost: *The Monster,* S. 19–23; Kirchner: *Terra X,* S. 156–160.
18 Vgl. Prins, Herschel: Vampirism: A Clinical Condition. In: Noll, Ri-

chard (Hrsg.): *Vampires, Werewolves, and Demons. Twentieth Century Reports in the Psychiatric Literature.* New York 1991, S. 76–77.

FRITZ HAARMANN UND ANDERE TOTMACHER

19 Zit. nach Klotter, Christoph: Perversionen – Der Anschein des Bösen. In: Treusch-Dieter, Gerburg (Hrsg.): *Das Böse ist immer und überall.* Berlin 1993, S. 83.
20 So Wilhelm Busch in einem Brief v. 20. November 1875 an Maria Anderson. In: Busch, Wilhelm: *Es ist allerlei Sichtbares drin. Sein Leben in Selbstzeugnissen.* Hrsg. v. H. Bayer. Rudolstadt 1956, S. 157–158.
21 Zit. nach Sturm; Völker: *Von denen Vampiren,* Bd. 2, S. 254–255.
22 Zit. ebenda S. 255.
23 Zu den genannten »Vampiren« sei an Literatur genannt: Wetzel, A.: *Über Massenmörder. Ein Beitrag zu den persönlichen Verbrechensursachen und zu den Methoden ihrer Erforschung.* Berlin 1920; Kriminaldirektor Polke: Der Massenmörder Denke und der Fall Trautmann. In: *Archiv für Kriminologie,* Bd. 95 (1934), H. 1+2, S. 8–30; Schübel, R.: Jürgen Bartsch – Nachruf auf eine »Bestie«! Dokumente – Bilder – Interviews. Essen 1984; Zögling des Satans. Serienmörder und Kannibale Jeffrey Dahmer im Gefängnis erschlagen. In: *Der Spiegel* Nr. 49 v. 5. 12. 1994, S. 165–167.
24 Krafft-Ebing, Richard von: *Psychopathia sexualis.* München 1993 (Reprint der 14. Aufl. v. 1912), S. 103. Spuren von Vampirismus und Lustmord lassen sich beim weiblichen Geschlecht allerdings bei den sogenannten »Schwarzen Witwen« (benannt nach der gleichnamigen Giftspinne) ausmachen, also jenen Damen, die ihre Männer und häufig auch ihre nähere Anverwandtschaft mit Gift in das Jenseits befördern. Rein äußerlich tun sie das zwar vor allem des Geldes wegen, innerlich dürften sich bei ihnen jedoch auch häufig Lustgefühle einstellen.
25 Zit. nach McNally; Florescu: *Auf Draculas Spuren,* S. 141.
26 Pozsár, Christine; Farin, Michael (Hrsg.): *Die Haarmann-Protokolle.* Reinbek bei Hamburg 1995.
27 Lessing: *Theodor Haarmann. Die Geschichte eines Werwolfs.* München 1995 (E.A. Berlin 1925). Summers: *The Vampire,* S. 188–193; als neuere Arbeit über Haarmann sei noch verwiesen auf: Werremeier, Friedhelm: *Haarmann. Der Schlächter von Hannover – die grauenvollen Verbrechen des berüchtigten Serienmörders.* 2. Aufl. München 1995.
28 Lessing: *Haarmann,* S. 12.
29 Abgedruckt in Werremeier: *Haarmann,* S. 13.
30 Lessing: *Haarmann,* S. 58. Das Gutachten von Schultze ist abgedruckt in: Poszár, Farin: *Die Haarmann-Protokolle,* S. 463–477.
31 Zit. nach Lange, H. O.: *Fritz Haarmann. Der Würger von Hannover.* Kriminalreportage. Hannover 1960, S. 102.

DIE PSYCHE DER SAUGER UND IHRER OPFER

32 Vgl. Lessing: *Haarmann,* S. 127.
33 Anscombe, Roderick: *Das geheime Leben des László Graf Dracula.* Mün-

chen 1995 (E.A. New York 1994). S. 361. Anscombe ist Psychiater, so daß die Schilderung seines »Vampirs« daher eine gewisse Authentizität haben dürfte.
34 Lessing: *Haarmann*, S. 180; S. 201–202.
35 Anscombe: *Das geheime Leben*, S. 264.
36 Brittnacher: *Ästhetik*, S. 163.
37 Gabelentz, Georg von der: *Das weiße Tier*. Novellen. Berlin 1904, S. 99.
38 Anscombe: *Das geheime Leben*, S. 301.
39 Vgl. Copper: *Der Vampir*, S. 164–168. Farrant hat später über seine Vampirjagd auch selbst eine kleine Broschüre verfaßt, ders.: *Beyond the Highgate Vampire*. London 1991. Hrsg. von der »British Psychic and Occult Society«.
40 Zit. in: Herren, Rüdiger: *Freud und die Kriminologie. Einführung in die psychoanalytische Kriminologie.* Stuttgart 1973, S. 162–163.
41 Vgl. Dresser, Norine: *American Vampires. Fans, Victims, Practitioners.* Ontario 1989, S. 143–148; Olson, Kiki: *So angle ich mir einen Vampir.* Düsseldorf, Wien 1993 (E.A. New York 1992).

DER VAMPIRISMUS IN SATANISCHEN KULTEN

42 Vgl. Kuzdrzal-Kicki, Wladyslaw: *Der Drachenorden*. München 1978. Der Verfasser, Graf Kicki, war übrigens ein Abkömmling von Dracula Vlad Tepes; vgl. ferner: Ach, Manfred: *Under Cover*. München 1995, S. 53, S. 146–147.
43 Vgl. Bozzano, Ernesto: *Übersinnliche Erscheinungen bei den Naturvölkern.* 3. Aufl. 1989 (E.A. Verona 1941).
44 Huysmans, Joris Karl: *Tief unten*. Berlin 1985, S. 10 (E.A. Là-bas, Paris 1891).
45 Zu Crowley vgl.: Symonds, John: *Aleister Crowley. Das Tier 666.* Basel 1983 (E.A. London 1971); Wilson, Colin: *Aleister Crowley. The Nature of the Beast.* London 1987; ders.: *Das Okkulte*, S. 502–541.

IV. Der »Blutsauger« als historische Realität
ZUR PSYCHE DES JÄGERS

1 Stoker: *Dracula*, S. 27; vgl. Rice, A.: *Nachtmahr*, S. 114.
2 Vgl. Anscombe: *Das geheime Leben*, S. 156, S. 334, S. 410–411.
3 Ortega y Gasset, José: *Meditationen über die Jagd*. Stuttgart 5. Aufl. 1985 (E.A. Madrid 1944), S. 11–19, und die folgenden Zitate: S. 17, S. 78–92.
4 Rice, Anne: *Interview mit einem Vampir*, S. 84.
5 Zit. nach Zimmer, Dieter, E.: *Experimente des Lebens. Wissenschaftsreporte über wilde Kinder, Zwillinge Kibbuzniks und andere aufschlußreiche Wesen.* Zürich 1989, S. 251.
6 Lessing: *Haarmann*, S. 11; ebenda S. 10.
7 Tucholsky, Kurt: Les Abattoirs. In: ders.: *Gesammelte Werke in 10 Bänden*, Bd. 4. Reinbek bei Hamburg 1987, S. 208.
8 Rice, Anne: *Nachtmahr*, S. 296.

9 Bei Jünger trifft dies vor allem auf sein Frühwerk zu. Bei dem heute weitgehend vergessenen Eggers ist das ganze Werk von der Gestalt des Kriegers geprägt. Beeinflußt wurde Eggers vor allem von Nietzsche und Jünger, deren Gedanken er bis zur äußersten Radikalität weiterführte. Ähnlich wie Jünger vereinigte auch Eggers Theorie und Praxis: 1905 geboren, zieht es ihn bereits als 16-jährigen zu den Freikorps. 1939 meldet er sich sofort nach Kriegsausbruch freiwillig zur Front. 1943 fällt er als Angehöriger der SS-Panzerdivision »Wiking« bei einem Angriff an der Ostfront. Werke u.a.: *Vom mutigen Leben und tapferen Sterben*. Oldenburg *1933*; *Von der Freiheit des Kriegers*. Berlin 1940; Die Kriegerische Revolution. Berlin 1941.

VON DER SCHÖNHEIT UND DEM SCHRECKEN DER MACHT

10 Vgl. Jung, Carl Gustav: Wotan. Sein Wiedererwachen im *Dritten Reich*. In: *Das C.G. Jung Lesebuch*. Ausgewählt von Franz Alt. Olten; Freiburg i.Br. 4. Aufl. 1984, S. 205–220.
11 Voltaire, Francois: Vampire. In: Sturm; Völker: *Von denen Vampiren*, Bd. 2, S. 209–215; vgl. Twitchell, James B.: *The Living Dead. A Study of the Vampire in Romantic Literature*. Durham, N.C. 1981, S. 192–195.
12 Vgl. Bhalla, Alok: *Politics of Atrocity and Lust. The Vampire Tale as a Nightmare History of England in the Nineteenth Century*. New Delhi 1990.
13 Vgl. Baagoe, Carlus: *Die Giftschlange Völkervampir*. o. O., o. J. (um 1975); Schatten der Engel. Ein Film von Daniel Schmid nach dem Theaterstück »Der Müll, die Stadt und der Tod« von Rainer Werner Fassbinder. München 1976, S. 75. Zum Thema Vampirismus und Antisemitismus, bzw. Marx und die Vampire vgl.: Gelder, Ken: *Reading the Vampire*. New York 1994, S. 13–17, S. 20–23.
14 Wasson, Richard: »The Politics of Dracula«. In: Carter, Margret L. (Hrsg.): *Dracula. the Vampire and the Critics*. Ann Arbor, Michigan; London 1988, S. 19–23.
15 Vgl. Scheidt, Jürgen vom: *Innenwelt–Verschmutzung. Die verborgenen Aggressionen*. Symptome, Ursachen, Therapie. Frankfurt/M. 1988.
16 Baudelaire, Charles: »Der Dandy«. In: *Ausgewählte Werke*. München o.J. (um 1970), S. 191–192.
17 Vgl. Blindermann, Charles S.: »Vampurella. Darwin and Count Dracula«. In: *The Massachusetts Review*. Summer 1980, S. 411–428.

GILLES DE RAIS UND DIE MAGIE DES BÖSEN

18 Vgl. Bataille, Georges: *Gilles de Rais. Leben und Prozeß eines Kindermörders*. Frankfurt/M., Berlin, Wien 1975, S. 7; Buican, Denis: *Les Métamorphoses de Dracula. L'Histoire et la Légende*. Paris 1993, S. 87.
19 Bataille: Ebenda:, S. 29; vgl. ebenda, S. 36–39. Bataille benennt ein Kapitel sogar: »Das sexuelle Leben: Der Krieg«.
20 Nach E.F. Ziehlke: Eine Einführung zu Bloch, Iwan: *Der Marquis de Sade und seine Zeit. Ein Beitrag zur Kultur und Sittengeschichte des 18. Jahr-*

hunderts. Hanau; Main 1970 (Neuauflage), S. V.
21 Bataille: *Gilles de Rais,* S. 52, und folgendes Zitat S. 49.
22 Bataille: *Gilles de Rais,* S. 49.
23 Die Prozeßprotokolle sind abgedruckt bei Bataille, vgl. ebenda: S. 173–237.
24 Zit. nach Reliquet, Philippe: *Ritter, Tod und Teufel. Gilles de Rais oder die Magie des Bösen.* München, Zürich 1984 (E.A. Paris 1982), S. 117. Wenn auch die Familie de Rais ausstarb, so überlebte Gilles natürlich allemal. Er ist in die Wissenschaft und Literatur eingegangen. Überflüssig zu sagen, daß seine Taten, bzw. Untaten auf das Werk de Sades einen eminenten Einfluß übten. In die allgemeine Vorstellung ging Gilles de Rais auch als Ritter Blaubart, also als unersättlicher Frauenmörder ein (Vgl. Bataille: *Gilles de Rais,* a.a.O., S. 11–16; S. 169–172).

VLAD TEPES – DER HISTORISCHE DRACULA

25 Beheim, Michel: Von einem wutrich der hies Trakle waida von der Walachei. In: Gille, H.; Spriewald,J. (Hrsg.): *Die Geschichte des Michel Beheim.* Bd. 1, Berlin 1968 Vers 171–172 (frei übertragen).
26 Als wichtige Literatur zu Vlad Tepes sei genannt: McNally; Florescu: *Auf Draculas Spuren*; Märtin, Ralf-Peter: *Dracula. Das Leben des Fürsten Vlad Tepes.* Überarbeitete Neuausgabe. Frankfurt/M. 1991 (E.A. Berlin 1980); Harmening, Dieter: *Der Anfang von Dracula. Zur Geschichte von Geschichten.* Würzburg 1983; Treptow, Kurt W. (Hrsg.): *Dracula. Essays on the Life and Times of Vlad Tepes.* New York 1991.
27 Zit. nach Sturm, Völker: *Von denen Vampiren,* Bd. 2, S. 297–298.
28 Zit. nach McNally; Florescu: *Auf Draculas Spuren.* S. 62.
29 Vgl. Märtin: *Dracula,* S. 128, S. 139, und folgende Zitate S. 4, S. 128, S. 163.
30 Als Beispiele neuerer Belletristik, die sich mit Vlad Tepes beschäftigt, ohne ihn dabei als Vampirgrafen zu schildern, seien genannt: Oniceanu, Marius: *Dracula. Kreuzritter, Legende, Wahrheit.* Gerabronn, Crailsheim 1985; Barnaure, Mircea: *Der Name Dracula.* Unkel/Rhein und Bad Honnef 1993.

ROTE VAMPIRE

31 Die Vorstellung, daß die Französische Revolution sich gegen den Vampirismus der Herrschenden richtete, war weitverbreitet. Deutlich wird das auch an der ungarischen Übersetzung der „Marseillaise", die von dem jakobinisch orientierten Dichter Ferenc Verseghy stammt. Sinngemäß ins Deutsche übersetzt lautet sie:
»... Des blutsaugenden Tyrannen Brut
Zielt mit ihrer Waffe auf deine Brust
Und taucht ihre gräßliche Hand in dein Blut
Wenn sie dich nicht in die Knechtschaft schleppen kann.
Zu den Waffen, ihr Kämpfer!
...
Zum Sturm, zum Sturm

Anhang

Auf diese Blutrünstigen
Laßt sie uns zerstückeln zuhauf!«
32 Brachvogel, Carry: *Robespierre*. Wien, Leipzig 1925, S. 136.
33 Zit. nach Carlo Schmid, Einleitung zu: *Maximilien Robespierre: Ausgewählte Texte*. Hamburg 2. Aufl. 1989, S. 35, und folgendes Zitat S. 723.
34 Vgl. Buican, Denis: *Les Métamorphoses de Dracula. L'Histoire et la Légende*. Paris 1993, S. 175.
35 Vgl. Fromm, Erich: *Anatomie der menschlichen Destruktivität*. Reinbek bei Hamburg 1977 (E.A. New York, Chicago, San Francisco 1973), S. 322–325, und folgendes Zitat: S. 325.
36 Vgl. Buican: *Les Métamorphoses*, S. 185.
37 Siegerist, Joachim: *Ceausescu – Der rote Vampir*. Bremen 1990; Werner, Heinz: *Draculescus Tod und Erbe. Wo blieben die Vampire?* Berlin 1990; Behr, Edward: *Kiss the Hand that Cannot Bite. The Rise and Fall of the Ceausescus*. New York 1991. Zur fiktiven Vampirliteratur, in der Ceausescu auftritt, vgl McNally; Florescu: *Auf Draculas Spuren*, S. 163–164.

DEUTSCHE MYTHEN UND DIE SYNCHRONIZITÄT DER WÖLFE

38 Jacques, Norbert: *Dr. Mabuse. Medium des Bösen*, Bd. 1: Dr. Mabuse der Spieler. Hamburg 1994 (E.A. 1921/22), S. 183. Zum Mythos Mabuse vgl. ebenda im Anhang: Scholdt, Günther: *Mabuse, ein deutscher Mythos*, S. 359–382.
39 Bei Hitler ist häufiger die Frage aufgeworfen worden, ob er homosexuell war. Seine Persönlichkeitsstruktur legt nahe, daß wahrscheinlich eine latente Neigung vorhanden war (vgl. Fromm: *Anatomie*, S. 415-486; Doucet, Friedrich W.: *Im Banne des Mythos. Die Psychologie des Dritten Reiches*. Esslingen 1979, bes. S. 111–112). Sicher aber war er homoerotisch veranlagt; denn er bevorzugte im Regelfall nicht nur Männergesellschaft, sondern in seiner Nähe befanden sich meist auch ausgesucht gutaussehende SS-Männer (vgl. auch Abb. 35). Darüber hinaus ist die SS-Uniform voll sexuell-nekrophiler Anspielungen. Neben dem Dominanz ausdrückenden Schnitt tragen zu dieser Wirkung vor allem ihre symbolträchtige schwarze Farbe und die auf ihr angebrachten Zeichen bei: Hakenkreuz (Sexualität, u. a. Symbol geschlechtlicher Vereinigung, vgl. Reich, Wilhelm: *Die Massenpsychologie des Faschismus*. Frankfurt/M. 1974 [E.A. 1933], S. 103–107); Totenkopf auf der Kopfbedeckung (Nekrophilie); SS-Runen (Aggression und Penetration).
40 Folgende Mabuse-Romane waren erschienen: *Dr. Mabuse, der Spieler* (1921, 22); *Ingenieur Mars* (1923); *Mabuses Kolonie oder N. J. sucht Kristiana* (Romanfragment 1930); *Das Testament des Dr. Mabuse oder Dr. Mabuses letztes Spiel. Roman eines Dämons* (1932/1950).
41 Vgl. Kracauer, Siegfried: *Von Caligari bis Hitler. Ein Beitrag zur Geschichte des deutschen Films*. Hamburg 1958 (E.A. Princeton 1947. Die amerikanische Ausgabe trägt den Untertitel: *A Psychological History of the German Film*), S. 49–68.

42 Nietzsche, Friedrich: *Also sprach Zarathustra.* Leipzig 1923, S. 53.
43 Sturm; Völker: *Von denen Vampiren.* Bd. 2, S. 306. Gleich 1921, noch im Erscheinungsjahr von Ewers' »Vampir«, war von einem Hans Reimann eine Parodie auf den Roman verfaßt worden: Ewers. Ein garantiert verwahrloster Schundroman in Lumpen, Fretchen, Mätzchen und Unterhosen von Hanns Heinz Vampir.
44 Ewers, Hanns Heinz: *Vampir. Ein verwildeter Roman in Fetzen und Farben.* München 1921, S. 475–476.
45 Vgl. Schmid, Hans: Herrschaft des Verbrechens. Anhang in: Jacques, Norbert: Dr. Mabuse, Bd. 3: *Das Testament des Dr. Mabuse,* S. 375–376.
46 Hier sei an neuerer Literatur nur genannt: Freund, René: *Braune Magie? Okkultismus, New Age und Nationalsozialismus.* Wien 1995 (die Arbeit beruht auf einer Dissertation); Heller, Friedrich Paul; Maegerle, Anton: *Thule. Vom völkischen Okkultismus bis zur Neuen Rechten.* Stuttgart 1995; Rose, Detlev: *Thule. Legende, Mythos, Wirklichkeit.* Tübingen 1994. Ferner das Grundlagenwerk von Nicholas Goodrick-Clarke: *Die okkulten Wurzeln des Nationalsozialismus.* Graz, Stuttgart 1997. Alle genannten Werke besitzen ein ausführliches, weiterführendes Literaturverzeichnis.
47 Francois-Poncet, André: *Als Botschafter im »Dritten Reich«. Die Erinnerungen des französischen Botschafters in Berlin.* September 1931 bis Oktober 1938. Mainz, Berlin 1980 (E.A. Paris 1947) S. 405–406.
48 Vgl. Das C. G. Jung: *Lesebuch,* S. 205–220.
49 Vgl. Lessing: *Haarmann,* S. 231. Heutzutage erfolgt dieser Triebausgleich, bzw. der Rücksturz ins Archaische besonders über die Rockmusik.
50 Fest, Joachim C.: *Hitler.* Frankfurt/M, Berlin, Wien 1973, S. 453.
51 Vgl. Fromm: *Anatomie,* S. 415–486.
52 Fest: *Hitler,* S. 699–700.
53 Zit. nach Eitner, Hans-Jürgen: *Der Führer. Hitlers Persönlichkeit und Charakter.* Rastatt 1985 (E.A. München 1981), S. 211. Das Buch bietet neben dem Werk von Fest wohl den besten Einblick in Hitlers Wesen und folgendes Zitat S. 121–122.
54 Stratmann, Franziskus Maria: *Die Heiligen in der Versuchung der Macht.* Frankfurt/M. 1958, S. 17–18.
55 Vgl. Zur Entstehungsgeschichte von Ewers' »Horst Wessel«: Sennewald: *Hanns Heinz Ewers,* S. 191, bzw. Ewers' eigenes Nachwort zu Horst Wessel. Stuttgart, Berlin 1932, S. 290.
56 Vgl. Fest: *Hitler,* S. 1027.
57 Vgl. Twitchell, James B.: *The Living Dead. A Study of the Vampire in Romantic Literature.* Durham, N.C., 1985, S. 139. Stoker begann übrigens unmittelbar nach Hitlers Geburt seinen »Dracula« zu konzipieren und beide – Hitler und Dracula – waren zu diesem Zeitabschnitt Angehörige der Habsburger Donaumonarchie. Die Beziehung von Dracula – Hitler, bzw. Hitler – Dracula für die einstigen Westmächte ist auch in Richard Wassons kleinem Aufsatz »The Politics of Dracula« (In: English Literature in Transition 9. Jg. [1966], S. 24–27) knapp dargelegt worden.
58 Gruhl, Herbert: *Ein Planet wird geplündert. Die Schreckensbilanz unserer Politik.* Frankfurt/M 1975, S. 18.

Anhang

»EIN PLANET WIRD GEPLÜNDERT«

59 Müller-Sternberg, Robert: *Die Dämonen. Wesen und Wirkung eines Urphänomens*. Bremen 1964, S. 380.
60 Lessing: *Haarmann*, S. 87
61 Gruhl: Ein Planet, S. 19, und folgendes Zitat: S. 20.
62 Vgl. Pilgrim: *Der Vampirmann*
63 Lavelock, James: *Gaia. Die Erde ist ein Lebewesen*. Bern, München, Wien 1992 (E.A. London 1991)
64 Vgl. Broder, Henryk M.: »Macht Liebe, nicht Babies«. In: *Der Spiegel*, Nr. 48 v. 25. 11. 1996, S. 150–155.

V. »Blut ist ein ganz besonderer Saft«
DAS BLUT IN DER GESCHICHTE

1 Ortega: *Meditationen*, S. 63–64.
2 Zit. nach Müller-Sternberg: *Die Dämonen*, S. 286.
3 Zit. nach Strack, Herrmann L.: *Das Blut im Glauben und Aberglauben der Völker*. Mit besonderer Berücksichtigung der »Volksmedizin« und des »jüdischen Blutritus«. 8. verb. Aufl. München 1990, S. 56.
4 Vgl. *Von Schlachthöfen und Schlachtfeldern*. Einleitung von Rainer Marweld zu Lessing: *Haarmann*, S. 10.
5 Vgl. Bernard, Jean: *Das Blut in der Geschichte. Neue Wege zur Erforschung historischer Prozesse*. Stuttgart 1987 (E.A. Paris 1983).

DIE FARBE ROT UND DIE SYMBOLIK DES BLUTES

6 Hitler, Adolf: Mein Kampf. 494–498. Aufl. München 1940, S. 556; Zum Schwarz-Weiß-Rot der Hakenkreuzfahne vgl. auch Mairgünther: Morbus Hitler. Kiel 1989, S. 12–20.
7 Vgl. Burgheer, Ernst: *Eingeweide. Lebens- und Seelenkräfte des Leibesinneren*. Berlin, Leipzig 1931, S. 57–92, S. 194–214 sowie S. 128–144.
8 Steiner, Rudolf: *Blut ist ein ganz besonderer Saft*. Dornach 1982, S. 30.

ERWÄHLTES BLUT: VOM GRALSBLUT ZUM BLAUEN BLUT

9 Brittnacher: *Ästhetik*, S. 130. Weitere 20% der literarischen Vampire entstammen gehobeneren Schichten, sind erfolgreiche Börsenmakler, Ärzte oder Architekten. Brittnacher bemerkt dazu lakonisch: »Der Vampir ist der Snob unter den Monstern.« Vgl. ebenda.

VAMPIRE UND ANDERE BLUTFETISCHISTEN

10 Zit. nach Sturm; Völker: *Von denen Vampiren*, Bd. 2, S. 253–254.
11 Borneman, Ernest: *Sexuallexikon*. Frankfurt/M., Wien, Zürich 1976 (E.A. München 1968), S. 168, und folgende Zitate: S. 169.
12 Vgl. Ramsland, Katherine: *The Vampire Companion. The Official Guide to Anne Rice's The Vampire Chronicles*. London 1994 (E.A. 1993), S. 40. Leatherdale: *Dracula*. S. 197.
13 Anscombe: *Das geheime Leben*, S. 95, 244.

DIE »BLUTGRÄFIN« ELISABETH BÁTHORY ODER DER TRAUM VON DER EWIGEN JUGEND

14 McNally, Raymond T.: *Dracula was a Woman. In Search of the Blood Countess of Transylvania.* New York 1983.
15 Farin, Michael (Hrsg.): *Heroine des Grauens. Wirken und Leben der Elisabeth Báthory in Briefen, Zeugenaussagen und Phantasiespielen.* München 1989, S. 11.
16 Vgl. Antall, Jószef; Kapronczay, Karoly: Aus der Geschichte des Sadismus: Elisabeth Báthory (1973), In: Farin: *Heroine*, S. 203–211.
17 Vgl. Farin: *Heroine*, S. 29 und Zitat aus »Hesperus«. In: Ebenda, S. 182. In der gleichen Zeitschrift wurde 1817 auch eine »Abschrift des Zeugen-Verhörs« abgedruckt.
18 Abgedruckt in Farin: *Heroine*, S. 145–161. Bei Farin sind auch zahlreiche weitere literarische Texte, z. T. in Auszügen, abgedruckt.
19 Vgl. McNally: *Auf Draculas Spuren*, S. X., S. 101. Aus Stokers Notizen geht hervor, daß er das 1865 erschienene Buch »Book of Werewolves« von Sabine Baring-Gould gelesen hat, das auch ein Kapitel über die »Blutgräfin« enthält.

»DER (BLUT-)MYTHUS DES 20. JAHRHUNDERTS«

20 Vgl. Rosenberg, Alfred: *Blut und Ehre.* 3. Aufl. München 1934; Darré, R. Walther: *Neuadel aus Blut und Boden.* München 1930; Dinter, Arthur: *Die Sünde wider das Blut.* 251–260. Tausend Leipzig 1934 (Dinter wurde wegen Sektierertums aus der NSDAP ausgeschlossen); Forst de Battaglia, Otto: *Das Geheimnis des Blutes.* 2. Aufl. Wien, Leipzig 1932.
21 Darré R. Walther: *Zucht und Sitte.* 2. Aufl. Goslar o. J. (um 1940) S. 11, und folgendes Zitat: S. 121.
22 Nach 1945 verwandelt sich der lichte »Parsival-Hitler« in der okkulten Literatur nicht selten in dessen dunklen Gegenspieler Klingsor. Als solcher geistert er z. B. in Trevor Ravenscrofts historisch nicht sonderlich korrektem *Speer des Schicksals. Die Geschichte der heiligen Lanze* herum. München 1988, (E.A. London 1972).
23 Vgl. Ackermann, Josef: *Himmler als Ideologe.* Göttingen, Zürich, Frankfurt 1970. In der SS wurde nicht nur der Gralsmythos gepflegt, sondern auch die mit ihm verbundene Legende von König Artus. In der Wewelsburg bei Paderborn, die in gewisser Weise die Gralsburg der SS darstellt, befand sich ein Raum, in dem die Tafelrunde von König Artus wiederauferstehen sollte. Himmler versammelte hier zu besonderen Anlässen zwölf schwarze SS-Ritter um einen runden Tisch.
24 Rahn, Otto: *Kreuzzug gegen den Gral.* Leipzig 1933. Das Werk wurde 1995 gemeinsam mit Rahns Folgeband »Lucifers Hofgesind« neu aufgelegt und mit einer ausführlichen biographischen Studie über Rahn ergänzt. 1939 ging Rahn in den Tod. Sein Freitod gilt als geheimnisumwittert. Er wird sowohl mit Rahns Homosexualität in Verbindung gebracht als auch damit, daß er die brutalen Praktiken der SS in den Konzentrationslagern ablehnte.

25 Vgl. Poliakov, Léon: *Der arische Mythos*. Wien, München, Zürich 1977 (E.A. Paris 1971). Die berühmten Formeln »survival of the fittest« und »struggle for existence« stammen nicht von Darwin, sondern vom Philosophen Herbert Spencer. Gleichwohl sind sie sicher nicht zu Unrecht mit Darwins Werk in Verbindung gebracht worden. Wie zahlreich die Rassenliteratur bereits zu Beginn der NS-Zeit war, beweist das Verzeichnis von A.Gercke und R. Kummer: *Die Rasse im Schrifttum. Ein Wegweiser durch das rassenkundliche Schrifttum*. 2. Aufl. Berlin 1934.

VI. »Sex, Crime and Drugs«
VIKTORIANISMUS UND DIE DÄMONIE DER LIEBE

1 Vgl. Grudin, Peter D.: *The Demon-Lover. The Theme of Demoniality in English and Continental Fiction of the Late Eighteenth and Early Nineteenth Centuries*. New York, London 1978.
2 Vgl. das Verhältnis beider auch bei Paglia, Camille: *Die Masken der Sexualität*. Berlin 1992 (E.A. Yale University 1990), S. 286–307.
3 Bataille: *Eros*, S. 20, und folgende Zitate: S. 10 und S. 27, S. 19.
4 Zit. nach Brunotte, Ulrike: Der schöne Schauer des Schreckens. Die Gothic Novel und das Verdrängte des Puritanismus. In: Treusch-Dieter, Gerburg (Hrsg.): *Das Böse ist immer und überall*. Berlin 1993, S. 98.
5 Das Buch erschien auf Deutsch zunächst in Auszügen unter dem Titel »Viktorianische Ausschweifungen« (Nördlingen 1986). Als Verfasser ist das Pseudonym »Walter« angegeben. Seit 1997 liegt auch eine vollständige deutsche Ausgabe vor: *Walter. Mein geheimes Leben*. 3 Bde, Zürich 1997.
6 Lanoux, Armand: *Amour 1900. Ein Pariser Kaleidoskop*. Hamburg 1964, S. 205.

DER VAMPIR ALS SEXSYMBOL

7. Vgl. u. a. Carter, Margaret L. (Hrsg.): *Dracula. The Vampire and the Critics*. Ann Arbor, London 1988. In dieser Aufsatzsammlung beschäftigen sich drei Beiträge mit dem Titel Sex und Vampirismus: Bentley, Christopher: *The Monster in the Bedroom: Sexual Symbolism in Bram Stoker's Dracula*, S. 25–34; Griffin, Gail B.: *»Your Girls That You All Love are Mine«. Dracula and the Victorian Male Sexual Imagination*, S. 137–148; Craft, Christopher: *»Kiss Me with Those Red Lips«: Gender and Inversion in Bram Stoker's Dracula*, S. 167–194.
8 Richardson, Maurice: The Psychoanalysis of Ghost Stories. In: *Twentieth Century 166* (1959), S. 457.
9 King, Stephen: *Danse Macabre*. München 1988, S. 98, und der folgenden Zitate S. 99.
10 Zit. nach Farson: *Vampire*, S. 38.
11 Vgl. Henderson, Joseph L.: Das schöne Mädchen und das Tier. In: Jung C. G. (Hrsg.): *Der Mensch und seine Symbole*. 9. Aufl. Olten; Freiburg i. Br. 1986, S. 137–140.

VON BLUTSAUGERINNEN, VAMPS UND FEMINISTINNEN

12 Zit. nach Wegner, Matthias: *Klabund und Carola Neher.* Berlin 1996, S. 102.
13 Zit. nach Hurwitz, Siegmund: *Lilith. Die erste Eva.* Zürich 2. Aufl. 1982 (E.A. 1980), S. 91.
14 Jelinek, Elfriede: Krankheit oder Moderne Frauen. In: *Spektakulum 47.* Frankfurt/M. 1988, S. 107. Jelinek hat sich später übrigens noch einmal der Vampir- bzw. Untotenthematik angenommen. Vgl. dies.: *Die Kinder der Toten.* Reinbek bei Hamburg 1995.

DER GRAF IST EIN VERBRECHER

15 Stoker: *Dracula,* S. 471.
16 Smith, G. E.: *Der Vampir. Aus der Kriminalromanreihe: Inspektor Douglas.* Nürnberg 1955. Klappentext.
17 Vanda, John P.: *Der Vampir aus den Bleikellern.* Nr. 220 der Heftromanreihe *Vampir-Horror.* Rastatt 1977. Zit. nach Jänsch: Vampirlexikon, S. 314.
18 McNally; Florescu: *Auf Draculas Spuren,* S. 18.
19 Vgl. Herren, Rüdiger: *Freud und die Kriminologie. Einführung in die psychoanalytische Kriminologie.* Stuttgart 1973, bes. S. 155-164.
20 Zit. nach Farin: S. 11.
21 So lautet der siebte Abschnitt in Krafft-Ebings *Psychopathia sexualis,* S. 372–457.
22 Waelder, Robert: *Die Grundlagen der Psychoanalyse.* 2. Aufl. Stuttgart 1983 (E.A. New York 1963), S. 186–187.
23 Stoker: *Dracula.* S. 470, und das folgende Zitat: S. 471.
24 Immerhin soll Stoker 1893 in der »Society for Psychical Research« Vorträge Freuds über das Thema »Vorläufige Mitteilung über den psychischen Mechanismus hysterischer Phänomene« gehört haben. Vgl. Nina Auerbach: Magir and Maidens: The Romance of the Victorian Freud. In: *Critical Inquiry,* 8. Jg. (1981), S. 290.
25 Vor allem in seinem Werk: Der Verbrecher in anthropologischer, ärztlicher und juristischer Beziehung. 2. Bde Hamburg 1887–1888. (E.A. Turin 1876).
26 Lombroso hatte seine Auffassung dahingehend relativiert, daß er annahm, nur etwa 30–40% der Verbrecher seien »geborene Verbrecher«. Den Rest bildeten nach ihm die »Gelegenheitsverbrecher« und die »Leidenschaftsverbrecher«. Zur letzteren Gruppe könnte man freilich auch die Vampire zählen.

DER »BLUTJUNKIE« UND DIE WONNEN UND QUALEN DER SUCHT

27 Vgl. McNally, Raymond T.: *Dracula was a woman,* S. 193–194.
28 Lessing: *Haarmann,* S. 185.
29 Anscombe: *Das geheime Leben,* S. 361.

30 Vgl. Schmidbauer, Wolfgang; Scheidt, Jürgen vom: *Handbuch der Rauschdrogen.* 2. Aufl. Frankfurt/M. 1976, S. 193, sowie S. 175, S. 188–191.
31 Vgl. Herren, S. 142–191. Auf Lombroso geht die Bezeichnung »Genie und Wahnsinn« zurück. Vgl. sein gleichnamiges Werk Genio e follia. Turin 1864.
32 Vgl. Chetwynd-Hayes, Ronald: Der konservierte Urgroßvater. In: ders.: *Leichenschmaus.* Rastatt 1975.
33 Vgl. Huxley, Aldous: *Die Pforten der Wahrnehmung.* München 1970 (E.A. London 1954).

VII. Der Vampir als Medienstar
DER VAMPIR IN KUNST UND KARIKATUR

1 Twitchell, James B.: *The Living Dead. A Study of the Vampire in Romantic Literature.* Durham, N.C. 1981, S. 142–191.
2 Twitchell bezieht sich hier auch auf G. B. Shaw, den er auch zitiert. Auch Shaw hatte den Künstler bereits mit einem Vampir verglichen gehabt. Vgl. ebenda: S. 142.
3 Vgl. zu den beiden genannten Künstlern auch: Villeneuve, Roland: *Le Musée des Vampires.* Paris o.J. (um 1970), S. 89, S. 112–113.

DER BÜHNENVAMPIR

4 Summers: *The Vampire,* a.a.O., S. 303. In Erinnerung an die Bedeutung des Pariser Bühnenvampirs läßt Anne Rice in ihrem »Interview mit einem Vampir« inmitten von Paris ein »Theater der Vampire« erstehen. Freilich werden hier die Bühnenvampire von echten Vampiren gespielt, und ebenda: S. 503–506.
5 Vgl. Hock, Stefan: *Die Vampirsagen und ihre Verwertung in der deutschen Literatur.* Berlin 1900, S. 101.
6 Vgl. Summers: *The Vampire,* S. 308–311. Hock hatte sich zwar bereits vor Summers mit dem Bühnenvampir beschäftigt, doch lediglich mit dem auf der Opernbühne. Und auch hier hatte er nur die Werke von Marschner, Lindpaintner und Hertel berücksichtigt.
7 Eine Auflistung angelsächsischer Vampirstücke bis zum Beginn der 80er Jahre – mit Schwerpunkt 20. Jahrhundert – bietet Riccardo, Martin V.: *Vampires Unearthed. The Complete Multi-Media and Dracula Bibliography.* New York, London 1993, S. 55–57; S. 61–63.

DER FILMVAMPIR ALS KASSENMAGNET

8 Pirie, David: *Vampir Filmkult. Internationale Geschichte des Vampirfilm vom Stummfilm bis zum modernen Sex-Vampir.* Gütersloh 1977 (E.A. London 1977), S. 6. Zum Vampirfilm, speziell zum Draculafilm beachte auch: Prüßmann, Karsten: *Die Dracula-Filme. Von Friedrich Wilhelm Murnau bis Francis Ford Coppola.* München 1993.
9 Zit. nach: Everson, William K.: *Klassiker des Horrorfilms.* München 1980 (E.A. USA 1980).

Anmerkungen

10 Lee spielt noch in folgenden Filmen den Vampirgrafen: Dracula, Prince of Darkness (Blut für Dracula. GB 1965); Dracula has risen from Grave (Draculas Rückkehr GB 1969); Blood of Dracula (Das Blut von Dracula. GB 1970); Nachts wenn Dracula erwacht (BRD, Spanien, Italien, Liechtenstein 1970); The Scars of Dracula (Dracula, Nächte des Entsetzens GB. 1970); Dracula A.D. 1972 (Dracula jagt Mini-Mädchen. GB 1972); The Satanic Rites of Dracula, Count Dracula and his Vampire Bride (Dracula braucht frisches Blut. GB 1973). Dracula, Père et Fils (Die Herren Dracula. Frankreich 1976).
11 Romeros lebende Tote trinken übrigens kein Blut, sondern verschlingen ihre Opfer wie Werwölfe lebendigen Leibes. Eine ausführliche Analyse des Films findet sich bei Waller, Gregory A.: *The Living and the Undead. From Stoker's Dracula to Romero's Dawn of the Dead.* Urbana, Chicago 1986, S. 272–327.
12 Vgl. Gelder, Ken: *Reading the Vampire.* New York 1994, S. 90.

GESICHTER DES SCHRECKENS: DIE FILMPHYSIOGNOMIEN DRACULAS

13 Pirie: *Vampir-Filmkult,* S. 39.
14 Everson: *Klassiker,* S. 207–209.
15 Durgnat, Raymond: Sexus Eros Kino. München 1967, zit. nach Dick, Rainer: *Stars des Horrorfilms.* München 1996, S. 111.
16 Skal, David J.: *Hollywood Gothic. The Tangled Web of Dracula from Novel to Stage to Screen.* New York, London 1990, S. 188.
17 Zit. nach Röckenhaus, Freddie: Dracula und seine Bräute. In: *Zeit-Magazin,* Nr. 6 v. 5. 2. 1993, S. 31.
18 Der Komödiant Lugosi gab sich auch gern als Aristokrat aus, nämlich als Sohn eines ungarischen Barons – in Wirklichkeit war der Genießer Lugosi aber der Sohn eines Bäckermeisters – was sicherlich besser zu ihm paßte. Interessant ist auch, daß beide Kultdraculas, Christopher Lee und Lugosi, auch als Frankenstein-Monster zu sehen waren, bzw. für diese Rolle eingeplant waren. Lugosi sollte diese Rolle in der berühmten Frankensteinverfilmung von 1931 übernehmen – er lehnte jedoch ab, was die Geburtsstunde von Boris Karloff bedeutete. Lee spielte in der Hammerverfilmung von 1957 die Rolle des Frankensteinmonsters.
19 Zit. nach Farson, a.a.O., S. 38.

EIN SONDERFALL: BATMAN – DIE EDELFLEDERMAUS

20 Theweleit, Klaus: *Männerphantasien,* 2 Bde, Frankfurt/M. 1977.
21 Chaykin, Howard (Text); Kane, Gil (Zeichnung): *Batman. Der Fledermauskiller.* Hamburg 1994 (E.A. New York 1992), S. 45, 38, 51.
22 Bereits in den vierziger Jahren drehten Columbia Pictures zwei Batman-Serials. Daneben gab es Batman auch in einer Rundfunkreihe, einer Fernsehshow und in einer Zeichentrickserie. Vgl. Marriot, John: *Batman. Der offizielle Bildband zum Film.* München 1989, S. 12–13; *STAR-*

Anhang

LOG *feiert Batman & Robin. Sechs Jahrzehnte Batman.* New York, Eching 1997, S. 4–9.
23 Vgl. Moench, Doug (Text); Jones, Kelley; Jones III, Malcolm (Vorzeichnung, Zeichnung): Batman. Der Schwur des Vampirs. Hamburg 1994 (E.A. New York, 1991).

DER VAMPIR IN DER WERBUNG UND DER VAMPIRISMUS DER MODERNEN MEDIEN

24 Vgl. McLuhan, Herbert Marshall: *Die magischen Kanäle. Understanding Media.* Düsseldorf, Wien, New York, Moskau 1992 (E.A. 1964), bes. S. 17–34.
25 Vgl. Mees, L. F. C.: Die Macht der Sucht. In: Bühler, Walter; Mees, L. F. C.; Schimpeler, Wolfgang: *Rauschdrogen. Krieg gegen das Ich.* Stuttgart 1980, bes. S. 71–72
26 Vgl. Patzlaff, Rainer: *Medienmagie oder die Herrschaft der Sinne.* 2. Aufl. Stuttgart 1992, S. 42–46.
27 Vgl. Scheidt: *Innenwelt-Verschmutzung.* Der Drogenexperte Scheidt führt die Innenweltverschmutzung neben Drogen u. a. auch auf die Medien und besonders auf das Fernsehen zurück. Vgl. bes. S. 186–191, S. 218–219.

VIII. Der Vampirismus oder die Sehnsucht nach dem Tode
NEKROPHILIE UND DIE ÄSTHETIK DER VERWESUNG

1 Evola, Julius: *Metaphysik des Sexus.* Stuttgart 1962, S. 142.
2 Vgl. Gelpke, Rudolf: *Vom Rausch im Orient und Okzident.* 2. Aufl. Stuttgart 1982, S. 232.
3 Villiers de l'Isle Adam: Vera (E.A. 1883). In: ders.: *Grausame Geschichten.* München 1962, S. 15–25.
4 Vgl. Bronfen, Elisabeth: Die schöne Leiche. Weiblicher Tod als motivische Konstante von der Mitte des 18. Jahrhunderts bis in die Moderne. In: Berger, Renate; Stephan, Inge (Hrsg.): *Weiblichkeit und Tod in der Literatur.* Köln, Wien 1984, S. 87–115, und folgendes Zitat: S. 87.
5 Vgl. ebenda; vgl. ferner Brittnacher: *Ästhetik,* S. 167–170.
6 Zit. nach Jänsch: *Vampirlexikon,* S. 172.
7 Vgl. Sturm, Völker: *Von denen Vampiren,* Bd. 2, S. 257.
8 Fromm, Erich: *Anatomie der menschlichen Destruktivität.* Reinbek bei Hamburg 1977 (E.A. 1973) S. 373.
9 Die Existenz von Aggressionstrieb und Todestrieb ist häufiger angezweifelt worden (vgl. Plack, Arno (Hrsg.): *Der Mythos vom Aggressionstrieb.* München 1973; Fromm bes. S. 30–50; 492–532). Diese Denkrichtung hat ihre Wurzeln zumeist bei Rousseau und im Marxismus. Sie geht davon aus, daß der Mensch von Natur aus »gut« ist und alles Schlechte und Böse im menschlichen Leben repressiven Institutionen zur Last gelegt werden muß.
10 Rosenkranz, Karl: *Ästhetik des Häßlichen.* Leipzig 1990 (E.A. 1853) S. 252.
11 Bataille: *Eros,* S. 53, und das folgende Zitat: S. 142–143.

ORTE DES SCHRECKENS

12 Sturm; Völker: *Von denen Vampiren,* Bd. 2, S. 271.
13 Vgl. Schmitt, Jean-Claude: *Die Wiederkehr der Toten. Geistergeschichten im Mittelalter.* Stuttgart 1995 (E.A. Paris 1994), bes. S. 30.
14 Jackson, Nigel: *Compleat Vampyre. The Vampyre Shaman, Werewolves, Wichtery & the Dark Mythologie of the Undead.* o. O. 1995, S. 111.

MASKEN UND METAMORPHOSEN DES VAMPIRS

15 Meyrink, Gustav: *Fledermäuse. Erzählungen, Fragmente, Aufsätze.* Hrsg. v. Eduard Frank. München, Wien 1981, S. 413.
16 Dieses Phänomen tritt auch beim Schauspieler auf bzw. bei jedem, der etwas »spielt«. Vgl. Borrmann, Norbert: *Kunst und Physiognomik. Menschendeutung und Menschendarstellung im Abendland.* Köln 1994, bes. S. 24–27, 133, S. 164–168.
17 Der Brief ist abgedruckt in: Cranston, Sylvia: *H P B. Leben und Werk der Helena Blavatsky.* Satteldorf 1995 (E.A. New York 1993), S. 168–169.

DAS WISSEN DER VAMPIRE

18 Vgl. Rice: *Interview mit einem Vampir,* bes. S. 24–25.
19 Ebenda, S. 131.
20 Bei Anne Rice verfügen die Vampire, zusätzlich zum Gedankenlesen, noch über die Fähigkeit, aus dem Blut ihres Opfers, dessen Lebensweg abzulesen: »Man erfährt das Leben eines anderen, und auch das Dahinschwinden dieses Lebens durch das Blut.« S. 32. Diese unmittelbare Wissensaneignung des Vampirs deutet sowohl auf seine Lebenserfahrung als auch auf seinen Raubtiercharakter, der sich über eine elementare sinnliche Ekstase »Wissen« aneignen kann.

NACHSPIEL: DER VAMPIR, DAS BÖSE UND WIR

1 *Vom Nutzen der Nachdenklichkeit. Ein Schopenhauer-Brevier.* Mit einem Nachwort hrsg. von Otto A. Böhmer. München 1987, S. 93.
2 Glöckner, Ernst: *Begegnung mit Stefan George. Aus Briefen und Tagebüchern 1913–1934.* Hrsg. von Friedrich Adam. Heidelberg 1972, S. 66. Georges Erscheinung und suggestiver Charakter lassen übrigens an den modernen literarischen Vampir denken. So schildert etwa Ernst Glöckner seine erste, ungewollte Begegnung mit diesem Dichter und herrischen Verkünder eines neuen, höheren Reiches: »Was ich an dem Abend tat, entzog sich meiner Selbstkontrolle, ich handelte wie im Schlaf, unter seinem Willen stehend, willenlos, ach, lenkbar, nur zu lenkbar wie ein Kind. Es war ein furchtbares, ein unsägliches, glückseliges, verruchtes und hohes Erlebnis mit ebensovielen Blicken in einen unendlichen Abgrund. Ich war Spielzeug in seinen Händen, ich liebte und haßte zugleich... Ich konnte nicht anders. Er war stärker wie ich... Er war bös und flammte mit den Augen... Sein Gesicht wurde das eines Teufels. Ich habe nie gewußt, daß ein Mensch so aussehen kann. Die

Dämmerung war in dem Zimmer stark geworden, es war beinahe schon dunkel. Seine Augen glühten noch; er ergriff meine Hand. Und nun kam etwas, worüber ich nicht mehr Herr war. Es kam und mußte kommen. Ich haßte und liebte den Menschen zu gleicher Zeit aus tiefster Seele. Ich zitterte und bebte am ganzen Körper. Ich wußte, der Mensch tut dir Gewalt an – aber ich war nicht mehr stark genug. Ich küßte die dargebotene Hand und mit versagender Stimme flüsterte ich: ›Meister, was soll ich tun?‹«, ebenda S. 23–26.

3 Hesse, Hermann: Der Steppenwolf. In: *Gesammelte Werke,* Bd. 7, 37.–44.Tausend, Frankfurt/M. 1975, S. 246.

4 Vgl. Riccardo: *Vampires,* S. 3. Das Element der Begeisterung für den Vampir scheint aber immer mehr zuzunehmen. So beschäftigt sich z.B. ein Artikel in einer Fernsehzeitschrift damit, »Warum wir alle Vampir sein wollen« und führte als Hauptgründe an: die Unsterblichkeit und Verführungskraft, das Ausleben verborgener Phantasien und geheimer Wünsche.

5 Eliade, Mircea: *Mythen, Träume und Mysterien.* Salzburg 1961, S. 12.

Literatur

ANTHOLOGIEN, BIBLIOGRAPHIEN, LEXIKA

Anonymus (Hrsg.): *Vampire – Die besten Vampirgeschichten der Weltliteratur.* München 1973.
Bunson, Matthew: *Das Buch der Vampire. Von Dracula, Untoten und anderen Fürsten der Finsternis. Ein Lexikon.* Bern, München, Wien 1997 (E.A. New York 1993).
Carter, Margarete, L.: *The Vampire in Literature. A Critical Bibliography.* Michigan 1989.
Cox, Greg: *The Transylvanian Library. A Consumer's Guide to Vampire Fiction.* San Bernardino 1993.
Haining, Peter (Hrsg.): *Die Stunde der Vampire. Vampirerzählungen.* Frankfurt/M. 1974 (E.A. New York 1968).
Jänsch, Erwin: *Vampirlexikon. Die Autoren des Schreckens und ihre blutsaugerischen Kreaturen. 200 Jahre Vampire in der Literatur.* Augsburg o.J. (1996).
Neuwirth, Barbara (Hrsg.): *Blaß sei mein Gesicht. Vampirgeschichten von Frauen.* Frankfurt/M. 1990.
Ramsland, Katherine: *The Vampire Companion. The Official Guide to Anne Rice's The Vampire Cronicles.* Written in co-operation with Anne Rice. London 1994 (E.A. USA 1993).
Riccardo, Martin V.: *Vampires Unearthed. The Complete Multi-Media Vampire and Dracula Bibliography.* New York, London 1983.
Schneidewind, Friedhelm: *Das Lexikon rund um das Blut.* Berlin 1999.
Sturm, Dieter; Völker, Klaus: *Von denen Vampiren oder Menschen-Saugern. Dichtungen & Dokumente.* 2 Bde. München 1968. Nachdruck Augsburg 1997.
Völker, Klaus (Hrsg.): *Von Werwölfen und anderen Tiermenschen. Dichtungen und Dokumente.* 2 Bde München, Wien 1972. Nachdruck Augsburg 1997.
Zondergeld, Rein A.: *Lexikon der phantastischen Literatur.* Phantastische Bibliothek Band 91. Frankfurt/M. 1983.

SACHBÜCHER

Aliti, Angelika: *Die Sucht, unsterblich zu sein.* Stuttgart 1991.
Barber, Paul: *Vampires, Burial and Death. Folklore and Reality.* New Haven, London 1988.
Bataille, Georges: *Der heilige Eros. Mit einem Entwurf zu einem Schlußkapitel.* Frankfurt/M., Berlin, Wien 1974 (E.A. Paris 1957).
-,-: *Gilles de Rais. Leben und Prozeß eines Kindermörders.* Frankfurt/M., Berlin, Wien 1975.
Best, Otto F.: *Der Kuß.* Frankfurt/M. 1998.

Bhalla, Alok: *Politics of Atrocity and Lust. The Vampire Tale as a Nightmare. History of England in the Nineteenth Century.* New Delhi 1990.
Bolte, Christian; Dimmler Klaus: *Schwarze Witwen und Eiserne Jungfrauen. Geschichte der Mörderinnen.* Leipzig 1997.
Brittnacher, Hans Richard: *Ästhetik des Horrors. Gespenster, Vampire, Monster, Teufel und künstliche Menschen in der phantastischen Literatur.* Frankfurt/M. 1994.
Buican, Denis: *Les Métamorphoses de Dracula. L'Histoire et la Légende.* Paris 1993.
Calmet, Augustini: *Gelehrte Verhandlung von denen sogenannten Vampiren oder zurückkommenden Verstorbenen in Ungarn, Mähren etc.* Neuausgabe Hamburg 1976 (dtsch. E.A. Augsburg 1751; frz. E.A. Paris 1746). Mit einem Nachwort von Wolfgang Bauer.
Carter, Margaret, L. (Hrsg.): *Dracula. The Vampire and the Critics.* Ann Arbor, Michigan; London 1988.
Copper, Basil: *Der Vampir in Legende, Kunst und Wirklichkeit.* München 1974 (E.A. London 1973).
Dresser, Norine: *American Vampires. Fans, Victims, Practitioners.* Ontario 1989.
Eisler, Robert: *Man into Wolf. An Anthropological Interpretation of Sadism, Masochism, and Lycanthropy.* New York 1969 (E.A. 1951).
Farin, Michael: *Heroine des Grauens. Wirken und Leben der Elisabeth Báthory in Briefen, Zeugenaussagen und Phantasiespielen.* München 1989.
Farson, Daniel: *Vampire und andere Monster.* Frankfurt/M., Berlin, Wien 1978 (E.A. London 1975).
Fischer, Wilhelm: *Aberglauben aller Zeiten,* Band 3: Dämonische Mittelwesen, Vampir und Werwolf in Geschichte und Sage. Stuttgart o.J. (um 1910).
Frayling, Christopher: *Vampyres. Lord Byron to Count Dracula.* London 1992 (E.A. 1991).
Freud, Sigmund: *Totem und Tabu.* Frankfurt/M. 1977. (E.A. 1912 und 1913 als Artikelfolge in der Zeitschrift *Imago*).
Fromm, Erich: *Anatomie der menschlichen Destruktivität.* Reinbek bei Hamburg 1977 (E.A. USA 1973).
Frost, Brian J.: *The Monster with a Thousand Faces.* Ohio 1989.
Gelder, Ken: *Reading the Vampire.* New York 1994.
Golowin, Sergius: *Das Geheimis des Tiermenschen. Von Vampiren, Nixen, Werwölfen und ähnlichen Geschöpfen.* Basel 1993.
Grudin, Peter D.: *The Demon-Lover. The Theme of Demoniality in English and Continental Fiction of the Late Eighteenth and Early Nineteenth Centuries.* New York, London 1987.
Gruhl, Herbert: *Ein Planet wird geplündert. Die Schreckensbilanz unserer Politik.* Frankfurt/M. 1975.
Hamberger, Klaus: *Mortuus non mordet. Dokumente zum Vampirismus 1689–1791.* Wien 1992.
-,-: *Über Vampirismus. Krankengeschichten und Deutungsmuster 1801–1899.* Wien 1992.

Harmening, Dieter: *Der Anfang von Dracula. Zur Geschichte von Geschichten.* Würzburg 1983.
Havekost, Ernst: *Die Vampirsage in England.* Diss. Halle A.S. 1914.
Helman, Cecil: *Körper Mythen. Werwolf, Medusa und das radiologische Auge.* München 1991 (E.A. London 1991).
Hochhausen, Ronald: *Der aufgehobene Tod im französischen Populärroman des neunzehnten Jahrhunderts. Ewiger Jude – Vampire – Lebenselixiere.* Heidelberg 1988.
Hock, Stefan: *Die Vampyrsagen und ihre Verwertung in der deutschen Literatur.* Berlin 1900. Nachdruck Hildesheim 1977.
Jones, Ernest: *Der Alptraum in seiner Beziehung zu gewissen Formen des mittelalterlichen Aberglaubens.* Leipzig, Wien 1912 (erschienen in: Schriften zur angewandten Seelenkunde. Hrsg. v. Sigmund Freud. 14. Heft).
Kirchner, Gottfried (Hrsg.): *Terra-X. Expeditionen ins Unbekannte. Schatzsucher, Ritter und Vampire.* 3. Aufl. München 1995.
Klaniczay, Gábor: *Heilige, Hexen, Vampire. Vom Nutzen des Übernatürlichen.* Berlin 1991 (E.A.1990).
Kleinpaul, Rudolf: *Die Lebendigen und die Toten in Volksglauben, Religion und Sage.* Leipzig 1898.
Koch, Tankred: *Lebendig begraben. Geschichte und Geschichten vom Scheintod.* Augsburg 1995 (E.A. Leipzig 1990).
Leatherdale, Clive: *Dracula. The Novel & The Legend. A Study of Bram Stoker's Gothic Masterpiece.* Brighton 1993 (E.A. 1985).
Lefebure, Charles: *The Blood Cult.* New York 1969.
Lessing, Theodor: *Haarmann. Die Geschichte eines Werwolfs.* München 1995 (E.A. Berlin 1925).
Ludlam, Harry: *A Biography of Dracula. The Life Story of Bram Stoker.* London 1962.
Marcus, Steven: *Umkehrung und Moral. Sexualität und Pornographie im viktorianischen England.* Frankfurt/M. 1979.
Marigny, Jean: *Le Vampire dans la Litterature Anglo-Saxonne.* Paris 1986.
Martin, Ralf-Peter: *Dracula. Das Leben des Fürsten Vlad Tepes.* Frankfurt/M. 1991 (E.A. Berlin 1980).
Masters, Anthony: *The Natural History of the Vampire.* London 1972.
McNally, Raymond T.; Florescu, Radu: *Auf Draculas Spuren. Die Geschichte des Fürsten und der Vampire.* Berlin, Frankfurt/M. 1996 (E.A. Boston, New York 1994).
Meurer, Hans: *Der dunkle Mythos. Blut, Sex und Tod: Die Faszination des Volksglaubens an Vampire.* Schliengen 1996.
Noli, Richard: *Vampires, Werewolves, Demons. Twentieth Century Reports in the Psychiatric Literature.* New York 1992.
Perkowski, Jan L. (Hrsg.): *Vampires of the Slavs.* Cambridge Mass. 1976.
Pilgrim, Volker Elis: *Der Vampirmann. Über Schlaf, Depression und die Weiblichkeit. Eine Forschungsnovelle.* Düsseldorf 1989.
Pütz, Susanne: *Vampire und ihre Opfer. Der Blutsauger als literarische Figur.* Bielefeld 1992.
Ranfft, Michael: *Über das Kauen und Schmatzen der Todten in Gräbern.* 2. Aufl. Leipzig 1734 (E.A. Leipzig 1728).

Rind, Michael M.: *Menschenopfer. Vom Kult der Grausamkeit.* Regensburg 1996.
Rosenkranz, Karl: *Ästhetik des Häßlichen.* Leipzig 1990 (E.A. 1853).
Roux, Jean-Paul: *Le sang. Mythes, symboles et réalités.* Paris 1988.
Schmitt, Jean-Claude: *Die Wiederkehr der Toten. Geistergeschichten im Mittelalter.* 1995 (E.A. Paris 1994).
Schneidewind, Friedhelm u. Ulrike: *Carmilla ... Und es gibt sie doch!* Saarbrücken 1994.
Schroeder, Aribert: *Vampirismus. Seine Entwicklung vom Thema zum Motiv.* (Studien zur Anglistik) Frankfurt/M. 1973.
Schuller, Alexander; von Rahden, Wolfert: *Die andere Kraft. Zur Renaissance des Bösen.* Berlin 1993.
Schürmann, Thomas: *Nachzehrerglauben in Mitteleuropa.* Marburg 1990.
Starr, Douglas: *Blut. Stoff für Leben und Kommerz.* München 1999.
Steiner, Otto: *Vampirleichen. Vampirprozesse in Preußen.* Hamburg 1959.
Strack, Hermann L.: *Das Blut im Glauben und Aberglauben der Menschheit.* Mit besonderer Berücksichtigung der »Volksmedizin« und des »jüdischen Blutritus«. 8. Aufl. München 1900.
Summers, Montague: *The Vampire. His Kith and Kin.* London 1928.
-,-: *The Vampire in Europe.* London 1929.
Twitchell, James B.: *The Living Dead. A Study of the Vampire in Romantic Literature.* Durham, N.C. 1981.
Volta, Ornella: *Le Vampire. La Mort, Le Sang, La Peur.* Paris 1962.
Villeneuve, Roland: *Le Musée des Vampires.* Paris o.J. (um 1970).
Wright, Dudley: *The Book of Vampires.* New York 1987 (E.A. London 1914).
Zacharias, Gerhard: *Der dunkle Gott. Die Überwindung der Spaltung von Gut und Böse. Satanskult und Schwarze Messe.* 3. überarb. Aufl. 1982.
Zweig, Connie; Abrams, Jeremiah (Hrsg.): *Die Schattenseite der Seele. Wie man die dunklen Bereiche unserer Psyche ans Licht holt und in die Persönlichkeit integriert.* Bern, München, Wien 1993 (E.A. USA 1991).

BÜCHER ÜBER FILM UND THEATER

Beck, Calvin: *Heroes or the Horrors.* New York 1975.
Coppola, Francis Ford; Hart, James V.: *Dracula – Der Film und die Legende.* Bergisch Gladbach 1993 (E.A. New York 1992).
Dick, Rainer: *Stars des Horrorfilms.* München 1996.
Eisner, Lotte H.: *Die dämonische Leinwand.* Frankfurt/M. 1975.
Flynn, John L.: *Cinematic Vampires.* Jefferson, N.C., 1992.
Giesen, Rolf: *Lexikon des phantastischen Films.* 2 Bde. Frankfurt/M., Berlin, Wien 1984.
Pirie, David: *Vampir Filmkult. Internationale Geschichte des Vampirfilms vom Stummfilm bis zum modernen Sex-Vampir.* Gütersloh 1977.
Prodolliet, Ernest: *Nosferatu. Die Entwicklung des Vampirfilms von Friedrich Wilhelm Murnau bis Werner Herzog.* Bd. 15 der Reihe des Instituts für Journalistik und Kommunikationswissenschaft der Universität Freiburg, Schweiz. Freiburg 1980.

Prüßmann, Karsten: *Die Dracula-Filme. Von Friedrich Wilhelm Murnau bis Francis Ford Coppola*. München 1993.
Skal, David: *Hollywood Gothic. The Tangled Web of Dracula from Novel to Stage to Screen*. New York 1990.
-,-: *Dracula. The Ultimate Illustrated Edition of the World Famous Vampire Play*. New York 1993.
Stresau, Norbert: *Der Horror-Film: Von Dracula zum Zombie-Schocker*. München 1987.
Waller, Gregory: *The Living and the Undead. From Stoker's Dracula to Romero's Dawn of the Dead*. Urbana, Chicago 1986.

ERZÄHLENDE LITERATUR

Allen, Woody: Graf Dracula. In: ders.: *Wie du dir so ich mir*. Reinbek bei Hamburg 1992 (E.A. New York 1971).
Anscombe, Roderick: *Das geheime Leben des László Graf Dracula*. München 1995 (E.A. New York 1994).
Arnold, Theodor: *Der Vampir*. Schneeburg 1801.
Artmann, H. C.: *Dracula, Dracula,* o. O. (Verlag der Österreichischen Staatsdruckerei), 1988.
Benson, E. F.: *The Room in the Tower and Other Stories*. London 1912.
Brite, Poppy, Z.: *Verlorene Seelen*. Bergisch Gladbach 1992 (E.A. New York 1992).
Burton, Richard F. (Hrsg. und Übersetzer): *Vikram and the Vampire or Tales of Hindu Devilry*. New Delhi 1985 (englischsprachige E.A. 1870).
Cooper, Louise: *Blood Summer*. London 1976.
Eliade, Mircea: *Fräulein Christine*. Frankfurt/M. 1992.
Ewers, Hanns Heinz: *Vampir. Ein verwilderter Roman in Fetzen und Farben*. München 1920.
Fortune, Dion: *Ein dämonischer Liebhaber*. Neuwied 1991 (E.A. London 1927).
Gabelentz, Georg von der: *Das Rätsel Choriander*. Leipzig 1929.
Holland, Tom: *Der Vampir*. Düsseldorf 1996 (E.A. London 1995).
Jelinek, Elfriede: Krankheit oder moderne Frauen. In: *Spektakulum* 47. Frankfurt/M. 1988.
King, Stephen: *Brennen muß Salem*. München 1985 (E.A. New York 1975).
Kluge, Manfred (Hrsg.): *Nosferatu und andere Vampirgeschichten*. München 1971.
Kubin, Alfred: Die Jagd auf den Vampir (E.A. 1922). In: ders.: *Aus meiner Werkstatt*. München 1973.
Lautréamont, Comte de: *Die Gesänge des Maldoror*. Reinbek bei Hamburg 1992 (E.A. Paris 1869)
Lee, Tanith: *Sabella – Der lebende Vampir*. Bergisch Gladbach 1982 (E.A. New York 1980).
Matheson, Richard: *Ich, der letzte Mensch*. München 1970 (E.A. New York 1954).

Maupassant, Guy de: Der Horla (1. und 2. Fassung E.A. 1886 bzw. 1887). In: ders.: *Die Totenhand und andere phantastische Erzählungen*. Frankfurt/M. 1985.
Muschg, Adolf: *Das Licht und der Schlüssel*. Erziehungsroman eines Vampirs. Frankfurt/M. 1984.
Oniceanu, Marius: *Dracula. Kreuzritter, Legende, Wahrheit*. Gerabronn, Crailsheim 1985.
Rice, Anne: *Chronik der Vampire*. 5 Bde. Interview mit einem Vampir (erschien zunächst unter dem Titel: Schule der Vampire) Düsseldorf 1978 (E.A. New York 1976); Der Fürst der Finsternis. München 1990 (E.A. New York 1985); Die Königin der Verdammten. München 1991 (E.A. New York 1988); Nachtmahr. München 1994 (E.A. New York 1992); Memnoch der Teufel. Hamburg 1998 (E.A. New York 1995).
Rosendorfer, Herbert: *Der Ruinenbaumeister*. München 1991 (E.A. 1969).
Sommer-Bodenburg, Angela: *Der kleine Vampir*. Die ersten vier Geschichten in einem Band. Reinbek bei Hamburg 50.–52.Tausend 1995.
Stewart, Desmond: *The Vampire of Mons*. New York 1976.
Stoker, Bram: *Dracula. Ein Vampirroman*. München 1967 (E.A. London 1897).
Strieber, Whitley: *Der Kuß des Todes*. München 1989 (E.A. New York, 1981).
Talbot, Michael: *The Delicate Dependency. A Novel of the Vampire Life*. New York 1982.
Wallace, Patricia: *Monday's Child*. New York 1989.
Warrington, Freda: *Dracula. Der Untote kehrt zurück*. Köln 1998 (E.A. London 1997).
Wilson, Colin: *Vampire aus dem Weltraum*. Frankfurt/M., Berlin 1980 (E.A. New York 1976).

FILMOGRAPHIE

Diese Filmographie ist eine Auswahl aus der Vielzahl von Filmen. Gleichzeitig wurden solche Filme berücksichtigt, die auf den Lustmord bzw. den »Vampir in uns« verweisen.

1921/22 *Dr. Mabuse der Spieler. Teil 1: Der große Spieler – Ein Bild der Zeit. Teil 2: Inferno, ein Spiel von Menschen unserer Zeit.* Deutschland. Regie: Fritz Lang; Buch: Thea von Harbou, nach dem gleichnamigen Roman von Norbert Jacques. Lang hebt das Dämonische, Hypnotische, Machtbesessene und Wölfische in Mabuses Charakter mittels expressionistischer Stilmittel deutlich hervor.

1922 *Nosferatu – Eine Sinfonie des Grauens.* Deutschland. Regie: Friedrich Wilhelm Murnau; Buch: Henrick Galeen nach Bram Stokers Dracula. Max Schreck spielt den Vampirgrafen Orlok.

1926 *The Bat.* USA. Regie: Roland West; Buch: Roland West nach dem Stück von Mary Roberts Rinehart und Avery Hopwood.

1927 *London after Midnight.* USA. Produktion und Regie: Tod Browning; Buch: Tod Browning und Waldemar Young, nach Tod Brownings Roman *The Hypnotist*. Lon Chaney »der Mann mit den tausend Gesichtern« spielt die Hauptrolle bzw. die Hauptrollen.

Filmographie

1931 *M — Eine Stadt sucht einen Mörder.* Deutschland. Regie: Fritz Lang; Buch: Thea von Harbou. Inspiration zu der Geschichte eines Lustmörders — gespielt von Peter Lorre — lieferten der Fall Haarmann und der vom Düsseldorfer Massenmörder Peter Kürten.

1931 *Dracula:* USA. Regie: Tod Browning; Buch: Garret Fort nach dem Roman von Stoker und dem Bühnenstück Dracula von Hamilton Deane und John L.Balderston. Bela Lugosi spielt den Vampirgrafen.

1932 *L'étrange Aventure de David Grey.* (Vampyr — Der Traum des Allan Grey). Frankreich. Produktion und Regie: Carl Theodor Dreyer; Buch: Carl Theodor Dreyer und Christien Jul, frei nach Sheridan Le Fanus *Carmilla*.

1932/33 *Das Testament des Dr. Mabuse.* Deutschland. Regie: Fritz Lang; Buch: Thea von Harbou, nach dem Roman *Dr. Mabuses letztes Spiel* (Das Testament des Dr. Mabuse) von Norbert Jacques. Der Mabusefilm, der in Deutschland sofort der Zensur unterlag.

1935 *The Mark of the Vampire* (Das Zeichen des Vampirs). USA. Regie: Tod Browning. Buch: Guy Endore und und Bernhard Schubert nach Brownings *The Hypnotist*. Der Film ist ein aufwendiges Remake von *London after Midnight*.

1936 *Draculas Daughter.* USA. Regie: Lambert Hillyer; Buch: Garret Fort, nach Bram Stokers Erzählung *Draculas Gast*.

1940 *The Devil Bat.* USA. Regie: Jean Yarbrough; Buch: John Thomas Neville, nach George Brickers Erzählung *The Flying Serpent*. Bela Lugosi spielt einen verrückten Wissenschaftler, der riesige Vampirfledermäuse züchtet.

1943 *Son of Dracula.* USA. Regie: Robert Siodmark; Buch: Curt Siodmark, angelehnt an Stokers Dracula. Lon Chaney jr. spielt Graf Alucard (was rückwärts gelesen »Dracula« ergibt).

1943 *Le Vampire.* Frankreich. Regie: Jean Painleve. In Gran Chaco in Südamerika gedrehter Dokumentarfilm mit Aufnahmen von blutsaugenden Fledermäusen.

1944 *House of Frankenstein.* USA. Regie: Erle C. Kenton; Buch: Edward T. Lowe, nach einer Geschichte von Curt Siodmark.

1945 *The House of Dracula.* USA. Regie: Erle C. Kenton; Buch: Edward T. Lowe.

1945 *The Vampire's Ghost.* USA. Regie: Lesley Selander; Buch: Leigh Brakkett und John K.Butler, nach einer Erzählung von Leigh Brakkett. Vampir leitet im fernen Afrika einen Nachtclub der besonderen Art.

1946 *Devil Bat's Daughter.* USA. Produktion und Regie: Frank Wisbar; Buch: Griffin Jay, nach einer Idee von Leo T. McCarthy, Frank Wisbar und Ernst Jaeger.

1948 *Bud Abbott and Lou Costello Meet Frankenstein.* USA. Regie: Charles Barton; Buch: Robert Lees, Frederic Rinaldo und John Grant. Unterhaltsame Satire auf Dracula, Frankenstein und den Wolfsmann. Lugosi mimt dabei Dracula.

1951 *The Thing from Another World.* USA. Regie: Christian Nyby and Howard Hawks; Buch: Charles Lederer, nach dem Roman *Who Goes*

There? von John W. Campell. Die klassische Vampirgeschichte wird hier erstmals mit der Science-fiction verbunden.

1952 *Old Mother Riley Meets the Vampire*. GB. Regie: John Gilling; Buch: Val Valentine. Vampirkomödie mit Bela Lugosi.

1953 *Drakula Istanbulda*. Türkei. Regie: Mehmet Muktar; Buch: Unit Deniz, nach den Romanen *Dracula* von Bram Stoker und *The Impaling Voivode* von Riza Seyfi. Der erste Film, der den fiktiven Dracula mit Vlad dem Pfähler in Zusammenhang bringt.

1957 *The Vampire* (Immer bei Einbruch der Nacht). GB/USA. Regie: Paul Landres; Buch: Pat Fiedler. Wissenschaftler nimmt unabsichtlich Pillen, die aus Vampirfledermäusen gewonnen werden und verwandelt sich daraufhin nachts in einen Vampir.

1958 *Blood of the Vampire* (Der Dämon mit den blutigen Händen). GB. Regie: Henry Chass; Buch: Jimmy Sangster. Wiederauferstandener Arzt zapft den Patienten eines Gefängniskrankenhauses das Blut ab.

1958 *The Horror of Dracula* (Dracula). GB. Regie: Terence Fisher; Buch: Jimmy Sangster, nach Stokers *Dracula*. Auftakt der Vampirfilme der Hammerproduktion mit Christopher Lee als Dracula und Peter Cushing als Vampirjäger.

1959 *Tempi Duri per I Vampiri*. Italien. Regie: Pio Angeletti, Buch: Mario Cecchi Gori und andere. Vampirkomödie mit Christopher Lee.

1960 *L'Ultima Preda del Vampiro* (Das Ungeheuer auf Schloß Bantry). Italien. Regie und Buch: Piero Regnoli. Der Film markiert den Beginn des reinen Sexvampirs auf der Leinwand.

1960 *The Brides of Dracula* (Dracula und seine Bräute). GB. Regie: Terence Fisher; Buch: Jimmy Sangster, Peter Bryan und Edward Percy. Vampirfilm der Hammer ohne Christopher Lee als Blutsauger, aber mit Peter Cushing als Vampirjäger.

1960 *Et Mourir de Plaisir* (Und vor Lust zu sterben). Italien, Frankreich. Regie: Roger Vadim; Buch: Roger Vadim, Claude Brule, Claude Martin nach *Carmilla* von Sheridan Le Fanu.

1961 *La Maschara del Demonio* (Die Stunde, wenn Dracula kommt). Italien. Regie: Mario Bava; Buch: Ennio de Concini und Mario Serandrei nach der Novelle *Der Wij* von Nikolai Gogol.

1961 *El Vampiro Sangriento*. Mexiko. Regie und Buch: Miguel Morayta. Graf Frankenhausen, dessen Name auch den Frankensteinmythos anklingen läßt, ist ein besonders schlauer Vampir, der allen Nachstellungen entkommt.

1962 *Kiss of the Vampire* (Der Kuß des Vampirs). GB. Regie: Don Sharp; Buch: John Elder. Junges Paar kommt auf Hochzeitsreise in Bayern mit Vampiren zusammen.

1962 *La Maldicon de los Karnsteins*. Italien. Regie: Thomas Miller. Buch: Julian Berry, nach Le Fanus *Carmilla*. Die Rolle des Grafen Ludwig Karnstein spielt Christopher Lee.

1963 *I Tre Volti della Paura* (Die drei Gesichter der Furcht). Italien. Regie: Maria Bava; Buch: Marcello Fondato, Alberto Bevilaqua und Maria Bava.

Episodenfilm, in dem Boris Karloff sowohl als Erzähler als auch als Vampir auftritt.
1965 *Dracula – Prince of Darkness/Blood for Dracula* (Blut für Dracula). GB. Regie: Terence Fisher; Buch: John Sansom, unter Verwendung der Gestalten aus Stokers Roman. Mit Christopher Lee.
1966 *Queen of Blood*. USA. Regie und Buch Curtis Harrington. Ein Raumschiff, das von einem Flug zum Mars zurückkehrt, hat einen weiblichen Vampir an Bord.
1967 *Le Bal des Vampires/Dance of the Vampires* (Tanz der Vampire). Frankreich/GB. Regie: Roman Polanski; Buch: Gerard Brack und Roman Polanski. Vampirjäger Professor Ambrosius reist mit seinem Gehilfen Alfred nach Transsilvanien, um den Vampirgrafen Krolock zu vernichten. Gelungene Parodie.
1968 *Dracula Has Risen from the Grave* (Draculas Rückkehr). GB. Regie: Freddie Francis; Buch: John Elder. Christopher Lee als Dracula in einem schwachen Film mit verworrener Handlung der Hammer-Produktion.
1968 *El Hombre que Vino de Ummo* (Dracula jagt Frankenstein). Deutschland, Spanien, Italien. Regie: Tulio Demicheli; Buch: Jacinto Molino Alvarez. Gruselkabinett klassischer Horrorfiguren – Vampir, Mumie, Werwolf – in Kombination mit Weltherrschaftsgelüsten à la Mabuse.
1968 *Night of the Living Dead* (Die Nacht der lebenden Toten). USA. Regie: George A. Romero; Buch: George A. Romero und John Russo. Durch Strahlungseinflüsse kehren Tote ins Leben zurück und ernähren sich vom Fleisch der Lebenden. Düsteres Meisterwerk.
1969 *La Vampire Nue* (Die nackten Vampire). Frankreich. Regie und Buch: Jean Rollin. Vampirerotikon.
1969/70 *Jonathan*. Deutschland. Regie und Buch: Hans W.Geissendörfer. Dracula als fanatischer Diktator.
1970 *Countess Dracula* (Comtesse des Grauens). GB. Regie: Peter Sasdy; Buch: Jeremy Paul. Der Film greift die Legenden auf, die sich um die »Blutgräfin« Elisabeth Báthory ranken.
1970 *Taste the Blood of Dracula* (Wie schmeckt das Blut von Dracula?) GB. Regie: Peter Sasdy; Buch: John Elder. Hammerfilm mit Christopher Lee.
1970 *The Vampire Lovers* (Gruft der Vampire). GB. Regie: Roy Ward Baker; Buch: Tudor Gates nach Motiven aus Sheridan Le Fanus *Carmilla*.
1970 *Vampyros Lesbos* (Vampyros Lesbos – Erbin des Dracula). Deutschland/Spanien. Buch und Regie: Jesus Franco Manera. Mixtur aus der »Blutgräfin« Báthory; Le Fanus *Carmilla* und Stokers *Draculas Gast*.
1971 *The Omega Man* (Der Omega-Mann). USA. Regie: Boris Sagal; Buch: John William nach Richard Mathesons klassischem Roman *Ich, der letzte Mensch*.
1972 *Blacula*. USA. Regie: William Crain; Buch: Joan Torres und Raymond Koenig. Schwarzer Vampir tritt in Draculas Fußstapfen. Vampirparodie.
1972 *Captain Kronos – Vampire Hunter*. GB. Regie und Buch: Brian Clemens. Captain Kronos, ein nordischer Ritter mit geheimnisvoller Ver-

gangenheit, unternimmt eine Zeitreise ins 19. Jahrhundert, um ein Dorf von einer Vampirplage zu erlösen.

1972 *In Search of Dracula.* Schweden. Regie: Calvin Floyd; Buch: Yvonne Floyd in Zusammenarbeit mit Raymond T. McNally und Radu Florescu. Mischung aus Spiel- und Dokumentarfilm über Dracula. Stokers Vampirgraf wird dabei in Verbindung gesetzt zu Vlad Tepes. Der Film wurde teilweise in Transsilvanien gedreht. Christopher Lee konnte zur Mitarbeit gewonnen werden.

1972 *The Night Stalker.* USA. Regie und Buch: John L. Moxey. Gut gemachter Fernsehfilm über einen osteuropäischen Vampir. War in seinem Erscheinungsjahr der meistgesehenste Fernsehfilm.

1972 *Die Zärtlichkeit der Wölfe.* Deutschland. Regie: Uli Lommel; Buch: Kurt Raab. Der Film orientiert sich an der Biographie von Fritz Haarmann. Raab schrieb nicht nur das Drehbuch, sondern brillierte auch in der Rolle des »Werwolfs von Hannover«. Eines seiner Opfer wird von Rainer Werner Fassbinder gespielt.

1973 *Dracula Vuole Videre:* Cerca Sangue de Vergine (Andy Warhols Dracula). Italien; Frankreich. Regie und Buch: Paul Morrissey. Der Film entstand unter der Produktion von Andy Warhol. Udo Kier spielt den Dracula.

1974 *Contes Immoraux* (Unmoralische Geschichten). Frankreich. Regie und Buch: Walerian Browczyk. Episodenfilm mit einer Episode in deren Mittelpunkt Elisabeth Báthory steht. Die Blutgräfin wird von Paloma Picasso gespielt.

1974 *The Legend of the Seven Golden Vampires* (Die sieben goldenen Vampire). GB; Hongkong. Regie: Roy Ward Baker; Buch: Don Houghton. Dr. van Helsing diesmal im Kampf gegen fernöstliche Vampire.

1975 *Mary, Mary, Bloody Mary.* USA; Mexico. Regie: Juan Moctezuma; Buch: Malcolm Marmorstein nach einer Geschichte von Don Rich und Don Henderson. Bisexuelle Malerin verwandelt sich nachts in eine Vampirin.

1975 *The Rocky Horror Picture Show.* USA. Regie: Jim Sharman; Buch: Jim Sharman und Richard O'Brian, nach dem gleichnamigen Rockmusical. Neben dem Frankensteinmythos tauchen in diesem Kultfilm auch der Vampir- und der Werwolfmythos auf.

1976 *Dracula Père et Fils* (Die Herren Dracula). Frankreich. Regie und Buch: Edouard Molinaro. Vampirparodie mit Christopher Lee.

1977 *Martin* (Martin). USA. Regie und Buch: George A. Romero. John Amplas spielt den Psychopathen Martin, einen auf Blut fixierten lebenden Vampir. Schauplatz seiner Untaten ist die deprimierende Stahlstadt Braddock in Pennsylvania.

1977 *Rabid/Rage* (Rabid – Der brüllende Tod). Kanada. Regie und Buch: David Cronenberg. Pornodarstellerin Marilyn Chambers als junge Frau, an der eine verbotene Operation durchgeführt wird, in deren Folge sich in ihrer Achselhöhle ein phallusartiges Organ ausbildet, das einer Spritze ähnelt, mit der sie ihren schlafenden Liebhabern das Blut aus den Adern saugt.

1979 *Count Dracula:* The True Story. Kanada. Regie und Buch: Yurek Filgakowski. Fernsehdokumentation über den Vampirismus.

1979 *Dracula* (Dracula). GB; USA. Regie: John Badham; Buch: W. D. Richter, nach dem Bühnenstück von Hamilton Deane und John F. Balderstone, das auf Stokers Buch beruht. Frank Langella spielt einen ausgesprochen smarten Vampirgrafen.

1979 *Love at First Bite* (Liebe auf den ersten Biß). USA. Regie: Stan Dragosti; Buch: Robert Kaufmann, nach einer Idee von Robert Kaufmann und Mark Gindes. Erfolgreiche Vampirparodie mit George Hamilton als Dracula.

1979 *Nosferatu – Phantom der Nacht*. Deutschland; Frankreich. Regie und Buch: Werner Herzog. Remake von Murnaus Stummfilmklassiker mit Klaus Kinski als Vampirgrafen.

1979 *Salem's Lost* (Brennen muß Salem). USA. Regie: Tobe Hooper; Buch: Paul Monash, nach dem gleichnamigen Roman von Stephen King.

1979 *Zombie – Dawn of the Dead* (Zombie). USA. Regie und Buch: George A. Romero. Fortsetzung des Erfolgsfilms *Die Nacht der lebenden Toten* (1968).

1982 *Vincent Price's Dracula*. GB. Regie: John Muller; Buch: Kate und Seaton Longsdale. Dokumentarfilm, in dem Vincent Price über Dracula und Vlad Tepes spricht. Eingerahmt wird das Ganze durch entsprechende Filmausschnitte.

1983 *The Evil Dead* (Tanz der Teufel). USA. Regie und Buch: Samuel M. Raimi. Tiefschwarze Vampirkomödie.

1983 *The Hunger* (Begierde). USA. Regie: Tony Scott; Buch: Ivan Davis und Michael Thomas, nach dem Roman *Der Kuß des Todes* von Whitley Strieber. In unterkühlter 80er Jahre Manier gedrehtes Vampiropus mit Catherine Deneuve, David Bowie und Susan Sarandon.

1985 *Fright Night* (Die rabenschwarze Nacht). USA.Regie und Buch: Tom Holland. Schwarze Vampirkomödie mit Biß.

1986 *Gothic* (Gotik). GB. Regie und Buch: Ken Russell. Russells Film über das Geschehen in der Villa Diodati am Genfer See im Jahre 1816. Im Kreis um Lord Byron wird sowohl der neuzeitliche Vampir- als auch der Frankenstein-Mythos ausgebrütet.

1986 *Graveyard Shift* (Nacht-Schicht). USA. Buch und Regie: Gérard Ciccoritti. Vampir verdingt sich als New Yorker Taxifahrer. Während einer »Nacht-Schicht« lernt er eine Frau kennen, die seiner Geliebten vor dreihundert Jahren ähnelt. Coppolas Idee der Reinkarnation der Vampirgeliebten taucht hier bereits auf.

1987 *The Lost Boys* (The Lost Boys). USA. Regie: Joel Schumacher; Buch: Janice Fischer, James Jeremias und Jeffrey Boam, nach einer Geschichte von Janice Fischer und James Jeremias. Zwei Jugendliche geraten in eine Vampirclique. Gut gemachter Film mit überraschendem Ausgang.

1987 *Near Dark* (Near Dark – Die Nacht hat ihren Preis). USA. Regie: Kathryn Bigelow; Buch: Eric Red und Kathryn Bigelow. Junger Cowboy verliebt sich in Vampirin. Ein ungewöhnlicher Film, der die starken »Familienbande« der Vampire untereinander hervorhebt.

1987 *A Return to Salem's Lost* (Salem II – Die Rückkehr/Stadt der Vampire). USA. Regie: Larry Cohen; Buch Larry Cohen und James Dixon. Komödie. Der Film nutzt das Vampirthema als Vehikel für einen satirischen Kommentar zu den politischen und gesellschaftlichen Übeln im heutigen Amerika.

1988 *Fright Night, Part II* (Mein Nachbar, der Vampir). USA. Regie und Buch: Tommy Lee Wallace, nach den von Tom Holland geschaffenen Figuren. Fortsetzung von *Die rabenschwarze Nacht* (1985).

1988 *Sundown – The Vampire in Retreat* (Sundown). USA. Regie: Anthony Hickox; Buch: Anthony Hickox und John Burgess. Ungewohnter Kampf zwischen »bösen« und »guten« Vampiren.

1988 *The Lair of the White Worm*. (Der Biß der Schlangenfrau). GB. Regie und Buch Ken Russell nach der gleichnamigen Erzählung von Bram Stoker. Russell verlegte die Handlung in die Gegenwart und machte aus Stokers verworrenem Spätwerk ein erstklassiges Pop-Spektakel.

1989 *Batman* (Batman). USA. Regie: Tim Burton; Buch: Sam Hamm und Warren Skaaren. Der Batmanfilm, in dem die Psyche des dunklen Ritters – gespielt von Michael Keaton – die deutlichsten Parallelen zu einem Vampir aufweisen dürfte.

1990 *Red-Blooded American Girl* (Dreamliners). USA; Kanada. Regie: David Blyth; Buch: Allan Moyle. Ein Forscher, der mit gentechnischen Experimenten beschäftigt ist, verwandelt eine Versuchsperson unwillentlich in eine Vampirin.

1990 *The Silence of the Lambs* (Das Schweigen der Lämmer). USA. Regie: Jonathan Demme; Buch: Ted Tally, nach dem gleichnamigen Roman von Thomas Harris. Herausragender Film. Anthony Hopkins spielt den Psychiater und genialen Kannibalen Dr. Hannibal Lecter.

1991 *Subspecies* (Diener des Bösen). Rumänien/USA. Regie: Ted Nicolaou; Buch: Jackson Barr und David Pabian. Ein Vampirfilm, der tatsächlich in Rumänien gedreht wurde und eine schön-schaurige Atmosphäre heraufbeschwört.

1992 *Bram Stoker's Dracula*. (Bram Stoker's Dracula). USA. Regie: Francis Ford Coppola. Buch: Jim Hart und Francis Ford Coppola nach Stokers Roman. Coppolas opulentes Meisterwerk.

1992 *Dracula: Fact or Fiction?* USA. Regie und Buch: Steve Michelson. Ein Dokumentarfilm über Legende und Wirklichkeit von Graf Dracula und seinen Artgenossen.

1992 *Un Vampir au Paradis*. Frankreich. Regie und Buch: Abdekrim Bahloul. Ein entflohener Geisteskranker, der sich für einen Vampir hält, irrt durch Paris und beißt in selbstmörderischer Absicht wild um sich.

1994 *Interview with a Vampire* (Interview mit einem Vampir). USA. Regie: Neil Jordan; Buch: Anne Rice nach ihrem gleichnamigen Roman. Gelungene Umsetzung der Romanvorlage in samtig-schönen Bildern.

1994 *Wolve*. (Wolf). USA. Regie: Mike Nichols; Buch: Jim Harrison und Wesley Strick. Hollywood-Bösewicht Jack Nicholson wird von einem Wolf gebissen und erwacht als Folge davon jede Nacht als reißender

Wolfsmensch. Die Werbung pries den Film mit dem Slogan »Das Tier im Manne« an.

1995 *Der Totmacher*. Deutschland. Regie: Romuald Karmakar. Buch: Romuald Karmakar und Michael Farin, nach den gerichtspsychiatrischen Originalprotokollen. Götz George brilliert als inhaftierter Haarmann.

1996 *Mel Brook's Dracula* (Mel Brook's Dracula – Tot aber glücklich). USA. Regie und Buch: Mel Brooks. Vampirkomödie mit etwas zuviel Klamauk.

1996 *Die Wolfsfrau*. GB. Regie: Ben Bolt. 3tlg. TV-Psychodrama um eine junge Bibliothekarin, die glaubt, daß sie sich bei Vollmond in einen Werwolf verwandelt.

1996/97 *Curdled*. USA. Regie: Red Braddock; Buch: John Maass und Red Braddock. Junge Lateinamerikanerin mit Vorliebe für menschliches Hackfleisch kommt einem Lustmörder in die Quere. Gelungene schwarze Komödie.

1997 *American Werwolf in Paris*. USA. Regie: Anthony Waller. Drei unbedarfte Amerikaner verwandeln sich in Paris im Handumdrehen in einen Zombie, ein Ritualmordopfer und einen Werwolf. Komödie mit Nervenkitzel.

1997 *Vampira – Queen of London 66*. Deutschland. Regie und Buch: Ralf Palandt. Eine unterhaltsame Zeitreise in die englische Metropole der swingenden 60er Jahre mit einer Vampirin als Reiseleiterin. Billigfilm mit Biß.

1998 *Sieben Monde*. Deutschland. Regie: Peter Fratzscher. Erfolgloser Schriftsteller verfällt dem Wahn, bei Vollmond junge Frauen reißen zu müssen. Presse und Polizei blasen daraufhin zur Vampirhatz.

1998 *Irma Vep*. Frankreich. Regie und Buch: Oliver Assayas. Für das Remake eines Vampirklassikers wird die Gangstermuse Irma Vep engagiert, deren Namen ein Anagramm von Vampir ist. Traum und Realität vermischen sich bald in diesem bizarren Meisterwerk.

1998 *I want to be a Vampire*. USA. Regie und Buch: Ulli Lommel. Lommel, der 1973 bereits Haarmann auf die Leinwand brachte, erzählt hier die Geschichte von einem lebenslustigen Teenie-Girl, das einem extravaganten Vampirclub beitritt ...

1998 *Vampires*. USA. Regie: John Carpenter. Buch: John Carpenter, Don Jakoby, Dan Mazu nach dem gleichnamigen Roman von John Steakley. Eine neue Generation blutrünstiger Vampire präsentiert Horrorspezialist Carpenter. Spannungsreich, aber nicht unbedingt feinfühlig.

1998 *Kiss my Blood*. Deutschland. Regie: David Jazay. Buch: David Jazay und Douglas Dryburgh. Jazay läßt seine Vampire über den Dächern von Berlin und in trendigen Technodiscos auftreten.

1999/2000 *Shadow of the Vampire*. USA. Regie: Ellas Merhige. Der Film schildert die Entstehungsgeschichte von Murnaus Nosferatu. Bei den Dreharbeiten geschahen seinerzeit merkwürdige Ereignisse: Crewmitglieder verschwanden, einige starben aus unerklärlichen Gründen. Murnau wird von John Malkovich gespielt.

Anhang

Bildnachweis:

S. 19: Freies Deutsches Hochstift, Frankfurt.
S. 25: Claus & Liselotte Hansmann Kulturgeschichtliches Bildarchiv, München.
S. 27: Mit freundlicher Genehmigung des Georg Thieme Verlags, Stuttgart.
S. 33: Süddeutscher Verlag, München.
S. 40: J. Hanus Privatarchiv.
S. 68: © bei Econ Verlag, Düsseldorf und München 1996.
S. 86: © bei Rowohlt Verlag GmbH, Reinbek 1983. Aus: A. Sommer-Bodenburg: Der kleine Vampir verreist, S. 86.
S. 99: Musée Royaux des Beaux-Arts de Belgique, Bruxelles.
S. 100: © bei Edition Leipzig, Leipzig 1990. Aus: Tankred Koch: „Lebendig begraben. Geschichte und Geschichten vom Scheintod", S. 105.
S. 123: Niedersächsisches Hauptstaatsarchiv, Hannover.
S. 145: Archiv für Kunst und Geschichte, Berlin.
S. 162: Kunsthistorisches Museum, Wien.
S. 173: Abbildung 33 a: © by Herbig Verlag in der F.A. Herbig Verlagsbuchhandlung 1989 ; 33 b: Aus der Rowohlt Monographie: Harald Steffahn: Hitler, Reinbek bei Hamburg 1983, S. 55.
S. 183: Mit freundlicher Genehmigung von Helmut Arntz, Bad Honnef.
S. 185: Bayerische Staatsbibliothek München, München.
S. 209: © bei Peter Kirchheim Verlag, München 1989. Aus: Michael Farin (Hrsg.): Heroine des Grauens. Wirken und Leben der Elisabeth Báthory. München 1989.
S. 213: © bei Peter Kirchheim Verlag, München 1989. Aus: Michael Farin (Hrsg.): Heroine des Grauens. Wirken und Leben der Elisabeth Báthory. München 1989.
S. 223: Musées Royaux des Beaux-Arts, Bordeaux.
S. 255: © Gallimard-G. Dagli-Orti.
S. 261: Theatermuseum Hannover, Hannover.
S. 269: Deutsches Institut für Filmkunde (DIF), Frankfurt.
S. 271: Privatarchiv Karsten Prüßmann, Köln.
S. 273: Filmkundliches Archiv, Köln.
S. 285: Privatarchiv Karsten Prüßmann, Köln.
S. 286: 52a+b © bei Columbia Pictures Industries, 1989. All Rights Reserved. Mit freundlicher Genehmigung der Merchandising München KG:

Alle übrigen Abbildungen stammen aus dem Hausarchiv des Autors.

Personenregister

Abraham, Karl 9
Aickman, Robert 85
Aldiss, Brian 88
Allen, Woody 88
Anderson Kevin J. 251
Anscombe, Roderick 88, 117, 124, 125,126–127, 135–137, 207, 247, 248
Antall, Jozsef 210
Ardisson, Victor 300
Arens, William 30, 34
Artmann, H.C. 30, 87

Bachmann, Ingeborg 63, 87
Badham, John 265, 284, 285
Balderston, John L. 263, 264, 265, 270
Baldung, Hans gen. Grien 225
Bartsch, Jürgen 116
Bataille, Georges 102, 138, 153, 154, 156, 219, 220, 302
Báthory, Elisabeth 207–213, 234
Baudelaire, Charles 63, 149–150, 250
Bava, Mario 274–275
Beheim, Michel 157
Belfour, Hugo John 259
Benoit, Jean 257
Benson, Frederic 63
Bergerac, Cyrano de 61
Bernard, Sarah 299
Bhalla, Alok 146
Biegas, Boleslas 257
Blackwood, Algernon 63, 87
Blake, William 63
Blavatsky, Helena Petrowna 111, 310
Blenderman, Charles 151–152
Blyton, Carey 264
Borneman, Ernest 204–205
Borowczyk, Walerian 212
Bozzano, Ernesto 39
Brachvogel, Carry 164
Brecht, Bertolt 15
Brentano, Clemens 68–69

Brite, Poppy Z. 89
Brittnacher, Hans Richard 65, 125, 204
Brontë, Emily 63, 219, 239
Browning, Tod 269–270, 272, 281
Büchner, Georg 142–143
Buican, Denis 23, 169
Burton, Tim 292
Busch, Wilhelm 115
Byron, George Gordon (Lord) 63, 66–70, 77, 149, 188, 204, 250, 260, 262, 307

Caillos, Roger 59
Caine, Hall 71
Calmet, Augustin 55, 57
Carmouche, T.F.A. 259
Ceausescu, Nicolae 152, 169–171
Centiglorias, Duca di 30
Chessex, Jacques 30
Chrétien de Troyes 202
Cocteau, Jean 37
Coleridge, Samuel T. 62, 63, 66, 232, 233, 250
Collins, Wilkie 71
Coppola, Francis Ford 23, 107, 125, 141, 228, 277, 284–286
Crane, Walter 144–145
Crowley, Aleister 39, 133–134
Cushing, Peter 272

Dahmer, Jeffrey 116
Daniels, Les 88
Dante Alighieri 257
Danton, Georges–Jacques 165
Darwin, Charles 66
Darwin, Erasmus 66
Deane, Hamilton 263, 264, 265, 270
Defoe, Daniel 30
Denke, Karl 116
Descartes, René 79, 164
Desimon, Michel 303
Döblin, Alfred 117, 178
Doldinger, Klaus 262
Doré, Gustave 142

361

Anhang

Doyle, Arthur Conan 68, 71
Dresser, Norine 128
Dreyer, Carl Theodor 270–272, 275
Druillet, Philippe 257
Dumas, Alexandre 259
Durgnat, Raymond 282

Eliade, Mircea 32, 321
Ellis, Havelock 224
Erckmann-Chatrian 37
Everson, William K. 281
Evola, Julius 297
Ewers, Hanns Heinz 9–10, 175–177, 186

Farant, David 127, 129
Farin, Michael 207
Fassbinder, Rainer Werner 146
Fest, Joachim C. 111, 181, 182, 185
Feuerbach, Paul Johann Anselm v. 241–242
Féval, Paul 305–306
Fiedler, Leslie A. 84
Fisher, Terence 272
Florescu, Radu 241
Flückinger, Johann 53–55
Forster, Georg 31
Forster, Reinhold 31
Fortune, Dion 39, 127
Francois-Poncet, André 179
Freud, Sigmund 9, 18–19, 108, 224, 226, 244–245
Freund, Karl 270
Friedmann, C.S. 88
Fromm, Erich 168, 182, 301
Füsli, Johann Heinrich 19

Gabelentz, Georg von der 126
Galeen, Henrik 268
Garland, Linda & Roger 258
Gautier, Théophile 63, 68, 232–233
Geilersberg, Geiler v. 39
Geissendörfer, Hans W. 186, 276
Gelder, Ken 277

George, Götz 118
George, Stefan 63, 319, 344
Gervex, Henri 233–224
Glaser, Contagions-Medicus 53–55
Glaser, Johann Friedrich 55
Glöckner, Ernst 319
Godwin, Mary: siehe Wollstonecraft Shelley
Goethe, Johann Wolfgang v. 15, 62–63, 178–179, 196, 225, 232
Görres, Joseph v. 56, 101–105, 110
Gogol, Nikolai 61, 274
Goldsmith, Oliver 62, 326–327
Golowin, Sergius 37
Gorey, Edward 265
Goya, Francisco de 255–256
Grudin, Peter D. 219
Gruhl, Herbert 188–189, 190–191
Günderode, Karoline v. 69

Haarmann, Fritz 12, 34, 115–124, 125, 126, 128, 139, 171–172, 177, 178, 211, 242, 248, 313
Haigh, John 116
Hall, Bob 263
Hambley, Barbara 112
Hamilton, George 275
Haupt, Walter 262
Hawthorne, Nathaniel 90
Hayes, Ronald Chetwynd 251
Heine, Heinrich, 63
Helman, Cecil 37
Hertel, Peter Ludwig 262
Herzmanovsky-Orlando, Fritz Ritter von 175
Herzog, Werner 107, 269, 321
Hesse, Hermann 231, 320
Himmler, Heinrich 214
Hirschfeld, Magnus 128, 204
Hitler, Adolf 111, 122–123, 134, 152, 170, 171–188, 199, 214, 215, 216, 313, 335
Hoffmann, Ernst Theodor Amadeus 63, 79, 233, 250, 267
Holland, Tom (Regisseur) 275

Personenregister

Holland, Tom (Schriftsteller) 68
Homer 30, 60
Huysmans, Joris Karl 71, 132, 155
Irving, Henry 70, 76, 226
Iwan der Schreckliche 167

Jack the Ripper 117, 128, 241
Jackson Nigel 308
Jacques, Norbert 172
Jänsch, Erwin 83
Jagger, Mick 152
Jeanne d' Arc 153, 155
Jelinek, Elfriede 89, 238–240, 265
Jesus Christus 34, 49, 96, 130, 195, 201, 202–203, 215, 257, 319, 320
Jones, Ernest 18, 36, 41, 108
Jong, Erica 227
Jordan, Neil 275, 276–277
Joseph von Arimathia 202
Jouffray, Achille de 259
Jünger, Ernst 140, 333
Jung, Carl Gustav 17, 141, 154, 171, 180, 203, 255

Kane, Bob 287
Kaplan, Stephen 113–114
Kapronczay, Károly 210
Karloff, Boris 283
Karmakars, Romuald 118
Keaton, Michael 292
Keats, John 63, 232, 250
King, Stephen 89, 90, 226, 227
Kinski, Klaus 281
Klabund 231
Klaniczay, Gábor 57
Koepping, K.P. 30
Konnersreuth, Therese v.: siehe Neumann
Kracauer, Siegfried 172
Krafft-Ebing, Richard v. 117, 224
Kubin, Alfred 87, 175
Kürten, Peter 116

La Mettrie, Julien Offrey de 79
Landru, Henri Désiré 116

Lang, Fritz 117, 172, 174, 178
Langella, Frank 265, 284, 285
Lautréamont, Comte de 63, 68, 69, 229, 250
La Vey, A.S. 133
Lawrence, David Herbert 142
Leary, Timothy 252
Leatherdale, Clive 205
Lee, Christopher 231, 267, 272–273, 283–284
Lee, Tanith 89
Le Fanu, Joseph Sheridan 69, 71, 72, 84, 225, 233–234, 239, 265, 270, 275
Lem, Stanislaw 59
Lenin, Wladimir Iljitsch 168–169
Lernet-Holenia, Alexander 175
Lessing, Theodor 118, 120, 121, 122, 125, 139, 190, 248
Lewis, Matthew Gregory 64
Lindpaintner, Peter Joseph 260
Löns, Hermann 37–38
Lombroso, Cesare 244–246, 250
Lommel, Uli 118
Loring, Frederick Georg 87
Lorre, Peter 283
Lovecraft, Howard Phillips 63
Lovelock, James 191
Lugosi, Bela 87, 251, 265, 270, 271, 272, 281–283, 342

Mao Tse Tung 170
Maerth, Oscar Kiss 32–34
Mainardi, Danilo 28
Maistre Joseph Marie Comte de 8
Magritte, René 257
Manson, Charles 115, 117, 133
Marie-Antoinette 142
Marryat, Frederick 37
Marschner, Heinrich 67, 260–262
Martin, Ralf-Peter 160
Marx, Karl 20–21, 143–145, 146, 166–167, 188
Massari, Roberto 80
Matheson, Richard 85, 87, 300
Matthias II. König von Ungarn 208

363

Anhang

Matthias Corvinus, König von Ungarn 157
Maturin, Charles Robert 64, 70
Maupassant, Guy de 11, 18, 63, 69
Mcluhan, Herbert Marshall 295
McNally, Raymond T. 71, 207, 211, 247
Mednyansky, Aloys Freiherr v. 212
Mees, L.F.C. 295
Mehmed II. 157, 158–160, 162
Mérimée, Prosper 61, 63, 250
Meyrink, Gustav 175, 308, 311, 312
Modrussa, Nikolaus 161
Mossa, Gustav Adolf 257
Muehl, Otto 133
Müller-Sternberg, Robert 189
Munch, Eduard 237, 238, 257
Murnau, Friedrich Wilhelm 107, 174, 267–269, 279, 285, 302
Muschg, Adolf 89
Mussolini, Benito 152, 170, 184

Nádasdy, Ferenc 208
Napoleon I. Bonaparte 178–179
Neil-Smith, Christopher 129
Neumann, Therese 144, 203
Neuweiler, Gerhard 27
Neuwirth, Barbara 89
Nietzsche, Friedrich 12, 21, 149, 150–151, 152, 175, 188
Nitsch, Hermann 133
Nordau, Max 244
Nordier, Charles 63, 64, 108, 259, 260, 261
Novalis 62, 250

Oldham, Gary 284–286
Olson, Kiki 128
Oniceanus, Marius 88
Ortega Y Gasset, José 137, 138, 194–195
Ossenfelder, Heinrich August 62

Paole, Arnod 52–54, 56, 69, 101, 103
Paracelsus 79

Paul, Jean 79
Peelhaert, Guy 151–152
Perty, Maximilian 105
Pérutz, Leo 175
Peter-Röcher, Heidi 30
Picasso, Paloma 212–213
Piccini, M. Alexandre 259
Pilgrim, Volker Elis 108–109, 111–112, 191
Pierot, A.T. 111
Piranesi, Giovanni Battista 307
Pirie, David 265, 280–281, 318
Planché, James Robinson 259
Platon 201
Plogosovitz, Peter 53–54, 56, 69, 101, 103
Poe, Edgar Allan 63, 90, 199, 250, 267, 299
Polanski, Roman 133, 262, 275
Polidori, John 66–70, 72, 84, 219, 225, 250, 259, 260, 261
Prins, Herschel 114
Prußmann, Karsten 76

Rahn, Otto 216
Rais, Gilles de 152–156, 161, 211
Ranfft, Michael 55–56, 104
Ray, Jean 87
Reeves, Keanu 141, 286
Reichenbach, Carl v. 184
Reiter, Christian 106
Reventlow, Ernst zu 146
Riccardo, Martin V. 320
Rice, Anne 30, 89–93, 107, 110, 125, 129, 135, 137, 138, 139, 205, 229, 245, 276, 312, 314, 316
Richardson, Samuel 299
Richmond, David 263
Rider, Winona 286
Robert de Boron 202
Robespierre, Maximilien de 152, 163–166, 167
Rolling Stones 151–152
Romero, George A. 89, 276
Rops, Felicien 257
Rosenberg, Alfred 214
Rossetti, Dante Gabriel 71, 257

Personenregister

Rousseau, Jean-Jaques 34, 54, 80, 163–164, 167, 221
Russell, Ken 327, 328
Rymer, James Malcolm 83–84

Saberhagen, Fred 88
Sacher-Masoch, Leopold v. 212
Sade, Donatien-Alphonse-Francois, Marquis de 117, 132, 220, 242, 306–307
Saint-Beuve, Charles Augustin de 221
Schickele, René 182
Schlegel, August Wilhelm 43
Schneidewind, Friedhelm 23, 265
Schnezzer, Militärkommandant 53
Schopenhauer, Arthur 318
Schreck, Max 268–269, 279–281
Schulte, Klaus 143
Schultze, Ernst 120, 121–122
Schwabe, Toni 87
Seeßlen, Georg 68
Sennewald, Michael 10
Shakespeare, William 30
Sharkley, Jack 16
Sheldrake, Rupert 179–180, 184
Shelley, Percy Bysshe 63, 66–68
Sherman, Jory 89
Simon, Friedrich Alexander 197
Skal, David J. 282–283
Soemering, Samuel Thomas v. 97
Sommer-Bodenburg, Angela 86
Southey, Robert 62
Speer, Albert 183
Stalin, Josef W. 134, 167–169, 170, 182, 186
Steinbock, Eric 37
Steiner, Rudolf 201
Steinman, Jim 262
Stoker, Bram 12, 17, 21, 23, 28, 41, 51, 70–77, 84, 85, 86, 88, 117, 147, 157, 174, 187, 200, 212, 213–214, 222–223, 225–226, 229–230, 233, 234–236, 239, 243–245, 250, 262, 263, 268, 270, 274, 277, 279, 280, 281, 284, 305, 306, 317

Stoker, Florence, geb. Balcombe 71, 76, 268
Strieber, Whitley 89
Stratmann, Franziskus 184–185
Strobl, Karl Hans 87, 175
Sturm, Dieter 42, 176, 307
Summers, Montague 14–15, 38, 54, 59, 71–72, 96, 118, 259, 262
Swinburne, Algernon Charles 63

Taine, Hippolyte 242
Tallar, Georg 103–104, 107
Tate, Sharon 133
Theda, Bara 237
Theweleit, Klaus 291
Tieck, Ludwig 63
Todorov, Tzvetan 59
Tolkien, J.R.R. 28
Tolstoi, Alexander K. 63
Tremayne, Peter 89
Tucholsky, Kurt 139
Turgenjew, Iwan 63
Twitchell, James B. 63, 254

Vadim, Roger 275
Vanbérry, Arminius 72
Vandas, John P. 240
Vincentii, Johann 39
Villers de l'Isle Adam, Jean Marie 298
Vlad II. 72–73, 129, 157
Vlad Tepes, gen. Dracula 7, 72–73, 134, 152, 157–163, 167, 169–170, 171, 208, 211, 241, 277, 285
Völker, Klaus 42
Volckmann, Silvia 65
Voltaire 13, 20, 48, 141

Waelder, Robert 243
Wagner, Richard 180, 183, 202, 203, 215, 260
Wasson, Richard 147
Weber, A.Paul 146–147
Wells, H.G. 90
Wenk, Richard 275
Wilde, Oscar 71, 124, 149, 152, 327

365

Wiertz, Antoine 98–99
Wilson, Colin 11, 14, 54, 66, 88
Woerkom, Fons von 10
Wohlbrück, Wilhelm August 260–261
Wolf, Leonard 84
Wolfram von Eschenbach 202
Wollstonecraft Shelley, Mary 64, 66–68, 77–82

Zondergeld, Rein A. 59

Der Tod
in den Weltkulturen und Weltreligionen
Herausgegeben von Constantin von Barloewen
Mit Beiträgen von Daniel Aaron, Jan Assmann, Constantin von Barloewen, Wolfgang Bauer, Hans Belting, John Bowker, Alexander Lavrin, Axel Matthes, Curt Meyer-Clason, Raimundo Panikkar, Alexander Pantschenko, Junzo Kawada, John S. Mbiti, Hortense Reintjens-Anwari, Francisco H. Rivero, Tilmann Vetter, Michel Vovelle, Zwi Werblowsky und Jean Ziegler

520 Seiten, Festeinband mit Schutzumschlag

Einige der bedeutendsten Gelehrten der Weltkulturen und -religionen haben aus ihrer jeweiligen Perspektive darüber nachgedacht, welche kulturellen, mythischen und religiösen Traditionen sich hinter der Auffassung und Verarbeitung des Todes verbergen. Denn als eine der wenigen universalen Erfahrungen menschlicher Existenz hat der Tod die Einbildungskraft seit der Vor- und Frühgeschichte angeregt und in Mythologie, Kunst, Architektur, Religion, Philosophie und Folklore der verschiedenen Kulturen auf sehr unterschiedliche Weise Ausdruck gefunden.

»Constantin von Barloewen hat eine internationale und universale Kulturgeschichte des Todes herausgegeben.«
Frankfurter Allgemeine Zeitung

»Georges Bataille wäre entzückt gewesen.«
Süddeutsche Zeitung

Eugen Diederichs Verlag

Günter Schulte
Philosophie der letzten Dinge
Liebe und Tod als Abgrund des Denkens
256 Seiten, Leinen mit Schutzumschlag, Abbildungen

Der Philosophie auf den Grund gehen, die letzten Dinge hinterfragen. In den Lehrstücken einiger der großen Philosophen wie Hegel, Marx und Nietzsche spürt Günter Schulte dem verdeckten Anfang des Philosophierens nach: dem Staunen, der Beirrung und dem Erschrecken. Dabei wird Abgründiges über die tiefsten Probleme des Lebens, über Liebe, Geburt, Tod und Wiedergeburt, über die Wahrheit und das Gute, über das Verhältnis von Mann und Frau, über das Problem von Leib und Seele oder von Gehirn und Geist zu Tage gefördert.

»*Seine Essays über Liebe und Tod als Abgrund des Denkens wirken wie ein Glas Champagner: schaumig prickelnd der erste Schluck, alsbald die Wirkung der Substanz, und wer sich zuviel zumutet, riskiert den Kater. Was leicht daherkommt, kann trotzdem große Wirkung zeitigen.*« Neue Westfälische

Eugen Diederichs Verlag